上海文化发展基金会图书出版专项基金资助项目

顾　问　张伟江
总主编　杜成宪

上海教育史

第四卷 一九七六—二〇〇二

金忠明 等 著

上海教育出版社

总序

如果将上海教育放在中国教育的历史图景中加以考察,就会发现上海教育发展的独特性:起步较晚而发展迅速,初始微小而不断壮大,表现出独特的发展道路和历史面貌。

上海教育的历史大致可以分为三个阶段,即宋代兴学前、宋代兴学后、近代开埠以来。在第一个阶段,上海教育远逊于中原各省,也不及湖广、巴蜀、闽赣诸地区;在第二个阶段,随着江浙地区教育的崛起,上海教育也颇有起色,尤其是在这一阶段后期(明清时期),虽与全国其他省份相比难称优势,却已不显逊色;到第三阶段,即开埠进入近代社会后,上海教育迅速发展起来而成为全国翘楚。可谓其兴也迟、也微,其成也速、也盛。

相比较而言,古代上海是中国教育的后来者,"后起之秀"可以作为对上海古代教育的概括。

虽然考古发掘证明,6 000 多年前在今松江、青浦一带就有先民生息繁衍,但包括今天上海行政区全境的上海地区成陆较晚,最迟的区域于千年中方始形成,文化根底自然有欠深厚。人们说起上海古代教育的历史,往往会列举到南宋嘉定年间上海地区青浦和嘉定的兴学,以之为上海兴学之始。上海兴学虽晚,但上海教育(甚至学校)的历史可以追溯到更为早远的年代。如三国魏晋时代,吴郡吴县华亭(今松江区)陆氏家族人才辈出:三国吴名将陆逊、陆抗父子,三国吴名将、陆逊族子陆凯,西晋文学家陆机、陆云兄弟等。尤其是陆机、陆云兄弟文才倾动京城洛阳,时称"二陆"。百多年间,一个家族代有英才,如果当地没有较高水平的学校教育,实在难以想象。只是有关的历史记载十分缺乏,使我们对上海教育历史的第一阶段所知甚少。如,当西周实施"六艺"教育时,当春秋战国诸子展开争鸣而奠定中国传统教育思想基础时,当西汉建立太学实施读经教育时,当隋唐建立完备的学校教育体制时,上海的教育状况究竟如何? 这些都因文献不足而难言其详。而上海古代教育的难以确考本身,确也反映出当时上海教育的相对落后状况。

上海教育进入第二个阶段后逐渐呈现出良好的发展状态,颇有后来居上之势。据文献记载,上海历史上第一次大规模兴学是在宋元时期。因农业、盐业、渔业、手工业、商业和江海漕运的发展,上海地区的区域经济和行政地位迅速提升。北宋熙宁年间(1068—1077)始设上海务以征收酒税,南宋末设市舶分司以管理海上贸易,咸淳年间(1265—1274)设上海镇,元至元二十九年(1292年)乃建上海县。于是,教育事业也因势而发。北宋哲宗元祐年间(1086—1093)建华亭县学,到南宋嘉定十二年(1219年)又建嘉定县学,是为上海地区较早的县学。元至元十五年(1278年)置松江府,华亭县学升格为府学。崇明县于嘉熙(1237—1240)中建书堂,元初改为州学,明初复改县学。南宋嘉定十五年(1222年)青龙镇学创立;咸淳间上海人唐时措、唐时拱兄弟捐资兴建古修堂,实为上海镇学,上海建县后又升格为上海县学。上海地区记载最早的书院是创建于南宋淳祐四年(1244年)的天赐书堂,宋代所建书院尚有九峰书院(松江)、北府书院(嘉定)、白社书院和孔宅书院(青浦);元代则先后建有西湖书院、石洞书院、燕居书院(松江)、清忠书院(青浦)、三沙书院(崇明)。

之后的明清两代,因经济取得重大发展,上海成为"江海通津,东南都会",商业繁荣,贸易繁盛,城市发达,社会发展,文化繁兴,上海地区的官私学校也更上层楼。上海地区先是明代建起金山卫学、青浦县学,清代建起南汇县学、宝山庙学、奉贤县学、金山县学,县学建设齐备;明代新建书院8所,清代兴建书院更是多达52所,分布在上海地区十县。由此形成上海古代第二次大规模兴学。从官私学校的数量和分布看,当时的上海地区已经不逊于全国任何其他地区,这就成为上海古代教育发展的物质保障。尤其是上海地区还形成了西南部以华亭(松江)为代表、西北部以嘉定为代表、东部以上海为代表的三个文化教育优势区域,很是引人瞩目。即以传统中国衡量地区人文教化水平的科第获取为例,明代始有上海地区士人状元及第,共3人,都为华亭人;清代则有4位,华亭1人,嘉定3人。① 据清人应宝时修、俞樾纂《同治上海县志》载,明代自洪

---

① 参见周腊生所著唐、五代、宋、辽金元、明、清状元谱系列,紫禁城出版社于1994—2004年出版。

武三年(1370年)至崇祯十六年(1643年)共150科,上海县取中进士195人;清代自顺治二年(1645年)至道光二十年(1840年)间的111科考试,上海县取中进士72人。① 尽管所载取中进士数未必确切,但可以想见的是上海地区明清时期文化教育水平获得极大提升的事实,而这又成为进入近代社会后上海得以迅速发展的传统文化资源。

上海教育真正令世人瞩目是在它发展的第三个阶段。从上海开埠起,上海教育开始了意义深远的转型和加速发展,即从古代教育转而为近代教育,又进而开始教育现代化的探索。在一个半世纪中,上海从一个教育并不占优势的区域迅速崛起为一个教育强势发展的区域,并常常扮演引领中国教育现代化进程的角色,事实上成为中国教育现代化的缩影。可以说,近代以来的上海堪称教育改革的先行者、教育思想的策源地、教育探索的园地、教育交流的窗口。在取得成果后,上海教育又向全国其他地区辐射。

上海是教育改革的先行者

实施近代教育以来的150多年,中国社会发生了翻天覆地的变化。时代发展不断向教育提出新的课题和挑战,上海也总是能以自己的方式作出应对,走在教育改革的前列,每每有开风气之举,不断创造着教育上的"第一",事实上成为教育改革的先行者。

出于求强的目的和应对外交的需要,1862年6月京师同文馆在北京创办,标志着中国近代新式学校和教育的起始。次年,江苏巡抚李鸿章奏准仿同文馆例创办上海广方言馆,成为在中央政府之外最早的地方政府官办新式学校。1864年广州同文馆在广州开设,1866年福建船政学堂在福州创办,等等。30多年里,全国各地陆续兴办了30余所洋务学堂,掀起了中国近代第一波兴办新式学校的热潮。

1878年张焕纶在上海创办的正蒙书院是一所兼采西方学校制度和中国传统学校之法办理的近代小学,1882年改名梅溪书院,民国后改为

---

① 陈科美,金林祥.上海近代教育史1843—1949[M].上海:上海教育出版社,2003:26—27.

梅溪高等小学校。这是中国近代第一所实施普通教育的新式小学,在专重外文、军事和科技教育的洋务运动时期,尤显其价值。1918年学校40周年校庆时,黄炎培曾给予高度评价:"吾国教育上海发达最早,而上海小学梅溪实开其先。"①

甲午战争之后,受维新派兴学启蒙、启蒙救国思想的影响,上海地区在19世纪末兴办新式学校成绩卓著。继1895年10月创办天津中西学堂之后,盛宣怀于1896年奏请创办上海南洋公学,陆续建起师范院、外院、中院和上院,在一所学校中形成了完整的学校体系,象征着中国近代学制的孕育,而其最早办起的师范院也是中国师范教育的肇始。1898年5月,经元善等人在上海创办经正女学,是为国人自办的第一所女子学校,开兴办社会化女子教育机构的风气,而与维新教育倡导女学思想相呼应,也直接引发20世纪初全国范围的办女学热潮,1902年上海创办的务本女塾和爱国女学也为其中出色代表。由此又促成清政府于1907年颁布《女子小学堂章程》和《女子师范学堂章程》,对女子教育在法律上予以认定,标志着中国教育取得巨大进步。

进入20世纪后,上海教育进入新的发展阶段。清末"新政"时期,上海教育的发展除了兴办新式学校之外,还表现为近代社会的教育事业取得多方面成就。1901年,罗振玉发起创办《教育世界》,是为中国近代最早的教育杂志,成为传播西方教育的窗口,通过介绍西方的教育制度、学科、教材、思想、理论,对中国近代新式教育的建设起了启蒙作用。创办于1897年的商务印书馆本以出版《英华初阶》《英华进阶》两种英文课本而享誉沪上,1902年适应兴办新式学校的形势,从出版杜亚泉主编的蒙学课本《文学初阶》起,开始系统编写和出版中小学校各学科、各年级教科书,成为兴学初期中国新式教材出版重镇。早在1896年,钟天纬、张焕纶等人就发起建立教育社团性质的组织——申江雅集,之后又先后成立中国教育会、沪学会、群学会等,1905年江苏学务总会成立,次年改为江苏教育总会,选举张謇为会长,以上海为总会所在地,分设事务所于江宁、苏州两地,是为创办最早、影响最大的省级教育社团,对清末民初上

---

① 朱有瓛.中国近代学制史料(第一辑下册)[M].上海:华东师范大学出版社,1980:576.

海、江苏乃至中国近代教育事业的推进作用极大。教育刊物、教育出版和教育社团的兴废存无是一个国家、一个社会现代化程度的重要指标，在这些方面，上海都走在了全国的前面。

20世纪50年代，新成立的中华人民共和国全力以赴开展社会主义建设，大力发展教育事业。然而，由于底子薄，学校容量有限，不能完全满足劳动人民子女的入学需要。时任上海市东中学校长的吕型伟创造出一种"三班两教室"的办学模式，即用30个教室招收45个班级的学生，每个学生每周有2天全天上课，另4天，半天上课半天活动，既用足了校舍，也能保证教学质量。这一做法迅速在上海推广，使全市在不增加校舍的情况下，多招收近1/3的学生。之后，这种"两部制"成为上海和全国很多地区中小学校普遍采用的办学方式，沿用到20世纪六七十年代。

1985年5月《中共中央关于教育体制改革的决定》发表，要求改革教育体制，以解决教育同社会主义现代化建设尤其是同经济建设协调发展的问题。在此背景下，20世纪80年代后期，上海在中央支持下，率先开展了中小学校课程和教材改革，中国教育几十年来"一纲一本"的状况开始被打破，为根据本地情形编制课程、编写教材作出了探索，提供了经验。与之相联系，上海又向中央政府争取到高考自主命题考试权，几十年来"全国一张卷"的局面也被打破。之后，自主命题的省份逐年增加，至今，全国已有过半省市、自治区实行高考自主命题。

上海是教育思想的策源地

中国近代以来的教育变革是一个由传统教育向现代教育转型的过程，这一过程意味着国人千百年来习以为常的教育经验不断被颠覆，这是一个教育观念需要不断更新的过程。因此，教育的每一次变革都必然伴随着认识、观念和思想的重新调整、建设或者启蒙。而上海，每每在教育变革的关键时期，都能够提出反映改革大势的教育理念、教育思想和教育理论，成为新教育思想的策源地。

19世纪60年代兴起的洋务教育作为一次教育改革，开始在学习西方教育方面取得突破,但"中体西用"指导思想下坚持不改变君主专制统治的立场,极大地限制了改革的程度。19世纪70—90年代,中国新知识界形成了早期改良派群体,提出改革科举制度、广设学校、培养新式人才等革新主张,对维新派的教育改革有直接影响。其代表人物冯桂芬、王韬、郑观应等都长期生活在上海,其著作如《校邠庐抗议》《韬园文录外编》《盛世危言》等,不少都写于上海,出版于上海。

20世纪初,上海是以孙中山为代表的资产阶级革命派宣传革命的重要思想阵地。1903年,章太炎在《苏报》发表《驳康有为论革命书》一文,批驳康有为的保皇观点,强调以革命的手段推翻清王朝,并提出"先革命,后教育"的主张。同年,留日学生邹容在上海写成《革命军》一书,倡言革命,并专列一章"革命与教育",指出"革命之前,须有教育;革命之后,须有教育。今日之中国,实无教育之中国也"。这些思想成为革命派推翻专制政权,建立民主共和国的教育纲领。

辛亥革命后至新文化运动时期,上海在教育思想的解放方面尤其扮演了重要角色,堪称新教育思想的策源地。1913年教育家黄炎培发表《学校教育采用实用主义之商榷》,对中国办新教育几十年、办新学堂十年来教育脱离实际、学校脱离生活的弊端提出批评,倡导切合实用的教育,建议改革学校教育的目标、内容和方法,提倡教育与学生生活、学校与社会实际相联系,由此开了一个世纪中国中小学校教育教学改革的先声,也成为20世纪20年代中国学校教育转型的思想先导。1915年9月《新青年》在上海创刊,成为新文化运动传播民主、科学思想的重要阵地。直至1916年末《新青年》杂志迁北京,其间,陈独秀、李大钊等人在杂志上发表大量文章,抨击封建专制教育和"尊孔复辟"的教育逆流,其中陈独秀的《敬告青年》《驳康有为致总统总理书》《宪法与孔教》《孔子之道与现代生活》等如同檄文,讨伐了旧思想、旧文化和旧教育,推动了新思想的传播,唤醒了一代人的思想觉悟,推进了新文化运动和五四运动的开展,为20世纪20年代以科学、民主为追求的教育思潮和教育运动的兴起作了充分的思想准备,也成为之后百年里教育思想解放的历史资源。

1921年中国共产党成立后,在制定政治、组织等方面纲领的同时,也形成了新民主主义的教育纲领及方针、政策,而对这种新型教育需要作理论上的阐释;同时,当时关于"中国向何处去"的问题存在各种歧见,也相应地存在关于教育的不同看法。20世纪20年代,共产党人杨贤江在上海凭借商务印书馆《学生杂志》等平台,在指导青年、参与论战的过程中思考教育理论问题,于1928年在日本避难时撰写了中国第一本运用历史唯物主义分析世界教育历史的著作《教育史ABC》,1930年又在上海撰成中国第一本运用马克思主义论述教育原理的著作《新教育大纲》,对教育的本质、教育的历史与未来作了系统阐述,奠定了中国马克思主义教育理论的基础。

"文革"结束后,中国教育进入改革开放的新时期。如何提高学生的素质,培养实现"四个现代化"的新人成为教育的新课题。20世纪80年代初,时任上海市教育局副局长的吕型伟提出"第二课堂"的概念,主张培养学生不能局限在课堂内,还要重视课外的各种活动和影响对学生的作用。1983年他发表《改革第一渠道,发展第二渠道,建立两个渠道并重的教学体系》一文,后又发表《再论两个渠道》,强调改善课堂教学,扩展课外活动,两个渠道并举,引发从上海市到全国、从理论界到实践界的广泛争论,极大地推动了学校教育教学改革。当时,从黑龙江到海南岛,全国中小学的课程教材是统一的,学生念一样的书,考一样的题,谓之"一纲一本"。针对统得过死的状况,吕型伟又提出"多纲多本"的主张,以适应中国幅员辽阔、发展不平衡的实际,再次引起激烈争论,最终达成"一纲多本"的共识,即兼顾中央统一领导和地方自主。如今,在教育发展中发挥中央和地方的积极性已成为教育改革的主流。所有这些改革,都导因于上海的教育思想和观念的开放与创新。

上海是教育探索的园地

在经过最初的简单模仿之后,中国的教育先行者们认识到,"他山之石"只有进行本土转化才能尽其效用;同时,要建设中国自身的教育理论和实践模式,更有必要进行创造性的探索,这就需要进行试验性的教育实践。近代以来,上海教育发展的又一特点是主动开展教育试验,产生出不少影响全国的理论和实践成果,使上海成为教育探索的园地。

1913年,黄炎培提出"学校采用实用主义"的主张后,即尝试在学校教育的目标、内容、方法等方面开展改革。经过考察皖、浙、赣、鲁、冀、京、津等地教育,遍访美国25座城市50多所学校,黄炎培提出,改变中国"教育与社会脱节,求学与服务脱节"的最有效途径是发展职业教育。于是,1917年在上海成立中华职业教育社,次年又创办中华职业学校,开始职业教育探索,在实践中逐步形成普通学校办职业科、小学进行职业陶冶、初中进行职业指导、高中设职业分科的职业教育思想体系;20年代中期又提出"大职业教育主义",提出"富、政、教合一"的农村职业教育思路,成为中国职业教育事业的先行者和表率。

20世纪20年代,中国兴起引进和实验美国新教学法和教育研究方法的热潮,上海开风气之先。1921年,上海的《教育杂志》等连续介绍美国教育家帕克赫斯特(Helen Huss Parkhurst)所创的道尔顿制;1922年秋,上海的中国公学中学部在舒新城等人主持下率先试行道尔顿制,在国文和社会常识两科先行实验。随之,上海和全国其他地区的一些中小学校也纷纷尝试,一度声势浩大。之后舒新城出版《道尔顿制概况》等书,指出道尔顿制的优点,强调其"精神可取,方法不一定完全照搬"。1924年,上海的商务印书馆出版主持东南大学附中实验的廖世承所撰《东大附中道尔顿制实验报告》,更为客观地评价了道尔顿制,并指出传统的班级授课制也不可轻易否定。这是典型的通过实验检验国外先进教育经验是否适用于中国的案例,而上海则提供了实验的园地和发表实验成果的园地。

在将上海作为教育实验园地,持续多年进行教育探索,最终形成和发展教育思想的教育家中,陶行知堪称典型。20世纪20年代,陶行知即在上海引介杜威教育思想和开展平民教育运动。1931年他从日本返回上海后即开展"科学下嫁"运动,普及科学知识,丰富了生活教育思想;1932年在上海宝山大场创办山海工学团,在北新泾创办晨更工学团,之后又办起报童工学团、流浪儿童工学团等,在此过程中提出改革传统教育目的、教育场所、教学方法、师生关系、获知方式的"小先生制",极大地丰富了生活教育理论;1934年他在上海创办并主编《生活教育》杂志,介绍和推广生活教育的理论与实践;1936年发起国难教育,倡导教育与国家危亡相联系,促进了生活教育内容与形式的发展。陶行知生活教育理论的初步形成是在南京晓庄,而其发展成熟则离不开上海,上海提供了试验生活教育的宽广舞台。

在人民共和国不同历史时期都贡献出教育改革成果,不仅影响上海教育,而且对全国教育产生深远影响的,还有段力佩与上海市育才中学逾半个世纪的教育改革探索。1959年,针对之前"教育大革命"造成的混乱,中央提出"调整、整顿、发展、提高"的方针,要求"以教学为主",60年代初又制定了"高教六十条""中学五十条""小学四十条"作为办学依据,但带来的新问题是,教师尤其是学生负担过重。上海市育才中学校长段力佩着手与教师一起尝试改革教学方法,形成"紧扣教材,边讲边练,新旧联系,因材施教"的"十六字经验",教师教得活泼,学生学得主动。"育才经验"被中宣部、教育部树为教改的一面旗帜,广为传播,影响全国。"文革"结束后恢复了正常教学秩序,针对当时学生文化知识水平低下的实际,段力佩先提出培养读书习惯的"读读"要求,继而提出发展思维的"议议"环节,进而要求通过"练练、讲讲"加深理解和巩固所学,这就形成了"读读、议议、练练、讲讲"的"八字教学法",即有领导的"茶馆式"教学法。在80年代,新的育才经验再一次影响全国。进而,学校又开展了"多样课程,大小课时""统编为主,自编为辅""寓考于平时""男拳女舞"等涉及学校教育、课程、教材方面的改革。在此基础上,90年代段力佩又提出"自治自理,自学自创,自觉体锻"的"三自"育人思想,成为新的办学特色。育才中学的教改历程堪称上海教育探索的缩影。

上海是教育交流的窗口

中国教育的现代化总体上是一个在外力推动下开展起来的教育变革过程,建设新式教育在民族文化传统中不易找到可资借鉴的资源,通常需要取法国外尤其是西方的先进经验。在一个多世纪里,中国学习国外教育经验,先后经历了学欧、学美、学苏和全面学习等阶段。而上海始终站在学习的前沿,将引进的国外先进教育经验先加以消化吸收,继而传播到各地,事实上成为中外教育交流、各地教育交流的窗口。

1872年8月11日,清政府选派的第一批留美幼童30人赴美,上海是出发地。为实现容闳提出的这一造才计划,曾国藩特建议将幼童出洋留学管理机构"幼童出洋肄业局"设在风气更为开放的上海,并附设预备学校。从上海先后成行四批留美幼童共120人。① 之后,在《马关条约》后出现的留日高潮,第一次世界大战期间出现的留学美国、法国和欧洲的高潮,抗日战争胜利后出现的留美高潮中,上海都是留学生集群出发之地。上海是中国学人走向世界的码头。

1901年,《教育世界》在上海创办,当年的第九、十、十一号上连载了日本立花铣三郎讲述、王国维译的《教育学》,使这本书成为第一本从日文翻译进中国的教育学理论著作。1902年,杂志继续连载了另外两种日本学者教育学著作的中译。之后,各地刊物刊载的日本学者的教育论著纷至沓来。1902年,上海文明编译印书局出版天眼铃木力著、张肇熊译的《教育新论》,是为所见中国最早的教育学著作出版。1903年,又有京师大学堂上海译书局两种、上海的会文学社三种、广智书局一种出版。② 之后,各地书局出版教育学著作愈见其多。1904年1月所颁《奏定大学堂章程》,在其中的经学科大学各学门的课程表中都列有"中外教育史"一门课,在对这门课的说明中特地写道:"中外教育史(上海近有《中国教育史》刻本,宜斟酌采用)。"可见,在最初以日本为中介引进西方教育理论的过程中,上海实是一鞭先着。

与此同时,上海的教育实践界也在做着同样的工作。据赵宪初回忆,1901年南洋公学附属小学创办之初,设施多仿效西洋与东洋,制度方面引进日本更多些,如星期几的叫法,还有就是唱歌的简谱。学校的教师沈叔逵(笔名沈心工)引进简谱,还以"独览梅花扫腊雪"七个字来指唱"1234567"七个音符。沈心工所编的唱歌集在江浙和全国风行一时,推进了音乐简谱的普及。③ 1909年初,设在上海的江苏省教育总会派遣龙

---

① 孙培青.中国教育史[M].上海:华东师范大学出版社,2009:321.
② 周谷平.近代西方教育理论在中国的传播[M].广州:广东教育出版社,1996:18—23.
③ 赵宪初.我所知道的南洋模范中学[M]//朱有瓛.中国近代学制史料(第二辑上册).上海:华东师范大学出版社,1987:239.

门师范教员杨保恒、浦东中学教员兼附小主任俞子夷、通州师范学生周维城赴日考察单级小学编制及各种教学方法,回国后举办了两届单级教授练习所。首届学员来自江苏省内,第二届学员来自苏、浙、皖、豫、闽、赣、湘、桂多省。在此过程中,赫尔巴特"五段教学法"也传播开来。为推广新教授法,上海的一些教育杂志和出版社纷纷举办有奖教案征集评比。1909年《教育杂志》先后举行了两期教案评比,获一、二等奖的教案都是以"五段教学法"为方法依据的。影响了中国农村中小学半个多世纪的单级教学制度、影响了中国中小学课堂教学程序的"五段教学法",就这样从上海走向全国。

20世纪20年代,中国教育发生了重要转型,从取法欧、日转为学习美国,从简单模仿转为在借鉴中自主探索,这一转变的发生与上海关系紧密。由于认识水平的提高和中国留美学生的推动,20年代中国引进美国教育理论的力度增大,不仅引介了大量教育论著,且直接邀请美国和欧洲学者来华考察、讲学和指导。据统计,从1919年5月杜威(John Dewey)来访到1931年2月文纳特卡制的创始人华虚朋(Carleton Wolsey Washburne)来访,共有11批美欧重要学者和团体访华,他们几乎都将上海作为访华首站。尤其是他们的学说和在华讲演等,也多在上海的报刊发表,或在上海出版。如杜威在上海发表了其在华的首次讲演《平民主义的教育》。早在杜威来华前,上海的《教育杂志》即连续刊登介绍杜威教育学说的文章。1919年初创刊的《新教育》不仅连续三期刊发相关文章,且赶在杜威到访前出刊"杜威专号",刊发胡适、蒋梦麟等人文章,系统介绍杜威的教育理论。杜威在南京的三个讲演由上海泰东图书公司出版为《杜威三大讲演》,商务印书馆等也出版了其《平民主义与教育》《教育哲学》等著作,上海江苏省立第二师范学校编辑出版了《杜威在华演讲集》。可以说,上海是传播西方当代教育思想和理论的前沿。

上海教育的区域文化特质

近千年来,尤其是近一个半世纪以来,上海教育为什么会越走越强,在全国独树一帜?有说是得益于上海所在的江南地区明清以来经济崛起的得天独厚，也有说是得益于近代上海的开埠而尽享天风海雨，还有说是得益于上海人和上海文化的独特，即包容、务实、灵活等。所言多是事实。但问题是：明清时期迅速崛起的江南地区更有苏州、杭州这样一些经济、文化地位长期以来远在上海之上的传统优势城市，为什么上海会后来居上？近代中国被迫次第开埠的城市口岸不独上海一处，从南到北的广州、福州、宁波、上海、青岛、天津、大连都濒海临江，地理条件不相上下，为什么历史会更垂青上海？其实，是上海独一无二的区域文化特质在上海教育的崛起中发挥了内因性作用。

上海文化是具有鲜明个性的文化，人们常以"海派文化"名之。海派文化的特质，人们多指出在于它的包容性。既然能包容，也就造成多元，称上海为中国文化乃至世界文化的大熔炉并不为过。但也必须指出，海派文化的特质尤其在于它的边缘性。既然是边缘，就意味着它远离核心文化区，甚至远离所在文化区域的中心，也意味着它处在不同文化的接壤、交汇、融合之地，甚至意味着它的区域文化归属的不明确，这也就造成上海地区持续而频繁的不同文化的流入流出状态，造成上海的文化精神较少框框、较为务实、较为灵活、自行其是等特点，而这一切，不又都可以导致上海文化的包容、多元和开放吗？

上海文化的边缘性导因于上海地理位置的边缘。历史上，上海地区的行政归属大致有三种，即北属吴，南属越，西属楚。春秋战国时期，或是吴越在此对峙，或又先后归属吴、越、楚，说明上海在这些诸侯国的版图上均非核心区域；秦时属会稽郡，为其东北边缘；西汉为楚国、荆国、吴国所有；东汉分会稽郡为浙东、浙西，浙西为吴郡，上海属吴郡；三国时上海属东吴郡；隋时上海地区分属吴州和杭州；唐天宝十载（751年）合昆山、嘉兴、海盐各一部置华亭县，从传统区域归属看，昆山北属，嘉兴、海盐南属；五代十国时期，上海地区的归属更是极其复杂多变……所以，上海一直处在江（吴）浙（越）两区域的交界处，北部，远受淮扬、近受苏锡常区域文化辐射；南部，远受宁绍、近受杭嘉湖区域文化影响；西部，溯江而上，与皖鄂区域文化遥相联络；东部，到近代又受异域文化的波及，文化的边缘性可想而知。在中国历史上，河洛、齐鲁、三晋、三秦诸处于中国腹地的文化区共同构成了中华文化的核心，湖湘、巴蜀相对边缘，而吴越、闽粤更为边缘。古代上海地区既远离中原,又非吴非越,也就是双重的边缘化了。再以上海城而言,又是处在上海地区的边缘,上海属松江府,地区的政治文化中心在松江,又可以说是边缘的边缘了。由此造成上海文化善于吸纳、包容、多元、务实等特质。当近代以来,西方文化大规模输入,中国各区域文化频繁集聚,上海自然就会一如既往地对待,从善如流,纳新存异,并不断地进行文化的自我更新,就像历史上多次重复过的过程那样。

迨至近代,上海文化的边缘性又多了一层含义,即当上海开埠,西方殖民势力东来而在上海形成英、美、法租界,西方文化也渐次侵润进上海地区,将西方近代国家和社会的治理模式、生活方式、价值观念等精神形态和物质形态的文化带来上海,予以逼真再现。于是,隔着重重大洋,上海又成为欧美文化的边缘区。尤其是当上海的租界势力日益强大,逐渐演变为在中国土地上的"国中之国",在上海城市范围内就形成华界、公共(英美)租界和法租界三个治理区域以及事实上的三个政府。这就使上海地区的文化更加呈现难以归属的边缘而又多元的特质。正是这种特质,对上海的发展产生了多方面的和十分复杂的影响。上海在历史上形成的区域文化特质表现在教育上,促使上海成为中国现代教育的领跑者。

第一,是示范效应。[①] 上海城市人群非常容易接受并效仿新鲜事物,进而形成一套自己的做法和样式,又成为对他人的示范。上海开埠后,包括商人、传教士在内的大量西方人进入上海,也将西方一系列生活方式和社会制度带来上海,希望在上海营造一个无异于其故土的生活环境,学校也是其中的重要组成部分。19世纪中叶到末年的半个多世纪里,上海形成了从小学到大学完整的学校体系。这些学校以新颖的校舍、课程内容、教学方式、活动仪式等打开了国人眼界,并令国人逐渐体会到其有益,从而接受、崇尚甚而主动仿效。1850年,美国公理会传教士裨治文夫人创办裨文女塾,是为上海第一所女子学校;1851年,美国传教

---

① 本部分所提出的示范效应、即时效应、间离效应、辐射效应,受到熊月之先生的启发。他在《东方的世界,西方的上海》的演讲中,提出上海城市发展的四个效应:示范效应、缝隙效应、孤岛效应、集聚效应(见《上图讲座》月刊,2014年第3期)。

士琼司女士创办文纪女塾;1861年,美国长老会传教士范约翰夫妇开办清心女塾;1881年,裨文、文纪两女校合并为圣玛利亚女校;1892年,美国监理会传教士林乐知、海淑德等发起创办中西女塾……女子学校接二连三地创办,这样的办学实践自然会对中国人产生示范性影响,国人所办第一所近代女子学校务本女塾诞生在上海并非偶然。1852年,西班牙建筑雕塑家范廷佐(Jean Ferrer)在土山湾孤儿院创立土山湾画馆,从孤儿院中挑选学生学习西洋雕塑、绘画,以培养宗教艺术人才。这是中国最早的西洋美术传习机构,1907年出版了中国最早的美术教科书。1912年,该画馆的毕业生张聿光、丁悚(漫画家丁聪之父)和刘海粟等人共同创办了上海美术专科学校,这是中国第一所美术学校。亲身感受到西方新式教育的优越性,主动地仿效和追求,成为上海人的自觉行动,开风气之先就是自然而然的事了。

第二,是即时效应。对新鲜事物的接受和学习表现得十分敏感、迅速,追求时尚成为上海城市的风气。将西方国家的最新发明创造引入上海,最初是从生活在上海的外国人开始的。当西方国家有了电灯,上海马上就有了,电话、电报乃至服装、时尚……无不如此。影响所及,也逐渐养成上海人喜好追逐新鲜事物的习惯,并从关注日常生活发展到关注文化教育。西方国家出现的教育新创,时隔未几,就会出现在上海,几乎可称同步,是所谓即时效应。1918年,美国教育家克伯屈(William Heard Kilpatrick)在前人基础上提出设计教学法。当实验还在进行中时,体现"设计"理念的一些教学法探索就已经在上海、南京等地一些小学里进行。如在1917年前,上海的万竹小学、江苏省一师附小、南京高师附小等校就开展了"联络教材"的教学改革试验。当1919年俞子夷在南京高师附小正式开始设计教学法试验后,上海也是积极试验的重点地区。1920年,美国教育家帕克赫斯特在马萨诸塞州道尔顿中学试验一种个别教学方法,即道尔顿制,1921年,《教育杂志》《中华教育界》就刊文予以介绍。1922年10月,舒新城在中国公学中学部率先开展道尔顿制试验,由此影响全国。而此时,距道尔顿制在美国正式问世也只两年多。尽管后来上海的舒新城和南京的廖世承都对各自的道尔顿制试验作了反思,教育理论界和实践界也都对骤然而起的"道尔顿制热"提出批评,但对国际最新教育发展动态几乎是同步作出学习和引进的反应,确实表现出上海教育一种特别的敏感,这也成为上海教育求新求变、勇为人先的原因。

第三,是间离效应。作为历史地形成的五方杂处之地,上海的城市自然生态和社会生态本就有一种间离效应,即不同籍贯、区域、文化、民族的个体和人群可以在此共处,自行其是而能相安无事。尤其是在相对独立的租界治理格局形成之后,一国之中存在着不同的社会制度、价值观和治权,这就更加造成了社会的间离状态,而这种状态又成了产生新思想、新事物的有利空间。对洋务教育和维新教育都产生过重要影响的早期改良派思想家代表冯桂芬、王韬、郑观应,都是通过上海租界的报刊发表对政府和社会改革的意见,他们关于改科举、采西学、兴学校、育人才的主张,在清政府地方当局和一些思想保守者眼里颇显得危言耸听、蛊惑人心,却能在租界报刊上发表,不仅见容于上海特殊的环境,且能广为流传,对民众产生启蒙影响。20世纪初年,资产阶级革命派开展革命教育活动同样得益于上海特殊的城市空间环境。蔡元培等人通过集会、演说、刊文宣传革命教育,通过组织教育会和学校培养革命人才,只是多次被租界当局传讯;邹容、章太炎等人刊文抨击专制教育,酿成《苏报》案,虽因清政府压力而被判刑,却未致杀身。20年代恽代英、杨贤江在上海著文阐述历史唯物主义教育,宣传革命的青年教育,也都与当时相对松动而并非"铁板一块"的社会环境有关。正是这种因间离而造成的相对宽松的社会环境,成为新教育思想和教育新事物得以产生和生存的理想土壤。

第四,是辐射效应。上海作为商业城市,人们从四面八方汇集而来,又四散开去;尤其是开埠后成为一个国际化都市,上海城市的流动性与旧时不可同日而语。城市流动性带来的一个结果便是信息量的急剧增加,这使上海事实上成为一个信息"高地"。近代以来,有关教育的新信息不断地从海外汇聚于上海,又向上海周边地区乃至距离更远的内地发散出去,即为辐射效应。明代,西方科技知识就已经在上海传播,大学士上海人徐光启与利玛窦等传教士合译《几何原本》(前六卷)等西方科学书籍。在中断传播西方文化200多年后,1843年上海第一个翻译西书的机构墨海书馆成立,之后又有美华书馆(1860年)、江南制造局翻译馆(1868年)、格致汇编社(1876年)、益智书会(1877年)、广学会(1887年)等译书机构出现,它们大多译介科技西书,也翻译西方史地、时政书籍。据徐维则《东西学书录》、梁启超《西学书目表》等书统计,在20世纪之前,全国总共翻译出版西学书籍556种,上海就有434种,占77.4%。① 其中有299种是自然科学书籍,很多学科是第一次引入中国,如伟烈亚力与李善兰合译《几何原本》(后九卷),使这部古希腊数学名著的中译本得以完帙,《代微积拾级》第一次引入了解析几何和微积分② ……正因为上海引进西学书籍屡屡开新,也就难怪《奏定大学堂章程》在关于课程的说明中,会向学校推荐上海各书馆出版的教材了。上海教育辐射效应的事例不胜枚举,而辐射效应又反过来推动上海教育的不断开放、探索和求新,继续着先行之路。

民国初年,上海人姚公鹤曾说过:"上海与北京,一为社会中心点,一为政治中心点,各有其挟持之具,恒处对峙地位。"③ 其所谓社会中心,是指社会活动、文化活动而言。100多年过去了,上海在中国的发展中贡献颇多,在文化建设方面的可圈可点之处亦复不少,尤其是在教育的整体改革和发展方面,更是深得世人首肯。上海教育的表现是与上海显得"另类"的文化互为表里的。

由于迄今未见有完整的上海教育历史著述,本书可称草创之作。全书分为四卷,尝试展现一部相对完整的上海教育历史。论述的时段始于远古,终于2002年。未将上海教育的历史书写至当下的缘由,是希望让历史有一些沉淀,让还在进展的事业有一个相对的结果,可能会更容易把握和评说。四卷的分段:第一卷为古代至辛亥革命,第二卷为民国建立至1949年,第三卷为中华人民共和国建立至1976年,第四卷为1976年至2002年,分别由王伦信、黄书光、蒋纯焦、金忠明负责编写。原计划古代部分单独成卷,但因史料不足的缘故,单独成卷显得与其他四卷相比篇幅失衡,遂将古代部分合并于第一卷。四卷书的内容安排似乎显出我们对上海教育历史的把握有些厚今薄古,但这确实可以反映上海教育发展的实际情形。

---

① 原文如此,实际应为78.1%。
② 施宣圆.上海700年[M].上海:上海人民出版社,2000:369.
③ 姚公鹤.上海闲话[M].吴德铎,标点.上海:上海古籍出版社,1989:50.

十分感谢原上海市教育委员会主任张伟江教授！感谢他在任时独具学术眼光地提出研究和撰写上海教育史的意见，并通过有关管理部门专门为此书的撰写立项。我们曾经多次访问他，听取他对项目工作的意见，而学者出身的他，虽然早年所学专业既非教育，也非历史，却每每能够对此书的研究和撰写说出切中要害之语。如：考虑到不同历史阶段的教育历史的不同情形，尤其是去时未远的人民共和国上海教育的历史，事未竟，人尚在，把握、评说确有不易和不便处。针对我们的困惑，他提出了一条对我们的工作影响至深的建议：越古远，越像史；越近前，越似志。这就启发我们灵活地确定和把握了各卷的编写原则。之后，他虽离开教委主任岗位，却始终关心我们的工作，不时垂询。可以说，没有他的多方关照，就不会有此书的问世。事实上，我们始终也是将他视为课题组的一员。

十分感谢原上海市教育委员会办公室、上海教育史志办负责人赵关忠老师！由于他的信任，我们才荣幸地获得编写《上海教育史》的重要任务。在之后几年里，赵老师时时督促，处处帮助，为我们提供了诸多条件和保障，而他的热情鼓励则成为我们克服困难的勇气和动力。尤其需要记住的是，由于他对上海教育的人与事的谙熟，常常给予我们的写作以精到的指点，如果不是他，我们还不知会有多少外行之语！

十分感谢上海教育出版社原党委书记袁正守老师！由于她的信任和坚持，《上海教育史》得以在上海教育出版社立项，还给予我们以项目资助，使我们的研究和撰写工作没有后顾之忧。十分感谢上海教育出版社教育编辑室资深编辑黄强华老师！本书因篇幅较大，费时过长，前期的编辑工作都是由他精心在做，对我们督促、帮助良多。十分感谢上海教育出版社副总编辑袁彬老师！本书后二卷因事关当代，所牵涉的人与事颇多敏感之处，编辑、审读、修改也就颇多周折，由于她的耐心、细致和周到，使书中诸多问题一一得到妥善解决。先后承担编辑工作的还有南钢、周晟等老师，没有他们的工作，就不会有现在呈现在读者面前的《上海教育史》。

《上海教育史》是华东师范大学教育学系教育史教研室的一项集体研究成果，各位同仁不计得失，尽心尽力，为上海教育留下了一份可览、可学、可鉴的历史记录,也留下了一份同事合作的美好记忆和珍贵纪念。谢谢大家!

尽管我们自以为本书的写作是尽心的,但不当、不周、不确、不是之处一定还会存在,如果读者、方家、前辈能不吝赐教,那就是我们的幸运了!在此,先致谢忱!

杜成宪

于华东师范大学教育学系

2013年10月初稿,2014年4月二稿,6月改定

目录 CONTENTS

上 篇

第一章 拨乱反正,建立秩序（1976—1978） ›3

第一节 拨乱反正,肃清"四人帮"思想流毒 ›3
　一、"文革"十年的严重后果 ›3
　二、揭发、批判"四人帮" ›5
　三、拨乱反正,正确认识教育的性质 ›6

第二节 纠错平反,落实知识分子政策,建立正常的教育教学秩序 ›11
　一、重新认识教师地位,建立正确的师生关系 ›11
　二、纠错平反,落实知识分子政策,稳定教师队伍 ›12
　三、大力发展教师教育,努力提高教师业务素质 ›15

第三节 采取各种措施,努力提高教育教学质量 ›18
　一、建立正常的教学秩序 ›18
　二、修订教育方针,调整管理体制和布局 ›23
　三、研究教学方法,探索教育规律 ›24

第四节 高等教育的恢复和发展 ›25
　一、恢复高等学校招生考试制度 ›25
　二、恢复研究生制度 ›28
　三、高等教育的恢复和发展 ›30

第二章　解放思想，启动改革
（1978—1985） ›33

第一节　解放思想，确立教育的地位和作用 ›33
　一、冲破思想禁区，讨论教育的本质问题 ›33
　二、采取有力措施，确立教育的战略地位 ›34
第二节　教育方针的修订与贯彻 ›35
　一、我国教育方针的修订 ›35
　二、我国教育方针在上海教育界的贯彻与实施 ›36
第三节　建章立制，教育管理走向规范化 ›39
　一、制定长期规划，明确发展方向 ›39
　二、中小学教育政策法规的建立与实施 ›39
　三、高等教育政策法规的建立与实施 ›40
　四、中等职业技术教育及成人教育政策法规的建立 ›41
第四节　德育的改革探索 ›42
　一、加强党对学校德育工作的领导，确立德育目标和内容 ›43
　二、以课程为依托，探索德育新途径 ›45
　三、加强工读学校建设，做好后进青少年的转化工作 ›51
第五节　课程与教学改革 ›52
　一、中小学课程与教学的改革 ›52
　二、高等院校的教学改革 ›55
第六节　师资队伍建设 ›59
　一、中小学师资队伍建设 ›59
　二、高等院校师资队伍建设 ›64

第三章　改革体制，调整结构
（1985—1992） ›69

第一节　改革教育体制 ›69

一、普及九年制义务教育 ›69
　　二、努力普及高中阶段教育 ›70
　　三、改革基础教育办学体制 ›71
第二节　高等教育结构调整 ›73
　　一、调整招生计划，实施自主招生制度 ›73
　　二、加强市属高校重点学科建设 ›75
　　三、实施自费生招收制度 ›79
　　四、调整专业结构 ›79
　　五、引进国外智力 ›82
　　六、发展民办高等教育 ›83
第三节　中等教育结构改革 ›84
　　一、调整中等职业技术学校布局和专业
　　　　结构 ›84
　　二、改革中等职业技术学校招生和毕业生
　　　　就业办法 ›85
　　三、中等职业技术学校课程结构改革 ›87
　　四、调整中等职业技术学校招生计划和
　　　　专业设置 ›87
第四节　职业教育和成人教育的发展 ›88
　　一、高中阶段职业教育的迅速发展 ›89
　　二、重视在职干部培训，试行"专业证书"
　　　　"预科生"和"往届生"招生改革 ›90
　　三、通过岗位培训提高职工实际工作能力 ›91
　　四、改革中高级技工培训制度 ›92
　　五、成人教育实行多种形式办学 ›93
第五节　课程教学改革起步 ›95
　　一、制订中小学课程改革总体方案 ›95
　　二、中小学课程教材的编写 ›96
　　三、中小学课程教材改革试验 ›97
第六节　健全完善教育法规 ›98
　　一、教育综合政策法规的建立与实施 ›98
　　二、高等教育政策法规的健全与完善 ›100
　　三、中小学教育政策法规的健全与完善 ›102

四、中等职业技术教育及成人教育政策
　　　　法规的健全与完善　　　　　　　　　›103
　　五、校外教育政策法规的建立健全　　　›104

第四章　深化改革，科研兴校
（1992—1997）　　›107

第一节　学校内部管理体制的全面改革　　›107
　　一、中小学校内部管理体制的改革与发展　›107
　　二、高校内部管理体制的改革与发展　　›116

第二节　高等教育改革的总体发展　　›122
　　一、高等教育管理体制改革　　›122
　　二、高等教育招生制度与就业制度改革　›129

第三节　课程教学改革的全面推进　　›137
　　一、高等学校教育教学改革　　›137
　　二、中小学课程教材改革　　›144

第四节　教育科研的蓬勃发展　　›149
　　一、高校科研的发展　　›149
　　二、普通教育科研的发展　　›154

第五章　一流教育，面向未来
（1997—2002）　　›167

第一节　一流基础教育的规划实施　　›167
　　一、基础教育的发展　　›167
　　二、一流基础教育的规划实施　　›168

第二节　一流高校建设的启动与发展　　›179
　　一、高校的整体建设　　›179
　　二、上海高校取得的成果　　›185

第三节　优质教育资源与区域教育特色　　›186
　　一、优质教育资源　　›186
　　二、区域教育特色　　›190

第四节 民办学校的发展 ›194
一、民办教育的发展阶段 ›194
二、民办学校的发展特征 ›198
三、发展民办教育的意义 ›199

第五节 各类教育服务机构的发展 ›203
一、教育考试机构 ›203
二、就业服务机构 ›203
三、人才服务机构 ›203
四、教育督导机构 ›204
五、教育评估机构 ›204
六、教育科研机构 ›204
七、信息服务机构 ›205
八、留学咨询与服务机构 ›205

第六节 后勤工作社会化的试验与推广 ›206
一、上海市高校后勤社会化的主要成绩及面临的问题 ›207
二、几个具有典型特征的大学后勤社会化状况 ›211

下 篇

第六章 基础教育发展概况 ›217

第一节 基础教育发展环境 ›217
一、基础教育发展的区域背景 ›218
二、不断优化基础教育发展环境 ›222

第二节 大力发展基础教育 ›233
一、加强发展学校教育 ›233
二、注重结合校外教育 ›239
三、积极发展多元办学模式 ›244

第三节 提高基础教育质量 ›245
一、不断探索德育工作发展,提高学生道德

水平 ›245
　二、关注科技教育与美育,促进学生全面
　　　发展 ›250
　三、加强体育卫生教育,关注学生体质和
　　　健康 ›252
　四、发展劳动技术教育,开展勤工俭学活动 ›255
第四节　深化基础教育改革 ›257
　一、加强教育科研工作 ›257
　二、优化教师及校长队伍 ›263
　三、完善招生考试评价制度 ›267
　四、发挥教育管理作用 ›269

第七章　其他各级各类教育事业的发展 ›273

第一节　高等教育 ›273
　一、普通高等教育 ›273
　二、成人高等教育 ›303
第二节　职业技术教育 ›308
　一、职业技术教育的恢复、调整和初步发展
　　　(1978—1985) ›308
　二、职业技术教育的继续调整、改革与全面
　　　发展(1986—1996) ›311
　三、职业技术教育的继续调整和发展
　　　(1996—2002) ›319
第三节　家庭教育 ›323
　一、家庭环境 ›323
　二、家庭教育观念 ›325
　三、家庭教育方法 ›328
　四、家庭教育指导工作 ›329
第四节　特殊教育 ›332
　一、新时期特殊教育发展的方针政策 ›332
　二、上海特殊教育发展的基本情况 ›334

三、特殊教育师资队伍建设 › 339
　　四、特殊教育科研 › 340
　　五、特殊教育的管理系统和社会各界的支持 › 341
第五节　老年教育 › 342
　　一、起步中的上海老年教育 › 343
　　二、快速发展中的上海老年教育 › 345
　　三、走向成熟的上海老年教育 › 350
　　四、老年教育问题与发展规划 › 351
第六节　社区教育 › 352
　　一、上海社区教育的兴起
　　　（1985—1992） › 353
　　二、上海社区教育的形成
　　　（1993—1998） › 355
　　三、上海社区教育的发展
　　　（1999—2002） › 358

**附录　上海教育大事记
　　　（751—2002）** › 361

主要参考文献 › 389

后记 › 401

上 篇

第一章

拨乱反正,建立秩序(1976—1978)

从1976年10月粉碎"四人帮",到1978年12月中国共产党十一届三中全会确立正确的方针路线,中间经历了短短两年多的时间,虽然这在中国教育历史的长河中只是一瞬间,但其在那特殊的过渡时期所起到的历史作用,是不能低估的。

在这两年多的时间里,中国历史舞台上发生了四个足以影响后世的事件:1976年10月,彻底粉碎"四人帮"反革命集团,结束了长达十年的"文化大革命";1977年7月,邓小平再次复出,主动要求亲自抓文教工作,为我国教育事业的恢复和发展起到了指挥引导作用;1978年5月起,全国范围内展开了真理标准大讨论,为解放思想,打破长期以来形成的僵化、教条的思维模式创造了条件;1978年12月,党的十一届三中全会确立了正确的指导思想和方针政策,使中国各项事业走上了健康发展的道路。

第一节 拨乱反正,肃清"四人帮"思想流毒

一、"文革"十年的严重后果

"文化大革命"给我们党、国家和民族带来了严重的危害,在政治、思想、文化、经济、党的建设等方面都造成了灾难性的后果,[1] 教育领域的各种损失也是难以估量的。

1. 师资队伍破坏

"文革"十年运动不断,师资队伍经"横扫牛鬼蛇神"、清队、下放三场浩劫,损失惨重。据1980年11月5日最高人民检察院特别检察厅对林彪、江青反革命集团案10名主犯的起诉书统计,教育部所属单位和17个省市教育界受迫害

---

[1] 中共中央党史研究室.中国共产党历史:第二卷(1949—1978)[M].北京:中央党史出版社,2011:966.

干部、教师达14万余人。卫生部直属14所院校674名教授、副教授中,受诬陷定罪的有500多人。

2. 学生培养质量下降,学风恶化

"文革"十年中,我国少培养研究生10万人,少培养大学生100多万人、中专生200多万人。同时,造成知识分子和业务干部专业荒疏、水平下降,国民文化素质整体滑坡,如上海职工中技术人员的比重由1965年的4.8%降至1976年的3.6%。据1982年人口普查,全国文盲、半文盲(认识常用字500个以下者)人口上升为22 580万人。①

十年"文革"也造成了大、中、小学生学习质量严重下降。上海市虹口区模范中学1977届学生中,文盲、半文盲占42%。1977年10月,上海市南市区和青浦县分别对1977届学生进行了学业统测。以数学为例,统计结果如表1-1。②

表1-1 1977年10月上海市南市区和青浦县1977届学生数学统测情况

区县	统测人数	及格人数(%)	不及格人数(%)	零分人数(%)	平均分
南市区	7 364人	243人(3.3%)	7 121人(96.7%)	1 952人(26.5%)	13.07
青浦县	4 007人	107人(2.9%)	3 902人(97.1%)	945人(23.6%)	12.4

学校秩序混乱,良好的校风荡然无存。当时教师人人自危,不敢实施管理。教师教不成,也管不了,还被骂为"消极怠工""撒手不管""资产阶级知识分子新反扑"。学生无政府主义观念严重,还用暴力威胁教师,使学校正常的教育教学无法进行。

3. 颠倒是非,危害深远

在很长一段时间里,"四人帮"及其追随者散布了大量奇谈怪论,诸如"打了零蛋分的恰恰是我们所要培养的接班人","尽管我们的学校有50多个专业,实际上就是一个专业,就是造走资派反的专业"(迟群语);诸如"一个是有社会主义觉悟,一个是劳动者,就从两头体现我们的教育是无产阶级专政工具"(毛远新语);诸如"宁要列宁讲的无产阶级专政的工具,宁肯少学一点,也不要红色工程师、资产阶级知识分子"(张春桥语)。这种极左思想在教育领域造成了严重的危害。③

---

① 周全华."文化大革命"中的"教育革命"[M].广州:广东教育出版社,1999:323—325.
② 吕型伟.上海普通教育史(1949—1989)[M].上海:上海教育出版社,1994:416.
③ 周全华."文化大革命"中的"教育革命"[M].广州:广东教育出版社,1999:326.

在这种处境下,亟待解决的问题是揭批"四人帮",批判他们的极左路线及其反动思想基础,清查与他们有牵连的人和事,彻底肃清"四人帮"的思想流毒。

二、揭发、批判"四人帮"

要恢复"十年动乱"中遭到破坏的教育,首先要在思想上拨乱反正,批判"左"倾路线,揭露"四人帮"的罪行。

1976年10月,"四人帮"被粉碎。11月,上海开始了大揭发、大批判、大清查运动,教育领域也开始了对"四人帮"的揭批、声讨运动。教育行政部门,各大、中、小学纷纷成立批判组或相应组织,专门负责开展对"四人帮"的批判工作。各大报刊也纷纷发表关于揭批"四人帮"的文章。《文汇报》仅11月份就开辟了数个版面,专门声讨"四人帮"在教育领域犯下的滔天罪行,如11月4日发表了《党中央英明决定说出了我们的心里话》(中国共产党上海纺织工学院委员会)等文章,11月11日发表了《彻底揭发批判"四人帮"扼杀〈园丁之歌〉的罪行——本市部分中小学教师、红卫兵、红小兵座谈纪要》等文章。

11月26日,《文汇报》转载了教育部大批判组《毛主席的教育方针岂容篡改——批判张春桥的一个谬论》的文章,揭批"四人帮"的运动开始在教育界走向深入。接着,《文汇报》于12月1日发表了署名文章《彻底清算"四人帮"在教育界的滔天罪行》,从德育的方向和内容、掌握文化科学知识的重要性、党的知识分子政策、建立社会主义教育制度等方面对"四人帮"的罪行进行了深刻揭露。

1977年,上海对"四人帮"的揭发和批判更加全面和深入,这些批判文章涉及教育思想、师生关系、教学方法、学校管理等各个方面,反映了包括教育界在内的各界人士对"四人帮"流毒的痛恨和对现状的反思。如1977年2月,苏振华、倪志福、彭冲等上海市委、市革委领导出席文教卫生、科技界和爱国人士代表座谈会,苏振华希望大家在新的一年里,继续投入深入揭批"四人帮"的伟大斗争,积极参加社会主义革命和建设,为发展社会主义的文化、教育、科学、艺术等各项事业作出伟大贡献;① 其后,《文汇报》上发表的文章有《树立尊师爱生的革命新风——彻底批判"四人帮"破坏师生关系的罪行》②《大通中学师生共同揭批"四人帮"破坏革命纪律的罪行,建立正常教学秩序,推动教育革命》③

---

① 文汇报.1977-02-16.
② 文汇报.1977-03-30.
③ 文汇报.1977-05-06.

《市二中学党支部在揭批"四人帮"的斗争中,加强教研组建设,开展教学研究活动》①,等等。到 1977 年 10 月以后,上海市更是与批判"两个估计"相伴,将揭批"四人帮"运动进一步引向深入。

伴随着揭批"四人帮"运动的深入,人们对事物的认识和思考也开始从极左思潮下"非此即彼"的简单思维方式中挣脱出来,不断趋向客观、理性,同样,对教育的思考也更加全面深入。尤其是 1977 年 7 月 21 日,中国共产党第十届中央委员会第三次全体会议决定恢复邓小平同志中共中央委员,中央政治局委员、常委,中共中央副主席,中共中央军委副主席,国务院副总理,中国人民解放军总参谋长的职务以后,人们在邓小平倡导的实事求是的思想路线指引下,开始了全面的思想解放运动。

三、拨乱反正,正确认识教育的性质

"文革"期间,教育是重灾区,粉碎"四人帮"后,又遭遇"两个凡是"(即"凡是毛主席作出的决策,我们都坚决维护;凡是毛主席的指示,我们都始终不渝地遵循")的阻力。

1977 年 7 月,邓小平复出以后,主动请缨抓科学和教育。他说:"我知道科学、教育是难搞的,但是我自告奋勇来抓。不抓科学、教育,四个现代化就没有希望,就成为一句空话。抓,要有具体政策、具体措施,解决具体的思想问题和实际问题。"② 此后,他抓住一系列重大问题进行拨乱反正,整顿教育。

1. 彻底否定"两个估计"

1971 年 4 月 15 日至 7 月 31 日,国务院在北京召开全国教育工作会议。8 月 13 日,中共中央批转《全国教育工作会议纪要》(以下简称《纪要》)。这个由张春桥、姚文元修改审定的《纪要》提出了所谓的"两个估计",即中华人民共和国成立后十七年"毛主席的无产阶级教育路线基本上没有得到贯彻执行","资产阶级专了无产阶级的政";大多数教师和中华人民共和国成立以后培养出来的高等学校学生的"世界观基本上是资产阶级的"。《纪要》的这"两个估计",长时期成为广大教师乃至广大知识分子的沉重精神枷锁。③

1977 年 8 月,邓小平在科学和教育工作座谈会上说:"对建国以后的十七年怎样估计,这是大家很关心的问题。这个问题在科研方面基本上得到了解答,

---

① 文汇报.1977-06-03.
② 金一鸣.中国社会主义教育的轨迹[M].上海:华东师范大学出版社,2000:444.
③ 中共中央党史研究室.中国共产党历史:第二卷(1949—1978)[M].北京:中央党史出版社,2011:818.

大家不满意的是在教育方面。这是一个应当回答的问题。""我个人认为，毛泽东同志在文化大革命以前的大部分时间里，对科学研究工作、文化教育工作的一系列指示，基本精神是鼓励，是提倡，是估计到我们知识分子中的绝大多数是好的，是为社会主义服务或者愿意为社会主义服务的。在一九五七年以后讲过一些过头话，但在六十年代初期，他还是支持科学十四条、高等学校六十条这些的。""对全国教育战线十七年的工作怎样估计？我看，主导方面是红线。应当肯定，十七年中，绝大多数知识分子，不管是科学工作者还是教育工作者，在毛泽东思想的光辉照耀下，在党的正确领导下，辛勤劳动，努力工作，取得了很大成绩。特别是教育工作者，他们的劳动更辛苦。现在差不多各条战线的骨干力量，大都是建国以后我们自己培养的，特别是前十几年培养出来的。如果对十七年不作这样的估计，就无法解释我们所取得的一切成就了。"① 9月19日，他与教育部部长刘西尧谈话时指出："对这个《纪要》要进行批判，划清是非界限。我们要准确地完整地理解毛泽东思想的体系。"②

1977年11月，《人民日报》和《红旗》杂志同时发表了教育部大批判组写的文章《教育战线的一场大论战——批判"四人帮"炮制的"两个估计"》，揭露了"四人帮"封锁毛主席指示、歪曲毛主席指示的事实。"四人帮"的"两个估计"，与毛泽东1971年对"文革"前教育战线情况和知识分子的估计完全相反。为此，教育部和《人民日报》编辑部还邀请了部分教育工作者座谈，揭发、控诉"四人帮"的滔天罪行。11月20日，上海市教育局大批判组在《文汇报》发表文章《揭穿"四人帮"炮制"两个估计"的反革命阴谋》，并举办了教育界的大型座谈会，批判"四人帮"炮制的"两个估计"。在这之后，上海各大报纸陆续发表了许多文章批判"四人帮"炮制的"两个估计"，肯定了"文革"之前的十七年教育战线所取得的成就和知识分子的地位与作用，为彻底砸烂这个精神枷锁起到了推动作用。

2. 对批判"智育第一"的反批判

批判"智育第一"是"四人帮"搞乱教育的主要切入点之一。他们故意混淆视听，把中国共产党在中华人民共和国成立后确立的正确教育路线诬为"修正主义教育路线"，说"修正主义教育路线"的要害就是要搞"智育第一"，目的是要培养所谓"白专"的资产阶级知识分子，是要"专无产阶级的政，夺无产阶级的

---

① 邓小平.关于科学和教育工作的几点意见[M]//邓小平文选：第二卷.北京：人民出版社,1994：48—49.
② 人民教育出版社.教育改革重要文献选编[M].北京：人民教育出版社,1986：140.

权",所以要大力批判"智育第一"。于是,他们策划了一系列阴谋,其中最出名的就是在辽宁力捧交白卷的"英雄",在上海则抛出了一份《谈话记录》。他们扼杀电影《园丁之歌》也是阴谋之一。"四人帮"以这个谬论为幌子,大肆破坏党的教育事业,严重影响了社会主义事业的正常发展。

对"智育问题"的正本清源,关系到培养人才的标准问题,这是端正教育思想的一个关键性问题。"文革"结束后,教育界对"四人帮"的相关谬论作了深入批判。如《文汇报》1977年5月7日第3版刊登了杨怀的署名文章《"四人帮"大批"智育第一"的罪恶目的》,虽然此文仍没有摆脱特定时代条件下的思维方式,但已经意识到"四人帮"谬论的危害性,其先导价值是值得肯定的。

1978年4月22日,邓小平在全国教育工作会议上明确指出,培养人才要有质量标准。他说:"'四人帮'反对严格要求学生学习科学文化,反对学生以学习科学文化为主,胡说这是'智育第一',是'脱离无产阶级政治'。他们鼓吹'宁要没有文化的劳动者',胡说'知识越多越反动',并把今天掌握了文化的劳动者及其子弟诬蔑成为资产阶级知识分子。'四人帮'这些谬论的流毒,现在仍然需要大力肃清。""列宁多次强调指出:工人一分钟也不会忘记自己需要知识的力量。没有知识,工人就无法自卫;有了知识,工人就有了力量。""毫无疑问,学校应该永远把坚定正确的政治方向放在第一位。但这并不是说要把大量的课时用于思想政治教育。学生把坚定正确的政治方向放在第一位,这不仅不排斥学习科学文化,相反,政治觉悟越是高,为革命学习科学文化就应该越加自觉,越加刻苦。因此,'四人帮'把在坚持正确的政治方向的前提下大力提高教育质量,大力提高学生的科学文化水平,说成是什么'智育第一',加以反对,这不但是彻底的荒谬,而且是对于无产阶级政治的实际上的取消和背叛。"[1] 他还指出,"四人帮""是用剥削阶级最腐朽最反动的思想来毒害青少年,制造'文盲加流氓'式的人物。彻底清除'四人帮'所造成的这种恶果,是关系到巩固无产阶级专政的一项极其严重的政治任务"。[2]

此后,广大教育工作者在深入批判的同时,开始在自己的教育工作中自觉树立正确思想,旨在把学生教育和培养成为"又红又专"、德智体全面发展的"三好"学生。

---

[1][2] 邓小平.在全国教育工作会议上的讲话[M]//邓小平文选:第二卷.北京:人民出版社,1994:103—105.

3. 全面反思，认清教育实质

从1977年5月起，人们从各个方面对教育领域的发展进行了讨论和反思，包括强调"双基"教学，学生要以学为主，正确处理好政治与业务、主学与兼学、理论与实践、普及与提高的辩证关系，认真研究教学计划、教学过程、课程设置以及学校同社会的联系；进一步改革教学方法，积极开展电化教学，丰富学生的课外活动，搞好实验室等，讨论空前热烈和全面。1977年5月3日至21日，上海市召开了全市中小学教育工作会议，会议分两个阶段进行。3日至7日，举行了300余人参加的中小学教育工作座谈会。21日，又召开了全市教职工大会。这一天，中心会场设在上海体育馆，全市近30万教职员工和学生代表在各区县分会场收听了大会的拉线广播。全市各高等院校负责人，有关局、公司分管教育的负责人、办学干部，以及部分业余教育干部和师生代表也应邀参加了这次大会。这次会议人数之多，规模之大，是中华人民共和国成立之后上海教育史上的首次。

在对教育进行讨论和反思的过程中，上海市领导彭冲、王一平等多次参加会议，与代表一起座谈、学习，并作了重要讲话。代表们深入揭批"四人帮"及其余党干扰和破坏教育的罪行，决心正确地、全面地贯彻党的教育方针。在座谈学习和揭发批判的基础上，各中小学代表还讨论制定了抓纲治校、夺取教育革命大治快上新胜利的规划草案，从认清形势、全面正确贯彻党的教育方针、落实知识分子政策、加强党对教育工作的领导等方面厘清了认识，端正了方向。这对上海教育界拨乱反正，肃清"四人帮"思想流毒，促进教育事业的恢复和发展起到了重要作用。

1978年4月2日，《文汇报》发表《"四人帮"搞乱教育战线又一罪证——〈小夏在黄陵〉出笼前后》，揭露《小夏在黄陵》是"反复辟回潮"中的一个插曲，目的是宣扬"小老虎""反潮流"精神，打击教师，乱我学校，毁我教育。① 7日，上海市教育卫生系统在文化广场召开了万人揭批大会，揭批"四人帮""假左真右"的谬论。

之后，上海市教育局大批判组在4月9日《文汇报》第一版刊登了《"四人帮"对教育工作客观规律的践踏——评所谓"资产阶级统治学校的八根精神支柱"》一文，针对"四人帮"对教育工作的肆意践踏和诬蔑进行了全面的揭批。"四人帮"在1971年的全国教育工作座谈会上抛出了所谓的"资产阶级统治学

---

① 吕型伟. 上海普通教育史(1949—1989)[M]. 上海：上海教育出版社，1994：418.

校的八根精神支柱":"全民教育""天才教学""智育第一""洋奴哲学""知识私有""个人奋斗""读书做官""读书无用"。虽然"八根支柱"的名目各不相同,但它的矛头却一致对准了"知识":凡"知"皆修,有"知"必修,"知识越多越反动"。针对这一反动谬论,该文运用马克思主义观点进行了批驳:"马克思主义从来就重视知识在改造世界中的重要作用,把它看作是无产阶级求解放并向共产主义迈进的必要前提之一。在著名的《青年团的任务》一文中,列宁明白无误地告诫我们:'只有用人类创造的全部知识财富来丰富自己的头脑,才能成为共产主义者。'毛主席在总结我国的历史经验时也指出,近百年来我国之所以一直挨打,除了社会制度腐败之外,一个很重要的原因,就是经济技术落后。""要完成这一紧迫的政治任务,教育肩负着特别重大的责任。从某种意义上来说,提高全民族的科学文化水平的任务将主要由教育来完成。教育是一门科学,像任何科学一样,它有着自身固有的客观规律。"

5月9日,《文汇报》发表《敢于拨乱反正抓教学,改变面貌》一文,报道上海市实验小学抓住危害最深的七个问题揭批"四人帮"的情况。这七个问题是:"积极诱导,培养新人"的口号是"只抓小事"吗?建立正常教学秩序是不是"管、卡、压"?"严格要求,打好基础"是不是"智育第一"?课外活动要不要有知识性、趣味性、多样性?"教给学生一杯水,教师自己先要有一桶水"是不是"只专不红""走白专道路"?领导干部深入教学第一线是不是"业务挂帅"?后勤工作要不要为教学服务?5月21日,育才中学党支部在《文汇报》发表《育才中学教改经验何罪之有》,用大量事实批驳了"四人帮"对育才中学的诬蔑,责问"育才中学是黑样板,'黑'在哪里?"

7—8月,上海市委召开教育工作会议。会议根据4月召开的全国教育工作会议确定的方针任务,结合上海市的实际,制定了上海市各级各类学校整顿、调整、提高的规划;就被"四人帮"搞乱的一些问题,如全面贯彻党的教育方针,正确处理政治与业务、红与专的关系等,统一认识;就教育战线迫切需要解决的一些实际问题,如整顿学校领导班子,加强学校思想政治工作,充实、提高各级各类学校师资队伍,办好重点学校等进行了充分讨论,制定了切实措施。会议还认为,上海教育战线的外伤、内伤十分严重,不全面拨乱反正,不消除余悸,不解放思想,教育事业就不能发展。

经过两年多的"揭、批、清"运动,全市大中小学干部、师生基本上从政治上、思想上、路线上、组织上划清了是非界限,"四人帮"在教育领域的帮派体系基本被摧毁,人们对教育工作形成了正确的认识。

第二节　纠错平反,落实知识分子政策,建立正常的教育教学秩序

在"文革"期间,教师作为"资产阶级知识分子",地位一落千丈。"四人帮"及其余党想尽各种手段打击陷害教师。在数次运动中,许多教师遭到了残酷迫害。在学校,"四人帮"打着"关心教育革命"的旗号,煽阴风,点鬼火,挑动学生斗教师,破坏师生关系,严重干扰了正常的教育教学秩序。粉碎"四人帮"之后,尽快恢复和发展被破坏的教育体制成为举国上下十分关注的问题,人们充分认识到教师在教育事业中的地位和作用是不可替代的。

一、重新认识教师地位,建立正确的师生关系

从1976年11月开始,随着《园丁之歌》重获新生,女教师俞英的形象深入人心,唤起了人们对教师地位和作用的重新认识。1977年1月17日,《文汇报》第2版刊登了骊山中学党支部的文章《打倒"四人帮",教师得解放》,这使教师的热情和积极性得到很大提高。3月13日,《文汇报》第3版刊登了万东辉的署名文章《否定革命知识分子居心何在》,3月30日,《文汇报》第1版又刊登了石剑、童浩的署名文章《树立尊师爱生的革命新风——彻底批判"四人帮"破坏师生关系的罪行》,揭露和批判了"四人帮"否定知识分子、打击教师、破坏师生关系的罪恶阴谋和阴险手段,提出应倡导尊师爱生的师生关系。该文指出:"马克思主义认为,社会主义学校的师生关系应当是同志式的,而这种关系又具体表现于尊师爱生。自从'抗大'以来,无产阶级教育保持和发扬了尊师爱生的光荣传统,'尊师'是学生应有的品德,'爱生'是教师应尽的责任。"这是社会主义学校新型师生关系的反映,是处理师生关系的正确原则,也是广大革命师生长期以来渴求实现的迫切愿望。

在揭批"四人帮"的过程中,人们逐渐认识到,"学校中广大的革命教师,是党的教育路线、方针、政策的直接贯彻执行者,是培养无产阶级革命事业接班人的辛勤劳动者。他们对贯彻执行毛主席亲自制定的教育方针,培养德智体几方面都得到全面发展的一代新人,担负着极其光荣的任务。没有广大教师的辛勤劳动,就不会有教育战线上的丰硕成果"。[①]

1977年5月,上海市召开了中小学教育工作会议,在会议制定的规划草案

[①] 风华中学党支部.充分发挥教师在教育革命中的作用[N].文汇报,1977-05-07.

中,专门讨论分析了认真落实党的知识分子政策,建设一支又红又专的教师队伍的问题。

此后,全市各中小学都力求在教育教学过程中寻求和建立一种科学正确的师生关系,以促进教育教学工作的发展。如本溪中学党支部在实践中体会到,要建立新型的师生关系,必须明确师生关系中的一些界限,正确处理好以下几个辩证关系:

一、既要求教师克服"师道尊严",又要求教师对学生进行严格要求、大胆管理;

二、既要教育学生服从教师的正确管理教育,支持教师的工作,又要支持学生对教师的正确批评和意见;

三、既要求教师用无产阶级思想教育学生,又引导教师加强自身世界观的改造。①

在此基础上,通过正确处理师生关系,调动了教和学的积极性。

1978年4月22日,邓小平在全国教育工作会议上指出:"我们要提高人民教师的政治地位和社会地位。不但学生应该尊重教师,整个社会都应该尊重教师。我们提倡学生尊敬师长,同时也提倡师长爱护学生。尊师爱生,教学相长,这是师生之间革命的同志式的关系。对于优秀的教育工作者,应该大张旗鼓地予以表扬和奖励。"② 之后,全国各地(包括上海)对在教育工作中如何正确处理师生关系开始有了一个可以遵循的指导纲领。

二、纠错平反,落实知识分子政策,稳定教师队伍

1. 纠错平反,落实知识分子政策

要尊重教师,就必须恢复教育工作者应有的政治地位。"文革"中,教育领域产生了许多冤假错案,许多教育工作者被无端打倒、批判、入狱,甚至被迫害致死。"文革"结束后,怎样正确对待历史问题,还历史以本来面目,为受迫害的教育工作者平反,切实落实知识分子政策,就成为广大教师十分关注的问题。实际上,正确处理好这个问题,对提高广大教师的政治地位,促进广大教师的工作积极性,推动教育工作的向前发展都有至关重要的意义。

---

① 尊师爱生树新风——本溪中学正确处理师生关系的调查[N].文汇报,1977-07-09.
② 邓小平.在全国教育工作会议上的讲话[M]//邓小平文选:第二卷.北京:人民出版社,1994:109.

这一时期,纠错平反大体可分为两个阶段:第一阶段是在1976年10月粉碎"四人帮"以后,第二阶段是在1977年10月开始的否定"两个估计"之后。①

第一阶段主要是清查"批林批孔"和"反击右倾翻案风"中"四人帮"直接插手制造的政治阴谋事件。这些事件都涉及教育领域,因而所涉教育界人士首先得到平反,如"周荣鑫案""王亚卓案""马振抚公社中学案""永乐中学案"《园丁之歌》案"等。在这一阶段,上海市最有名的是为上海师范大学地理系的所谓"中地组复辟事件"平反。与此同时,《文汇报》还报道了一些教师在"文革"非常时期坚守教育岗位、献身教育事业的事迹,如1977年5月25日第2版刊登了《敢顶妖风育新苗——记蕃瓜弄小学教师戴绍英坚持上好文化课的事迹》。应该肯定,虽然这一时期的平反仅涉及一些大案,且不甚彻底,但它为后续的全面彻底平反冤假错案奠定了基础。

第二阶段是与彻底否定"两个估计"相结合的。这个时期,平反冤假错案的规模大大扩展,特别是全国教育工作会议召开之后,敦促各地查处本地"文革"中的典型事件,复查教师积案,调整用非所学,加大老案平反的工作力度。在这一时期,上海市对大中小学的冤假错案也进行了比较全面的清查、平反。如上海市高校为大批受迫害同志平反,复旦大学、同济大学、上海机械学院、上海音乐学院、上海科学院等高校和科研单位都纷纷举办了学习班或召开了声讨大会,发动广大教师和干部、群众,全面深入地清查冤假错案。同时,中小学也积极落实这项工作,如南市区认真落实党的知识分子政策,为受迫害的中小学教师平反昭雪,恢复名誉。

1978年9月,中央决定对最后一批"右派"全部摘帽,并开始复查错划,予以改正。11月,上海在龙华革命公墓为原中共上海市委候补委员,上海市教育局长、党组书记孙兰举行骨灰安葬仪式,为其彻底平反昭雪。至1979年,全市中小学被错划的"右派分子"全部平反。②

1978年3月18日,邓小平在全国科学大会上指出,知识分子的绝大多数"已经是工人阶级和劳动人民自己的知识分子,因此也可以说,已经是工人阶级自己的一部分"。③ 28日,在同国务院政治研究室负责同志的谈话中,邓小平又提出社会主义应当坚持按劳分配原则,指出:"现在小学教员的工资太低。一个

---

① 周全华."文化大革命"中的"教育革命"[M].广州:广东教育出版社,1999:377.
② 吕型伟.上海普通教育史(1949—1989)[M].上海:上海教育出版社,1994:419.
③ 邓小平.在全国科学大会开幕式上的讲话[M]//邓小平文选:第二卷.北京:人民出版社,1994:89.

好的小学教员,他付出的劳动是相当繁重的,要提高他们的工资。将来,有些教得很好的小学教员,工资可以评为特级。"① 4月22日,他在全国教育工作会议上又提到尊重教师的劳动,改善中小学教师工资待遇的问题。10月,中共中央明确宣布,对知识分子不再提团结、教育、改造的方针。这对全社会形成尊重知识分子、尊重教师的风气起了良好的作用。根据党的指示,上海采取了一系列措施,努力提高教师的政治、社会地位,改善教师的待遇和生活条件。1977年,评出市先进工作者451名,市先进集体387个。1978年,提升臧慧芬等17位中、小、幼教师为特级教师,授予李爱珍等3位教师"模范班主任"称号。②

2. 稳定教师队伍

在落实知识分子政策,提高教师政治和社会地位的同时,国家也制定了相应政策,从制度上保证教师队伍的稳定。

本来,"文革"以前,中小学教师队伍就是在党委领导下由教育行政部门管理的。但是,"四人帮"却把这诬蔑为"搞资产阶级知识分子的一统天下",致使在"文革"中多数地区的教育行政部门不能管理教师,也不能管理师范院校毕业生的分配,从而出现了一系列问题:中小学教师被随意借用、调出,教师编制被随意占用;数量本来就极少的师范毕业生不能如数分到教育系统;教师队伍的自然减员得不到补充,老弱病残教师得不到及时妥善的安排。这种状况严重影响了师资队伍的建设,影响到中小学教育事业发展的规模和速度,也严重影响到教育质量的提高。

鉴于此种状况,国务院于1978年2月批准颁发教育部的《关于加强中小学教师队伍管理工作的意见》,其中规定:

(1)中小学公办教师的管理、调配工作,应在党委统一领导下,由县以上各级教育行政部门负责。教师的调动,需经县以上教育行政部门同意。

(2)高师、中师毕业生应全部分到教育战线工作。高师、中师毕业生的分配计划,由省、市、自治区教育部门会同计划部门、人事部门共同制定,派遣工作由教育部门负责。

(3)公办教师的自然减员,应由教育部门于当年如数从民办(代课)教师中选择补充。

(4)各级行政部门不应占用教育事业编制;已占用的,应由人事部门妥善

---

① 邓小平.坚持按劳分配原则[M]//邓小平文选:第二卷.北京:人民出版社,1994:101—102.

② 吕型伟.上海普通教育史(1949—1989)[M].上海:上海教育出版社,1994:420.

安排,尽快退还。各部门、各单位不要任意借调或抽调教师从事非教学工作;已借调的教师,应一律回学校工作。近几年来,已调到其他战线上工作的教师,本人适合教学工作的,应尽量调回教育战线。凡不按上述规定,继续占用教师的,教育部门停发工资。为了保证教师有 5/6 的时间从事教学活动,今后教师应在教学期间和部分放假时间内,和学生一起参加学工、学农劳动和社会政治运动,不要抽调他们离开教学岗位参加农田基本建设等劳动,在近两三年内,也不要抽调他们参加农村基本路线教育工作队等活动。

(5) 选用民办教师,要根据教育事业发展的实际需要,本着节约使用农村劳动力的精神,由县教育行政部门统筹规划。民办教师的任用,要本着任人唯贤、德才兼备的原则,经学校、大队提名,公社选择推荐,县教育行政部门审查(包括文化考核)批准,发给任用证书。辞退或调换民办教师,也需征得学校同意,由公社提出,报县教育局批准,并收回任用证书。

在当时的历史背景下,这个文件对加强中小学教师队伍的稳定和建设,扩大和加快各级各类教育事业的规模和速度,提高教育质量,适应社会主义革命和建设的需要,起到了非常积极的作用。

在高等教育方面,1978 年 3 月 7 日,国务院批转教育部《关于高等学校恢复和提升职务问题的请示报告》,宣布开始执行 1960 年批准而未及实施的《关于高等学校教师职务名称及其确定与提升办法的暂行规定》,宣布原批职称一律有效,给予恢复。新提升教授审批权改由省市自治区掌管,报教育部备案。1978 年 4 月初,上海提升了 400 多名科教人员为正、副教授。① 这一举措极大地调动了广大教师钻研业务的积极性。

三、大力发展教师教育,努力提高教师业务素质

"四人帮"长期的干扰和破坏,不仅严重挫伤了广大教师学习文化、钻研业务的积极性,而且搞垮了师范教育及在职教师的培训工作。同时,他们又通过改组调离了学有专长的人,使用了大批生手,导致整个教师队伍的业务水平大大下降,与社会教育事业发展严重脱节。就上海市各区县的情况来看,就有相当一部分中小学教师不能胜任教学工作。随着粉碎"四人帮"以后教育事业的不断恢复、发展,教师发展问题也越来越受到人们关注。各级教育管理部门、学校和教师自身都开始重视教师素质尤其是业务素质的提高,并不断探求、实践、总结,以求通过多种途径来提高教师素质,促进教育教学工作的发展。

---

① 周全华."文化大革命"中的"教育革命"[M].广州:广东教育出版社,1999:380.

粉碎"四人帮"不久，教师问题成为焦点。一开始，人们还是从毛泽东那里寻找理论依据。毛泽东在"文革"之前说过："教改的问题，主要是教员问题。"在1977年5月3日至21日召开的上海市中小学教育工作会议则提出"建设一支又红又专的教师队伍"，强调"学生是由教师来教的，党的教育方针是通过教师来具体贯彻执行的，教师的政治、业务水平如何，就直接影响到无产阶级革命事业接班人的品质。因此，要正确地、全面地贯彻执行党的教育方针，一个极其重要的问题，便是努力抓好教师队伍的红专建设"。① 当时，许多学校采取了各种形式来加强对在职教师的教育和培训工作。如办短训班，由老教师为新教师举办业务讲座；定期组织教学观摩会；举办教改专题讨论会等。这一时期，教师教育由于受"两个凡是"的影响，虽与揭批"四人帮"结合，但仍然突出政治挂帅。当时这项工作做得比较好的是奉贤县，他们建立了三级教师进修网，开展师资培训工作，通过加强领导、制定规划搞好教师队伍建设，提高了全县中小学教师的政治思想和文化业务水平，提高了教学质量。

1978年1月下旬，上海市教育局召开中小学师资培训工作座谈会。出席这次座谈会的有各区县教育局负责人，教师进修学院的领导和部分中小学教师以及公社的代表，此外，还有上海师范大学②、复旦大学、上海化工学院，各中等师范学校以及上海电视台、上海市教学仪器生产供应站等有关方面代表近200人。会上学习传达了1977年12月全国中小学师资培训工作会议后教育部下发的《关于加强在职教师培训工作的意见》精神，讨论了市教育局关于师资培训工作的计划。

在会上，对于怎样才能完成师资培训工作的任务，许多单位交流了经验和组织教师系统进修的规划。如，市十六中学党支部的代表介绍了他们坚持自力更生，采取各种措施，迅速提高师资水平，使教学成绩初见成效的经验；徐汇区教师红专学院、上海县教师红专学校、奉贤县文教局等单位代表谈了他们初步制定的师资培训工作应急计划和三年设想；上海师范大学的代表表示，一定要不折不扣地完成培训中学在职教师的任务。

会议认为，教育部门各级领导要调查研究、总结经验、分析矛盾、解决矛盾，

---

① 建设一支又红又专的教师队伍[N].文汇报，1977-06-03.
② 1972年5月，上海市革委会决定，华东师范大学与上海师范学院、上海体育学院、上海教育学院、上海半工半读师范学院等校合并，成立上海师范大学。1978年，上海师范学院、上海体育学院和上海教育学院相继复校。1980年7月，经教育部批准，上海师范大学恢复华东师范大学原名。

真正有的放矢、实事求是地搞好师资培训工作。既要树立雄心壮志,有长远规划,又要立足当前,采取切实可行的措施,不失时机,千方百计把在职教师的培训和提高工作抓紧、抓好。

会议强调指出,师资培训工作应坚持"业余为主、本单位培养为主、自学为主"的原则。市和区县教师进修机构要采取有力措施,充分发动群众,依靠群众,挖掘基层单位的潜力,多快好省地建设一支又红又专的教师队伍。[①]

这次会议把师资培训工作提到战略性任务的高度。它提出的"三为主"原则成为各级各类学校师资培训工作的基本原则。它使在职教师的培训工作进一步深入,不仅大、中、小学都开展了此项工作,而且培训形式也更加多样,如稳定教师学科和级任,发挥教研组作用,以老带新"一帮一",举办专题讲座,举办业务进修班等。

1978年4月22日,邓小平在全国教育工作会议上的讲话也明确指出:"教育战线任务愈来愈重,各级教育部门不能不努力提高现有教师队伍的教学能力和教学质量。教育部和各地教育行政部门,要采取切实有效的措施,比如充分利用广播、电视,举办各种训练班、进修班,编印教学参考资料等,大力培训师资。我们希望广大教师努力在政治上、业务上不断提高,沿着又红又专的道路前进。"[②] 教育部部长刘西尧也在会议报告中专门论述了加强教师队伍建设的问题。

1978年5月,为了大力培养师资,发展教育事业,上海师范学院正式复校。各高校在搞好自身师资培训工作的同时,还热情支持和帮助中小学进行师资培训工作,举办中小学教师进修班。此外,上海教育学院和各区县教师红专学院(校)也举办了暑期进修班,帮助教师提高业务水平。各级各类学校教师形成了人人奋发向上、认真学习钻研的风气。

1978年下半年,教育部决定在全国实行新教学大纲,使用新教材。为了贯彻新大纲,教好新教材,上海市区教育部门开始大力培训中小学教师,主要通过办暑期教师进修班的形式来进行,同时结合各中小学的实际,通过边教学边进修来帮助教师提高业务水平和把握新教材。此外,为了帮助中小学教师提高教育质量,《上海教育》于9月复刊,上海师范大学(今华东师范大学)也编辑了《物理教学》《数学教学》《化学教学》《中小学外语教学》等教学研究刊物。

---

① 尽快建设一支又红又专的教师队伍[N].文汇报,1978-01-24.
② 邓小平.在全国教育工作会议上的讲话[M]//邓小平文选:第二卷.北京:人民出版社,1994:109—110.

所有这些举措，都对教师素质尤其是教师业务素质的提高，对建设一支高质量的教师队伍，促进上海教育事业的发展起到了积极作用。

第三节 采取各种措施，努力提高教育教学质量

上述两节从两个方面反映了当时上海教育界为稳定教育工作，提高教育教学质量而作出的努力：一是改变思想观念，二是培养师资。除了这两方面之外，为提高教育教学质量，上海还采取了其他一些措施。

一、建立正常的教学秩序

1. 整顿学校秩序

多年来，"四人帮"在教育界颠倒是非，另立"标准"，宣扬"流氓勇敢""文盲无害"等反动谬论，教唆、挑拨学生打击陷害领导和教师，致使许多学校无法正常开展教育教学工作。所有这些，都给教育造成了十分恶劣的影响。

粉碎"四人帮"以后，首先而且迫切要做的工作就是尽快恢复和建立正常的学校秩序，保证学校教育教学工作的正常开展。

"文革"刚结束时，上海各学校主要结合揭批"四人帮"的运动对学生进行思想政治教育，加强学习、批判，分清是非界限，树立典型，带动一般，帮助学生树立勤奋学习文化科学知识的正确思想观念。如上海交通大学注重抓先进典型，结合学习雷锋的群众运动，广泛进行组织纪律教育，整顿学校秩序，使学校呈现出新的面貌。1977 年 5 月 17 日，《文汇报》刊登了《一所从乱到治的学校——上海市九江中学的调查》一文，介绍了九江中学紧密结合揭批"四人帮"，坚持党的基本路线教育，通过切实的调查研究，深入细致的思想政治工作，使学校由乱到治，稳定教育教学秩序的经验。5 月 3 日至 21 日举行的上海市中小学教育工作会议又进一步确立了坚持揭批"四人帮"，全面正确地贯彻党的教育方针，排除干扰，大力推进教育发展的思想。

1978 年 2 月，上海市教育局印发《关于加强全日制中小学教学工作的意见》（以下简称《意见》）。《意见》认为，中小学是基础教育，搞好中小学教学工作，是贯彻党的教育方针的重要组成部分。为了加强中小学的教学工作，文件提出了如下建议：在党支部成员中，一定要有内行的人分管教学，学校的一、二把手要深入第一线，力求熟悉教学工作；执行统一的教学计划，保证政治课和文化课的教学时间，不允许随意停课；重视文化知识教学，按照各科教学大纲和教材的要求，完成教学计划，加强基础知识教学和基本技能训练，切实提高教学质

量;发挥教师主导作用,调动学生学习的积极性,不断改进教学方法;加强课外、校外活动指导,巩固、扩大学生的文化科学和社会知识面;调动教师的积极性,切实提高教师的政治、业务水平,保证教师每周至少有5/6的时间抓教育、教学工作和业务进修,寒暑假期有3~4周的时间休息。① 5月9日,《文汇报》刊登了《实验小学揭批"四人帮"改变面貌的经验表明:要敢于拨乱反正,善于抓好教学》一文,介绍了上海市实验小学的做法,即"领导深入第一线,抓好教师的业务学习;针对学生特点进行生动、多样的阶级教育和传授文化知识"。

11月,在中共上海市委领导下,市教育局、团市委、市公安局联合召开上海市中小学思想政治工作会议,研究了新时期如何加强共产主义道德教育问题,总结了做好差班工作的经验,提出对后进学生的管理教育措施,要求发扬新风尚,力争使在校中小学生的犯罪率迅速降下来。会议印发了《关于加强中小学学生校外教育的意见》和《关于加强工读学校学生教育管理的意见》,开始建立各级各部门齐抓共管的制度,并重视做好学校、社会、家庭三结合教育工作,进一步整顿校风校纪。自此,上海市一些学校开始加强对学生的法制教育,逐步形成遵纪守法的风气,从而保证了正常的学校秩序。

2. 重申大中小学条例

1977年12月16日,《文汇报》刊登了上海师范大学金一鸣的文章《高教六十条和中小学条例不容诋毁》。文章指出:"《教育部直属高等学校暂行工作条例(草案)》(即'高教六十条')、《全日制中学暂行工作条例(草案)》(即'中学五十条')和《全日制小学暂行工作条例(草案)》(即'小学四十条'),是中央分别在一九六一年和一九六三年下发试行的。这些文件比较系统地总结了新中国成立以来教育工作的经验。"这些条例当时受到毛泽东的高度赞扬,但在"文革"中却被"四人帮"彻底废弃。

为了建立必要的教育制度,教育部对原"中学五十条""小学四十条"作了一些修改,并于1978年9月将《全日制小学暂行工作条例(试行草案)》及《全日制中学暂行工作条例(试行草案)》下发到各省、市、自治区教育厅(局)进行讨论、试行。

3. 学制建设

1978年1月,教育部颁发《全日制十年制中小学教学计划试行草案》,并为此发了通知。其中规定了中小学的任务、学制、制定教学计划的基本原则、"主

---

① 吕型伟.上海普通教育史(1949—1989)[M].上海:上海教育出版社,1994:428—429.

学"与"兼学"的安排、活动总量、课程设置等。规定全日制中小学学制为十年,包括小学五年、中学五年;中学五年按初中三年、高中两年分段;统一为秋季始业。

4. 教材建设

在各级学校的教育教学中,教材是关键。教材既要反映现代科学文化的先进水平,又要符合我国的实际情况。在刚刚粉碎"四人帮"的1976年10月,上海市教育局教材组就根据中央十五、十六号文件的指示精神,立即通知各级学校:凡现行教材中"四人帮"的文章、言论一律停教;同时对原中共上海市委写作组直接领导编写的"五五制"中小学教材,特别是文科教材进行清查,将"四人帮"的有关言论一律清除,不能清除的,暂停出版。依照这一精神,上海市编写的《政治经济学》《社会发展简史》暂不出版。

教材是教师授课的依据,它不仅涉及文化知识,而且涉及国家的教育方针政策以及教育要培养什么人的问题。1977年底至1978年8月初,邓小平多次提出要编写全国通用的中小学教材,要求1978年秋季新生入学时使用新教材。为此,教育部于1977年9月开始教材编写工作,并于1978年秋季开始供应各科课本第一册。① 为了在新学期教好、用好全国中小学通用新教材,统一教学思想和行动,1978年暑假期间,上海市和各区县教育部门还举办了多种形式的培训班,组织广大教师学习新大纲和通用新教材。

5. 恢复重点学校建制

1977年5月,邓小平曾经说过:"办教育要两条腿走路,既注意普及,又注意提高。要办重点小学、重点中学、重点大学。要经过严格考试,把最优秀的人集中在重点中学和大学。"② 1978年4月,邓小平在全国教育工作会议上又提出:"为了加速造就人才和带动整个教育水平的提高,必须考虑集中力量加强重点大学和重点中小学的建设,尽快提高它们的教学水平和教学质量。"③

1978年1月,经国务院批准,教育部发出《关于办好一批重点中小学的试行方案》通知,决定在全国办好一批重点中小学。通知要求各地在总结28年经验的基础上,对发展和办好本地区、本部门的重点中小学作出规划和部署。通知指出,上半年各地要对所确定的重点中小学认真进行一次整顿,把领导班子配备好,调整和充实加强教师力量;认真建立必要的规章制度;在学校自力更生、勤俭办学的前提下,对其经费、物资安排给予必要的支持,尽快充实改善这些学

---

① 吕型伟.上海普通教育史(1949—1989)[M].上海:上海教育出版社,1994:422.
② 人民教育出版社.教育改革重要文献选编[M].北京:人民教育出版社,1986:126.
③ 同上,166—167.

校的仪器、图书等教学条件,保证这些学校秋季开学后能够切实按照新的教学计划、教学大纲和教材进行教学。在试行方案中提出,大中城市可在市和区县举办重点学校。市办好一批重点中小学;区县可办两三所重点中学,五六所重点小学。各省、自治区可在省、地市、县三级举办重点学校。各级教育行政部门今后应根据需要和可能,将确实办得好的中小学逐步纳入重点学校的行列。此后,教育部办了20所重点中小学,其中上海有华东师大二附中和上海市实验小学2所。

1978年1月,上海市教育局向中共上海市委报请审核《关于设置本市重点中小学的请示报告》,中共上海市委批复同意。市教育局根据学校领导、师资等条件和合理布局的要求,确定了重点中小学及幼儿园共174所,其中中学70所,小学102所,幼儿园2所。除教育部在上海市直接抓的华东师大二附中和上海市实验小学外,市和区县双重领导的重点中小学和幼儿园有25所,它们是:长宁区延安中学、卢湾区向明中学、第二中心小学、杨浦区控江中学、闸北区市北中学、南市区大同中学、荷花池幼儿园、虹口区师大一附中、复兴中学、第三中心小学、第三中心小学附属幼儿园、徐汇区上海市第二中学、南洋模范中学、向阳小学、黄浦区格致中学、普陀区曹杨第二中学、静安区育才中学、市西中学、一师附小、上海县七宝中学、马桥小学、宝山县行知中学、嘉定县第一中学、川沙县建平中学、松江县松江二中。另外,大学附中2所,分别是复旦大学附中和上海交通大学附中。区县重点中学49所,重点小学96所。[①]

同时,上海市教育局还颁发了《关于设置重点中小学的若干意见》,要求在领导班子、教学设备、经费、学生来源上,给重点学校以优先保证;重点学校规模不宜过大,中学一般为30个班,小学一般为20个班;重点中学可视条件多办一点高中班,并可在高中阶段试办理科班;重点小学必须从三年级起开设外语课。规定重点中学可在本区县范围或分片招收新生,坚持德、智、体全面衡量的原则,采用原校推荐和统一考试相结合的方法,择优录取。有住宿条件的重点中学可视情况扩大招生范围,适当招收邻近地区的走读生。规定重点小学根据就近入学的原则招收新生。

7月2日,上海市召开教育工作会议,"狠抓教育质量,集中力量办好重点大中小学"是主要议题之一。9日,就如何办好重点中小学,迅速提高教育质量,《文汇报》邀请出席市教育工作会议的部分区县教育局和重点中小学代表进行

---

① 本市确定一批重点中小学[N].文汇报,1978-02-01.

座谈，大家普遍认识到，要把重点学校办成第一流的学校，必须整顿领导班子，充实教师队伍，改善教学设备，提高教育质量。

从1978年秋季开始，上海市重点中学开始试办理科班。理科班除了贯彻执行《全日制十年制中小学教学计划试行草案》的指导思想和原则外，还要重点上好数、理、化课，加快步伐，为高等学校以及国民经济各部门输送德、智、体全面发展，具有较高数、理、化水平的中学毕业生。理科班的数、理、化教学大纲和教材由上海市组织编写，它贯彻了部颁大纲"精选、增加、渗透"的原则，即精选传统内容，增加现代内容，渗透现代观点和方法，但在内容的处理上，要求则更高。应该说，这套大纲与教材对提高师资水平和教学质量起到了一定的促进作用，但由于受当时国际上一些国家偏重提高理论水平的影响，它在一定程度上脱离了教师水平、教学设备和学生基础等实际情况，从而给教学带来了一定困难，也增加了学生的负担。如有的学生跟不上，学生成绩两极分化；由于不开生物、历史、地理课，学生知识面狭窄，[①] 出现了重理轻文的现象。

当然，在集中力量办好重点学校的同时，一些非重点学校也在采取措施抓好教育质量，提出了"不是重点学校也要抓好教育质量"的口号。

6. 促进全体学生共同发展

与集中力量花大力气办好重点学校相呼应，普通学校针对学生程度相差悬殊的状况，也将同年级学生按文化程度分为提高班、普通班和基础班（或分为快班、中班和慢班，重点班和普通班）。但是，由于同一年级学生仍然使用相同的教材，因此程度差的学生还是难以接受，这成为大面积提高教育质量的障碍。

当时有不少学校在重点抓好快班的同时，都忽视了中班和慢班，特别是对慢班没有予以足够的重视。有一种说法颇具代表性，叫做"快班抓，中班混，慢班放"。所谓"放"，就是对慢班学生采取放弃不管，听其自流，"让他们混到毕业算数"的消极态度。由于学校领导不够重视，慢班的师资配备往往较弱，教学时间往往安排不足。这就使本来就有自暴自弃想法的慢班学生容易丧失上进心，从而慢慢形成一种所谓的"慢班定局论"。所以，慢班学生如何转化，如何使学校教育真正获得大面积丰收，真正全面提高教育质量等问题，就为许多教育工作者所关注。《文汇报》于1978年11月21日刊登了明德中学陆宝兴老师做好慢班工作的先进事迹。同时，一些学校也开始在师资配备等方面注重正确处理重点班和普通班的关系，以促使教育效果全面提升。

---

① 吕型伟.上海普通教育史(1949—1989)[M].上海：上海教育出版社,1994：424.

二、修订教育方针,调整管理体制和布局

1. 修订教育方针

"十年动乱"中,党的教育方针被"四人帮"歪曲得面目全非。1978年4月,邓小平在全国教育工作会议上指出,必须"把毛泽东同志提出的培养德智体全面发展、有社会主义觉悟的有文化的劳动者的方针贯彻到底,贯彻到整个社会的各个方面"。①

2. 调整管理体制

"十年动乱"中,"四人帮"把市区小学、幼儿园的管理权全部下放到街道,把农村中小学的管理权下放到公社(镇)和大队。结果是,学校与教育行政部门的联系中断了,正常的教学秩序被打乱了,学校不能按教育规律办事,市、区县教育行政部门除发放教育经费外,难以对学校的教学、行政等工作进行有效的指导。

1977年,上海市中小学工作会议召开后,各区县普遍筹建了教育局,把下放到街道的小学、公办幼儿园收归教育部门统一管理;对区县教育部门和学校的领导班子进行调整、充实和加强。1978年,教育部重申《全日制中小学工作条例(试行草案)》后,全日制中小学和公办幼儿园全部由区县教育行政部门统一领导和管理。②

3. 调整布局

"文革"中,上海市中小学盲目发展,虚假普及。在"把学校办到家门口"的口号下,学校过于分散,规模太小,造成极大浪费,教育质量严重下降。"文革"后短时间内,这一局面没有得到及时扭转(见表1-2和表1-3)。

表1-2 1976—1978年上海市中学发展情况表③

年份	校 数（所）	班 数（个）	学生数（万人）			教职工数（万人）	
			初 中	高 中	合 计	总 数	其中教师
1976	1 056	22 921	65.93	46.64	112.57	7.57	5.40
1977	1 189	25 976	84.68	37.75	122.43	8.15	5.82
1978	1 087	21 566	60.41	39.85	100.26	8.07	5.70

---

① 邓小平.在全国教育工作会议上的讲话[M]//邓小平文选:第二卷.北京:人民出版社,1994:106—107.
② 吕型伟.上海普通教育史(1949—1989)[M].上海:上海教育出版社,1994:432.
③ 上海市教育科学研究所教育史志研究室.上海市学校概况[M].上海:上海社会科学院出版社,1990:15.

表1-3　1976—1978年上海市小学发展情况表①

年　份	校数（所）	班数（个）	学生数（万人）	教职工数(万人)	
				总　数	其中教师
1976	4 185	26 427	104.83	6.37	5.36
1977	4 036	22 834	84.06	5.97	4.73
1978	3 647	23 871	87.06	6.19	4.92

1978年，郊县中小学学生总数为88.31万人，教职工数为5.36万人，学生与教职工的比例大约为16∶1。由于学校盲目发展，布点过于分散，教育质量得不到保证，学生流动情况严重。

在集中力量办好重点中小学的同时，上海市教育局开始根据实际条件和合理布局原则调整全市中小学布局，压缩、恢复和新建学校。比如，1978年7月，上海中学、上海音乐学院附小复校；9月，建襄小学恢复。

三、研究教学方法，探索教育规律

"文化大革命"结束以后，长期以来套在广大师生身上的精神枷锁被砸烂了，广大教师以高涨的热情投入教育教学工作。中小学校纷纷加强教研组建设，注重在工作实践中开展教学研究活动，积极反思、探索，自觉主动地研究教学方法，探索教育规律，以提高教育教学质量。

对教学过程的探究涵盖了"备课—授课—练习—复习—作业—评价"的全过程，并且注意将教学过程的探究与学生身心发展的规律结合起来，充分认识和了解学生的心理特点。如备课环节，要在教学要求和学生现有水平的基础之上，认真考虑学生感兴趣的问题，并启发诱导他们去认识问题，从而掌握备课的艺术；在课堂教学过程中，对教学方法的把握也更加丰富多彩，有的主张"精讲多练"，有的主张启发诱导，他们大多能认识到教学要遵循学生身心发展的规律，提倡教学要了解学生的心理特点和兴趣，应激发学生的求知欲等，上好每一堂课，向45分钟要实效；对于评价，要全面、客观，注重德、智、体全面发展，兼顾知识和能力的全面考察。有些学校还总结出一些行之有效的教学方法，如育才中学在教学实践中摸索总结出了"读读议议练练"教学法，改变了过去"教师讲、学生听，教师独占45分钟"的现象，把课堂教学的重点放在引导学生阅读课文

---

① 上海市教育科学研究所教育史志研究室.上海市学校概况[M].上海：上海社会科学院出版社，1990：17.

和开展讨论上。在学生自学和充分讨论后,教师作重点讲授,并指导学生在课内完成作业,基本做到不留"尾巴"。这种教学方法的优点是既提高了课堂教学单位时间的质量,又不过分加重学生负担。

在探索适宜教学方法的同时,各校也重视实验室建设和电化教学手段的使用。与此同时,广大教师也因地制宜,自己动手,制作了许多简单实用而又极富教学价值的实验器具和电教设备,如制作"土电影",将一些坛坛罐罐用作实验仪器等,让学生在动手中学习,取得了很好的教学效果。

随着教学秩序的恢复,尤其是高考的恢复,学校教育教学中的一些潜在矛盾也开始显露出来。如儿童教育成人化问题,培养拔尖人才与培养一般人才的关系问题,严格要求与留有余地的关系问题,正确处理德、智、体三者关系的问题,水到渠成与揠苗助长的关系问题,重理轻文问题,压制和疏导的关系问题,知识和能力的关系问题,因材施教问题等,涉及面非常广泛。教育工作者们敏锐地意识到这些问题,并及时进行了讨论。

第四节　高等教育的恢复和发展

一、恢复高等学校招生考试制度
1. 恢复高考

"文革"中止了高等学校从应届高中毕业生中直接招生的制度,后又实行"自愿报名、群众推荐、领导批准、学校复审"的招生办法,导致新生质量逐年下降,引起教育界和社会各界的普遍不满。邓小平复出后,非常重视这一问题,他在1977年8月8日的科学和教育工作座谈会的讲话中说:"今年就要下决心恢复从高中毕业生中直接招考学生,不要再搞群众推荐。从高中直接招生,我看可能是早出人才、早出成果的一个好办法。"① 不久,中央正式作出决定,废除推荐制度,恢复文化考试制度,实行德、智、体全面考核,择优录取的招生方式。教育部于1977年8月13日至9月25日重新召开了全国高等学校招生工作会议,讨论并制定了《关于1977年高等学校招生工作的意见》,规定凡是工人、农民、上山下乡和回乡的知识青年、复员军人、干部(年龄放宽到30周岁,但要高中毕业或具有同等学力)和应届高中毕业生,只要符合条件都可以报考。

---

① 邓小平.关于科学和教育工作的几点意见[M]// 邓小平文选:第二卷.北京:人民出版社,1994:55.

10月,上海市成立了由62人组成的高等学校招生委员会,由市委常委陈锦华担任主任,杨恺、刘芳、杭苇、刘佛年、张寿等担任副主任。之后,各区县的高校招生工作小组也相继成立。高校招生委员会成立之后,根据国务院有关招生精神,结合上海的具体情况,对高等学校招生工作中的一些问题作了说明。主要包括关于招生对象、条件的一些具体问题,关于招生办法的实施步骤,关于招生时间等三个主要方面。按照计划,1977年11月初开始总动员,11月6日至8日向所在单位报名,11月中旬以前进行初步审核,符合条件者,由区县招生委员会发放准考证;12月11日(星期日)至12日全市统一举行文化考试;1978年1月25日,招生工作结束。通知发出以后,城乡各界热烈响应,纷纷支持和鼓励符合条件的青年报考大学。这一年,上海地区报考人数达11万,人数之多、规模之大是前所未有的。12月11、12日两天,全市高等学校招生文化考试顺利进行,29日评卷工作完成,招生工作进入区县初选阶段。到1978年2月21日,各高校都发出了入学通知,这届高等学校招生工作基本结束。3月初,全市有万名左右新生入学。

1978年2月28日,教育部和国家计委联合发出通知:鉴于仍有一批成绩优秀的考生未能入学,根据中央指示,要求各地采取积极措施,凡能挖掘潜力的学校,都可在众多上线考生中再扩招一批新生,扩招专业应是通用专业和急需专业,同时可试招一批走读生。通知要求3月底办完录取,4月让扩招学员入学。3月初,教育部又召开电话会议进行动员部署,教育部部长刘西尧指出,扩招是落实政府工作报告对教育战线提出的任务,要采取一系列强有力措施多招学生,要打破常规,重视吸收人才。在这次扩招工作中,上海市14所高校共扩招3 200多人,其中走读生千余人。资料显示,上海师范大学(现华东师范大学)扩招700多人;上海交通大学师资不够,通过增加大班课解决了这一问题;海运学院起运系也试招了30名走读生。① 扩招新生从4月初起陆续入学。

2. 1978年的高等学校招生考试

1977级新生3月刚刚入学,扩招的学生尚未进校,1978年高考招生的锣鼓又敲响了。4月初,中央批转了教育部关于1978年高等学校招生工作的通知。通知指出,实行全国统一命题,由各省、市、自治区组织考试。为了指导各类考生复习迎考,教育部组织编写了《一九七八年全国高等学校招生考试复习大纲》,作为报考青年复习功课的参考资料。复习大纲包括政治、语文、数学、物

---

① 本市十四所高校招收走读生[N].文汇报,1978-03-31.

理、化学、历史、地理、外语8个科目。关于外语考试,规定考生学的什么语种就考什么语种,没有学过外语的考生可以免试,外语考试成绩暂不计入总分,但可作为录取时的参考。此外,还规定物理和化学、历史和地理分开考试。此后,教育部每年都编出新的高考复习大纲,对指导和提高中学教学起到了促进作用。

5月6日,国务院知青领导小组和教育部通知各地积极组织报考知青复习文化课,要求各地生产队、农场不得歧视压制,要给他们提供便利,每天安排一定时间组织复习,做到生产复习两不误。5月,全国教育工作会议期间,召开了1978年招生工作会议,批驳了反对恢复高考的极左思潮,讨论总结了1977年的招生工作,①并制定了1978年的招生规则。规定进一步拓宽报考对象的范围,对年龄不超过30岁的考生没有任何限制;高校举办两年制的专修班,招收年过25岁的考生,以求早出人才;全国统一命题、统一时间考试,考试时间定于7月20—23日;在公布体检名单的同时公开考生各科成绩,录取名单由考生单位张榜公布;打破常规选拔人才;广开才路,不应刁难和压制青年报考,批判反动血统论;中专招考与高考分开进行,可招初中生也可招高中生,由省市统一命题。②

6月17日,《文汇报》第4版列出了1978年在上海市招生的高等学校和专业目录以及中等专业学校和上海市有关各局所属招生的技工学校工种设置的名单。22日,上海市高校招生委员会办公室对有关招生问题作了说明。7月20—23日,上海市高校招生文化考试与全国统一进行,28日开始阅卷评分工作。8月,中国科技大学少年班来沪招生。8月20日,国务院发出通知,要求各高校不得在计划外接受"代培生"。26日起,上海市公布高考成绩。9月中旬,招生工作进入录取阶段,月底录取通知陆续发出,到10月初又通过区县招生办公室发给考生。10月上旬,市中专、技校开始录取新生。到12月初,全市共有66所中专先后开学。

10月6—13日,教育部又在京召开1978年高校扩大招生座谈会,规定把国家计划外扩招数列为地方计划,由地方自筹经费,以调动地方办学的积极性。10月26日,国务院批转教育部扩招意见。③ 上海市教育局根据本地实际情况,

---

① 《人民日报》记者,新华社记者.招生会议上一场很有意义的讨论[N].文汇报,1978-05-24.
② 1978年招生工作会议制定的招生新规定[N].人民日报,1978-06-14.
③ 周全华."文化大革命"中的"教育革命"[M].广州:广东教育出版社,1999:376.

经中共上海市委批准,在完成当年原定招生计划之外,再扩大招生9 000名左右。

这次扩大招生充分发挥了上海市各条战线办高等教育的积极性,采用了多种形式办学,如高校和有关局、区结合创办分校13所;准备恢复和提前招生的大专院校4所;挖掘潜力、增招部分学生的大专院校3所。但由于时间紧迫,在校舍、师资、教学设备等方面还存在不少困难和问题。在这种情况下,各高校和有关局、区党委根据市委的统一部署,为了确保教学质量,主动承担责任,加强协作,克服困难,积极地进行各项准备工作。如静安区教育局支持机械学院轻工分院建校,动员组织条件较好的新闸中学从大局出发让出校舍;在杨浦区有关单位的大力支持下,上海市业余工业大学和市手工业局紧密合作,使业余工业大学轻工分校建校工作进展迅速;上海纺织工学院在师资紧张的情况下,积极做好分院教师的配备工作,等等。此次扩大招生于11月下旬由各区县招生办公室组织考生填写志愿,12月上旬开始录取。开学时间定于第二年1月。

在各方的协同和积极努力下,1978年上海市扩大招生8 600多名,使招生总数达到2.1万多名,这是中华人民共和国成立以来上海市招生最多的一年。

1977年和1978年改革和恢复高校招生考试制度在当代教育发展史上具有极其重大的意义。它打破了出身限制,突出了"广开才路"的录取理念;废除了"突出政治"的极左标准,突出了"择优录取"的文化标准;重新确立了选拔人才的公平竞争原则,调动了亿万青年学习知识的积极性,带动了社会风气的好转。

从这短短的两次高等学校招生考试中,可以看到高考对普通教育的影响之大。客观上,高考制度的确促进了普通教育的发展,提高了普通教育的质量,尤其在1978年实行全国统一考试之后,给普通教育树立了一个明确的衡量标准。但另一方面,后来困扰教育界的一些问题在那时已见端倪,如学生负担过重,上课满堂灌,注重升学率,忽视身体发展,以分数作为衡量学生的唯一标准,等等,所有这些都值得我们认真思考。

二、恢复研究生制度

1977年8月13日至9月25日召开了第二次全国高等学校招生工作会议,会议通过了《关于高等学校招收研究生的意见》(以下简称《意见》)。10月12日,国务院批转了这个文件。10月19日,国务院批准中国科学院委托中国科技大学在北京成立研究生院,重新实行研究生制度,并要求从1977年开始招生,以解决科研人员"青黄不接"的问题,尽快把科研搞上去。《意见》指出,招生对象是政治思想好、学习成绩优异、身体健康、30岁以下(最大不超过35岁)的应届大学毕业生,成绩突出的在校大学生,以及相当于大学毕业程度的工人、农民、在职科技人员、教师及其他工作人员。办法是自愿报名,经过政审和严格考试,择优录取。① 一条广揽人才之路就此打开。

为此,在高考大张旗鼓进行的同时,研究生制度恢复之后的首届研究生招考工作也开始进行。上海各高校和科研单位招考研究生的积极性都很高,其中中国科学院上海分院1977年招收研究生的单位如表1-4所示。②

表1-4 中国科学院上海分院各研究所1977年招收研究生的专业

招生单位	招收专业
上海光学精密机械研究所	等离子体物理、激光物理、光学、光学材料
上海有机化学研究所	有机化学、生物有机化学、量子化学及结构化学
上海生物化学研究所	生物化学、生物分子动力学、量子化学及结构化学
上海技术物理研究所	凝聚态物理
上海硅酸盐研究所	晶体生长、晶体化学、铁电材料铁电学、复合材料
上海冶金研究所	分析化学、半导体材料学、量子化学及结构化学
上海天文台	天体测量
上海昆虫研究所	系统分类、昆虫毒理
上海药物研究所	有机化学、药理学、量子化学及结构化学
上海实验生物研究所	发育生物学、肿瘤生物学、实验肿瘤学
上海生理研究所	分子生物学、神经生理学、神经化学、生理学、人体及动物生理学、生物电子学
上海植物生理研究所	生物化学或细胞遗传、数学、生物化学、植物生理或生物化学、微生物或生物化学

与此同时,复旦大学、上海音乐学院等在沪高等院校也都积极准备招考研究生。

由于时间仓促,有关准备不足,加之招考规模不断扩大,招生时间一延再延,规定一改再改。鉴于新的形势要求,原定的考试时间难以安排在1978年春

---

① 周全华.“文化大革命”中的“教育革命”[M].广州:广东教育出版社,1999:366.
② 上海招收研究生的科研单位[N].文汇报,1977-12-23.

季开学之前,教育部又于1977年12月召开省市招办、部分高校和部委联席会议,决定重新安排,统一部署招考工作。1978年1月,又以教育部和中科院名义发出新规定,宣布再次延长报名时间,推迟入学考试,并决定将1977年、1978年两年的研究生招考工作合并进行(合并报名,合并考试,合并入学),所招学生统称1978级研究生。规定新的报名日期是3月1日至31日,5月初试,6月复试,9月入学。该规定指出,中科院和各高校及各部委所属研究机构招研实行统一的报名考试方法,过去已向中科院报名的仍然有效,未报名的可以继续报名。①2月,教育部再次开会,研究"文革"前几届大学毕业生的报考问题。3月发出通知,要求放宽年龄限制到40周岁,指出1964级、1965级研究生因故中断学习而分配工作的,在重报1978年研究生时,同等条件下优先录取,并可缩短学习年限。

为了迎接研究生招考,上海许多高校认真准备,许多知名科学家、学者踊跃要求带研究生。如上海交通大学许多指导教师精心制定培养计划,表示要尽快造就一批高水平的科学技术人才。复旦大学、同济大学、上海交通大学、上海师范大学(现华东师范大学)等高校和中国科学院上海分院还派出专人到各区县协助初试工作。教育部和有关部门颁布招考研究生通知以后,上海的报考人数每日剧增,大大超过原来的预计,其中历届大学毕业生占四分之三以上。1978年5月15—17日进行研究生招生文化初试;6月初,上海市的阅卷评分工作完成,中旬开始寄发复试通知书;到8月初,上海各高校的研究生复试工作圆满结束;9月中旬发出录取通知书。

三、高等教育的恢复和发展

"十年动乱"结束后,高等教育重新迎来了发展的春天。上海各高校紧密结合揭批"四人帮"和彻底否定"两个估计"的运动,结合学校自身实际,肃清"左"的思想流毒,积极落实党的知识分子政策,大力纠正冤案、假案、错案,为广大受打击的教师平反昭雪。同时,在稳定教师队伍的基础上,各校大力发展教学科研,为上海教育事业的发展作出了重大贡献。

1. 工宣队、军宣队撤出校园

工宣队、军宣队是"文革"期间"四人帮"为从所谓资产阶级知识分子手中夺权而派驻到各大中小学去的。它在很大程度上对学校的发展起到了破坏和阻滞作用。"文革"结束后,由于受"两个凡是"思想影响,工宣队、军宣队并没

---

① 全国统一招收研究生工作即将开始[N].文汇报,1978-01-23.

有马上撤出校园。1977年9月,邓小平在对教育部主要负责同志的谈话中明确提出撤出工宣队的问题。他说:"工宣队问题要解决,他们留在学校也不安心。军队支左的,无例外地都要撤出来。学校里这些问题不解决,扯皮就扯得没完没了。"① 1977年11月6日,中共中央转发教育部党组《关于工宣队问题的请示报告》,对从学校撤出工宣队作了批示,根据这个批示,各地为占领上层建筑而进驻大、中、小学的工宣队随即全部撤出学校。②

2. 恢复和增建高校

"四人帮"在"文革"期间撤销、裁并了一大批普通高等学校,这对我国教育事业的发展造成了极大破坏。"文革"结束后,经国务院批准,恢复、增设了一批普通高等学校。1978年4月,国务院批准教育部的报告,决定在全国恢复和增设包括上海师范学院和上海体育学院在内的55所普通高等学校;5月,上海师范学院正式复校;6月,上海体育学院恢复。为了更多、更快、更好地培养人才,适应1978年高考的需要,一些高校还大力挖潜,扩大规模,建立了分校(院)。

3. 把工作重心转到教学科研上来

1977年12月,教育部召开高等学校应用科学和新技术学科规划会议,制定出14门学科的规划草案,要求把重点大学既办成教学中心又办成科研中心,从而明确了高等学校教学和科研的双重任务。1978年2月17日,国务院批转教育部《关于恢复和办好全国重点高等学校的报告》,确定和公布重点高校88所(恢复原有60所,新增28所),约占当时高校总数405所的22%。③

在上海,各个高校也大力贯彻中央文件精神,坚持"双百"方针,开展学术活动,促进教学和科研工作。如上海科技大学调整教师力量加强基础课教学,电路教研室实行工作量制,充分体现了按劳分配原则,在当时受到肯定;复旦大学恢复发展科学讨论班,高速度、高质量地编写了全国高校英语教材;11所工科院校于1978年10月试办电视教学;上海师范学院中文系提倡学术上不同见解自由争论;1978年11月,上海14所院校《制图》协作组恢复活动;上海市高校教材编写进展迅速,60余门教材很快完成编审工作,部分已出版发行。

应该说,在各高校专家学者的共同努力下,上海高校的科研成果取得了可喜成绩。1978年2月4日,《文汇报》登载《本市高校科研取得丰硕成果》一文,指出"据不完全统计,粉碎'四人帮'以后,上海高校完成科研项目达三百余项,

---

① 邓小平.教育战线的拨乱反正问题[M]//邓小平文选:第二卷.北京:人民出版社,1994:69.
② 高奇.新中国教育历程[M].石家庄:河北教育出版社,1996:233.
③ 周全华."文化大革命"中的"教育革命"[M].广州:广东教育出版社,1999:384.

其中向全国科学大会献礼的项目有一百八十余项","本市高校在去年完成的科研项目中,基础理论和应用理论课题约占百分之十五,说明各校对理论研究的重视和加强","高校学科较多,在科研中发挥这个长处,有利于新兴学科及边缘学科的研究,有利于综合学科的发展"。

4. 拓宽视野,开展对外交流与合作

在大力发展教学与科研工作,加强与国内兄弟院校合作交流的同时,上海高校更是放眼世界,注重与海外高校建立合作和交流关系。如1977年6月,巴基斯坦高教代表团在白沙瓦大学副校长塞蒂教授的率领下访问上海,与上海交通大学等高校进行交流;1978年12月,上海交通大学与美国加利福尼亚大学伯克利分校结为"姐妹学校"。

5. 发挥高校的社会功能,为地方建设服务

在强化自身建设的同时,上海各高校还注重发挥自身的社会功能,为地方建设服务。如,上海外国语学院为了多快好省地培养外语人才,于1978年4月初恢复了业余夜校;复旦大学、上海师范大学(现华东师范大学)、上海交通大学等高校积极支持中小学师资的培训工作,利用各种形式举办讲座、培训班,帮助培训中小学教师;为了解决"文革"期间受影响的大专生的学业问题,上海各高校响应教育部意见,纷纷举办大专毕业生进修班,招收1968届至1971届大专毕业生回校进修(包括上海市10所工科、医科院校);为帮助中小学教师提高教育质量,上海师范大学(现华东师范大学)还编辑了五种教学研究刊物,等等。

第二章

解放思想，启动改革（1978—1985）

在粉碎"四人帮"之初，"两个凡是"等错误思想还占据着主导地位，这极大地制约了社会的进步。党的十一届三中全会犹如一股春风荡涤着中国大地，在思想建设方面冲破了"左"倾错误思想的长期束缚，重新确立了马克思主义思想路线、政治路线和组织路线，开始了全国范围的思想解放大潮。中共十二大之后，教育的地位和作用不断彰显，逐渐改变了人们在"文革"中形成的轻视教育的观念，尤其是1985年5月《中共中央关于教育体制改革的决定》颁布以后，全国的有识之士和教育工作者更是深刻体会到"教育必须为社会主义服务，社会主义建设必须依靠教育"是经过实践检验的、颠扑不破的真理。至此，在思想解放大潮的引领下，全国范围内的教育体制改革全面启动。

在此期间，上海也从噩梦中走出，人们开始重新审视这一段非理性的、令中国全面倒退的历程，明确了教育是我国社会主义各项事业的奠基工程，认识到改革的迫切需要，而这又必须以思想改革为先导。所以，上海市各级教育行政部门根据国家"调整、改革、整顿、提高"八字方针的指示精神和市政府的要求，从解放思想入手，积极进行教育改革，为以后上海教育改革的深化和发展奠定了良好基础。

第一节 解放思想，确立教育的地位和作用

粉碎"四人帮"以后，我国教育界开始拨乱反正，批判横加在教育上的不实之词，尤其在党的十一届三中全会提出"将全党工作重点转移到社会主义现代化建设上来"以后，上海教育界进一步展开了教育思想的大讨论，冲破了"左"倾思想的长期禁锢，重新确立了教育的地位与作用，推动了人们教育观念的变革，为以后的教育教学改革奠定了思想基础。

一、冲破思想禁区，讨论教育的本质问题

在1978年我国有关真理标准问题的讨论中，上海教育界也对教育领域中

基本的重大的理论问题进行了探讨,其中对教育本质问题的讨论最为深入、热烈,影响也最大。首先,我国教育界对"教育是上层建筑"这一问题提出质疑。通过探讨,学者们认识到,教育是根据一定的社会要求和受教育者的发展需要,有目的、有计划、有组织地对受教育者施加一定影响,使其符合一定社会规范需要的活动。他们指出,在阶级社会中,教育是具有阶级性的,它反映的是某一社会范畴中居于统治地位的阶级的利益(包括政治利益和经济利益),是为统治阶级服务的,因此社会的经济政治制度和意识形态不仅决定着教育的领导权,也决定着教育目的、教育思想和教育内容。可见,教育具有上层建筑的属性,但并不是全部。其次,在这次讨论中,人们厘清了教育与社会生产的关系,认为教育具有生产力的属性,不能只是简单地将教育看作阶级斗争的工具,指出教育作为生产斗争工具的职能是永恒不变的。第三,对于教育功能问题的讨论,虽然人们各执己见,但都认为教育具有社会功能和育人功能。其中,通过接受教育,一个自然人成长为具有一定思想、观念,具有一定行为规范的社会人,就是教育的育人功能。而生活在一定社会背景下、受过教育的社会人,通过参与社会经济文化生活使社会得到发展和延续,就是教育的社会功能。教育的社会功能包括政治的、经济的、文化的诸方面。这次大讨论纠正了长期以来人们对教育本质的狭隘认识,端正了人们的思想,为中国共产党重新确立教育的战略地位提供了理论依据。1983年,邓小平"三个面向"指示的发表,激起了上海市广大教育工作者积极投身教育改革的巨大热情,人们对教育本质、教育目的以及教育功能等基本问题的探讨进一步深入,人们的教育思想观念进一步更新,从而为上海市的教育教学改革打下了良好基础。

二、采取有力措施,确立教育的战略地位

1982年召开的中共十二大确立了教育的战略地位。会议认为教育是经济发展的战略重点,要求全党上下一定要重视教育。这次会议突出了教育的地位和作用,逐渐改变了人们在"文革"中形成的轻视教育的观念。

在20世纪80年代初,上海市政府相继制定了经济发展战略、城市建设总体规划和文化发展战略,描绘了上海未来发展的蓝图。而这幅蓝图的实现,有赖于教育的发展和人才的培养。所以,在中共十二大召开以后,上海市政府就提出了"经济要发展,教育要先行"的口号,以实际行动确立了教育的战略地位。在这一时期,上海各项教育事业都得到了很大发展。从1978年到1986年,教育事业费累计达34.1亿元,是过去28年(1949—1977)的1.3倍。"六五"期间,上海市政府对普通教育的投资有较大幅度的增长,基础教育事业费达

15.02亿元,年均增长率为12%,基本建设经费1.2亿元,年均增长率为12%。从1976年到1985年,高教事业经费共计14.6亿元(其中"六五"期间为10亿元),仅1985年就有2.8亿元左右。自1978年到1985年,上海市高校的基本建设投资每年以40%左右的速度增长,而在"七五"期间,上海市仅对市属高校的建设投资就达7亿元。从1981年开始,上海市又不惜耗用大量人力、物力和财力,进行了规模较大的现有人才调查和预测活动,并在此基础上拟定了《上海市普通高等教育"七五"规划纲要》。为了培养更多优秀人才,上海市加强了市属高校建设,并制定了相应政策,扶植高校发展,如允许市属高校少数专业第一批录取招生,增加事业费和外汇拨款,逐步增加基本建设投资,每年安排50万美元作为重点专业和骨干教师出国进修的专项经费等。

上述一系列举措,不仅将教育的战略地位真正落到了实处,而且使上海教育步入了良性循环、健康发展的轨道。

第二节　教育方针的修订与贯彻

中华人民共和国成立以来,我国关于教育目的和方针的表述几经变迁。随着社会主义建设的发展,中央政府对教育方针不断进行修改和完善,其间历经曲折,走了不少弯路。直到粉碎"四人帮"以后,尤其是党的十一届三中全会以后,才重新修正了全面发展与"德、智、体、美、劳"各育的关系,确立了德育的主导地位与作用,同时坚持"五育"既相互独立又相互联系的思想,力求使学生在德、智、体、美、劳诸方面得到和谐统一的发展。

一、我国教育方针的修订

中华人民共和国成立以后,关于教育目的的表述几经修订。

1957年,毛泽东在最高国务会议上提出:"我们的教育方针,应该使受教育者在德育、智育、体育几方面都得到发展,成为有社会主义觉悟的有文化的劳动者。"[①]

1958年,在中共中央、国务院关于教育工作的指示中又提出了"教育必须为无产阶级政治服务,必须同生产劳动相结合"的方针。

1981年6月,中共中央《关于建国以来党的若干历史问题的决议》明确提出,"坚持德智体全面发展、又红又专、知识分子与工人农民相结合、脑力劳动与

[①] 毛泽东选集(第五卷)[M].北京:人民出版社,1977:385.

体力劳动相结合"的教育方针。

1982年,第五届全国人民代表大会第五次会议通过的《中华人民共和国宪法》规定:"国家培养青年、少年、儿童在品德、智力、体质等方面全面发展。"

1985年,《中共中央关于教育体制改革的决定》指出,教育要为我国的经济和社会发展培养各级各类人才,"所有这些人才,都应该有理想、有道德、有文化、有纪律,热爱社会主义祖国和社会主义事业,具有为国家富强和人民富裕而艰苦奋斗的献身精神,都应该不断追求新知,具有实事求是、独立思考、勇于创造的科学精神"。

从上述我国教育方针变迁的历程可以看出,这一时期,伴随着我国社会主义建设事业的发展,虽然教育方针的提法前后有所不同,但其核心都是要培养社会主义的建设者和接班人,都要学生在品德、智力、体质等方面全面协调发展,都要通过"德、智、体、美、劳"五育并举,教育与生产劳动相结合这条途径来实施,其精神实质是一致的。

二、我国教育方针在上海教育界的贯彻与实施

在贯彻和实施教育方针的过程中,我们曾经有过许多历史经验与教训。由于毛泽东在教育方针中只提德、智、体三个方面,因此,有相当一段时期,教育方针中基本上不提美育和劳动教育。加之长期以来,我国一贯强调学生的全面发展,压抑学生的个性发展,所以个性发展几乎成了资产阶级思想的代名词,成为教育理论界的一个禁区。"文革"期间,党的教育方针被"四人帮"严重歪曲和篡改,谁提到美育谁就会遭到批判。

粉碎"四人帮"以后,教育界进一步明确和贯彻了党的教育方针。1978年4月,邓小平提出,必须"把毛泽东同志提出的培养德智体全面发展、有社会主义觉悟的有文化的劳动者的方针贯彻到底,贯彻到整个社会的各个方面"。① 同时,真理标准问题的大讨论也带来了教育界思想的大解放。教育理论工作者提出:我国的教育方针是培养全面发展的"建设者和接班人",而所谓"全面发展",不应该只包括德育、智育、体育三方面,还应该包括美育和劳动教育。这个观点得到了社会的广泛认可。②

---

① 邓小平.在全国教育工作会议上的讲话[M]//邓小平文选:第二卷.北京:人民出版社,1994:106—107.
② 在1986年9月召开的全国中小学教材审定会上,国家教委副主任柳斌指出:"基础教育要为培养社会主义合格公民,培养德智体美劳全面发展的'四有'人才奠定基础。"此后,"德、智、体、美、劳"五育并举的观点逐渐见诸报端和各级行政部门所颁发的文件当中。

全面贯彻党的教育方针,实现"五育"并举,培养全面发展的"四有"(有理想、有道德、有文化、有纪律)新人,最重要的就是要转变思想观念,并将思想转化为具体行动。在基础教育领域,1978年2月,上海市教育局印发了《关于加强全日制中小学教学工作的意见》(以下简称《意见》),认为中小学是基础教育,搞好中小学教学工作是贯彻党的教育方针的重要部分。鉴于教学工作是教育方针的重要体现形式,《意见》指出:在党支部成员中,一定要有内行人分管教学,学校的一、二把手要深入第一线,力求熟悉教学工作;执行统一的教学计划,保证政治课和文化课的教学时数,不允许随意停课;重视文化知识教学,按照各科教学大纲和要求,完成教学计划,加强基础知识教学和基本技能训练,切实提高教学质量;发挥教师的指导作用,调动学生学习的积极性,不断改进教学方法;加强课外、校外活动指导,巩固、扩大学生的知识面;调动教师教学的积极性,全面提高教育教学质量。《意见》出台后,上海市教育局以"抓教学工作、贯彻教育方针"的思想为指导,下发了一系列教育指导性意见,层层落实,加强党对教育教学工作的领导,将"全面贯彻党的教育方针"的口号落到了实处。1979年1月,上海市教育局印发了《1979年上半年中小学工作要点》,其中指出,要"从上到下统一思想,集中力量把中小学的工作重点转移到教学上来,以教学为中心,全面贯彻教育方针,努力提高教学质量,为社会主义现代化快出人才、多出人才打好基础"。1980年之后,《当前改进中学各科课堂教学的意见》《教研组工作和组长职责》《教师备课的几点要求》《中小学校长和教导主任领导教学工作的若干意见》和《中学生学习与作业的基本要求》等文件又先后下发到各学校,试图全面建立起教育教学的规范,以保证教育方针的落实。

与此同时,在粉碎"四人帮"以后,中国迎来了科学技术的春天,人们开始普遍重视教育,重视知识,关注学历文凭,这对形成良好学风、提高教育质量有一定的积极作用,但同时也带来了一些负面影响。如基础教育中,人们只重视智力开发,忽视道德品格的养成教育;只关注脑力,忽视身体锻炼;只看重升学分数,忽视审美情操的涵养。在高等教育中,片面追求高学历,成人教育也只是围着学历文凭转。鉴于这些情况,上海市教育局开始着手扭转这种局面。1978年5月20日,上海市教育局、市体委、市卫生局联合转发教育部、国家体委、卫生部《关于加强学校体育卫生工作的通知》,要求各中小学从即日起,按照教育部颁布的《体育教学大纲》和《生理卫生教学大纲》进行教学,开展体育活动,认真做好早操、课间操和眼保健操。1978年5月31日,教育部颁发了委托上海市教育局编写、经讨论修改而成的《试行〈全日制十年制学校中小学音乐教学大纲〉》

《试行〈全日制十年制学校中小学美术教学大纲〉》;11月12日,上海市体委、市高等教育局、市教育局、团市委联合发出《关于在本市学校中大力开展冬季体育锻炼的通知》;12月30日,上海市教育局又印发《上海市中小学体育学科考核办法》。1979年2月,团市委、市高等教育局、市教育局联合发出《关于1979年深入开展学雷锋、争"三好"活动的通知》,定于当年7月召开1978—1979年度全市学雷锋、争"三好"积极分子大会。1979年12月,在由上海市教育局、中国音乐协会上海分会、上海音乐学院联合召开的中小学音乐教育座谈会上,贺绿汀教授指出要提高音乐水平,必须从中小学抓起。会议就全面理解教育方针等问题进行了探讨与研究,强调了音乐、美术学科在德智体全面发展的教育方针中的重要地位。1985年,上海市重建了艺术师范学校,并建成了一批重视艺术教育的中小学,例如上海师大附中、闸北区蕃瓜弄小学等,明确了"五育"中美育的重要作用,认为实施美育是适应社会发展和全面提高学生素质的需要,也是发展青少年、儿童个性的需要,认为离开美育的教育是不完整的教育。如蕃瓜弄小学在进行美育时,逐步实施《加强艺术教育设想》《实施美育方案》。① 总之,上述学校在教育教学中以美育带动德育、体育发展,逐渐形成了自己的办学特色。

在高等教育领域,上海各高校为了全面落实党的教育方针,也都作出了切实的努力。1979年12月14日,上海市召开高等学校工作会议。会议指出,"为了实现党的工作重点的转移,各高校党委的主要任务是:从本校的实际情况出发,贯彻党的三中全会、四中全会确定的路线、方针;贯彻党的教育方针和各项政策;抓全局性的大事,及时发现和纠正一切违反党的路线方针政策的倾向"。1984年1月,中共上海市委教育卫生办公室、上海市人民政府教育卫生办公室联合下发《关于加强和改进研究生思想政治教育工作的意见》,对研究生的培养目标作出明确规定:德智体全面发展,又红又专,而且应该比大学本科生有更高的标准,更严的要求。同时在政治、专业水平和体育方面,也都按照党的教育培养方针的要求作了严格规定。在新的形势下,上海市各高校在确定培养目标、制定教学和管理规章制度的过程中也明确提出,高等教育办学方向和培养目标的制定,要有利于全面贯彻党的基本路线和教育方针,要有利于培养德智体全面发展的社会主义建设者和接班人。这样,各校在积极贯彻党和国家以及各级

---

① 蕃瓜弄小学在此基础上进行全面总结,后来还于1988年制定了《蕃小美育大纲(草案)》,这份大纲规定了美育的目的、任务、原则、途径与方法,在全国范围内引起了较大反响。

教育行政部门的有关方针、政策和指示精神的过程中,注意有的放矢,从学校最基层的教研室抓起,以教学工作为主线,积极渗透"五育"的思想内容,保证了上海各高校的社会主义办学方向,为社会培养和输送了一大批优秀人才。

第三节 建章立制,教育管理走向规范化

粉碎"四人帮"以后,教育的重要性日益突出,为此,党中央、国务院和教育部颁发了一系列关于教育工作的重要文件,力求从政策法规的层面保障教育的发展。上海市为了正确贯彻党和国家的方针、政策,本着从实际出发的原则,从1980年开始,先后出台了《上海市普及义务教育条例》等一系列法规,另外还颁布了20多项教育规章。这些条例、规章的颁布与实施,在上海教育逐步走向规范化、法制化的进程中起了举足轻重的作用,推动了上海教育的健康发展,成为上海教育改革的重要保障。

一、制定长期规划,明确发展方向

上海市委、市政府在党的十一届三中全会精神的指引下,组织社会各方面力量开展了大量深入的调查研究,并广泛听取了各方面专家的咨询意见,在经过反复论证的基础上,制定了《上海市教育事业十年规划和"八五"计划纲要》。对上海教育事业发展最快、变化最深刻的十年(1980—1989)作了认真反思与回顾,既总结了成绩,也指出了不足,并在此基础上提出了这一时期上海教育事业发展与改革的指导方针、主要目标和主要任务,对上海在下一个五年计划期间有关教育发展的具体任务与实施作了具体安排;在认真总结与回顾"七五"教育计划执行情况的基础上,对新的历史时期上海教育发展所面临的新情况、新问题进行了探讨与分析,提出了上海教育发展与改革的基本思路和指导方针,确定了在未来发展中上海市各类教育发展的总目标和各项具体指标,指出了实现这些目标的途径与措施。应该说,规划中提出的上海市教育在各阶段的总体发展规划与具体数量指标,成为上海市基础教育、高等教育、职业技术教育、成人教育和特殊教育制定各自规划与计划的依据,为各区县的教育发展提供了实施准则,也指明了发展方向。

二、中小学教育政策法规的建立与实施

1. 关于教学管理工作政策法规的颁布

中小学教育是整个社会教育体系的基础,加强中小学的教学工作,是贯彻党的教育方针政策的重要体现。早在1978年2月,上海市教育局就印发了《关

于加强全日制中小学教学工作的意见》(以下简称《意见》)。《意见》不仅指出党支部成员中要有内行人分管教学,要求学校的一、二把手深入教育教学第一线,以便熟悉教学工作,还要求保证教学时数,重视文化课教学,提高教学质量,此外还对教师的业务进修和教育教学工作的时间提出了具体要求。1980年至1981年,市教育局又先后下发了《中小学校长、教导主任领导教学工作的若干意见(试行稿)》《教研组工作和组长职责(试行稿)》《教师备课的几点要求(试行稿)》《中学实验室管理办法和实验员职责(试行稿)》《中学生学习与作业的基本要求(试行稿)》和《改进中学各科课堂教学的意见》等文件,对中小学教学工作的各个方面作了初步规定,以便尽快建立起中小学教学工作的正常秩序。

2. 关于学校管理工作政策法规的颁布

1980年,国家教育部《关于分期分批办好重点中学的决定》下达以后,上海市根据当地的实际情况,决定首先从小学入手,改变当时小学教学质量差距较大的状况。上海市教育局下发了《上海市教育局〈关于市区设置中心小学〉的通知》和《〈关于进一步加强公社(镇)中心小学辅导区工作的几点意见〉的通知》,明确提出设立中心小学的目的是"帮助辅导一般小学,特别是有困难的学校提高教育质量",并以此为契机,在全市范围内加强对中心小学的管理。文件发布后,上海的小学教育有了明显改观。1984年,中共上海市委、市政府批转了上海市教育卫生办公室党委、教育卫生办公室《关于加强和改革本市普通教育若干问题的报告》,重申"教育部门和学校要进一步端正办学思想,全面贯彻党的教育方针,要防止和改变学生学习负担过重的状况,使学生德智体获得全面发展。要努力办好所有的小学和中学"。接着,1986年,上海市教育局又分别以《关于表彰加强初中成绩显著的区(县)校的办法》《关于表彰办好小学做出显著成绩的单位的通知》文件的形式,决定对全市中小学的学校管理进行评估,对办得好的学校进行表彰和奖励。

三、高等教育政策法规的建立与实施

上海市高等教育政策法规的建立最先始于高校的思想政治工作,之后才逐步向教学管理、教育体制、师资管理等方面过渡并渐趋完善。

1. 从加强大学生的政治思想工作入手建立法规政策

粉碎"四人帮"以后,上海各高校逐渐恢复了正常的教学工作,并取得了一定成绩,但同时也遇到了许多困难。究其原因,是"文革"搞乱了人们的思想,政治理论严重脱离现实,以至于大学的思想政治工作虚而不实,政治理论课教学难以落到实处。为了加强大学生的思想政治工作,强调政治理论课的重要性,

1979年4月,上海市教育卫生办公室下发了《关于改进和加强高校政治理论课教学工作的意见》,重新认识到高校政治理论课的重要性,使高校政治理论课教学工作重获生机。此后一段时间,上海市政府对高校学生的思想政治工作从领导、体制和队伍建设等方面入手,通过政策法规的形式保证了上海市各高校学生思想政治工作的顺利进行。

2. 依据政策法规落实高校教师队伍职称评聘工作

1978年,中共中央国务院批转了教育部《关于高等学校恢复和提升教师职务问题的请示报告》,决定开展恢复和提升教师职务的工作。为了使这项工作能够顺利实施,教育部下发了《关于试行高等学校教师职务及考核的暂行规定》《关于试行高等学校教师工作量制度的通知》等若干与之相配套的政策规定。上海市高教局为了贯彻和落实国家的政策,鼓励高校教师积极做好本职工作、提高教育教学质量,结合上海市实际情况,于1982年下发了《关于高等学校教师职责及考核的暂行规定》,1983年下发了《关于上海高等学校提升正、副教授职称的具体规定》等文件。并在1978年至1983年间,先后组织了三次正、副教授的评定工作,共确定正、副教授2 606人,正、副研究员61人,高级工程师11人,各高校提升讲师9 500余人,这一举措使各级教育政策落到了实处。

四、中等职业技术教育及成人教育政策法规的建立

1. 中等职业技术教育政策法规的建立

上海是一个国际化大都市,其经济发展与社会需求要求必须有相应的职业技术教育。上海市政府不仅认识到职业技术教育在上海振兴与经济腾飞过程中肩负的历史使命,而且自从"全党的工作重点转移到社会主义现代化建设上来"以后,为了贯彻中共中央有关职业技术教育政策文件的指示精神,上海市政府还制定了一系列相应的法规政策,从而保证了上海市职业技术教育的顺利发展。1980年,上海市政府批转了市教育卫生办公室《关于为今年未能升学的高中毕业生广开学路的意见》的文件,开始了中等教育的结构改革。1983年,上海市教育局、上海市劳动局、上海市财政局联合下发《关于本市职业(技术)学校职业中学及普通中学附设职业班若干问题的试行规定意见》,对上海中等教育结构改革中有关普通中学改制的职业技术学校、职业学校等的相关问题,如培养目标、领导体制、经费、学生的待遇及毕业安排等作出了试行规定,使上海中等职业技术教育走上了稳步发展的轨道。1985年,上海市政府又转发了上海市教育卫生办公室《关于初步改革中等教育结构发展职业技术教育若干问题的报告》,极大地促进了上海市职业技术教育的发展。

2. 成人教育政策法规的建立

上海经济要走以内涵发展为主的道路,即经济社会发展要较多地依靠劳动者素质的提高,就要大力开展以岗位培训为重点的各类成人教育。1978年以后,上海市政府非常重视劳动力素质的提高,并从政策法规的角度予以保证和支持,使成人教育有了很大发展。仅在1978年到1983年,上海市政府以及上海市高等教育局便就成人教育的有关问题转发或下发了若干文件,如1979年转发的《国务院批转教育部关于办好"七二一"大学的几点意见》,1980年上海市政府转发上海市高等教育局的《关于举办职工、农民高等院校审批程序的暂行规定》和1982年上海市委、市政府下发的《关于进一步搞好职工教育的决定》等,逐步开始以法规政策的形式对成人教育进行管理。为了规范各种类型业余大学的学生培养工作,1982年,上海市教育局制定了《上海市区办业余大学学生守则(试行草稿)》;1983年,上海市政府又转批了市教育局拟订的《上海市职工中等专业学校审批试行办法》等文件,对职工中专学校的学生管理和学校审批手续进行规范。1984年后,上海市教育局对职工中专的学生学籍、考试、专职教师的培养与考核以及班主任职责等具体管理工作等均以政策文件的形式作了详尽规定。之后,随着上海市成人教育的发展,成人高等院校进一步发展壮大,各类专业也逐年增加。

与社会主义市场经济体制的建立和完善需要有完备的法制作为保障一样,成人教育的发展和完善也有赖于法制的健全。但是相对而言,由于领导认识不足和其他人为因素,成人教育的方针在某些领域受到阻碍,在某些行业或企业甚至出现成人教育资源流失的现象。可见,上海成人教育立法工作还不能适应成人教育的发展,成人教育在一定程度上还缺乏法制和政策保障,因此,建立和完善成人教育法制以及成人教育制度,既是一流成人教育的重要内容,也是传统学校教育向终身教育过渡的基本保证。

第四节　德育的改革探索

1979年和1980年,共青团中央和教育部分别对学校少先队和共青团工作的具体问题作出指示,要求加强党对青少年教育工作的领导,认为少先队和共青团组织是党联系青少年的纽带,要将这些组织的工作置于党支部和上级团委的领导之下,使其协助党组织和学校行政机构对学生开展思想政治工作。为了配合上级的有关指示精神,上海市积极行动起来,加强党对各级各类学校工作的领导,开始走上德育改革的探索之路。

一、加强党对学校德育工作的领导,确立德育目标和内容

1979年,全国中小学思想政治教育工作座谈会明确提出,要加强党委对中小学思想政治教育工作的领导。为响应中央的号召,上海市各级学校开始整顿教育教学秩序,端正办学思想,加强各级党委对学校德育工作的领导。

1. 根据国家的有关指示精神,加强党对中小学德育工作的领导

1979年12月,上海市教育局召开上海市中小学生思想政治工作会议。在会议上,市教育局领导重点分析了当时中小学生的思想特点和学校思想政治工作的现状,研究在新的历史时期如何加强各级党委对学生的思想教育和团队工作,总结做好差班工作的经验,具体研究对后进生的管教措施。这次会议统一了人们的思想认识,使人们真正认识到加强党对学校教育工作的领导是一项关系到青少年健康成长、关系到我们要培养什么样的接班人的大事,为各项工作的顺利开展打下了良好的基础。

从1979年到1985年,根据国家教育部的指示,上海各个学校德育工作的内容以共产主义教育为核心思想,坚持培养有理想、有道德、有纪律、有文化的社会主义新人的方向。同时,根据新时期的特点和中小学生的实际情况,结合教育部1981年颁发的《小学生守则》和《中学生守则》,对小学生坚持以正面教育为主,并根据少年儿童的年龄特点,内容由浅入深、生动活泼,侧重于培养小学生初步的共产主义精神、集体主义精神和主人翁精神,并开展了"学雷锋、创三好""五讲四美三热爱"(讲文明、讲礼貌、讲秩序、讲卫生、讲道德,心灵美、语言美、行为美、环境美,热爱中国共产党、热爱祖国、热爱社会主义制度)等活动;对中学生着重进行"四项基本原则"教育、理想教育和"五讲四美三热爱"教育,培养他们的共产主义理想和道德情操、献身精神和科学精神、良好的道德风尚和文明行为,为他们树立正确的人生观、抵制不良思想侵袭打下基础。1982年,上海各校继续进行《小学生守则》和《中学生守则》的教育,并以"五爱"(爱祖国、爱人民、爱劳动、爱科学、爱社会主义)教育为基本内容,对学生进行社会主义公民应有的道德品质和行为规范教育。《德育大纲》和《中小学生日常行为规范》颁布实施以后,上海市教育委员会又以文件的形式将之下发到各区教育局,要求各校按照各自的实际情况进行贯彻落实,力争都能将德育工作放在首位,使每一位教职工都成为德育工作者。

这期间,上海市许多中小学在德育工作上都取得了突出成就,如上海市实

验小学是一所有着优良传统的学校,在新的历史时期,学校的德育工作在全体教职工的不断探索和努力下,不仅开创了新局面,而且被列为上海市对外开放单位,曾接待过来自五大洲的国家领导人、教育代表团、专家学者和少年儿童数千人次。从 1979 年起,该校先后对"道德判断力的培养""以爱国主义为起点的启蒙教育""播下创造的种子""共产主义理想的启蒙"等德育课题进行专门研究,并按照专题的整体设计,在校内实施系列化德育。再如大同中学在 1979 年采用"学英雄、创三好、继传统、树理想——实惠思想剖析会"的主题班会的形式,开展德育思想教育活动,取得了良好效果;1980 年,制定大同中学学生一日常规和十分钟劳动制度,在点点滴滴的实践中,加强对学生的思想品德教育。经过一系列的德育工作探索,大同中学 1985 年制定出切实可行的《大同中学学生思想政治教育大纲》,力求使学校的思想政治工作做到强化、深化、自动化、序列化、多样化。

2. 上海市高等学校党组织对德育工作的领导

当德智体全面发展的培养目标重新被提出以后,上海高等教育系统的党组织和行政管理部门随即开始加强对学生思想政治工作的领导,关注学校德育工作的落实,既使高校德育工作逐步恢复,也摸索出一条在党委领导之下的、组织有序的高校德育工作之路,使上海高校系统的思想政治教育工作重现生机。1980 年 5 月 21 日,上海市召开了第一次高校学生思想政治工作会议,决定上海市各高等学校应在党委领导下,建立由宣传部、团委、系党总支等部门组成的学生思想政治委员会,以便加强对学校德育工作的领导。上海市政府为了贯彻中央提出的"对大学生进行'坚持四项基本原则,维护安定团结'的思想教育"的指示精神,于 1981 年 1 月召开了上海市高等学校学生思想政治工作座谈会。同年 11 月,上海市再次召开高等学校学生思想政治工作会议,强调健全教育思想,全面贯彻党的教育方针,并要求高校各级各部门都要关心学生的思想政治工作。1982 年 1 月,上海市教育卫生办公室为贯彻全国学校思想政治工作会议精神,发布了《关于进一步加强和改进高校学生思想政治工作的几个问题的通知》。通知规定:教卫办党组定期召开分管学生思想政治工作的党委书记会议,学习党的方针、政策,分析情况,研究工作,有步骤地解决大学生思想政治教育工作的一些问题;高校党委每学期应召开一次学生思想政治工作会议;学生多、规模大并有需要的高等学校党委应确定一位书记专管学生政治思想工作;规模较小的学校可以确定分管书记,将主要精力放在学生思想政治教育工作上;各系党总支应有专管学生思想政治工作的书记。在加强党对高校学生思想工作领导的同时，上海市政府教育卫生办公室及高教局还开始着手充实高校政工干部队伍，加强对学生政工干部的培养，举办了多期政工干部进修班，以期提高他们的政治素质。如1981年9月举办的上海高等学校学生思想政治工作研究班，就吸收了有关高等学校的党委副书记、宣传部长、系总支书记和马列教研室及教育学、心理学专业的骨干教师参加。从1982年开始，上海市政府教育卫生办公室每年举办为期四个月的高等学校学生思想政治工作干部培训班，对有关人员进行培训，上海交通大学、复旦大学和华东师范大学等高校还开设了政工专业。

随着上海市各高校党委对思想政治工作领导意识的不断强化，思想政治教育工作开始冲破僵化观念的禁锢，大胆探索德育方面的新情况、新问题，并在总结新经验的基础上对大学生进行广泛的爱国主义、社会主义和共产主义思想教育，开展"五讲四美三热爱"活动，加强坚持四项基本原则教育、人生观和道德观教育、民主与法制教育，组织学生向英雄人物学习，自觉抵制不良思想，引导学生坚持正确的政治方向，同时注重在大学生中发展党员，所有这些使上海市各高校的思想政治工作得到了很好的发展。

二、以课程为依托，探索德育新途径

1. 德育工作中的课程建设

（1）通过德育教学和学科渗透的方法进行中小学德育工作

从中华人民共和国成立初期开始，上海市中小学的政治思想工作就建立起一套可行的方法，后来又逐渐改进和完善，但在十年"文革"期间遭到了破坏。十一届三中全会以后，中小学德育工作继承和发扬了"文革"前的优良传统，同时结合上海的实际情况和学校政治课程建设与中小学生身心发展的规律，开展了新时期的德育探索，即通过德育教学和各学科渗透的方式开展中小学德育工作。

① 中小学重新开设德育课程

1977年9月，为了提高学生的政治思想道德素质，教育部决定在中学阶段恢复开设政治课。其中初一年级开设社会发展简史课，初二、初三年级开设科学社会主义常识课，高一年级开设政治经济学常识课，高二年级开设辩证唯物主义常识课。1980年3月3日至14日，教育部在济南召开中学政治课教材编写大纲讨论会。会议确定从1981年秋季开始，在初中年级至高中二年级依次开设青少年修养、政治常识（后改为法律常识）、社会发展简史、政治经济学常识、辩证唯物主义常识等课程。1980年4月1日，教育部发出通知，分别委托上海师范大学（现华东师范大学）、上海市教育局等五家单位负责编写上述五门课程的教材。1980年9月,教育部印发《改进和加强中学政治课的意见》,针对当时中学政治课中存在的许多问题提出了意见。首先,明确了中学政治课的地位和任务;其次,要求改进课程设置,编写教材,保证教学时数,并提出课程设置方案,要求初中一年级开设青少年修养课,初中二年级开设政治常识课,初中三年级开设社会发展简史课,高中一年级开设政治经济学常识课,高中二年级开设辩证唯物主义常识课。11月29日,上海市教育局转发教育部《改进和加强中学政治课的意见》,要求根据上海市的实际情况,规定从1981年秋开始,上海市小学各年级普遍开设思想品德课,并恢复历史课、地理课,旨在通过史地常识教学,加强对学生的爱国主义教育。并规定上海市各中学的初一、初二年级开设青少年修养课,初三年级开设政治常识课。1982年秋,初一年级开设青少年修养课,初二、初三年级开设政治常识课,到1983年秋,初中各年级全部按部颁课程方案执行。高中仍按上海当时的课程设置,高一年级设辩证唯物主义常识课,高二设政治经济学常识课。

  中学政治课自1977年恢复以后,在一定程度上提高了学生的政治思想觉悟,改变了学生的精神风貌,但是仍存在一些问题,如教材内容较为陈旧,偏深偏难,在某些方面脱离学生思想实际等。1985年8月,中央提出改革中学政治课,并在同年10月决定在部分省市进行思想政治课课改试验,试验课程为初一设公民课,初二设社会发展简史课,初三设社会主义建设常识课,高一设共产主义人生观课,高二设经济常识课,高三设政治常识课。上海市作为课改实验市承担了试验任务,并成立了上海市学校思想品德课和政治课理论教学改革领导小组,积极利用自身的人才优势编写出了中学思想政治课各年级教材和教学参考资料。从1986年秋季起,全市学生从初一到高三全部使用新教材,进行试验教学和配套改革。这套教材寓思想教育于生动丰富的知识教学中,注意趣味性,同时密切联系我国社会主义初级阶段和当代国际形势,便于学生提出问题、开展讨论和社会调查,最后得出正确结论。

  政治课是德育的主渠道,如何使这一主渠道发挥更大作用,是上海市各级教育行政部门和各基层学校不断探索的问题。为此,许多学校一边学习上海市教育局的有关指示精神,一边根据本校的实际情况进行政治课教学改革。如虹口区北郊中学在政治课教学中,自创"自学设疑、自我教育、归纳综合、指导行动、评估反馈"五段启发开拓教学法,注重情感渗透和理论点化,使政治课充满了情趣、志趣和感染力,完全改变了以往"一本书、一张嘴"的老面孔,使政治课在理论和实践结合上迈出了可喜的一步。后来,这个学校的经验不仅在虹口区推广,而且在全市作了交流。

② 利用各学科教学进行德育渗透

1983年8月,上海市教育局转发教育部关于学习贯彻《关于加强爱国主义宣传教育的意见》的通知,通知要求各级各类学校(包括幼儿园)"各门课程都要进行爱国主义教育,这种教育应当同教学内容有机地结合起来。政治理论课、思想品德课应该以爱国主义教育和共产主义教育为中心内容。大、中学的形势与政策教育要经常向学生介绍祖国最新建设成就,提高他们对十一届三中全会以后党的路线、方针、政策的认识,增强他们对我国社会主义现代化建设的信心。历史特别是中国近现代史课程以及地理、语文等课程,都有非常丰富的进行爱国主义教育的素材。音乐、美术等课程要注意培养学生的爱国主义情操。自然科学和工程技术科学等方面的课程,也要宣传我国勤劳、智慧的人民和科学家在科学技术上的贡献,正确分析我国和发达资本主义国家在科学技术上的差距及其原因,激励学生为建设社会主义祖国而勤奋学习"。根据通知的指示精神,上海市教育局印发了《关于中学地理课加强爱国主义教育的十点意见》《关于中学历史课加强爱国主义教育的十点意见》,旨在从政策理论层面提高各学科教师的思想认识,以使教师在各学科的教学中有意识地进行德育渗透。这期间涌现出许多优秀的教师,他们灵活地将德育渗透思想运用到日常的教育教学工作中,取得了良好的效果。如特级教师于漪采取"输液滴灌"的方法,让学生在阅读范文中,与文章中的高尚人物及其高尚思想接触,使他们在思想、情操、性格等方面受到熏陶;虹口区第三中心小学的毛蓓蕾老师对学生进行思想品德教育时,具有具体、生动、形象的特点,在教学时,能利用现实情景及时激发学生的道德情感,使孩子们幼小心灵很早便得到共产主义思想道德观念的滋润。此外,还有一些学校积极进行德育教学改革,鼓励学校教师在学科教学中研究德育课题,并给教师创造良好的条件,包括向有关方面推荐教师的有关论文等,以此激发教师们参与的热情与行动,从而形成了德育研究的风气。如南洋中学就将如何结合学科教学渗透思想教育、提高学生思想品德素质作为广大教师研讨的课题。教师们通过努力挖掘文科教材的内在思想和理科教材的动手实践内容,在德育渗透方面取得了良好的效果。再如上海市实验小学从1979年开始就先后对"道德判断力的培养""以爱国主义为起点的理想启蒙教育""播下创造的种子""共产主义理想的启蒙"等专题进行研究,并根据各年级学生不同的年龄特征,确定不同的思想教育内容和行为训练方法,真正做到由低到高、由浅到深、循序渐进,使德育序列化。

（2）上海市高校的德育工作

① 改革与重建政治理论课程

上海市政府十分重视高等院校的政治理论课教学与建设工作，根据大学生的特点，不断探索学生思想教育和政治伦理课的教育教学改革。1979年4月18日，上海市人民政府教育卫生办公室下发了《关于改进和加强高校政治伦理课教学工作的意见》，要求上海市各高校必须充分认识高校政治伦理课教学工作的地位与作用，要切实加强领导，全面宣传、贯彻党的教育方针，向广大学生进行政治理论课的意义的教育，纠正轻视政治的片面认识，严格执行教学管理制度；各级领导要关心和支持政治理论课教师的思想和工作，发挥他们的积极性、主动性和创造性，并为他们提供必要条件，不断提高他们的理论水平和业务水平；要切实安排好当前的政治课教学工作，坚持上好课，边教学边改进。该文件还对高校政治课的设置作了具体安排。

对于政治理论课的课程设置，在中央没有新的决定之前，各高校继续开设哲学、政治经济学、中共党史三门课；在统一的新教材颁发之前，指定暂用教材为艾思奇的《辩证唯物主义和历史唯物主义》、于光远的《政治经济学（资本主义部分）》、教育部编写的《中国社会主义经济问题》；有关中共党史课的讲授，按党的历史线索，列出若干专题，重点讲授；在政治课的教学过程中，鼓励教师在讲基本原理的同时，联系现实问题，阐述实现四个现代化必须坚持四项基本原则，分析批判某些错误的观点和思潮；如果课程难度大，需要推迟讲授的，由党委讨论决定。

文件下发到各高校以后，政治理论课的教学秩序逐渐步入正轨，各高校都开设了马列主义哲学、政治经济学、中共党史三门课。上海市教育局从1977年着手编写的《马列主义哲学》《中共党史》以及《政治经济学》等教材，经教育部推荐向全国发行。

1985年5月，中共中央下达了《关于改革学校思想品德和政治理论课教学的通知》。上海各高校在充分学习和讨论通知的精神并领会其深刻内涵后，根据各校的实际情况进行了教学改革。学校领导也都对政治课的任课教师提出了具体要求：各门政治理论课教师在讲授马克思主义原理时，不能只讲现成的结论，还要讲历史渊源和当代发展，并且要有分析地讨论当代西方思潮和流派等。在这次课改中，华东师范大学的卢娟、华民两位教师讲授的政治伦理课深受学生欢迎，《解放日报》《光明日报》《青年报》等都分别报道了他们的事迹，在社会上引起了较大反响。

② 建立学术团体及专门机构进行思想政治教育科学研究

随着高校德育工作秩序的恢复,高等学校开始逐步注重德育工作的规范性、科学性问题,为此,高校专门的德育学术团体及其专门机构也应运而生。据《上海高等教育年鉴(1949—1983)》记载,1979年11月,上海高等教育研究会成立,设立了上海高等学校学生思想政治工作研究组,进行大学生思想政治工作的专题研究。1981年11月14日,上海市政府教育卫生办公室召开了全市高等学校学生思想会议,会议决定"在马列主义理论课外再设一门课,内容是形势、任务与道德修养,在现有每周一次政治教育活动时间内进行,并列入教学计划,排入课表",这为政治理论研究机构的设立提供了契机。此后,大多数高等学校都建立了思想政治工作教研室或德育教研室,负责思想品德课教学和思想政治教育的研究工作。1983年5月,上海市高等学校德育研究会成立,宗旨是"以马列主义、毛泽东思想为指导,全面贯彻党的教育方针,组织研究高等学校学生思想政治工作,促进上海高校学生思想政治工作科学化,为逐步建立高等学校德育科学体系而努力"。它在各高校都设有分会和研究组。由于有高校的专家学者参与,这个组织先后举办了"爱国主义教育"讲座、"十二届二中全会文件学习辅导"讲座、《共产主义思想品德》教学示范讲座等,听众达一万一千多人次。

③ 全方位重视高校学生的思想政治工作

高校学生的思想政治工作是一项大事,上至市委市政府,下至各高校的基层党组织,对此都十分重视。1980年,上海市人民政府教育卫生办公室为了贯彻党的思想路线、政治路线、组织路线和党的教育方针,结合上海市高校的实际情况,对上海市高校学生思想政治工作的领导、体制和队伍建设等问题提出了建设性意见。在领导方面,要实行党委领导下的院长负责制,确定专职书记主管该项工作,成立学生思想政治工作委员会,并明确指定有关部门负责学生思想政治工作;在开展学生思想政治工作方面,也提出了具体要求;在具体举措方面,提出实行班主任制,认为实行班主任制是一项加强学生思想政治工作的重要措施,各个学校都应试行、推广,对班主任的职责、人选、待遇及培养均提出了具体要求;在学生政工干部队伍建设方面,也从人选、人数及其配置等方面提出了具体要求。

当时,各高校教师都十分关心大学生的思想道德建设工作,各高校党委也充分利用这一有利契机,发动全体教师在业务教学活动中积极开展学生思想政治教育工作,具体而言,主要有以下四种形式。

一是邀请著名专家教授举办专题讲座,进行爱国主义教育。如"上海市老教授报告团"的苏步青、谢希德等著名教授给学生作报告时,通过自己的亲身经历,对学生进行两种社会制度和中华人民共和国成立前后的对比教育。

二是业务教师在政治课程教学过程中针对学生思想实际进行专业思想、学习目的、学习态度、学风和职业道德的教育。

三是实行导师制,由高年资业务教师担任导师,负责对学生德智体全面发展进行指导。

四是聘请政治思想好、责任心强、有一定教学经验的教师兼任班主任。在1983年评选的高等学校优秀学生政工干部中,正副教授、讲师和行政管理等非专职学生政工人员达121人。

2. 开辟"第二渠道",探索高校德育新途径

所谓"第二渠道",是吕型伟于1984年根据信息论的观点提出的。他认为,传统的课堂教学是传递信息的主渠道,可以称为"第一渠道"。随着科学技术的进步,信息的传递途径越来越多,如广播、电视、报纸、杂志等,这些传递信息的途径可以统称为"第二渠道"。它具体包括三方面内容。一是广播、电视传递的即时信息。我国的广播电视节目绝大多数是健康有益的,有的还很有教育意义,它们的思想性、知识性都很强,如每天的《新闻联播》《祖国各地》《世界各地》《动物世界》《少儿节目》等都值得一看;二是报纸、杂志、图书的内容;三是传统的课外活动和各种科技活动、各种社会调查或各种课外考察活动、夏令营、参观活动、讲座和学生自己组织的各种爱好者协会,等等。总的来看,"第二渠道"具有即时性、广泛性、自主性、充分性、实践性等特点,在很多方面可以弥补"第一渠道"的不足,有利于培养高素质的社会主义人才。之后,教育界有识之士对"第二渠道"的内容、方法及其对贯彻教育方针的作用等方面进行了充分讨论,肯定了"第二渠道"在德育方面的教育作用。

为了充分挖掘"第二渠道"的教育功能,上海市教育委员会充分利用上海所特有的革命传统、丰富的文物资源以及改革开放后日新月异的风貌,对广大学生进行爱国主义教育、近现代史教育和国情教育。据不完全统计,截至1988年,全市有162个革命遗址、纪念场馆和1 400多个社会实践考察点、社会服务点被列为教育基地。上海各区县也纷纷开发自身的教育资源,让学生们亲身感受自己身边的爱国主义教育素材。由于这些乡土气息浓厚的资源更贴近学生的现实生活,学生们更乐于接受,因而起到了德育的涵养作用。如黄浦区开发了以南京路为中心的12个校外教育基地,逐渐形成了为人民服务、社会实践、青少年教育三大基地。实际上,"第二渠道"的德育功能不仅在中小学校得到了很好的体现,而且在大中专院校也发挥得淋漓尽致。各高校逐渐建立起学校各部门齐抓共管的学生思想工作体制,积极进行校园文化建设。如有的院校举办各种大型系列文化活动、系列讲座及各类学生社团活动,有的院校进行军训试点,开展勤工助学、科技文化咨询等服务活动。无论是何种活动,其目的均是以这些活动为契机,促进大学生道德品质的提升。在学生思想道德品质修养的自我教育方面,复旦大学于20世纪80年代初期建立的学生社团和学生组织曾发挥了很好的作用,全校性的学生社团和组织有学生会、话剧团、诗社、书画篆刻研究会、演说协会、京昆剧研究会、合唱团、排球队、篮球队、学生社会科学和自然科学协会等,同时各系各班还有各种业余团体和兴趣小组。在这里,学生可以受到各种生动活泼的思想政治教育,可以找到用自己的能力和知识为社会服务的机会,从而养成为人民为祖国为科学献身的精神。再如同济大学从加强道德和制度规范建设入手来强化学生思想道德建设,特别是从软环境入手来加强对学生人文、社会、艺术等方面的培养,从而促进学生道德品质的提升。从1982年开始,该校便开设了音乐选修课,其中京昆剧、越剧选修课吸引了许多学生,艺术家如李玉茹、梁谷音等也先后受聘担任学校的兼职教授,走上该校的讲坛,这些选修课在当时产生了极大影响,《文汇报》曾在1982年和1987年以较大的篇幅对此作了报道。同时,同济大学还经常邀请上海知名乐团到校演出,使学生们的音乐鉴赏力日渐提升,同济大学师生的音乐欣赏水平之高也逐渐享誉上海。在欣赏美的过程中培养学生的道德素养,已经成为该校的德育特色之一。

三、加强工读学校建设,做好后进青少年的转化工作

工读学校是中国教育历史上独特的教育机构,其办学宗旨是对有轻微犯罪行为和违法行为的青少年学生进行教育,达到保护、矫治、培养他们的目的,使他们健康地重返社会。"文革"前,我国的工读学校尚处于摸索阶段,虽然积累了一定经验,但在"文革"中也遭到了破坏。粉碎"四人帮"以后,全国各地的工读学校开始复办,上海市卢湾区工读学校是最早开始复办的学校,当时得到中央有关领导同志的肯定。截止到1986年,上海市各区县复办或开办工读学校共计27所,分别是:卢湾区3所、黄浦区2所、长宁区2所、南市区3所、静安区2所、普陀区3所、闸北区2所、虹口区2所、杨浦区2所、徐汇区1所、上海县1所、嘉定县1所、宝山县1所、川沙县1所、崇明县1所。复办以后的上海工读学校颇具特色,如闸北区工读学校设立的"青少年行为偏差矫治咨询站"、卢湾区工读学校设立的"青少年违法犯罪预防控制研究中心"、杨浦区设立的"青少年

教育接待站"以及黄浦区工读学校的"家庭教育咨询"等都在全国产生过较大的影响,取得了良好的社会效益。它们不仅使上海的青少年犯罪率稳中有降,而且对社会道德风气的改善起到了促进作用。

第五节 课程与教学改革

上海的教育系统在经过全面拨乱反正以后,逐渐步入正轨,教育教学秩序逐步实现了有序化、完善化。但是,由于这一时期普通教育系统过分地强调知识,强调升学率,致使教师教学以及教学大纲、教材内容都在为少数学生服务,课程偏难偏深,导致学生的课业负担过重;高校也存在学科设置不合理、专业重复建设、专业设置过宽或过细、课程架构过于整齐划一等不合理现象,限制了学生的个性发展,所以课程和教学改革势在必行。20世纪80年代初,上海市教育改革的序幕渐渐拉开,这次改革以实现"两个转变"为阶段性目标,重在调整学科和专业结构,要求对教学和课程改革采取有步骤、分阶段逐步向前推进的方式进行,旨在从改变传统的教育思想入手,逐步深入到教学制度、教学内容和教学方法,从而为教育改革的深化作必要的铺垫和准备。

一、中小学课程与教学的改革

1979年以后,随着中小学校的工作重心逐渐转移到教学上,上海各中小学根据上海市教育局提出的"加强基础、培养能力、发展智力"的教学指导原则,积极修订教学计划,改革课程设置和课堂教学方法,在全面提高教育教学质量的探索与改革道路上向前迈进了一大步,为上海教育的全面改革奠定了坚实基础。

1. 改革考试制度和教学方法

考试的内容、要求、标准、方法对学校教育有着直接影响,考试是教学过程的重要组成部分。但一段时间以来,一考定终身的方法始终制约着学校的教学过程,影响着课程设置和教学大纲的实施。当考试与人才选拔融为一体时,它就必然带有强烈的功利色彩,而教师在这种情形下,也就自觉或不自觉地将帮助学生获取高分作为教学的直接目的。自1979年以来,上海市教育局一直在尝试改革考试制度,试图以此作为教育教学改革的突破口,使学校教育真正能够达到提高学生素质和能力的目的。与改革考试制度相呼应,上海教育界的有识之士也开始寻求教学方法的改革。如上海市青浦县教师进修学校的顾泠沅从1977年开始,针对全县教学质量普遍偏低的状况,带领他的数学教改试验小组,在调查研究的基础上,制定了教改试验方案及原则,即从改革教学方法入手,提高教师教学水平,激发学生的学习兴趣,大面积提高数学教学质量。在试验过程中,他总结出四条有效的教学经验:让学生一直有迫切的学习需求;组织好课堂教学,有层次地施教;指导学生亲身尝试;及时提供教学效果信息,随时调整教学。经过几年教学方法的实验研究,青浦县的数学教学质量得到了大面积提高。为了使这项实验研究更具科学性和推广价值,从1981年起,试验小组又以教育科研方法为指导,对研究成果进行了大量科学论证,并从中总结出了具有科学价值的、规律性的方法。从1984年8月起,试验小组经过扩大试点研究以后,开始将这项改革的经验进行全面推广,截至1985年,青浦县初中毕业生数学成绩优良的比率逐年上升,由1979年的32.5%,上升到1981年的67.4%,1985年达到79.1%。这项改革试验不仅在青浦县的教育界产生了震动,而且对上海乃至全国的教育改革都产生了深远的影响。1986年,美国教育学家布卢姆(Bloom)来华讲学,当他了解到青浦的教学改革情况以后,说:"你们做了相当于我几十年所做的工作。"① 在语文教学领域,上海市嘉定第二中学的特级教师钱梦龙一直进行着孜孜不倦的尝试,在语文教学实践的基础上,提出了一种新的组织语文教学过程的方法——"语文导读法"。这种方法能引导学生积极思考,使学生真正主动学习,有助于学生形成自读能力,是一种新型的教学法。之后,他的"学生是主体,教师是主导,训练为主线"的"三主"教学理论和他的"自读、教读、练习、复读"的"四式"结构模式逐渐走出上海,走向全国。

  这一时期,上海市的教学改革不局限于某一门学科,而是从小学到中学、从重点校到非重点校都开展了教学方法改革的研究与探索。如上海市育才中学从1978年开始便围绕着培养学生的独立性,开发学生的智能这一主题进行教学方法改革,将"读读、议议、讲讲、练练"的教学方法贯穿教学全过程,提高了教师教学的效率。再如上海中学、格致中学的"剥笋式"教学法,通过学生自我探究的实践过程,开拓了学生解决问题的思路,有助于难度较大的新教材的推广。此外,还有一大批基础较为薄弱的学校的教改实验,这些学校针对学生自信心不足、基础较差、好动、怕难等特点进行了改革,将教师的"教"和学生的"学"充分地融在一起,最大限度地发挥了非智力因素的作用,取得了十分明显的教学效果。

---

① 顾泠沅,郑润洲,李秀玲.青浦试验启示录[M].上海:上海教育出版社,1999:5.

2. 改革课程设置和教学内容

课程设置、教学内容是学校教育的核心部分。党的十一届三中全会以后，上海的产业结构和城市功能发生了重大变化，这就要求学校的课程设置和教学内容作出相应的变革。当时上海市教育行政部门曾就中学生就业、升学、毕业适应性等问题做过调查，发现学生的知识面较窄，只是偏重几门应试学科，而且只是记住了知识点，没有形成能力。这是由于1978年的全国教育工作会议着重提出加强重点中小学的建设，因此当时的课程和教学内容偏难偏深，为少数应试学生考虑较多，忽视了全体学生的全面发展。1983年全国普通教育会议之后，教育部发出《关于进一步提高普通中学教育质量的几点意见》，要求调整现行高中数学、物理、化学、生物等学科内容，对学生试行基本和较高两种教学要求，面向全体学生，减轻学生课业负担。之后，课程和教学内容的改革被提上了议事日程。

在着手进行改革之前，上海市教育局广泛听取了各方面对现行课程教材的意见，大多数人认为：现行的课程设置是以升学为中心的，教学内容是为高一级学校服务的，教学内容重知识、重理论，而应用、实践的内容较少，且重智轻德、重理轻文，忽视劳动教育和艺术教育，不利于学生素质的全面提高。在综合以上意见的基础上，上海市教育局认为，在新的形势下，如果还是实施以课本为中心的教学，不仅不利于学生形成综合运用知识的能力，而且不利于他们发展创造性思维和动手能力。要求新时期课程与教学内容改革必须以分科教学为主，辅之以综合课程、活动课程，确立第二课堂在教育过程中的地位，以实现传统教育与现代教育的结合，促进学生素质的提高。指出教材内容必须要有助于学生个体的完善，有助于学生了解自身所处的社会环境，要降低某些学科知识的难度，拓宽学生的知识面，增加乡土教材，增加社会实践课的比重，同时改变灌输式的教学法。此外，普通中学劳动技术课的教学内容和方法也是迫切需要解决的问题，因为中等教育阶段培养学生的职业意向，增强学生就业的心理承受能力，使学生具备一定职业技术的知识和能力这一职责，主要是由劳动技术课承担的。劳动技术课还兼有劳动教育的职能，它能培养学生热爱劳动、热爱人民的思想感情，但如果不进行相应的教学内容和方法改革，这个目的就达不到。为此，上海的育才中学、大同中学、第一师范附属小学、华东师大附属小学等都从课程设置、教学计划、教学方法、教学内容等方面进行了教学改革尝试。如第一师范附属小学从情感教育入手实施愉快教育的改革，引起了全国教育界的普遍关注。它建立了教学与少先队教育相结合，课堂教育与校外、课外活动相结合,学校教育与家庭教育相结合的一整套教育组织形式,在学生德智体美和知情意行相结合的教育教学方法上取得了突破。再如,育才中学的教学改革首先体现在课程和教学内容的变革上。该校采取的主要措施有:对于能够拓展学生视野、陶冶学生性情的历史、生物、地理、音乐等课程实行全年级开设;根据教学内容的不同,将统一的45分钟的教学时间改为55分钟和30分钟的大小课时制,以利于不同教学内容的完成;语文课自行增加了有利于涵养学生情操的古典文学的精彩篇章;英语学科增加了具有实用价值的英语口语内容;为了提升学生们的动手操作能力,他们还编制了生物实验手册;为了配合学校课程内容的改革,使教师能够充分发挥课堂教学的自主性,学校取消了平时测验、期中考试、期末考试,改用面谈、笔谈、实验操作、小结评论等灵活多样的形式对学生们进行评价。通过上述措施,育才中学的教学改革取得了初步成效。有关高校的后期反馈说明,同等条件下:育才中学毕业生的全面素质,尤其是自学能力、动手能力、独立工作的能力,明显优于其他学校的毕业生。另外,大同中学在这一阶段也进行了课程改革的尝试,它在反复失败和成功的过程中积累了大量经验,基本上形成了必修课、选修课、课外活动三大课程结构的雏形。虽然以上这些学校的成功经验只是改革的初步尝试,但是这些经验和教训却为上海市普通教育系统的后期改革奠定了坚实的基础,使教育教学改革有了一个良好的开端。

二、高等院校的教学改革

1. 学科、专业的改革与建设

上海各高校从1977年开始陆续恢复原有的专业设置,截至1988年,已经设有711个专业点,但是基本上还没有突破1952年院系调整时的专业设置框架。为了适应新的形势,各高校将拓宽专业与活化专业有机地结合起来,以使专业具有较强的针对性。在这种情况下,各高校实行学科组合,文理渗透,拓宽专业面,并开设各类选修课,积极鼓励学有余力的学生跨系跨专业跨学科选修、旁听,以便发掘优秀人才,同时允许个别学生转专业和变更专业方向。在保证基础学科教学质量的基础上,各高校又创办应用性学科,发展边缘学科和交叉学科。特别是一些高校根据上海外向型经济发展的需要,设置了适应上海经济建设所需的专业,使上海高校的专业结构有了显著变化。例如,复旦大学在专业改革上,走出了一条"内联外延"的道路,通过学科交叉、渗透和综合的方式设置了金融管理、人口学、电子工程等专业。上海交通大学根据"以工养理、以理促工、理工结合"的学科、专业建设原则,恢复了应用数学、应用物理和工程力学专业;根据"学科基础相同专业合并"的原则,将全校25个工科类专业合并为12

个大专业,并结合实际需要,建立了工业管理、科技外语专业;根据"有选择地发展新兴学科、边缘学科"的原则,有计划地兴建了生物工程、社会科学及工程、计算机科学与工程等科系,1978年,机械工程系还建立了我国最早的机器人研究所。上海科技大学、上海工程技术大学机电汽车工程系还采取低年级不分专业,高年级根据经济建设、学科发展和个人特长发展的需要,确定具体专业方向的做法,使不同学科相互渗透,提高了学生对所学专业的了解程度,加深了学生对专业的感情,培养出了适应性较强、专业基础扎实的宽口径人才。此外,为了使专业与社会需求相结合,上海的一些高校还增设了一批应用文科专业和短缺专业,如图书馆学、情报学、社会学、秘书学、考古与博物馆学、档案学等专业。

上海的市属高等院校是为了满足上海经济发展和社会发展的需要而建立起来的。1983年,上海市高等教育局以沪高教局30号和304号文件的形式指出,要加强市属院校重点学科建设,初步提出将条件较好的上海第二医学院医学系的医学专业,上海科技大学无线电系的无线电与信息工程、微波理论与技术专业,上海工业大学机械系的机械设计与工艺、机械工程自动化、铸造工艺设备等专业确立为重点学科,采取新生优先录取并增加名额,每年拨添置设备、图书款300万元,优先配置经验丰富的教师并在出国交流及进修方面给予优先考虑等措施进行重点学科建设。1983年下半年起,上海市高等教育局又进一步提出加强市属高校重点学科建设的若干意见。经过专家审查和评定,又确定了市属7所高校的21个学科为重点建设学科。这样,其他上海市属大学也开始为上海的人才培养、经济建设和发展而努力建设自己的专业和学科。如原上海大学的30多个专业,均体现了文、工、管理、外语、美术等学科的综合性,它们在改进专业设置方面具有便利条件,也都是上海经济建设所需要的专业,并且还可以根据上海地区的需要进行调整,有利于培养出适合上海经济、社会建设需要的人才。

2. 教学内容更新和教学方法改革

中国的"文革"十年,正是世界经济、知识迅猛发展的十年。为了将最新的科学技术发展信息和社会科学、人文科学知识充实到教学内容中去,上海的一些高校开始寻求变革教学内容的最佳途径,探索教学方法的改革。如有的学校组织大量人员翻译国外的书籍、资料和有关教材,以充实课堂教学内容,筹集经费选派优秀的教学人员出国考察,将国外前沿的知识信息传授给学生;有的学校根据社会经济建设的需要,及时调整教学内容中脱离实际的、不适应社会发展需要的内容,如复旦大学经济系在教学内容安排上,从总体上压缩"史"的内容,增加财政学、货币银行学、价格学、市场学等与社会经济息息相关的知识理论信息含量;有的学校在教材编写过程中,尽量将教学研究成果充实到教材中,力求增加教学内容的知识性、科学性,使学生形成合理的学科知识结构,如上海医科大学为研究生开设的 123 门必修课,绝大部分都是由科研工作成果转化来的,还有同济大学将在 1981 年开始的"计算机在机械制造中的应用"研究和在 1983年、1985 年完成的"回转体零件的工艺过程设计系统""齿轮加工的计算机辅助系统"及"柔性制造系统的分析和仿真"研究的成果,及时转化为教学内容,形成了一门新课程——"生产系统",使教学内容的改革跟上了科技发展的步伐。20世纪 80 年代初期,用人单位对高校毕业生的普遍反映是学历层次越高,动手能力越差,且理论知识和社会实践严重脱节。针对这一现象,上海各高校大力改革教学方法,以培养学生的实践操作能力。如上海工业大学的普通物理实验室打破以往的孤立实验方式,建立了由实验基本理论、基本仪器使用、基本实验三部分组成的实验体系,按实验能力的培养规律安排实验。同时,在钱伟长教授的带领下,将科学实验成果迅速转化为生产力,并以此充实教学内容,促进了学生动手实践能力的提高。[①] 还有,华东师范大学侧重对实验考核方法进行改革,并以此带动实验教学方法的转变;华东政法学院以组织学生到上海市中级人民法院刑庭、法律顾问处等单位实习的方式,解决学生理论知识与社会实践相脱节的矛盾,通过让学生参与或独立承办各种案件,锻炼和提高学生独立工作的能力。

3. 课程设置的改革与建设

上海市政府对各高校的课程设置与改革十分重视,由于高等院校的专业设置情况各异,不同于中小学具有统一性的特点,因此,上海市政府对高校的课程设置与改革通常是在指导思想上予以把关。1982 年 6 月,在上海市政府教育卫生办公室的领导下,上海市高校文科教学科研工作座谈会召开,会议对各学校的课程改革提出了明确要求。要求开设一批各专业学生都能选修的公共选修课和相近专业的共同基础课,允许学生选修外系、外专业(包括理科)的某些课程,提出修改课程设置以适应当前经济发展的需要是各高校寻求自身发展的必经之路。这样,为谋求发展的空间,为在新的形势下顺应国情乃至国际形势的需要,上海高校纷纷着手进行本校的课程设置的改革与建设。

(1) 加强基础学科建设

基础理论是教学之本,有了广而深的基础,才能谈得上高质量和较强的工

[①] 卜中和.上海高教四十年[M].上海:同济大学出版社,1990:212.

作适应性。为此,一些学校为了使学生具备扎实的基本功,调整了专业课程结构,加强了基础学科课程建设。如复旦大学在对各科系主要课程进行调查分析的基础上,要求学生用2~3年的时间学习基础课,以达到打好基础的目的;上海交通大学1986年拨款50万元对全校49门基础课、技术基础课进行重点投资建设;同济大学在1987年对22门重点课程进行重点建设的基础上,逐年投入一定的课程建设基金,资助基础课程、技术基础课和部分专业基础课进行重点课程改革与建设,要求各课程参照国际先进水平,结合国情,改革旧课程、建设新课程,从教师的配备、使用的教材、所需的实验设备、教学方法的选择以及相关教学制度的建立等方面,实行较为严格的计划标准,并以此为基础,对其他课程陆续试行建设方案。

(2) 重点建设主干课程

上海各高校在改革课程设置的同时,还不惜投入人力、物力和财力加强主干课程建设,将课程建设与学校的整体改革有机结合起来。例如,复旦大学早在1982年就提出了建设重点学科,根据国家需要和学校实际情况,分别确定校、系两级的重点学科,突出重点,在人力、物力、财力上优先予以保证。在重点学科的评审上,规定要定期核查:列入重点学科而没有做出成绩的,下次取消其重点学科资格;没有列入重点学科而做出成绩的,下次可以列入重点学科。再如华东师范大学在改革课程结构时,注意文理渗透,不断加强主干课程建设,并实行主副修专业制度。该校确定了54门主干课程进行改革试点,要求这些课程在教学大纲、教材、教法、考核制度、辅助条件和师资配备等方面都达到较高标准。华东化工学院设立课程建设基金合同制,对重点课程进行重点资助,不仅使课程建设取得了良好效果,而且锻炼了教师的业务能力,提高了他们的学术水平,打造了一批本校的"品牌教师"。上海工程技术大学机电学院集资10万元,对物理试验、制图、电子电路及实验、工程技术测量4门课程进行了重点建设。上海海运学院拨款20万元,着重建设15门课程。上海工业大学拨款30万元、上海石油化工专科学校拨款50万元作为重点课程建设基金。上海师范大学(现华东师范大学)把课程建设视同科研项目,做到课程建设有专题、有经费、有成果、有验收。①

(3) 以制度保障选修课的开设

一些工科院校为了加强学生的人文素养,开设了大学语文、科技写作等课

---

① 卜中和.上海高教四十年[M].上海:同济大学出版社,1990:212.

程,有的院校要求文科类学生必须修习一定的理科课程,而且以教学制度作为保障。如复旦大学调整了必修课与选修课的比例,文理必修课由原来的70%~80%下调为65%~75%,选修课由原来的20%~30%上调为25%~35%,要求学生选修交叉性课程4~8学分;华东师范大学要求文、理科学生互选5%的理、文课程的学分。为了调动学生学习的积极性,有些院校还设置了多品种、多规格的课程体系,以利于学生各取所需,像上海交通大学打破学科界限,设置了基础课程、专业课程、科技前沿社会科学类课程和经济管理、人文科学类课程等供学生自主选择,取得了较好的效果。

第六节 师资队伍建设

上海市的教师队伍在"文革"期间遭到了严重破坏,高校一些资深教授不同程度地受到迫害,有经验的中小学教师也纷纷离开教师岗位,教师队伍的整体素质大大下降。改革开放以后,为适应我国现代化建设和科学技术日新月异发展的需要,建立起一支新型的师资队伍显得十分必要。为此,上海采取了一系列措施,从多层面多角度关注教师队伍的建设问题。

一、中小学师资队伍建设

1. 采取有力措施提高中小学教师的社会地位和经济地位

(1) 对优秀教师进行表彰和奖励

1978年,上海市人民政府开始采用在中小学教师中评选和表彰优秀教师的方法,引导市民尊敬教师、尊重知识,以期在全市树立尊师重教的新风尚。1985年,在我国第一个教师节来临之际,中共上海市委、市人大常委会、市政府和市政协又联合召开上海市首届教师节庆祝大会,会上宣布了《上海市人民政府关于表彰1985年优秀教师的决定》,表彰了全市260名优秀教师。同年,《文汇报》还首次设立了"文汇园丁奖"。这两项举措在领导层面和舆论界首开尊师重教风气,为社会进一步形成尊重教师、尊重知识的风气打下良好的基础。据统计,"在1984—1990年,上海市评选出全国优秀班主任66名,全国优秀少先队辅导员15名,全国教育系统先进个人35名,全国德育先进工作者36名,全国优秀教师33名,全国金钥匙奖获得者2名,全国教育系统劳动模范28名,全国千名优秀体育教师和全国体育传统项目学校先进个人100名,市级优秀班主任118名,市级优秀教师260名,市级优秀教育工作者297名,市'文汇园丁奖'获得者20名,市中小幼教师奖励基金会园丁奖5 751名,市先进体育或保健教师

227名,市体育优秀启蒙教练124名,市青少年保护先进个人126名,市华侨教师'烛光奖'获得者33名,市优秀青年班主任120名,市优秀青年标兵10名"。① 对这些优秀教师的表彰和奖励,增强了教师的光荣感、责任感,提高了人民教师的政治地位和社会地位,在社会上形成了尊师重教的良好氛围。

(2) 提高教师工资待遇,改善教师住房条件

教师的工资待遇低、住房条件差,是教师职业受人歧视的重要原因。为改变这一状况,上海市政府不断提高教师的工资福利待遇,改善教师的住房条件。从1977年到1982年,上海市先后四次调整中小学教师工资,仅1982年就给全市中小学教师普调了一级工资,给优秀教师上调两级工资。1985年,又按国家统一部署,在教育系统进行工资制度改革,实施以职务等级工资为主要内容的结构工资制度改革,较大程度地提高了中小学教职工的工资水平。在20世纪80年代中后期,上海市又结合实际情况采取了相应措施,提高中小学教师待遇,如1984年,市教育局、市人事局决定,给在该年度被评选为全国优秀班主任和优秀辅导员的教师以两年为限向上浮动一级工资,1985年又将其晋升为正式工资;1987年,根据国家教委的规定,给特级教师发放津贴;1988年,根据国家教委的规定,决定从1987年10月起,提升中小学幼儿园等学校教师的工资;1989年开始提升中小学幼儿园班主任的津贴,规定从该年9月1日起,从事中小学教育工作满30年的合格教师,退休后可以获得原工资5%~15%的退休奖金。

改善教师的住房条件也是提高教师社会地位、落实国家尊师重教政策的重要举措之一。从中华人民共和国成立之初到1984年底,上海市中小学教师的数量增长了6.5倍,但是,在1980年以前,却没有专门为中小学教师建造过住房。1978年至1980年,上海市通过房管部门分配给中小学教职工815平方米的住宅。② 1980年,上海市住宅建设试行"统建切块、先分后建、谁建谁分"的新体制后,普通教育系统解决了1 000余户教职工的住房困难问题。同年,上海市教育局又自筹资金,建造了教职工住房4万平方米。1983年、1984年,上海市委、市政府决心花大力气解决中小学教职工的住房问题。1983年,上海市计委、市建委在年度地方财政投资住宅建设计划中,批给市教育局41.5万平方米的建房计划,在1984年度地方财政拨款、市区机关、事业单位建房计划中,又批给了市教育局65.3万平方米的建房计划。截至1984年,普通教育系统共建住房

---

① 吕型伟.上海普通教育史(1949—1989)[M].上海:上海教育出版社,1994:545—546.
② 同上:548.

面积为109.7万平方米,按全市中小学教职工16.5万人计算,人均面积为6.6平方米。这样,全市中小学教师住房矛盾暂时得以缓解。1987年,中小学教职工住宅资金的投入创下历史之最,1990年对中小学教职工的住宅投资为7 760万元,比1987年又增加1 616万元,当年即可解决2 000户左右的教职工住房困难户。

2. 注重发展教师职前教育

(1) 利用各区原教育学院建制培养新师资

"文革"结束之初,为缓解"文革"期间造成的中小学教师极度缺乏的状况,上海各区县原有教育学院采取临时应急措施,设立师资培训班。如1980年,松江、青浦、金山三县的三个教师进修学校分别举办了一期中师班;1981年,静安区教师进修学院开设两个幼师班,1982年又招两个普师班;1983年,除闵行区、崇明县外,其他各区县的教师进修院校都招收了两年制中师班或幼师班,有的区县两者兼招,如黄浦区、徐汇区、杨浦区、吴淞区、嘉定县等。自1984年起,全市各区县的教师进修院校都招收了中师班、幼师班,而且规模逐渐扩大。直到1989年,培养新师资的职责才陆续由各师范学校承担。

(2) 在整顿原有师范学校的基础上,筹建各类正规的师范学校

从1978年起,上海市有计划地建立起师资培训体系,逐步恢复5所中等师范院校。从1981年起,又先后增设了8所中等师范和幼儿师范学校,使师范学校增至13所。其中包括1981年在川沙县正式筹建的第二幼儿师范学校、改建的南林师范学校;1982年筹办的崇明师范学校、浦明师范学校;1984年复办的第二师范学校和松江师范学校;1985年为培养小学体育师资而创办的上海市体育师范学校,为培育小学艺术课教师而创办的行知艺术师范学校,由原上海第四师范学校改建的、以培养具有大专学历的小学教师为主的上海市师范专科学校,由上海市幼儿师范学校改建的上海市幼儿专科学校等,这些学校均隶属上海市高等教育局。另外,还有一些附设于其他学校的艺术、体育、卫生师资班也为上海的中小学培养师资。在师资培养机构基本满足需要的基础上,上海市教育系统又开始筹划提高初等教育师资的学历层次。1991年,上海市高等教育局将上海市师范专科学校和上海市幼儿专科学校分别更名为上海师范高等专科学校和上海幼儿高等专科学校。至此,上海市中等师范学校的设置已经根据各种需要渐趋平衡合理。

3. 关注教师职后培训

截至1980年,上海市还有6.7万名中小学教师未达到国家规定的学历标准,其中有部分教师已经不能胜任教学工作,这一问题迫切需要得到解决。在

时间紧、任务重的情况下,1981年召开的上海市师范教育工作会议指出,凡是没有合格学历的教师,均需参加系统进修,以达到合格学历的要求;凡是在教学方面存在很大困难的教师,均要参加单科培训,以达到胜任所教学科的水平。在中共上海市委和市政府的支持下,上海市教育局积极采取措施,拓展培训途径,以提高中小学教师的学历和能力水平。

(1) 恢复和建设教师进修院校,以利于教师职后培训工作的开展

上海市各区县早在1958年就已创办了教师进修机构,"十年动乱"中,这些机构的设置起起落落,直到"文革"以后,才又恢复每区县各一所的建制。区级机构称教师进修学院,县级机构称教师进修学校。其中,上海教育学院于1978年恢复,按教育部1982年规定,享有与师范学院同等的待遇,凡取得毕业证书的学生,其大学本科学历均予以承认。它承担了全市在职高中教师和郊县在职初中教师的培训任务。上海教育学院分院(后改为第二教育学院)承担市区在职初中教师的培训任务。1980—1981年,上海市区又增设闵行、吴淞两区教师进修学校。1983年5月27日,上海各区教师进修学院经上海市人民政府批准,改名为区教育学院,列为师范专科学校建制,凡已取得毕业证书的学生,其大学专科学历均予以承认。1983年1月,教育部下发《关于加强小学在职教师进修工作的意见》,规定县教师进修学校是培养小学、幼儿园在职教师(干部),开展教学研究,具有中等师范学校性质的学校,是我国师范学校体系的重要组成部分,担负着对在职教师进行终身教育的责任。接着,经上海市教育卫生办公室同意,从当年10月开始,各县教师进修学校列为中等师范学校建制,享受与中等师范学校同等的地位和待遇,凡取得毕业证书的学生,其中专学历均予以承认。

值得一提的是,上海教育学院在师资培训项目上还得到了国际有关组织的资金援助。1983—1985年,得到德国塞德尔基金会140万马克的援助;1986—1989年,得到华夏基金会146万港元的资助;从1988年开始,又得到世界银行关于教师培训项目的贷款120万美元,援助期限至2007年。同时,1983年建立的专门培训小学干部和教师的上海市师资培训中心也得到塞德尔基金会370万马克的资金援助,从1985年开始,到1993年结束,以期提高全市小学语文、数学骨干教师的学历层次和业务水平,其主要培训对象是区县教育学院和郊县小学的语文、数学骨干教师。这些资金在上海市教师培训机构的发展建设中起到了积极作用。

(2) 利用上海丰富的高校资源开展职后培训

上海具有优质而丰富的高等院校资源,师资力量较强,办学条件较好。在

中央和上海市政府的统筹规划下,这些院校也承担起师资培训任务。1978年,为了加强中小学教师培训工作,上海市教育局以部分教师进修院校为依托,举办了物理、化学、生物、英语、体育等学科的教师进修讲座,邀请复旦大学、上海外国语学院和部分科研单位的著名科学家、教授、有丰富经验的科学工作者讲课。前后共开展了23次讲座,听众达2万多人次。这些讲座既使教师了解了当时国内外的先进科学技术和学科动态,也为教师适应新的全国统一教材创造了条件。杨浦区、闸北区教育学院举办的生物讲座请来了谈家桢、卢于道、王鸣岐、叶天星及先进科学工作者盛祖嘉讲课;由虹口区、南市区教育学院负责的英语讲座,在复旦大学和上海外国语学院的支持下,取得了极好的培训效果。1978年10月,上海师范大学(现华东师范大学)为了支持中小学教师的职后培训工作,开始招收旁听生和进修生,并专门开设了儿童心理学、教育心理学、中国教育史和普通心理学等37门与中小学教师工作相关的课程。同年12月,为了帮助中小学教师改进教学,上海师范大学(现华东师范大学)编辑了《物理教学》《数学教学》《化学教学》《中小学外语教学》等刊物,为中小学教师自学提供了条件。1982年,上海师范学院开始承担中学音乐、美术、生物等学科教师的培训任务;华东师范大学和南京师范学院开设学前教育和中文专业大专进修班,学制两年,培养上海的在职幼儿园和小学骨干教师。上海体育学院自1978年也开设函授本科班三期,以提高中小学体育教师的学历。

(3)坚持以学校为主进行培养,提高中小学教师的业务水平

1978年初,上海市教育局提出"在职、业余、自培"三原则之后,全市各区县积极采取行动,依靠本学校教研组和资深教师的力量,提高现有师资水平。如延安中学就提出,依靠教研组,研究教学方法,交流教学经验,边教学边提高,是培训教师的一种基本形式。他们首先面向教育教学的实际情况,边教学边提高。其次是在全校教师中,开展教学教法研究,提高全体教师的能力水平。最后是结合日常备课,以老带新,能者为师,带动教研组共同提高实际教学能力。在这一时期,教师进修院校也在"三原则"指导下开展教师培训工作。当时徐汇区教师进修学院在培训时统一了认识,他们认识到提高教师业务水平和教学能力的重要性和迫切性;认识到提高教师水平是培养人才的根本大计,是教师进修学院不可推卸的责任;认识到师资队伍如此参差不齐,教学内容如此丰富,教学要求又极为严格,印印资料、开开会是远远不够的,必须和广大教师站在一起,到教学第一线去,从系统进修与开展教学研究同时入手,真正帮他们把教学

质量搞上去。所以,为了方便教师进修学习,徐汇区教师进修院校采取了灵活多样的办学形式,包括脱产、半脱产和不脱产等,先后办起各学科的业务进修班20多个(其中不包括电视、函授班以及各科备课班和专题讲座班),还有幼儿教育综合轮训班。到1980年初,仅徐汇区教师进修学院培训的教师就达7 600多人次。

上海市通过市、区县教育学院,教师进修学校,小学教师培训中心和师范院校函授进修部等师资培训网络对全市教师开展的以学历达标为主的培训取得了良好效果。据上海市教育局统计,全市小学、初中、高中教师学历达标率分别从1983年的49.83%、55.8%、58.4%提高到1986年的59.03%、70.36%、63.34%。[1]

二、高等院校师资队伍建设

"文革"期间,全国各高校停止招生,"停课闹革命",高校师资队伍无从补充,学术研究更是无从谈起,到20世纪80年代,教师的业务几近荒废,无论是知识结构还是年龄结构都出现了断层现象。改革开放以后,由于市场经济大潮的冲击,人们的思想观念开始发生变化,"出国潮""经商潮"更是使上海高校教师队伍日益呈现不稳定趋势。这样,中断十几年的高校师资队伍建设问题开始提上议事日程。

1. 从师资来源入手,提升教师队伍整体素质

粉碎"四人帮"以后,上海高校步入了快速发展时期,一些在"文革"期间关、停、并、转的院校陆续复校,一些中专和大专也相继升格,同时还增加了一些新创办的地方院校。在这种情况下,高校师资力量严重缺乏,教师整体素质亟待提高,教学力量有待加强。为了迅速提高教师素质,经市政府同意,这些院校先后从外省市引进了一定数量的优秀教师,同时又从一些老大学里调配了一定数量富有经验的骨干教师来支援这些发展中院校的师资队伍建设。1984年,上海市政府出台了相应政策,即"留出从外地迁入500个户口的指标,供选留博士、硕士和聘用副教授以上教学、科研人才之用",以此来支持地方高校提升教师整体素质的举措。据统计,1984年至1989年7月底,地方高校共引进326人,重点配备了地方高校21个重点学科及新建和紧缺学科的骨干力量。与此同时,从1982年起,上海市各高校又对原有教师队伍中毕业于"文革"时期的青年教师作了调整,"对业务上有发展前途的,经过在职或脱产进修研究生课程,

---

[1] 吕型伟.上海普通教育史(1949—1989)[M].上海:上海教育出版社,1994:552.

让他们继续担任教学、科研工作,不合格的均调离教学岗位"。据不完全统计,在这一时期,上海高校内"文革"期间毕业的青年教师有三分之二左右被调离了,这使师资队伍的整体素质有了提高。恢复高考和建立学位制度后,我国进入了大规模招收和培养研究生时期,这为高校补充研究生学历的教师提供了有力保证。1982年起,研究生(含硕士、博士、研究生班)、优秀本科毕业生成为上海高校师资队伍的主要来源。一些层次较高的大学专业课、专业基础课的教师来源基本上不再选留本科生,并且逐渐把注意力转向国内外博士生和博士后研究人员。从1977年到1988年,上海高校共补充教师1.4万多名(其中研究生6 000余名),占专任教师总数的一半以上,为高校教师队伍注入了新鲜血液。

2. 采取多种形式培养中青年教师

20世纪80年代初,上海高校将培养新教师作为工作重点,并依据不同时期的实际情况,采取多种途径培养中青年教师。

(1) 通过进修学习提高中青年教师的学历和能力水平

20世纪70年代末80年代初,各高校对青年教师采取以补习基础课为主的"读书班"、单科进修班(集中学习一两门课程)等形式,提升他们的基础理论知识和水平。有的学校为新教师配备指导教师,帮助他们制定工作和进修计划。比如,复旦大学要求各系均制订具体的青年教师培养计划并上报学校,有的系主任和老专家还亲自给青年教师上课。对于1982—1985年各高校补充的新教师,在加强其教学、科研等实际工作的前提下,对需要业务上再提高的青年教师,着重要求他们在4~5年内进修几门主要的研究生课程,并采取多种形式和途径,如通过研究生班、定向委托代培研究生、在职研究生、在职攻读硕士研究生课程、助教进修班、外语短训班等形式,使之达到硕士研究生水平。上海高校在加强对青年教师培养的同时,根据中年教师知识更新及高校选拔培养中青年骨干教师和学科带头人的迫切要求,采取专题研究班、暑期讲习班、短期进修等方式加强对中年教师的培养。1986年以后,国内访问学者、合作研究、专题研究等培训方式开始受到教师们的欢迎。在这期间,各校还为中青年教师举办了各种外语、计算机、教育理论等短训班,对提高教师的外语水平和计算机能力起了积极作用。与此同时,上海高校还积极开展校际和省市之间的师资交流和协作活动,如1980年,复旦大学、华东师范大学、同济大学、上海交通大学、上海第一医学院(1985年定名为上海医科大学)建立了校师资协作组,对培养、交流师资和研究师资培养管理工作方面起到了积极作用。

（2）通过到海外访学进修提升教师的学术造诣

上海各高校为了提高教师队伍素质，适应上海经济发展和改革开放的需要，在以国内进修为主的同时，还选派一批中青年教师到国外进修，攻读硕士、博士学位或进行合作研究。对于出国人员，上海市教委在调查研究的基础上，于1983年作出具体指示："今后，各校要根据本校教学、科研发展和师资培养的规划，制定出1990年以前选派出国留学人员的计划。在保证政治、业务、外语和健康质量的前提下，有计划地选派，着重选派学科带头人和中青年骨干教师，也可以选派一些优秀的青年教师出国攻读博士、硕士学位。选派出国教师一定要专业对口，选择课题要与本校当前或长远的专业方向相适应，最好能带着任务出国，使国内外工作互相衔接。时间可以短一些，利用国外设备条件，搞一个课题或解决若干个关键问题。高年资、高职称的教师尽可能以考察、访问、讲学和合作科研等身份出国。要防止在国外被人家单纯当作廉价劳动力使用，以及把国内已完成或接近完成的科研成果带到国外去。社会科学一般要派政治上、业务上比较成熟的中年教师出国进修。"截至1989年，上海高校累计有6 000多名教师公派出国留学深造、进修，学成回国者占三分之一以上，这些教师回校后在自己的岗位上都积极努力地工作。仅以复旦大学为例，该校1978—1988年共派出800多名教师到国外进行为期半年至两年的进修，1988年底学成回国的教师占派出人数的54%。而且，学科带头人与骨干教师除了优先出国学习外，有条件、有需要时，还可以再次出国。这一措施的实行使绝大部分回国教师与留学国家保持着较为密切的学术交往，其中40%的教师与国际上许多国家有联系。据该校对回国人员发挥作用情况的调查来看，这些教师大部分都成为学校教育科研的中坚力量。这期间，学校的国家级和省市级、部委级实验项目中，有52%是由他们承担的，获奖项目中，有一半是由他们完成的；他们平均每人开出2门新课，采用了国外的教学内容与方法；他们中有35%担任了系（所）、教研室的正副主任，有的还担任了校级领导；他们平均每人出版著作1部，发表论文15篇。

3. 初步实施高校教师职称评定工作

高校教师的职称评定工作关系到知识分子政策的落实问题，关系到教师的社会地位问题，是高校师资队伍建设的关键一环。1978年3月，国务院批转教育部《关于高等学校恢复和提升教师职务问题的请示报告》，决定恢复高校教师职称评定工作。之后，上海市高等教育局在1978—1983年先后开展了三批次正、副教授的评定工作，提升教授315人，副教授2 291人，研究员3人，副研究员 58 人,高级工程师 11 人;各校还自行审批,提升了 9 500 余名讲师。① 随着时间的推移,职称评定工作逐渐走向正规化,1982 年、1983 年,上海市高等教育局又结合教育部有关文件精神和上海市高校的实际情况,制定并下发了《关于高等学校教师职责及考核的暂行规定》以及《关于上海高等学校提升正、副教授的具体规定》等文件,后者明确了提升教师职称的指导思想是"要从高等教育事业出发,从师资队伍长远建设出发,达到鼓励教师积极做好本职工作,不断提高教学质量、科研水平,为国家培养合格人才努力做出贡献的目的",指出教师提职工作要转向经常化,"教师提职工作是一项严肃细致、政策性强的工作,是师资队伍建设的重要措施,学校党委一定要切实加强领导"。此后,正式恢复高校教师的职称评定工作,并使之制度化和经常化,改善了上海高校教师队伍的整体职称结构,促进了师资队伍整体素质的提升,对提高教育教学质量的提高起到了促进作用。1985 年,复旦大学、上海交通大学、上海机械学院和上海师范大学被列为全国高等学校职称改革试点单位。到 1989 年 3 月,上海先后组织了 6 次教师专业技术职务评审,加上原有提职人数,普通高校中累计有教授 1 568 人,占教师队伍总数的 5.57%;副教授 6 481 人,占教师总数的 21.74%;讲师 11 678 人,占教师总数的 39.17%。

---

① 卜中和.上海高教四十年[M].上海:同济大学出版社,1990.

第三章

改革体制,调整结构(1985—1992)

第一节 改革教育体制

随着中国改革开放的深入,经济体制改革也加快了步伐。1984年10月,中共十二届三中全会描绘了以城市为重点的经济体制改革蓝图,要求进一步搞活经济、对外开放,特别是加强中心城市在经济建设中的调节作用,而这必然对人才和教育提出新的要求。1985年5月,《中共中央关于教育体制改革的决定》颁布,作出以下重大决策:(1)把发展基础教育的责任交给地方,实行地方分级管理的新体制,有步骤地实行九年制义务教育;(2)调整中等教育结构,大力发展职业技术教育;(3)改革高等学校的招生和毕业生分配制度,扩大高等学校的办学自主权;(4)撤销教育部,成立国家教育委员会;(5)中央和地方政府教育拨款的增长要高于财政经费收入的增长,这使在校学生人均教育经费逐步增长。

为了全面落实《中共中央关于教育体制改革的决定》,根据上海的实际情况,上海的教育体制也进行了一系列改革。

一、普及九年制义务教育

1985年7月,上海市第八届人民代表大会第四次会议审议通过《上海市普及义务教育条例》,规定于9月1日起实施。为配合该条例的实施,上海市教育局向上海市各大报纸、电台、电视台等媒体提供了有关材料,并印制了100万份条例的宣传图解,下发到全市中小学校、中等师范院校以及乡镇和乡镇企业,向全市人民宣传条例内容。

1986年9月,国务院办公厅转发国家教育委员会等四部委发布的《关于实施〈义务教育法〉若干问题的意见》,提出义务教育的四项基本要求:(1)使学龄儿童全部入学,并受完九年制义务教育,大多数达到初中毕业程度;(2)校舍、设备要达到规定的标准(由各省、市、自治区政府制订);(3)师资队伍要达到合格标准(原教育部有规定);(4)教育思想要端正,包括面向多数学校,面向全体学生,使学生德、智、体全面发展。文件明确了九年制义务教育是普及小学教育的延续,是对普及小学教育更高的要求,而普及小学教育又是实施九年制义务教育的基础。文件规定义务教育实行"六三制""五四制"或九年一贯制。

之后,上海市、区县人大常委会每年都组织力量检查《中华人民共和国义务教育法》和《上海市普及义务教育条例》的贯彻执行情况,大力呼吁解决基础教育的突出问题,并向政府提出建议。

1986年,上海市人大教科文卫委员会和上海市教育局等10个部门和单位在检查《中华人民共和国义务教育法》和《上海市普及义务教育条例》的执行情况时,提出上海实施义务教育应在1990年前达到以下五项目标:(1)全体适龄儿童(除依法批准延缓或免于入学者外)均应入学接受九年义务教育,违反义务教育法有关规定的单位和个人,均要依法处理;(2)所有小学和初中均按国家规定的教学计划、教学大纲和教材实施教学;(3)绝大多数教师具有合格学历或考核合格证书,能胜任教育教学工作;(4)绝大多数学校具有基本的教学场地、教室、设备;(5)经九年义务教育,绝大多数学生达到初中毕业或结业水平。

与此同时,上海市政府每年都把为教育办实事列入议事日程。社会各界纷纷捐资助学,中、小、幼教师奖励基金会在一些区县也相继成立;各区县还狠抓义务教育有关法规的落实,健全执法机构,完善执法程序。经过严格控制,1989学年,全市小学和初中流生率分别下降到0.02%和0.49%,至此,全市适龄儿童、少年接受义务教育的权利基本上得到了保障。

二、努力普及高中阶段教育

进入20世纪90年代,上海决定进行产业结构的战略性调整,将经济发展顺序由原来的"二、三、一"调整为"三、二、一",即遵照"三、二、一"的产业发展顺序,优先发展第三产业。这就需要提高市民的文化素质,尽可能延长市民普及教育的年限。

在此背景下,上海通过各种途径,主要是普通高中、中等专业学校、技工学校和职业高中四种途径普及高中阶段教育,使高中阶段在校生逐年递增。① 例如,1993年,全市高中阶段四类学校在校生达30万人,比1992年增加3.3万人,增

---

① 教育结构的调整、计划的实施,是通过滞后的效应、结果表现出来的,我们可以通过1993年数据看出20世纪90年代初(1991—1992)通过普通高中、中等专业学校、技工学校和职业高中四种途径普及高中阶段教育所作的努力。

长 12.3%。1993 年,全市初中毕(结)业生 12.74 万人,升入高中阶段四类学校的达 10.14 万人,升学率为 79.6%(其中市区 89.8%,郊县 59.6%),比 1992 年提高了 3.7 个百分点。

为适应经济、社会发展对人才的需求,上海还提高了中等职业技术教育在高中阶段的比例,并对其进行了多方面的改革。

在招生制度方面,实行国家任务计划与社会调节性计划相结合的办法,进一步扩大调节性计划的招生规模。各学校在制订招生计划时,既要满足学校所在系统的需要,又应根据人才市场的变化,满足外系统及农村乡镇企业的需要,招收定向生、委培生和自费生。

在办学模式方面,改变过去计划经济体制下的封闭式办学模式,进一步加强学校与社会、企事业单位的联系,积极走校企结合道路,逐步建立适应社会主义市场经济体制的办学模式。学校与企事业单位订立"人才培训合同",双方明确权利义务,共同承担培养任务,成立校董会或专业管理委员会,发挥企事业单位的群体作用。通过学校与企事业单位共建人才培训中心等多种方式,让用人单位参与办学。

上述改革的实施使中等职业技术教育有了新的发展。1993 年,全市初中毕(结)业生升入三类职业技术学校的人数为 6.36 万人(比 1992 年增加 1.18 万人),占初中毕(结)业生总数的 49.9%(比 1992 年增加 62 个百分点),占高中阶段四类学校招生总数的 63%(比 1992 年增加 5.4 个百分点)。在三类职业技术学校中,中专、职业学校(职业高中)发展较快,1993 年,中专、职业学校招生人数分别为 2.09 万人与 2.64 万人,比 1992 年增长 23.7% 与 51.7%。

为推进高中阶段的教育普及,1993 年,上海市电视中专扩大了招收应届初中毕业生的规模,达到 0.48 万人,比 1992 年增加 0.18 万人,增长 60%。1993 年还成立了上海市电视高中,招收应届初中毕业生 247 人。电视中专、电视高中投入少,办学效益高,是普及高中阶段教育的一个有效手段。特别是在农村,电视中专和电视高中很受欢迎,1993 年,两校在郊县的招生计划合计完成 114%,远远超过了预定计划。①

三、改革基础教育办学体制

《中共中央关于教育体制改革的决定》明确提出把发展基础教育的责任交

---

① 《中国教育年鉴》编辑部.中国教育年鉴(1994)[M]北京:人民教育出版社,1995:504,508—509.

给地方,实行"地方负责、分级管理"的新体制。

为落实《中共中央关于教育体制改革的决定》的精神,上海市出台了《上海市普及九年制义务教育实施方案》,对上海的基础教育进行"地方负责、分级管理"改革,确立了上海基础教育的"两级政府、三级管理"模式,并逐渐转变为"两级政府、两级管理"。这一时期,上海对基础教育管理权限的分工如下。

一是市政府加强宏观管理。负责制定中长期发展规划和年教育发展的指导性意见;负责制定普及义务教育的基本要求和对区县的检查验收;负责制定中小学人员编制标准和管理、考核办法;负责制定校舍、场地、设备标准;加强对教育、教学工作的指导,组织教育科学研究等。

二是实施九年制义务教育的主要责任和权力在区县。制定落实国家和市有关义务教育的法规、条例的具体办法,制定本地区实行九年制义务教育的规划;负责对学校的领导、管理和检查工作;任命中小学校长(郊县任命中心小学以上的校长);核实教职工编制的定额,管理和建设师资队伍;组织对教师的考核;考核乡镇教育工作等。

三是乡(镇)的主要职责是制定本地区落实九年制义务教育的措施。根据本地经济及社会发展需要,统筹规划初中、小学、幼儿园、乡镇办职业学校和业余学校的发展;负责本地中小学的布局设置及撤并建议;负责本地中心小学副校长、完全小学校长以及教师的任命和调动,并对本地中心小学校长、初级中学校长任命提出建议;负责多渠道集资,征收附加教育费,合理分配全乡(镇)教育经费,不断改善办学条件等。

经过一段时间的探索和实践,上海基础教育的"地方负责、分级管理"改革取得了新的进展,尤其是乡(镇)政府管理教育的职能得到了进一步加强。一是乡(镇)政府加强了教育工作力度,大都成立了教育委员会或类似的机构。二是乡(镇)政府初步确立当地的教育事业必须与当地的经济和社会发展统筹规划的思想。三是教育经费包干到乡(镇)。四是乡(镇)参与教育管理的积极性得到提高。

与此同时,上海市中小学试行校长负责制,制定了校长、校党支部以及校教职工代表大会的工作条例,明确了各自的职责和权限,扩大了校长的办学自主权。据1988年底的统计,全市21个区县有202所中小学试行校长负责制。应该说,校长负责制的试点工作取得了一定成效:一是推动了学校内部的管理改革以及教育、教学改革;二是学校行政指挥系统的职能得到加强,校长对内全面负责,对外是学校的法人代表,工作比较到位,大大提高了学校的工作效率;

三是推动了学校的党组织建设和学校民主管理。在试点中,一些做得好的学校普遍具有一些共同特征,如党、政、工关系协调,党支部支持校长开展工作,校长在学校的重大问题上都尊重党支部和教职工代表大会及工会的意见,使学校工作得以良好开展。

第二节 高等教育结构调整

20世纪90年代,特别是邓小平南方谈话以后,上海的高等教育在办学体制、管理体制、高校布局结构调整等方面发生了一系列重大变化。尽管这些变化主要发生在1993年国家颁布《中国教育改革和发展纲要》之后,并且主要是受到《中国教育改革和发展纲要》的推动(《中国教育改革和发展纲要》明确提出改革高教办学体制、管理体制、投资体制等主要任务),但事实上,这些重大变化早在80年代下半期到90年代初就已逐步出现。具体而言,这一时期高等教育结构调整主要包括以下几个方面。

一、调整招生计划,实施自主招生制度

1. 调整招生计划

根据国家教育委员会对高等教育的指示,在相当一段时期内,高等学校工作的重点不是发展数量和扩大规模,而是优化结构、深化改革、改善条件、提高质量。结合上海的经济发展情况,以及对学生毕业分配的考虑,这段时间上海对高等教育的招生计划进行了调整,其中规模比较大的调整主要集中在1988年和1990年。上海市高等教育局在制定1988年普通高校招生计划时综合考虑了"七五"后三年人才需求及当时那几年毕业生分配困难等情况,采取了控制总量,限制新专业,调整长、短线专业的措施,对招生计划进行了五次较大调整。

第一次:1987年底,在向国家教委申报1988年市属高校招生计划时,对1987年分配中有困难的专业,部分师范、农科类等长线专业进行调整,在全国招生计划增加6%的情况下,上海没有增加。

第二次:1988年初,在收到各校计划反馈以后,上海本着国家计划从严,委托培养和自费计划从宽的原则,将国家任务、委托培养、自费三大类招生计划的比例分别从1987年的78%、18%、4%调整为73%、12%、15%。

第三次:因为分配、经费等问题,经上海市计划委员会同意,对原定在江苏、浙江、福建三省招800名新生的计划数调减至200名。

第四次:根据1988年上海市大学生分配供需见面会提供的人才需求信息,

1988年5月上旬再一次对8所院校的17个长线专业进行调整。

第五次：对部分学校由于压缩长线专业招生计划而影响办学经济效益的，适当增加委托培养和自费生的招生计划。

这次招生计划的制定、调整涉及9所学校的40余个专业，共计2 000人。1988年计划招生13 968人，比1987年实际招生减少529人，下降3.8%。其中国家计划10 088人，比1987年减少1 216人，下降12.1%，比国家教委下达计划数减少761人，下降7.5%。这次调整明显体现出三个特点：一是对长、短线专业调整幅度较大，如师范院校重点压缩了数、理、化等长线专业，增加了音、体、美、外语等上海市短缺专业，调整人数达500名以上；二是市属高校专业调整幅度较大，先后有9所高校40个专业共调减635人，加上全国协作等，调整涉及的人数共计1 200人，占市属高校国家计划数的30%；三是得到了上海市各级领导的重视和有关部门的支持、配合。

1990年，上海按照国家教委关于"招生要与毕业生分配衔接起来考虑"和"对普通高等学校的招生专业结构进行适当调整"的要求，结合市属普通高校招生规模逐步得到控制和调减以及毕业生分配情况，在安排招生计划时，尽管总规模基本与上年持平（1.2万人），但对招生专业结构进行了较大调整，具体体现在以下六个方面。

一是部分长线专业暂停招生。对社会需求少，分配困难的专业暂停招生，如部分高校的政治学、博物馆学、科技新闻、生物医学工程、卫生事业管理、兽医、工业管理工程等，还对部分学校的个别专业在招生数量和招生方法上作了限制。

二是对社会需求量不大的专业安排隔年招生。部分学校的招生规模控制后，将会造成各专业的学生减少，致使有的班级不足20人，影响办学效益，为此，上海高校采取相近专业隔年招生的办法，提高了办学效益。

三是对国家任务实行按系招生。按系招生是1988年首先从上海工业大学开始的，1989年发展到上海科技大学、上海农学院、上海工程技术大学的部分系，1990年大部分市属高校均实行按系招生。委托培养、自费生、对等培养因牵涉用人单位的需求，仍按专业招生。

四是校内长短线专业互相调剂。学校总招生规模确定以后，则需调整长短线专业。如上海中医学院减少中医学、中药学专业的招生数，增加中西医大专班的招生数；上海工业大学适当减少化工系的招生数，增加机械、工业自动化和冶金系的招生数；上海大学文学院和上海工程技术大学纺织学院压缩国家任务招生数,增加委托培养和对等培养的招生数。

五是按用人单位需求合同招生。1988年,上海农学院的部分专业已实行此办法,选送生都有用人单位(推荐单位)合同,需要多少招多少,毕业定向分配工作。这一办法适用于郊县的部分高校,如上海技术师范学院、奉贤医学专科学校等。

六是成人高校不再招普通生。1988年、1989年,部分成人高校还招收少量普通生(师范类),1990年停止这部分计划招生,把师范生尽量安排在上海师范大学、上海技术师范学院及其他有条件的普通高校。

上海市高等教育局还对部属院校在沪招生提出了数量不减和专业尽量适应上海需求的要求。由于贯彻和坚持了稳定规模、调整结构、按需招生的原则,并在计划实施过程中不断解决新出现的问题,调整进行得比较顺利,学校和社会反映良好。

2. 实施自主招生制度

1977年,我国恢复了高校统一考试的招生制度,这一重大举措,对扭转"文革"以来我国高等教育的落后局面,保证高校的招生质量,培养社会主义建设人才,调动青少年学习的积极性等都起着重要作用。但是,高校统一考试的招生制度在实施过程中,也显露出不合理和不完善的地方,如我国幅员辽阔,不管是东部发达地区,还是西部边远地区,全部使用同一张考卷,不利于不同地区按不同情况组织教学;许多地方为追求升学率,不得不围绕高考"指挥棒"转,导致不顾学生和本地的实际情况,违背教学规律,使正常的教学秩序受到冲击;普通高考是文理分科的,学生为了应付高考,通常把主要精力放在报考的相关科目上,结果导致高中教学内容的偏科和学生基础知识的不全面,而社会需要的是文理渗透、文理结合的全面性人才。

为解决上述问题,上海市高等学校招生委员会和上海市人民政府教育卫生办公室分别于1984年12月和1985年1月请示国家教委和市政府,提出了上海市普通高校招生考试单独命题的方案。经过自1985年至1987年三年的准备和过渡,上海于1987年获得国家教委的批准,开始实施高考自主命题。

二、加强市属高校重点学科建设

《中共中央关于教育体制改革的决定》指出:"要根据中央关于科学技术体制改革的决定,发挥高等学校学科门类比较齐全,拥有众多教师、研究生和高年级学生的优势,使高等学校在发展科学技术方面作出更大贡献。为了增强科学研究的能力,培养高质量的专门人才,要改进和完善研究生培养制度,并且根据同行评议、择优扶植的原则,有计划地建设一批重点学科。"

为使上海的高等学校在科学技术方面作出更大贡献,早在1984年,上海就在市属高校中启动了首批重点学科建设。

1984年,上海市高等教育局组织专家在上海第二医科大学、上海中医药大学、上海科学技术大学、上海工业大学、上海农学院、上海师范大学、上海大学等7所市属高校,评选确定了首批21个重点学科,并于1985年开始重点投资。这21个学科分别是:上海第二医科大学7个(口腔颌面外科、整复外科、血液学、心血管疾病、消化疾病、小儿心血管、围产医学);上海中医药大学2个(中医外科、针灸);上海工业大学5个(应用数学和力学、电机与控制工程、机器人及机械自动化、精密机械工程、材料科学与工程);上海科学技术大学4个(无线电电子学、固体材料与器件、化学与精细化工、计算数学与应用数学);上海师范大学1个(古籍整理);上海农学院1个(遗传育种);上海大学1个(社会学)。

1990年,上海又在市属高校中启动了第二批重点学科建设。它们是上海科学技术大学的精密仪器及机械、通信与电子系统、辐射技术及应用、无机非金属材料,上海工业大学的计算机应用(与上海科学技术大学联合)、钢铁冶金、信号与信息处理、工业自动化、环境化工、电磁测量技术及仪器,上海第二医科大学的内科学(内分泌与代谢病)、免疫学、组织学与胚胎学、外科学(烧伤、骨外、普外)、核医学、分子生物学,上海中医药大学的中医内科、中医基础理论,上海农学院的传染病学与预防兽医学,上海师范大学的教学论,上海大学的工艺美术设计等21个学科。

通过这两批重点学科的建设,上海市属高校在教学、科研、实验室建设、教师学术梯队以及办学效益等方面都取得了显著成效。

1. 提高了教学质量和学术地位

重点学科建设不仅提高了教学质量,还提升了其学术地位。例如在首批重点学科建设期间,全国医学院校大学生在1987年统测时,上海第二医科大学心血管学科心脏科得分名列榜首,该学科带头人黄铭新教授培养的博士生葛郁芝还获得了全国青年科学论文奖。此外,首批重点学科还带动市属高校的研究生教育的发展,设立了10个博士点和30个硕士点,共有24名博士生导师。在第二批重点学科建设期间,上海工业大学的工业自动化重点学科设立国内第一个电力传动及自动化博士点,博士生导师陈伯时教授还受聘担任国务院学位委员会电工学科评议组第三届成员;信号与信息处理重点学科组编写的《数学电视原理》由科学出版社出版,并被评为1992年全国电子类优秀教材一等奖;上海中医药大学的中医基础理论重点学科经投标竞争，被国家中医药管理局定为《中医基础理论》全国规划教材主编单位，并于1992年被确定为国家重点学科。

2. 加强了实验室建设，增强了高校教学和科研的后劲

各学科按专款专用的原则，对重点投资集中使用，添置了一批先进设备，提高了实验室的现代化程度，改善了学科的办学条件。例如，上海第二医科大学消化疾病学科在原内窥镜室的基础上，扩建了生化室、免疫室、肠肤室、细菌室、病理室和电脑室，配备了高效液相色谱仪、全自动生化分析仪、四导联生理记录仪等必要仪器设备；上海科学技术大学将四个重点学科经费集中起来使用，建成毫米波与亚毫米波、图像处理、现代通信、顺磁与核磁共振、特种光纤工艺、超净等九个实验室和研究室；上海工业大学钢铁冶金重点学科在市科学技术委员会支持下，获准建设上海市钢铁冶金新技术开发应用重点实验室；上海农学院为与市科学技术委员会重点实验室的建设配套，建立了一个具有一流水平的兽医生物技术研究大楼；上海师范大学教学论重点学科建立了资料电脑检索室、声像制作室和文选参考室等。

3. 促进了学术梯队的形成

各学科采取引进与培养相结合的办法，给中青年教师提供各种机会留学、进修、研究和讲学，提高了教学科研能力和学术水平，改善了学术队伍的机构，使成绩卓著的中青年骨干教师开始走上学术领导岗位。例如，上海科学技术大学计算数学学术带头人郭本瑜成为博士生指导教师；上海第二医科大学口腔颌面外科学科带头人张锡泽是全国著名的口腔颌面外科专家、国际牙科学会院士，在他的培养下，其学生邱蔚六后来也成长为博士生导师、国务院学位委员会医学评议组成员、国际牙科学会院士、中华医学会总会理事、上海市口腔科学会主任委员，并出版了《口腔颌面外科学》和《口腔颌面外科临床手册》等十多本专著。

4. 重点学科在市属高校中的地位愈来愈重要

重点学科在市属高校中的地位越来越重要，如在人才培养方面，上海科学技术大学4个重点学科培养的研究生人数占学校培养研究生总数的68%；在科学研究方面，这4个重点学科在1985年至1987年共获得28项成果奖，占学校总数的90%。再如，上海工业大学5个重点学科1988年新立课题107项，占学校课题总数的72.3%，其中国家各类科学基金项目和重点科技攻关项目17项，占学校承担国家级项目总数的74%；1988年度全校鉴定科研成果51项，其中重点学科25项，占49%。此外，1988年市属高校在上海市14项工业会展项目中中标20个子项,其中由重点学科承担的占60%。

5. 极大地提高了市属高校的科研能力和水平

重点学科建设很大程度上提高了市属高校的科研能力和水平,仅从首批重点学科来看,新列研究项目814个,新增研究经费1 900多万元,鉴定科研项目251项,获得专利9项,发表论文2 294篇,出版专著138种,获奖173项(次),其中自然科学奖2项,国家发明奖5项,国家科技进步奖11项,国家教委科技进步奖12项,上海市科技进步奖51项,其他部委及市局级奖92项。其中,上海科学技术大学无线电电子学的单模光纤技术、单模光纤四次群通信实验系统,上海工业大学机器人与机械自动化学科研制的"上海Ⅱ号"机器人,先后于1987年、1988年荣获上海市科技进步一等奖。

6. 取得了明显的办学效益

上海市属高校在重点学科建设方面,不论是经济效益还是社会效益,都取得了明显的成效。例如,上海工业大学精密机械学科通过引进铣刀国产研究,以国产铣刀代替进口铣刀,在当时每年节约外汇折合人民币达223万元;上海科学技术大学无线电电子学科于1988年完成的高速公路监控系统在沪嘉高速公路上发挥作用;上海农学院遗传育种学科育成上农香糯,于1988年推广到4万亩(2 667公顷),为上海生产香糯600万千克,社会经济效益突破1 000万元;上海第二医科大学心血管疾病学科抢救急性心肌梗死、伴有严重并发症的重危病人取得成功;上海农学院传染病学与预防兽医重点学科承担的"抗病传染性法氏囊病毒(IBDV)单克隆抗体的研究",获上海市科技进步一等奖和农业科技成果一等奖;上海科学技术大学通信与电子系统重点学科在上海市科学技术委员会的支持下,设计和完成了"嘉定光纤CATV科研示范工程",建成我国第一个城镇光纤电视分配网;上海工业大学电磁测量技术及仪器重点学科承接了"人民广场超级市场计算机网络、条形码自动销售、电视监控和防盗系统"的研制,该系统运行安全可靠,使商场营业额、利润大幅度上升,失窃率为零。

7. 带动了相关学科的发展

重点学科建设不仅发展了一批重点学科,还带动了相关学科的发展。例如,上海第二医科大学口腔颌面外科除保持肿瘤基础研究外科手术和药物治疗的方向外,还培训放射治疗人才,引进钴-60治疗机、模拟机、微机及配套设备,筹建了放射治疗室,使该学科在保持优势的同时,开辟了放射治疗的新方向。同时,机器人、围产医学等新兴学科得到扶植,电机等老学科发展了新的方向。除市级重点学科外,上海第二医科大学还设立了20个校级重点学科,带动了医学分子生物学等学科的发展。

三、实施自费生招收制度

国家用于发展高等教育事业的财力有限,为缓解这种情况,上海的许多社会人士和一些高校建议,可以通过招收自费生的办法来挖掘社会财力,从而将个人的消费资金转到高等教育上来,认为这不但是对国家计划招生的一种补充,而且可以改变高等教育的培养形式,促进教育改革的深入发展。

上海市高等教育局在普通高校招生制度改革过程中,根据对考生意愿和考生家庭经济承受能力等情况的调查,会同上海市人事局、公安局、财政局、劳动局等有关部门对招收自费生的具体问题进行了多次研究,制定了《上海市普通高校招收自费生试行办法》,规定自费生可根据社会对人才的需求情况,自行选择学习专业,毕业后自谋职业,学校对自费生不包分配;上海市全民、集体单位可直接招聘录用自费毕业生。同时,该办法还根据实际承受能力规定了自费生缴纳的培养费为文科每生每学年 800 元,理科 1 200 元;并对自费生的高考录取、学籍管理、在校期间的医疗费、入学后的户口关系、毕业后学历学位、奖学金待遇等作了具体规定。此外,上海市高等教育管理部门在安排招生专业时还根据人才需求预测和社会的实际需要安排自费生的招生专业和学历层次,严格控制长线专业的招生,规定学校招收自费生的人数一般控制在 10% 左右,以促进这项改革的健康发展。

1987 年,上海首次在 21 所普通高校招收自费生 830 名,占当年全市招生总数的 4%。1988 年,有 36 所普通高校招收了自费生,实际招收自费生共 2 130 名,占上海市招生总数的 12.1%,自费招生数是 1987 年的 2 倍多。

四、调整专业结构

上海高等教育的专业结构基本上是根据 20 世纪五六十年代的产业结构设立的。为适应改革开放的发展,使高校培养的人才能适应社会主义经济建设的需要,上海市属高校和部分部委属高校从 1989 年起着手进行专业结构的调整工作。其基本指导思想是:第一,从人才需求的实际出发,停止或减少长线专业的设置;第二,增加复合型、应用型等人才的培养;第三,统筹规划,合理布点,提高办学效益;第四,贯彻教育要适当超前于经济发展的思想;第五,坚持"积极、慎重、稳妥"的方针,避免急上急下,大起大落。

1. 1989 年的主要调整工作

(1)停办长线专业,合并相关专业

在上海市属高校 200 多个专业点中,停办了 7 个无市场需求的专业,如上海大学的半导体物理与器件专业,在连续两年没有招生以及当年毕业生分配困难的情况下,被率先停办。这一年,停办专业数占总数的3%。对3所专科学校的同类专业进行了合并,如上海轻工业专科学校将发酵工艺专业并入食品工艺专业内,既扩大了专业面,又减少了专业种类;上海科技专科学校将两个计算机专业合并为微型计算机应用专业,将电子器件与应用和电子元件与材料两专业合并为电子元器件与应用专业;上海纺织工业专科学校将服装设计、服装工艺与装备两专业合并为服装专业。

(2) 扩大专业内涵,按系招生

1989年,一些高校开始扩大专业内涵,按系招生。如同济大学从1988年起,开始实施"按系招生、分类教学、淡化专业、按需定向"的改革。上海工业大学、上海科学技术大学、上海工程技术大学、上海农学院等市属高校从1989年起也全部或部分实行按系招生。

(3) 按需采取减招、缓招、停招措施

对于一些"供"大于"求"或一时难以掌握人才需求趋势的专业,有关学校则采取停招、减招、缓招的措施。如上海科学技术大学、上海第二医科大学两校均暂停上海需求量极少的生物医学工程专业的招生。对全市设点较多的管理类专业,有的学校停止招生,有的则减少招生数。如上海工程技术大学纺织学院停止了工业管理工程专业1989年的招生,上海师范大学的教育管理专业1989年招生数较上年也减少了近80%。上海城建学院则对毕业生分配较难的市政工程、环境监测两专业采取隔年招生的措施。

(4) 开展专业自评,深化专业调整

1989年下半年,上海市高等教育局要求全市23所市属院校,对144个本科专业点和105个专科专业点,从毕业生需求、办学条件和规模效益三个方面进行全面的自我评价。截至当年年底,上海市属高校全部249个本、专科专业点完成了专业自评,并提出了续办、停办、缓办、转向、隔年招生或增减招生计划的初步设想,为进一步实施专业调整做好了准备。

2. 1992年进一步调整专业结构

从20世纪90年代开始,上海的产业结构开始进入调整阶段。从产业结构对人才的需求来看,上海高校的专业结构仍不尽合理。尽管从1989年开始,上海高校就进行了一系列专业调整工作,但重理工轻文科的情况尚未改变,全市50所高校中,理工类院校23所,占46%,735个专业点中,理工类专业占本科专业点总数的58.2%,占专科专业点总数的71.2%;全市在校生中,理工类学生占

72.8%，且工科专业大都以培养传统工业技术人才为主，专业明显老化，直接为第三产业服务的专业不足20%，涉外专业仅占总数的5%。这种情况与上海以发展高新技术产业、第三产业和城市基础设施为重点的产业结构调整方向存在着明显的人才供需结构性矛盾。

为此，从适应"振兴上海，开发浦东，服务全国，面向世界"的人才需求出发，上海市高等教育局决定在"八五"期间加快上海高等教育专业结构调整步伐。首先是通过科学论证，创造条件，在有学科建设基础的高校加紧高新技术专业的筹建工作。上海市高等教育局向国家教育委员会提交《关于在上海高校创建高新技术专业的请示》，要求从上海实际状况出发，创建功能材料、现代通信技术与工程、机械控制工程、工业工程、智能化生产技术、生物信息工程等九个方面的高新技术专业及房地产、广告、国际工程建设管理与经营等为第三产业服务的新专业。

1992年，通信工程、机械电子工程、材料科学与工程及房地产等四个专业经国家教委批准设立。与此同时，工业工程、广告、涉外建筑工程营造与管理等专业也进入论证阶段。此外，上海还扩大学校办学自主权，支持学校面向社会，主动为上海经济发展服务，保持与发挥学校传统优势和特色，促进地方高校因地制宜地拟定调整学科结构，更新专业设置总体计划和分步到位的实施方案。

1992年前后，一批高校在具体办学过程中进行了调整。例如，上海技术师范学院进行了突出培养中等职业技术教育师资的专业调整；上海城建学院以服务于上海城市建设为目标，开展国际合作，进行了以培养与国际接轨的建筑工程营造和管理人才为特色的专业调整；上海农学院进行了以适应郊县经济发展特点，面向农村多种经济发展的专业调整；上海大学进行了以多学科综合优势，以商为主，大力发展为第三产业服务的专业调整；上海工程技术大学和上海科学技术大学则以联合创建"211工程"大学为目标，重点发展高新技术专业等。

通过一年的结构调整，经上海市教育委员会批准的专业共计19个，其中本科专业11个，专科专业8个，其中一半是属于为第三产业发展服务的经济、文科类专业，上海地方高校专业结构由此逐步形成新的布局。与此同时，上海积极支持中央在沪部委高校开设各类外向型和经济类专业，如相继推出城市规划与经济、国际企业管理、工业造型等新专业和现代市场学、经营策略学、广告、投资等新课程，有力地促进了专业结构的调整，更好地适应市场经济的发展。

五、引进国外智力

随着改革开放的不断深入,上海高校陆续与国外大学、研究机构建立了长期的合作关系,同时积极引进国外智力,促进上海高等教育建设,提高教学、科研水平。十多年来,上海高校邀请的外国专家、学者达5 600多人次,其中1 100多人先后在上海30所高校长期任教。这些外国专家帮助上海高校建立了80多个新专业、50多个新学科,开设新课程496门,编写了大量的教材、教学参考资料等。上海高校积极根据各自情况,面向世界,博采各国之长,逐步形成了多渠道、全方位聘请外国专家的格局。

1. 依托政府部门推荐

我国政府各部门(如国家教委、国家外国专家局等)与国外政府部门或有关组织(如英国文化委员会、德国DRRD和美国英语学会等)签订教育交流协议,这是高校引进国外专家的一个主要途径。政府部门利用各种机会向学校介绍推荐符合条件和学校需要的外国专家。如上海市和澳大利亚昆士兰州按照两地签署的友好城市协议中有关教育交流的条款,通过上海市教育行政部门,向有关学校推荐、派遣外国专家。根据国家教委和德国DRRD的协议,同济大学每年接受德国长期语言专家来校任教。

2. 开展校际交流

十多年来,在上海的50所高校中,有36所高校与世界上30个国家的340多所学校建立了校际交流关系。如根据上海交通大学与德国西柏林技术大学签订的校际合作协议,西柏林大学派遣专家、学者到上海交通大学进行光纤综合网、机器人动力假腿、计算机激光打印设备、图像处理等方面的合作科研,两校还召开了人工智能双边学术交流会,专家们在上海交通大学数学系、应用物理系以及电力学院等校的讲学取得了显著成效。再如上海第二教育学院通过校际交流渠道邀请外国专家来校任教,专家的工作态度和教学质量普遍受到好评。

3. 利用国际学术会议

国际学术会议也是上海高校"瞄准"国外专家的一个主要途径。许多高校通过本校学者、教授参加国内外举办国际学术会议的机会,与国外同行、专家建立联系,有目的、有选择地聘请外国专家。由这种途径遴选而聘用的专家一般层次较高,既有理论水平又有实践经验,合作效果也较好。如上海科学技术大学无线电技术系主任在美国参加国际会议时,结识了德国汉堡工业大学高频研究所所长,在详细了解了对方的学术水平和专业情况后,该校聘请该所长来校讲学,并建立了长期的学术交流关系。

4. 与国外公司、企业和科研机构合作

上海高校除了与国外高校进行教育学术交流外,还与国外公司、企业和科研机构进行接触,建立起学术、科研方面的合作关系,并在双方感兴趣的领域互派专家,进行交流与合作。如上海交通大学与日本三菱汽车公司签订协议,由该公司每年派一个专家组为上海交通大学汽车大专班进行讲学,介绍世界上先进汽车工业的发展信息和技术,这对国内汽车工业的发展起到了积极的推动作用。

此外,上海高校还积极发挥代表团出访和赴国外学习人员的作用,通过他们推荐与学校专业对口的优秀外国专家。如上海科学技术大学通过这种途径聘请到精于现代光学干涉技术、有突出贡献的美国洛克希德火箭公司的沃恩博士,精密机械领域的权威专家、英国威尔士理工学院的德雷赞等世界著名专家、学者。

六、发展民办高等教育

民办教育是市场经济发展的产物,一方面弥补了国家对教育投资的不足,另一方面又满足了社会多方面的需要。应该说,发展民办高等教育是邓小平南方谈话后,上海高等教育领域推动改革的一个重要举措。1992年,上海在发展民办高等教育方面进行了一些有益的探索与实践。社会人士普遍认为,发展民办高等教育可以更好地吸收社会、企业和个人的教育资源,减轻国家的财政负担,发挥退休教职工的余热,同时还能形成更加灵活的办学体制,有利于不同体制的竞争。这是计划经济体制向市场经济体制过渡以及经济模式和所有制形式向多元方向发展在高等教育领域的体现。

为了促进和保障民办高等教育改革的健康发展,上海高等教育主管部门专门成立了上海市民办高等学校设置审议委员会,其成员由教育主管部门、学校管理方面的专家和一些学科带头人组成。与此同时,还制定了《上海市民办高等学校设置试行办法》(讨论稿),旨在通过这些措施使民办高等学校的审定和管理工作逐步走向制度化、规范化,使民办高等教育有章可循。1992年,上海审批同意上海交通大学、清华大学、北京大学三校的部分教师发起创办一所全日制民办大学,校名为杉达大学,并同意试招收180名上海应届毕业生。[①]

[①] 上海市人民政府教育卫生办公室.1992 上海教育[M].上海:上海高教研究杂志社,1993:63.

在第四次全国高等教育会议上,国家教委提出了"以国家投资为主、逐步形成几种办学体制的新格局。即有的以国家投资为主,学生缴费和社会集资为辅;有的以学生缴费和社会集资为主,国家资助为辅;有的实行民办自费;有的由企业、事业单位集资办学;有的进行国际合作办学"。上海高等教育主管部门根据上述精神,考虑到民办高等学校也有其在资金、师资、生源等方面的制约因素,因而提出了发展民办高等教育必须采取既积极又慎重的态度,即既要保护教师的积极性,又不是盲目地发展。同时还提出之后上海民办高等教育发展的一些设想,如通过某些高校或成人高校撤并或转制的方式来发展;之后三年内全市民办高校争取发展到5~6所,并使民办高校具备一定的基础和实力;在批准方面,应分为筹办和正式开办,试招生和正式招生,对条件尚不足的院校在招生方面予以控制。

此外,除民办东海学院和民办申大学院正在进行助学形式的非学历教育外,上海市高等教育局还批准民办中华高等职业学校珠宝学院招收珠宝专业学生60人。至此,上海市共有7所民办高等学校经市高等教育主管部门审批后同意筹办,分别是杉达大学、中华高等职业学校、申大学院、东方文化学院、东海学院、中侨学院和济光学院。

第三节　中等教育结构改革

进入20世纪80年代,上海中等教育结构单一化的局面有所改变,发展职业技术教育成为现代教育体系的重要组成部分,至1986年,各类中等职业技术学校招生44 056人,占整个高中阶段招生人数的59.72%。[1] 为适应经济体制改革的需要,上海中等教育结构改革从多方面展开。

一、调整中等职业技术学校布局和专业结构

为了适应经济技术的发展和产业结构的调整,提高中专教育的投资效益,20世纪80年代后期,上海对中专学校的布局及专业设置作了调整。

1. 调整中专学校布局

调整以前,所有中专学校是由许多行业或主管部门根据自身的人才需求办学,学校不仅规模小,而且布局极不合理,涉及财贸、建筑、农业、政法、文教、艺术、卫生等类的中等专业学校共106所(不含中师),仅卫生学校全市就

---

[1] 吕型伟.上海普通教育史(1949—1989)[M].上海:上海教育出版社,1994:462—463.

有32所。对此，教育部门会同有关业务部门，在认真调查和充分论证的基础上，将中专学校调整为97所。具体方案是对办学条件差、规模小的学校进行合并、改制，特别是合并同系统、同专业设置的学校，提高办学效益。例如：撤销上海市仪器仪表工业学校、虹口区卫生学校等办学条件差的学校，将这些学校原来设置的专业分别并入第一仪表电子工业学校、电子技术学校及上海市公共卫生学校；撤销纺建公司中专校、国际妇婴助产士护校、徐汇卫校、静安卫校等办学效益低、规模小的学校，将徐汇卫校、静安卫校两所卫校改为本区医务人员职后教育的培训中心；将同系统、同专业设置的学校合并，如将宝山财经学校作为分部并入上海市财经学校，将新华卫校、九院护校、瑞金护校三校合并，成立上海第二医科大学附属卫生学校，原新华卫校为总部，九院护校、瑞金护校两所护校为分部。

2. 调整中专学校专业设置

调整之前，上海各类中专学校共设有200多个专业（包含重复专业）。这些专业设置存在明显的缺陷，如专业设置重复率高（重复设置的专业近40%），有的专业陈旧、老化，有些专业培养的人才呈饱和状态。为使中专学校专业设置进一步适应国民经济建设对人才的需要，上海市在中专学校专业调整方面采取了以下三个措施。一是通过学校布局的调整，撤并部分重复专业，如护士专业等。二是市教育部门严格把关增设专业，对于缺门的专业，积极扶植，为其创造条件，而对于重复的专业，不予设置，如确有需要的，通过委托代培解决。三是改造和拓宽陈旧专业，加强专业的专门化。如航空工业学校根据人才需要，在机械加工专业的基础上增设工艺专门化、模具设计与制造专门化，轻工业学校在机、电、模专业基础上增设家用电器、包装技术、食品工艺专门化，从机械制造专业中派生出计量专门化。

二、改革中等职业技术学校招生和毕业生就业办法

针对中专学校如何更好地为社会主义现代化建设提供合格人才这一问题，1985年3月，上海市教育局转发上海市人民政府教育卫生办公室《关于进一步改革中等教育结构，发展职业技术教育若干问题的报告》，明确提出改革招工用人制度，进一步推动职业技术教育的发展。教育界积极改革招生和毕业生就业办法，取得了初步成效。1989年，上海市教育局职业教育处通过总结，肯定了以下四点做法。

1. 定向培养，定向分配

在人才培养上，一些学校尝试"定向培养，定向分配"的模式，由学校为特定单位培养学生，这种培养方式往往会带动课程改革。例如，上海市轻工业学校为轻工业局重点引进项目阔幅铝箔工程合同定向培养学生，并按需大胆打破中专原有的普通文化课、基础技术课和专业课的"三段式"课程模式，进行课程改革探索。学生毕业前先到定职的岗位实习，接受用人单位的考核，然后分配上岗。

2. 实行预分配制度

学生入校学习一段时间后，由学校与用人意向单位签订合同。根据合同，用人单位向学生作职业介绍，学校针对用人单位的情况对学生进行就业指导，然后由学生报名，经企业面试筛选后，双方初步签订协议，对学生实行预分配。例如，上海市航空工业学校根据中外合资的贝尔电话公司、大众汽车公司的岗位需求，在学生毕业前半年至一年进行预分配，然后按不同专业进行对口强化训练，毕业时用人单位对其进行考核后再正式聘用。

3. 优生优配，择优推荐，双向选择

学校在人才培养上，引入企业的"产品质量"观念。学校综合测评学生在德、智、体各方面的表现，将学生的思想品德、学习成绩、动手能力和分配制度挂钩，择优推荐，以此鼓励学生在政治上积极进取，学习上勤奋认真。如上海第二医科大学附属卫生学校等试行优秀毕业生在可供选择的范围内优先选择去向的办法。

同时，不少学校还实行了学校推荐、学生和用人单位双向选择的分配方法。例如，上海市财经学校定期举行毕业生供需见面会，既让用人单位参与了学校教学质量的检验，也让学生有机会亲临人才市场，接受社会的挑选和检验。此外，有的学校还为每位毕业生录像，由学生介绍自己的特长、志向。用人部门通过看录像，可以比较详细地了解学生的有关情况，然后挑选面试对象。供需见面，改变了以往用人单位"吃闷包"，学校分配"透明度"不高的局面，使用人单位和学生都比较满意。

4. 郊县中专学校招收"乡来乡去"的学生

郊县中专学校能否促进农村经济的改革发展，不仅要看它的专业设置是否适应产业结构变革的特点，还要看分配改革的突破口能否让人才流向"乡间小道"，使学生"离土不离乡"。上海市农业学校、上海市青浦县卫生学校、上海市青浦县水产学校通过招收"乡来乡去"的农家子弟，为发展农村经济培养了急需的乡镇企业技术员、掌握专业知识的"专业户"、救死扶伤的乡村医生等多方面人才，既使郊县学生普遍存在的上中专学校仅为"跳龙门"的就学动机得到纠正，也提高了学校的办学效益，端正了办学方向。

三、中等职业技术学校课程结构改革

经济体制的改革必然引起教育体制的改革。在中等教育领域内,先是从招生、毕业分配等方面开始改革,然后带动了培养方式的改革。上海的中专学校在课程体系改革方面作了各种尝试,其中模块式课程结构改革成效较为显著。模块式课程将传统的"三段制"课程结构(即普通文化课、专业技术基础课、专业课)改为以专业培养目标为中心,兼具衔接性、独立性、通用性、综合性等特点的课程结构。

上海电机制造技术专科学校通过对大量人才供需情况及质量要求的调查,了解了毕业生的岗位流向及用人单位的要求,以工业、企业电气化专业为课程结构改革试点,制定了总体模块式教学计划和分阶段实施的教学计划,即以专门化为主的专业模块单元,以技术基础课为主的通用模块单元,以普通文化课为主的综合模块单元,然后通过三大模块的搭建来增强教学课程设置的灵活性、适应性和针对性。

上海城市建设工程学校结合城建行业的特点,制订了四年制中专模块教学方案,试行按学期2∶3∶3的教学单元,将学生招生分为市政工程和市政经济两大专业。对两大专业的学生在第一、第二学期按同一模块教学计划授课,第三到第五学期按不同模块教学计划授课,最后三个学期分别区别不同专业岗位按不同模块教学计划授课。它力求综合普通、基础、专业三阶段的课程,使之上下衔接、螺旋上升,从而避免培养要求和目标与实际使用价值的脱节,按需培养。

上海市轻工业学校则针对高中起点两年制中专学生有较好的文化课基础和在校时间比较短的特点,实行以专业为主线,阶段性和模块式相结合的课程体系改革。改变不切实际的盲目拔高理论教学的状况,努力做到让专业教学贯穿整个教学过程。它要求将专业课提前,分三阶段循序教学,同时安排相应的实践;对基础理论课削枝强干,强调为专业培养目标服务,克服基础理论单课独进、自成体系和专业分割的弊端;主要讲授根据专业培养目标所需要的基础理论和基本概念,采用小学期形式,将两学年分为八个小学期,分阶段按不同教学计划授课,使课程之间的衔接尽可能紧密;强化实践环节。

模块式课程结构的优点在于学生学习专业目标明确,职业意识增强,动手能力有较大提高;突出了中专学校的专业特色,学生学用一致,得到了用人单位的好评。

四、调整中等职业技术学校招生计划和专业设置

进入20世纪90年代,为适应社会和经济发展的需要,上海的中专学校招

生开始突破国家任务计划的限制,实行国家任务计划与社会调节性计划相结合的办法。即在保证培养国家重点项目和某些艰苦行业所需人才的前提下,各中专学校可根据社会需求和自身的办学能力,按社会需求采取调节性计划招生。在这一思想的指导下,上海的中专招生格局有了很大改变。例如,1993年,委培生、自费生、农村不转户口班(含农村自费定向生)的招生数已占招生总数的一半以上,其中自费生占招生总数的30%。招收的初中毕业生中,农村学生占60%左右。社会调节性计划的实施,使中专教育拓宽了服务面,不仅能为主管部门所属的行业服务,也能为其他行业的多种所有制经济发展服务,同时还在农村培养人才上取得新的突破。

上海经济建设的重新规划、产业结构的调整和浦东新区开发对人才的需求,使上海的中专学校在努力改造传统专业、办好学校主干专业的基础上,按照社会紧缺人才需求不断调整专业设置。1993年,有46所学校根据国家教委编制的《普通中等专业学校专业目录》和管理办法,增设了39个新专业和43个专业专门化,其中绝大多数是第三产业类和对外开放需要的短线专业。经过这次调整,上海中专教育扩大了服务范围,特别是从原先主要为第二产业培养人才,逐渐向金融、外贸、商业、房地产、保险等新兴行业扩展。

第四节 职业教育和成人教育的发展

为适应经济建设的需要,促进上海职业技术的发展和提高,上海市第八届人大常委会于1987年9月24日通过《上海市职业技术教育暂行条例》。条例对适用范围(各类职前的学校职业教育)、各级政府、各有关部门和企业、事业单位如何发展职业技术教育,职业技术教育的领导、开办、经费等方面都作了规定和说明。经过几年的努力,上海的职业技术教育有了很大发展。1992年3月28日,上海市人民政府又发布了《关于改革和加强本市职业技术教育的若干意见》。该文件从六个方面明确了上海职业技术教育的发展方向,即明确90年代上海职业技术教育的目标;深化教育改革,提高职业教育质量;改善办学条件,办好一批示范性学校;搞好师资的培养和培训,提高教师业务水平;加强法制建设,搞好基础服务工作;理顺管理体制,加强宏观指导。

职业教育和成人教育是紧密联系的。这一时期,上海不仅重视职业教育,也重视成人教育。从某种意义上说,成人教育是职后的职业教育。1988年1月9日,上海市第八届人民代表大会常务委员会第三十四次会议通过了《上海市职工教育条例》,将企事业单位在职人员和重新就业人员的教育和培训纳入地区经济和社会发展的长期规划和年度计划,并将相关活动的组织、领导权交给市、区县及各级部门的成人教育机构。1988年5月27日,上海市成人教育委员会①召开学习、宣传《上海市职工教育条例》经验交流会,为实施推广作准备。

一、高中阶段职业教育的迅速发展

自20世纪80年代以来,上海工业增长转向以技术进步为支撑。为了适应技术密集型经济发展的需要,各生产单位要求劳动者具有高中文化程度并接受职业培训,有的单位还要求生产者具有必要的外语能力和计算机知识。与此同时,由于知青子女回沪就读人数有增无减等原因,上海市区初中毕业生大幅度增加,在校学生数由1985年的162万人增加到1990年的192万人,而社会对劳动力的需求相对"疲软",三类职业技术学校由于毕业生分配困难而难以扩大招生,以致市区初中毕业生不能升入高中阶段各类学校的人数成倍增长,1987年为1669名,1988年为3484名,1989年为6409名,分别占市区应届初中毕业生总数的3.7%、7%和12.2%。为了缓解这个矛盾,上海市教育局、上海市劳动局、上海市人事局等有关部门经过多次协调,积极采取增加普通高中和三类职业技术学校的招生数等措施,加上各种文化技术短训班的招生,使不能升学的初中毕业生人数大大减少。

上海对中等教育进行结构改革后,上海普通高中在校学生数呈逐渐下降趋势,而三类职业技术学校在校学生数却呈逐渐上升趋势,其比例稳定在4∶6。可见,职业技术教育已成为高中阶段教育的主要形式(见图3-1)。

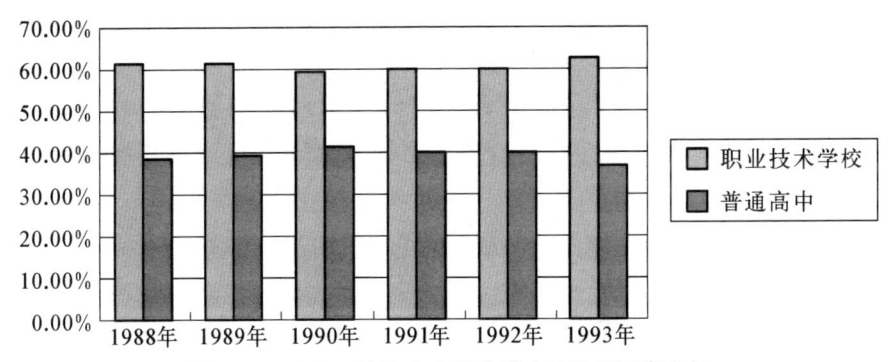

图3-1 1988—1993年上海市高中阶段普通高中与三类职业技术学校在校学生变化趋势②

---

① 为顺应时代需要,推动上海成人教育的发展,1979年2月设立的上海市工农教育委员会于1987年3月改为上海市成人教育委员会。
② 根据《上海教育》(1988—1993)提供的数据整理。

1988年,上海市高中阶段在校生共有253 524人,其中普通高中有97 631人,占38.5%;三类职业技术学校共有学生155 893人,占61.5%,其中职业学校36 884人,占14.6%,中专65 244人,占25.7%,技工学校53 765人,占21.2%。到1993年,上海市高中阶段在校生共有300 154人,其中普通高中占36.82%,三类职业技术学校占63.18%。

二、重视在职干部培训,试行"专业证书""预科生"和"往届生"招生改革

上海非常重视提高在职干部的专业水平,尤其重视40岁以上没有专业学历的在职干部培训。针对在职干部具有较丰富的实践经验,又有一定的管理水平,同时又是各项工作骨干的现状,从当时特定的历史条件出发,上海对他们的培训采取了一些特殊的方法。上海市高等教育局、市委组织部、市人事局、市科技干部局四家单位向上海市政府提交报告,提出:按干部岗位规范对专业知识方面的要求及其专业特点,委托有关高校进行一定的专业培训。1987年3月,上海市政府批准了这一报告,同意成人高等教育试行专业证书教育的实施意见。1988年4月,国家教委、人事部专门出台了《关于成人高等教育试行〈专业证书〉制度的若干规定》。根据该文件精神,上海市高等教育局等四家单位印发了实施该文件的通知,对试行专业证书制度的目的和意义、学习对象、文化考核要求、办班要求、专业设置与教学计划、管理工作、证书颁发、申报期限等作了明确而具体的规定。1988年,上海市有80多个区县、局一级单位委托举办专业证书培训,先后在45所普通高校和43所成人高校试办了118个专业点,在学人数1.2万余。参加学习的人员中,学习管理类专业的占55%强,学习工科类专业和文科类专业的各占22%多。到1989年7月,全市约有2万余名各类专业技术人员或管理干部,在80余所普通高校或成人高校120个专业点就读专业证书班。由于专业证书教育为上海市一批专业工龄较长、年龄较大但未受过高等教育的在业人员开辟了一条新的学习途径,因而受到很多干部、职工的欢迎,在较短的时间内,使一大批干部在专业知识方面有了很大提高,达到相当于大专的水平。这不仅缓解了上海当时社会发展和经济建设专业人才严重不足的状况,也是对成人教育制度进行的一次改革尝试。

在试行专业证书招生制度改革的同时,为了促进成人高等教育更直接、有效地为上海的经济和社会发展服务,更多地培养和造就上海经济建设所需的应用型、技艺型、工艺型专门人才,并为处于生产、业务一线的各类先进模范人物、生产业务骨干提供充分发挥各自专业技能特长的机会,上海市教育行政部门和招生机构在国家教委有关招生文件规定许可的范围内,于1988年开始试行"预科生"和"往届生"招生改革。"预科生"招生改革,即考生按统一招生考试录取规定在照顾一定分数后仍未能录取,经单位推荐,适当降分录入指定学校,补习文化课程一年,第二年经市高招办组织统一考试合格后,可升入成人高校对口专业学习,少数成绩优秀的预科生,参加当年外语统一考试且成绩符合要求者,还可升入本科专业学习。"往届生"招生改革,指前4年参加普通高校招生入学文化考试并达到一定分数要求者,可进入上海电视大学有关专业学习(当时仅限上海电视大学进行试点)。

三、通过岗位培训提高职工实际工作能力

1987年6月23日,国务院批转了国家教委《关于改革和发展成人教育的决定》。该决定明确规定,把提高从业人员本岗位需要的工作能力和生产技能,广泛开展岗位培训作为成人教育工作的重点,这是成人教育的一项战略性转变。同时,开展岗位培训也是提高劳动生产率和工作效率的重要手段,是劳动人事制度科学化、干部制度科学化的一项重要内容。1988年,在加强对企业领导干部培训的同时,上海职业教育与成人教育的重点开始关注从业人员的培训,旨在通过各类岗位培训,提高职工的实际工作能力。

1. 全面开展企业生产班组长岗位培训

1988年初,在上海市成人教育委员会、上海市经济委员会、上海市总工会、上海市劳动局和上海市企业管理协会的共同组织下,全市企业生产班组长分期分批接受了技术培训和班组管理知识的培训,全市企业26万个生产班组53万名生产班组长中,有14万名参加了有关班组管理知识的培训。同时,举办了两期全市范围内的"企业生产班组管理知识"的电视讲座。

为了增强培训效果,有关部门做了充分的准备工作:一是组织编写上海市班组长培训教材《班组管理知识》,编印相关教学资料与学习资料,并配套摄制了系列电视教学片20讲;二是举办师资培训班,对全市1 199家企业的5 000余名教师进行了培训;三是在全市22个局、135家企业中率先开展班组长岗位培训试点。

企业生产班组长的岗位培训以切实提高管理能力为主要目标,要求理论学习与能力培养并重,规定两方面考核均合格者才能获得合格证书。为此,很多企业专门成立了由培训部门、劳资部门、工会和有关专业人员组成的生产班组长培训跟踪考核领导小组,对生产班组长经培训后在班组思想政治工作、民主管理、生产竞赛、经济责任制、班组劳动纪律、设备管理、质量管理、计划管理、经济核算制度、安全生产等方面所承担的责任进行跟踪考核,并予以评估。这为

企业开展岗位培训探索了一条讲究实效的新路子。

2. 企业车间主任岗位培训试点

在全面开展企业生产班组长岗位培训的同时,有关部门还利用班组长岗位培训试点的经验,在全市企业中进行车间主任的岗位培训试点。试点工作首先在上海市海运局、交通运输局、轻工业局、医药工业局和上钢一厂等部门和单位进行。通过试点,有关部门明确了各企业车间主任目前的学历层次分类状况、车间主任岗位必备知识和岗位实务知识与能力的范围,拟订了车间主任岗位规范和培训的实施计划,对提高实际工作能力的有效培训措施和评估培训质量的指标进行了富有成效的探索。

3. 制订岗位规范,带动培训

上海市各有关主管部门和各行业广泛开展了制定各类从业人员岗位规范的工作,为全面开展岗位培训奠定了必要基础。上海市经济委员会组织专家制定各工业系统3 000多个岗位的知识、能力规范,其中机电行业完成了172个通用岗位规范和专用岗位规范的制定工作;上海市建设委员会在本系统各级各类干部中制订了14个公共岗位和232个不同专业的岗位规范;长宁区制订了教育系统非教育人员24个岗位的规范要求,在全区各级各类学校按岗位规范进行非教育人员岗位培训试点。此外,许多研究机构也参与了规范制定工作,如上海市智力开发研究所受国家教委委托,组织了各行业200多名专家和行家编写了《各类工人岗位知识、能力规范参考手册》,选编了各种行业近800个主要工种及岗位的知识、能力规范,为各行业和基层单位工人岗位培训提供了重要的参考资料。

四、改革中高级技工培训制度

1984年,根据党的十二大确定的战略目标,国务院召开的全国经济工作会议提出,"争取到1990年,形成一支以中级技工为主体,技术等级结构比较合理,具有较高政治、文化、技术素质的工人队伍,为今后十年经济振兴打好基础,积蓄力量,创造条件"。根据这一要求,上海开始积极发展中高级技工培训。根据当年测算,只有中级和高级技工到1990年达到全市工人总数的60%左右,中级技工占技工总数50%左右,才能在技术进步的严峻形势下使企业具有应变能力,并在引进新技术、促进产品更新换代中有较强的竞争力。为此,必须加快上海中高级技工培训的步伐,才能达到这个目标。为达到这个目标,上海开始改革中高级技工培训制度,确立起培训工作改革必须坚持"面向企业、面向生产、按需施教、学以致用"的原则。

1. 结合生产实际，突出技能训练

在1985年大规模展开的中高级技工培训活动中，很多企业单位针对全市技术工人中真正达到"应知应会"标准者比例比较低的实际情况，在中高级技工培训中重视提高他们的操作技能，实行"应知"与"应会"配套培训。例如，上海第四机床厂举办的数控铣床高级工培训班坚持培训与技术攻关相结合，边培训边解决生产中的关键问题，在"应知"培训中聘请在开发、试制数控机床方面有实践经验的工程技术人员和老师傅上课，讲授专业基础课程，突出专业应用理论，加强编程、操作、维修、调试的理论知识，同时结合实际生产技术问题讲解，为学用结合创造条件。"应会"培训则分为两个阶段，第一阶段对学员进行从五级工开始的逐级培训，直到他们最后达到高级技工的操作水平；第二阶段结合实例进行解决实际问题能力的培训。通过培训和组织学员进行技术攻关，提高其处理技术问题和革新创造的能力，培养了一批既懂理论又有较高操作技能的智能型与技能型结合的高级技工。

2. 培训"多能工"，适应生产发展需要

在企业不断进行的技术革新中，一些重要的生产企业，如船舶、冶金等，无论是从提高生产效率来说，还是从搞活用工制度、实行人员流动等方面考虑，都要求技术工人具有多种技能。为解决技术工人知识面窄、缺乏技能、综合处理问题能力差的问题，宝山钢铁总厂在检修工人中进行"多能工"的培养，开展"多能班组"活动，培训了汽车司机吊车操作工34名，电工、钳工、冷作工兼汽车驾驶员18名，电焊工、木工兼电工51名，多能起重工76名等。"多能工"培训，不仅提高了工效，减少了岗位人员，而且使在检修中多种技工同时出动，一人检修多人陪等的现象大为减少。特别是该厂从日本引进发电机组后，领导层下决心对汽轮机、发电机、锅炉三个专业运行人员进行"多能工"培训，这使原来只掌握一个专业运行的人员能掌握三个专业运行技能，从而使运行人员从30多人减少到13人，达到运行值班的国际先进水平。宝山钢铁总厂这一"多能工"培养案例为企业管理模式的改革提供了新的思路。

五、成人教育实行多种形式办学

从20世纪80年代下半期到90年代初，上海的成人教育无论在教育形式、办学形式还是教学管理等方面都发生了很大变化。

1. 实行多种教育形式间的沟通和联合

20世纪80年代后半期，上海的成人教育逐渐呈现了多种教育形式间的沟通和联合的趋势。如成人中等专业教育从1988年起开始在财会类专业试行成人中专面授、电视教育、自学考试三种形式之间的统一教学计划、统一各门课程教学要求的相互沟通和联合。这种方式规定,学员学习这类专业的各门课程可以由本人按学习条件任选一种教育形式,所取得的学习成绩在三种形式间相互认可,这就为学员提供了自由选择学习形式的机会。之后,上海市10个区县的电视大学分校和集体事业单位又在通用机械和经营管理两个专业试行电视教育、函授、自学考试三种教育形式的联合和开放性教育。

2. 职工大学逐步实行联合办学

为了提高办学效益,改变上海市职工大学设校过多、规模太小、专业设置重复、生源不足、相互沟通不够的状况,上海各职工大学逐步按系统实行联合办学。例如,机电系统的8所职工大学联合成立了上海机电工业职工大学,纺织工业系统的11所职工大学联合成立了上海纺织工业职工大学,医药工业系统的2所职工大学联合成立了上海医药工业职工大学。

3. 地区业余大学实施联合学分制

1985年,上海全市有10个区县的业余大学联合建立了机械工程专业和应用文科专业的学分制班,入学人数为490人,到1988年发展到2 000余人。区县业余大学联合学分制的特点:一是学年学分制与单科学分制相结合。学分制规定最低毕业年限为3年,学员可根据自身学习条件,单科累进逐步完成个人学习计划,在较宽松的年限(文科5年、工科6年)内学完全部课程,没有留级,不及格者可重读、重考,学员所修学分在各县区业余大学之间相互承认。二是学员从入学到毕业,采取"大口进、小口出"的办法,先学公共课,然后按需要选读。机械工程和应用文科两大类分别下设四个分支专业,每一个专业的学分相同。学员以选读一个分支专业的专业课程为主,也可选读其他分支专业的某些课程。三是各校联合设置学分制专业,不设独立机构,只设联合教务组,有关学员入学、教学管理、学籍管理等工作仍由各校教务处负责,联合教务组负责协调、平衡各校的开课计划,指导学员选课,督促教师执行教学计划,检查教学质量,对学员进行统考或抽考。

4. 成立社区和行业成人教育培训中心

1988年,上海市行业性和地区性成人教育培训中心开始发展。到20世纪90年代初,行业性的成人教育培训中心达20多个,它由同一行业的各企事业单位发挥各自优势,分工承担某些岗位和项目的培训,并面向全行业,最终形成培训的联合、协调机制。与此同时,地区性成人教育培训中心也开始起步。如长宁区成人教育委员会在区委、区政府直接领导下聘请全区30多家工厂推荐的

1 000多名工程技术人员,承担各工厂职工技术业务的培训工作,同时联合不同行业的十多家工厂,由它们分别提供电子、机械、五金建筑等设备,作为长宁区成人学校技术培训的支持。在此基础上,长宁区还酝酿进一步联合本区各成人学校和企业单位的培训力量,建立社区成人教育中心。

第五节 课程教学改革起步

为适应社会经济改革的需要,培养新式人才,上海积极推动课程教学改革。1988年5月,经上海市政府同意,上海成立了上海市中小学课程教材改革委员会,下设专题研究组。同年,该委员会召开了170多次调查会,听取了1 800多人次的意见,收回1 700多份问卷,在此基础上着手起草课程改革方案和教学计划,得到了社会各界以及国家教委的支持。新的课程教材适用于经济文化比较发达的地区和办学条件较好的学校,其覆盖面为全国约2亿人口的地区,对其他欠发达地区的教育改革起着引导作用。

一、制订中小学课程改革总体方案

经过一年的调查研究和起草、论证,1989年4月,上海中小学课程教材改革委员会原则通过了《上海中小学课程改革方案(草案)》(以下简称《方案》)。《方案》以社会的需要、学科的体系和学生的发展为基点,以提高学生整体素质为核心,重视发展学生个性特长,由必修课、选修课和课外活动适度组合而形成新的课程体系。

《方案》包括以下四个文件。

一是《中小学培养目标》。为体现有继承、有发展、有层次、可操作和简明实在等特点,《方案》制订了中小学的总目标和小学、初中、高中的分段目标。总目标指出:"中小学要对学生进行德、智、体、美、劳诸方面的教育,使他们成为具有良好的思想素质、文化素质、身心素质和劳动素质,个性得到健康发展的适应社会主义事业需要的公民。"分阶段目标则在总目标基础上进一步具体化。

二是《九年制义务教育课程改革试行方案》。它根据发达地区率先实行九年制义务教育的实际,采取了"内容九年一贯,办学适当分段"的做法,优化了课程结构,调整了课时分配,改革了学科的组合形式、教学内容和教学要求,以利于"五育"的和谐发展、学生素质的全面提高及个性特长的逐步形成。

三是《高中课程改革试行方案》。这一方案供多数学校试行,采取"二一分段,高三分科"的做法。高一、高二采取较多的必修课、适量的选修课和丰富的课外活动相结合的方法,以使将来升学和就业的学生都能获得必需的基础学力,同时在个性特长上得到一定的发展。高三通过一定量公共必修课和较多选修课的适度安排,形成分科格局。分科有文科班、理科班和职技班三种,其中职技班分工、农、商、文秘四类。分科、分类有利于学生各得其所、各展其长。

四是《高中课程改革试点方案》。该方案供少数学校试点,采取"三年一贯,办特色班、特色校"的体制。从高一至高三,每学年的必修课均以语、数、外、政、体为主,而自然与社会学科的必修课时较少,为综合型课程,目的是使学生获得必备的基础学力,另外选修课课时较多。学校通过设置数理、文史哲、外语和体育艺术四类选修课中的一类或几类,办起一种或几种特色班,逐步发展成特色学校。学生在报考高中时按各校公布的办班类型自愿报名。特色班学生将在选定的特色类科目上获得更好的发展。

此外,整套《方案》还具有重视德育,把德育放在首位;保证文化知识基础,加强实践、应用环节;重视减轻学生负担,活跃学生身心;引进职业技术教育因素,强化劳动技术与职业指导课程;加强选修课和课外活动,注意发展个性特长,根据发达地区实际改革各科教学内容和要求等特点。

根据《方案》的要求,上海中小学课程教材改革委员会于1989年5月着手编制中小学课程标准。

课程标准一般是在集中管理教育的国家或地区,由政府部门编制的管理教育教学的整体性文件。它不仅包含了通常教学计划和各科教学大纲的全部内容,而且比之更全面、更具体,是学校制订教学计划、教师编制授课计划、教材编写部门编写各科教材以及有关方面组织考试、评价等的依据。上海编制的课程标准分《九年制义务教育课程标准》和《高级中学课程标准》两本,每本均包括"总纲"和"各学科课程标准"两大部分。

二、中小学课程教材的编写

1990年3月,上海中小学课程教材进入全面改革编写阶段。必修课各科教材由市教育局与有关区县的教育部门、高等院校和出版社等单位邀请上海市的专家、学者和有经验的中小学教师共同组成各科教材编写组编写,并由编审委员会的各科教材审查组审稿。中小学19门学科共编写22套教材(其中语文、物理、化学三科分别编两套),计281册。其中,供1991年秋季试点用的起始年级教材共52册,至1990年底全部编审完毕并陆续发稿,其余229册教材于1990年底完成大部分初稿。

选修课教材采用系列式或微型组合式,初次开发适合初高中生使用的有90余册,以约稿形式请大、中、小学教师或有关行业、专业的专家、学者编写。至1990年底,近三分之二的教材已编写出初稿。另外,课外活动指导用书《课外活动荟萃》在征集各区县中小学课外活动优秀方案的基础上,也于1990年11月编纂完成。

这套新教材按照各科课程标准编写,体现了《方案》的精神。总的来说,这套教材贯彻了三个原则,即精选原则、结构化原则和相关性原则;认真处理了四个关系,即知识性与教育性的关系、基础性与先进性的关系、理论性与实践性的关系、科学性与可读性的关系,大多数教材富有特色和新意。从1991年秋季开始,上海市各区县各有一所小学、初中、高中在起始年级试点使用新的课程方案、试教新教材。此外,每个学科的新教材还在一区或一县的范围进行单科试验。这样,所有教材都在试教实践的基础上逐步修改完善。

三、中小学课程教材改革试验

1991年,以社会主义物质文明和精神文明建设对基础教育培养人才的需要和实际可能为出发点,以现行中小学课程、教材体制的弊端为突破口,以国内外课程改革的经验为借鉴,以全面提高学生素质为核心的上海市中小学课程教材改革进入试验阶段。

从1991年度第一学期开始,课程教材改革试验开始在上海市21个区县,以及石化地区、华东师范大学和上海师范大学的附属学校及市农场局等25家单位展开。试验按立足改革、转变观念、积极稳妥、坚持实践的方针,采取点面结合,单科教材和整体试验相结合的办法,在小学、初中、高中三个学段推开。参加整体试验的中小学共有60所,其中中学36所,包括(市、区)重点中学、一般完中和初级中学,小学24所,也选择了不同类型的学校,计不同年级的250个教学班,1.4万余名学生。参加单科教材试验的有13个区县和地区,试验的学科有19门,共28种新教材,参加试验的教师有2 600余人,学生20余万人。

为使试验工作顺利进行,市、区县和学校建立健全了试验组织领导机构,以加强对试验工作的领导和管理。市、区县举办专题讲座,阐明课程教材改革的指导思想和教育理念,并利用暑假对校长和教师进行思想教育、业务培训,让参与试验的学校领导和教师了解并掌握课程标准和教材教法。试验正式开始后,市、区县又成立了学科试验中心教研组,开展专题研究;按小学、初中、高中三个学段分别召开德育工作研讨会和管理工作研讨会;成立市学科命题研究组。在试验过程中,市、区县和学校都十分重视试验的测评工作,并依靠社区委员会的力量,从各方面不断完善试验工作。

为使课程教材改革的试验工作进展顺利,有关部门积极做好试验的配套服务工作。上海市教育局拨款350万元,为参加整体试验的学校配置设备(平均每校6.8万元,由区县统筹);按每生50元(一学年)拨给试验补助费;建立区县劳动技术课教育中心,为之配备200万元设备;拨款85万元,为试验配备计算机;拨款100万元,为试验配建音乐专门教室80间。此外,上海各区县也拨出一定专款,用于改革试验。

第六节 健全完善教育法规

针对"文革"的拨乱反正使教育领域逐步恢复了秩序和规范,确保教育健康发展的政策法规也开始建立起来。在此基础上,从20世纪80年代中期开始,随着国家法制建设的深入以及《中华人民共和国义务教育法》《中华人民共和国未成年人保护法》等重要法律的出台,上海在基础教育、高等教育、职业教育、成人教育甚至社区教育和家庭教育等多方面也推出了一系列政策法规,有些还在全国起到引领作用。

一、教育综合政策法规的建立与实施

1.《上海市普及义务教育条例》

1985年7月28日,上海市制定了《上海市普及义务教育条例》,并由上海市第八届人民代表大会第四次会议通过,该条例共20个条款,论述了上海市普及义务教育的目的、实施范围,各部门权限、职责范围以及普及义务标准等,并对教育经费的筹集、使用作了明确规定。该条例自1985年9月1日起施行。尽管该条例在实施初期困难重重,但中共上海市委和市政府领导非常重视,时任市人大常委会副主任陈铁迪和副市长谢丽娟等还深入基层检查条例的贯彻落实情况。1986年4月12日,《中华人民共和国义务教育法》正式颁布实施。根据《中华人民共和国义务教育法》的有关规定和国家教育委员会、国家计划委员会、财政部、劳动人事部关于实施《中华人民共和国义务教育法》若干问题的意见,1986年8月28日,上海市第八届人民代表大会常务委员会第二十三次会议通过了关于修改《上海市普及义务教育条例》的决议,将部分条款内容进行补充和修改,并于次日由上海市人民政府颁布,即《上海市普及义务教育条例实施细则》。该实施细则规定了上海市少年儿童接受义务教育的权利以及父母及其他

监护人保证儿童接受义务教育的责任,对办学条件如校舍、师资、经费等作了明确规定。该实施细则的制定保证了上海市在普及义务教育的进程中有法可依、有章可循。随着《中华人民共和国义务教育法》和《中华人民共和国义务教育法实施细则》的出台,上海市、区县人大常委会每年都组织人力检查《中华人民共和国义务教育法》《上海市普及义务教育条例》的贯彻执行情况。1986年,上海市人大教科文卫委员会和上海市教育局等10个部门和单位在检查时提出,上海市实施义务教育,应该在1990年以前达到下列目标:一是全体适龄儿童(除依法批准延缓或免于入学者外)均应入学接受九年义务教育,违反义务教育法有关规定的单位和个人,均要依法处理;二是所有小学和初中均按国家规定的教学计划、教学大纲和教材实施教学;三是绝大多数教师具有合格学历或考核证书,胜任教育教学工作;四是绝大多数学校具有基本的教学场地、教室、设备;五是经九年义务教育,绝大多数学生达到初中毕业或结业水平。经过检查,截至1990年,这些目标已经基本达到。

2.《上海市青少年保护条例》

为了保护青少年的合法权益,使青少年在品德、智力、体质等方面健康成长,根据《中华人民共和国宪法》和国家法律、法规的有关规定,结合上海市的实际情况,上海市第八届人民代表大会常务委员会第二十九次会议于1987年6月20日率先通过了《上海市青少年保护条例》。该条例详细规定了国家机关、家庭、学校和青少年自我保护的权利与义务,制定了对特殊青少年的特别保护条款;规定对居住或者进入上海市的年满六周岁不满十八周岁的未成年人,自1988年10月1日起施行该条例。如果有违反该条例的行为,任何组织和公民都应向管辖单位或有关部门提出控告和检举,凡情况属实者,均依据本条例作出相应处理。截至1989年,上海市已经形成了市、区县、乡(街道)以及学校(包括居委和村委)四级青少年保护网络体系,由市公检法系统指定专人负责,同时团市委也设立了相应机构,如青少年权益部和上海市青少年发展问题咨询指导站等。《上海市青少年保护条例》的颁布以及为实施该条例所采取的措施,维护了儿童青少年的合法权益,在一定程度上预防了青少年犯罪的发生。随着时间的推移,1994年,上海市人民代表大会常务委员会又根据现实需要,作出关于修改《上海市青少年保护条例》的决定,并于同年6月14日由上海市第十届人民代表大会常务委员会第十次会议通过。会议根据已出台的《中华人民共和国未成年人保护法》以及《上海市青少年保护条例》实施以来的实践经验,对《上海市青少年保护条例》作出了补充和修正,如将对青少年年龄的界定由"六周岁至未满十八周岁的未成年人"修改为"未满十八周岁的公民",这就使条例的保护对象扩大至婴幼儿,同时在第七章中增加了一节"婴幼儿的保护",从而弥补了以前的缺失。这次改动共计40处,使《上海市青少年保护条例》更加充实、完善,更符合上海市的实际情况,也更便于执行。

3.《上海市实施〈中华人民共和国教师法〉办法》

为了建设具有良好思想品德修养和业务素质的教师队伍,保障教师的合法权益,促进上海市教育事业的发展,根据《中华人民共和国教师法》和有关法律、法规,结合上海市的实际情况,1997年10月21日,上海市第十届人民代表大会常务委员会第三十九次会议审议并通过了《上海市实施〈中华人民共和国教师法〉办法》,于1997年11月3日公布,自1998年1月1日起正式施行。该办法共计24条,对上海市行政区域范围内教师的权利与义务作了具体规定,指出"全社会都应当尊重教师",各级人民政府都有"加强教师队伍建设,改善教师的工作、学习和生活条件"的责任,要"保障教师依法享有的权利,提高教师的社会地位"。

4.《上海市教育督导规定》

为了加强政府对教育工作的监督,确保教育法律、法规的实施,促进上海市教育事业的健康发展,根据《中华人民共和国教育法》第二十四条规定,结合上海市的实际情况,1999年12月6日,上海市人民政府发布了《上海市教育督导规定》,规定自2000年2月1日起正式施行。该规定确认各区县教育督导室是教育行政机关,代表区县人民政府负责辖区内的教育督导工作。教育督导的范围为中等及以下各级各类教育及教育机关的活动,其职责是依法对辖区内的教育工作进行监督、检查、评估、指导。该规定还具体规定了督导原则,要求督导必须依法进行,坚持实事求是、客观公正的原则。

二、高等教育政策法规的健全与完善

高校对社会思潮、动向反应敏感。特别在1989年这一特殊的历史时期,上海市针对高校学生违纪现象严重,校风校纪有所下滑的状况,由上海市教育卫生办公室和市高等教育局制定了《加强高等学校校风校纪建设的若干意见》,进一步健全和完善了各种规章制度,并使高校的纪律风气有了明显改观。1993年,上海市高校的"两课"(即马克思主义理论课和思想政治理论课)改革和建设在全国引起巨大反响,而保证"两课"改革和建设的有力措施之一,就是上海市人民政府转发的《关于上海市高等教育改革与发展的若干意见》。该意见对上海高等教育改革与发展的指导思想和目标提出了明确要求,在简政放权、扩

大高校办学自主权、推进办学体制多元化、建立和完善高校毕业生就业市场、深化高校内部管理改革以及多渠道筹措高等教育资金方面都作了具体指示。同时,还指明上海高等教育改革与发展的大方向,使高等教育在改革和发展的进程中有法可依、有章可循。

1986年,上海市高教局拟定了《上海市高等教育局贯彻〈高等学校教师职务试行条例〉的实施细则(试行)》,1988年又制定了《上海市贯彻〈实验技术人员职务试行条例〉的实施细则(试行)》等,从而开始了首批教师和专业技术人员的职务聘任或任命工作。此后,特别是在1992年《关于上海高校教师系列破格晋升中高级职务暂行规定(试行)》以及《关于上海高等学校教师高级职务岗位设置宏观控制意见(试行)》颁发以后,上海高等学校教师职务评聘工作开始逐渐走向制度化、正规化。

为了使上海高等教育具有可持续发展的空间,使高校教师队伍更具活力,上海加强了对高校青年教师的培养。1991年3月,上海市教育卫生办公室党委、教育卫生办公室和市高等教育局联合召开上海高校教师队伍建设工作会议,会后形成了《关于选拔和培养上海高校优秀青年教师暂行办法》《关于组织上海高校青年骨干教师参加社会考察的办法》《上海市高等学校青年骨干教师学术基金管理办法》和《关于1991年开展中青年骨干教师高级专业技术职务评聘》等文件,同年上海市高等教育局还下发了《关于加强上海高校优秀青年教师培养工作的意见》,这些政策的制定使上海市逐步建立健全了市、校两级优秀青年教师的选拔制度,保证了优秀青年教师政治思想及业务素质的迅速提高,促进了青年教师的迅速成长。截至2000年,每年都有一批高校青年教师被确定为培养对象,按计划进行重点培养,这些教师逐渐成为上海各高校教育教学的中坚力量。

上海市教委为了加强高校教师培训工作,全面提高高校教师的思想道德和业务素质,以适应经济建设和社会发展的需要,于1997年颁布了《上海市贯彻实施〈高等学校教师培训规程〉的意见》,提出了上海市高校教师培训的指导思想、工作目标;明确了培训的主要任务,进一步加强教师职业道德为主的教育;提高教师道德素养,进一步提高教师业务能力与学术水平;大力加强骨干教师和学科带头人的培养,为造就新一代高水平的学术骨干和学科带头人创造条件。与此同时,还制定了《上海市高校教师岗前培训暂行细则》《上海市高等学校举办高级研讨班试行办法》《关于举办上海市教师研究生课程进修班试行办法》等规定性文件。所有这些措施都加快了学校教师的培训工作,规范了高校教师的培训制度,促进了高校教师素质的提高。

三、中小学教育政策法规的健全与完善

粉碎"四人帮"后,国家和上海市通过恢复和新制定一系列政策法规,使中小学教育走上了正轨。经过几年的实施,为使政策法规能进一步适应学校教育教学形势发展的需要,更有利于学校教学工作的管理,上海市教育局于1986年8月又对一部分法规文件进行了修订。同年,市教育局在听取各方面意见的基础上,又针对中小学教学质量问题下发了《〈关于进一步提高中小学教育质量的几点意见〉的通知》,要求各区县及学校结合自己的实际,拟定规划和措施,具体贯彻执行。1990年,为了实现对中小学教学管理的正常化、规范化和科学化管理,上海市教育局于12月发布了《上海市关于加强中小学教学常规管理的意见》。该文件认为,教学工作是中小学的中心工作,加强教学常规管理是建立正常教学秩序,开展教学研究和教学改革,提高教学质量,完成学校教育任务的基本保证,各级教育行政部门和学校应十分重视、切实加强教学常规管理工作。文件对学校教学常规管理提出了具体要求,并要求区县教育行政部门和学校本着从实际出发的原则,制订符合文件要求的各项具体制度和实施办法。1992年,上海市召开了全市中小学教学工作会议,明确了之后十年上海市中小学教学工作的指导思想、主要任务和奋斗目标,同时印发了《关于加强和深化中小学教学改革工作的意见》《关于加强各级教学研究室建设的意见(征求意见稿)》《上海市中学各学科教学评价试行方案》《上海市小学各学科教学评价方案》等文件。

但是,在人们逐渐认识到教育重要性,各中小学对教育质量的要求不断提高的同时,却出现了矫枉过正、片面追求升学率的现象。针对这一现象,1984年,上海市教育局根据国家有关精神和上海的实际情况,印发了《关于减轻小学生过重负担,全面提高教育质量的几项规定(试行草案)的通知》,使上海市小学生负担过重的状况暂时得到缓解。三年以后,鉴于片面追求升学率等现象并未从根本上予以清除,为了进一步端正各学校的办学思想,纠正其错误做法,上海市教育局再次发出《关于减轻学生过重负担,全面提高教学质量的通知》。此后,为了落实国家教委关于"减负"的有关指示精神,上海市教育局先后于1993年、1995年印发了《上海市教育局关于减轻义务教育阶段学生过重课业负担,全面提高教育质量的意见》《上海市教育局关于减轻当前中小学生过重课业负担的通知》《关于印发〈上海市中小学生市级竞赛管理办法(1995年4月修订)〉的通知》,使国家教委关于"减负"问题的指示精神从政策法规层面上得到了贯彻落实。

随着时代的发展和社会的进步,上海的办学模式也开始出现多样化。为了加强对上海的境外机构和个人合作办学的管理,1993年,上海市政府签发了56号政府令,颁布《上海市境外机构和个人在沪合作办学管理办法》。为了完善对民办学校的管理与监督,1994年4月19日,上海市人民政府以市政府第61号令的形式发布了《上海市民办学校管理办法》,规定区县教育局负责各自区域内民办学校的管理工作,并接受市教育行政部门的指导和监督,这有力地促进了上海市民办学校的健康发展,维护了民办学校的合法权益,使民办中小学走上了依法办学、健康发展的轨道。

四、中等职业技术教育及成人教育政策法规的健全与完善

1. 中等职业技术教育政策法规的健全与完善

1986年上海市政府隆重召开首次职业技术教育工作会议,制定了发展职业技术教育的"七五"纲要。1987年,市第八届人大常委会第三十一次会议通过了《上海市职业技术教育暂行条例》,这是上海首次根据《中华人民共和国宪法》和国家法律、行政法规的有关规定,结合上海的实际情况制定的条例。条例明确提出:"本市过去制订的有关职业技术教育文件,规定与本条例相抵触的,以本条例为准。"该条例于1988年3月1日起执行。时任上海市副市长谢丽娟就如何实施条例,坚持依法治教提出了具体要求。上海市教卫办、教育局、劳动局等也共同制定了《上海市中等职业学校办学基本条件的若干规定》《上海市中等职业学校教师资格考核暂行办法》等几个配套方案,以利于该条例的操作和实施,同时对条例的执行情况还进行了专门的抽查。《上海市职业技术教育暂行条例》的颁布实施,标志着上海的职业技术教育走上了法制化的健康轨道。1995年,上海市正式颁布和实施《上海市职业技术教育条例》。与此同时,上海市教育部门和劳动部门还根据地方法规制定了一系列有关职业教育的配套文件,如上海市教委根据国家教委的有关规定制定了《上海市中等职业技术学校教学计划》《上海市职业技术学校学生学籍管理暂行规定》,以及《关于技工学校、职业学校毕业生技术等级考试的办法》等,从而为上海市职业技术教育的正常发展提供了法律依据和保障。1998年,上海市人民政府为了全面提高劳动者素质,以便更好地贯彻和实施《中华人民共和国职业技术教育法》,于4月又颁发了《关于贯彻实施〈中华人民共和国职业技术教育法〉的若干意见》,保证了上海市职业技术学校经费的落实和职业技术教育的未来发展,极大地促进了职业技术教育结构布局的调整,同时也对上海职业技术教育向更高层次发展起到了积极推进作用。

2. 成人教育政策法规的健全与完善

为了使成人教育更好地适应经济发展的需求,有计划、按比例地培养各类合格的专门人才,克服、避免专业设置上的盲目性,1986年,上海市教育局下发了《关于印发〈上海市成人高等院校设置专业的暂行规定〉的通知》,对各校的专业设置进行了规范。1987年,根据国务院批转的《国家教育委员会关于改革和发展成人教育的决定》和全国成人教育工作会议精神,上海市政府又批转了上海市成人教育委员会《关于改革和发展上海市成人教育的意见》,决定在总结经验、弥补不足的基础上对上海市成人教育进行改革,力求坚持改革和发展的方针,坚持直接有效地为社会主义建设服务,把全面提高劳动者素质作为成人教育的根本目的,使上海市的成人教育真正做到讲求实效、与社会实际需要相结合,为改造、振兴上海服务。

从20世纪80年代中期开始直至90年代末期,中共上海市委、市政府不断加速成人教育的立法进程。1988年1月9日,上海市第八届人大常委会第三十四次会议通过了《上海市职工教育条例》,明确该条例于1988年7月1日起执行。该条例是上海市和全国首次制定和实施的地方性职工教育法规,它以法规的形式集中了党和政府对开展职工教育的指导方针和有关政策,明确了职工教育的性质、任务以及职工学习的权利和义务等。同时,为了推动《上海市职工教育条例》的贯彻实施,便于操作执行,还推出了各项配套文件。此后,为了加强对社会力量办学的管理,1989年上海市人民政府以政府第12号令的形式发布《上海市社会力量办学管理办法》,并于同年8月1日起生效,同时废止1985年市政府批准的《上海市社会力量办学试行办法》。市教育行政部门也结合实际情况,制定了相应的政策文件,采取了具体的管理措施,对社会力量办学予以规范化管理,如1997年制订了《上海市社会力量举办学院设置的暂行规定》和《上海市社会力量举办学校设置的暂行规定》,并印发给各区县教育局。

五、校外教育政策法规的建立健全

1. 青少年校外教育政策法规覆盖面广

对于上海的校外教育工作,上海市教育局从规范管理入手,不仅明确提出具体的指导意见,而且从20世纪80年代中期就开始逐步开展评估和表彰工作。如在1988年印发了《关于加强校外教育工作,在本市开展创建先进文明宫(家)站活动的通知》;1991年又制订《上海市区青少年宫评估指标条目(试行稿)》,同年提出对先进的少年宫、少年之家进行表彰;1994年专门下发《关于开展评选表彰先进文明少年宫、少科站、少年之家活动的通知》等。为了进一步加强市、区县科技指导站的建设,并推动中小学群众科技活动更广泛、深入地开展,上海市教育局于1981年提出了《关于办好市区(县)中小学科技指导站的几点意见》,对市、区县中小学科技指导站在建设中存在的若干问题提出一些指导性意见,使市、区县各级中小学科技指导站明确了各自的职责和基本任务。1990年,教育局又印发了《上海市、区、县青少年科学技术指导站工作规定》的实施通知,对科技指导站的各方面工作提出了规范性意见。此后,随着党中央国务院对科学技术普及工作重视程度的提高以及上海市"科教兴市"战略方针的制定,对青少年科技教育的管理以及普及工作也日渐加强。1996年以后,中共上海市委宣传部、上海市教育委员会等部门联合下发了《关于加强科学技术普及工作的若干意见》,市教委制订了《上海市青少年科技教育"九五"方针规划(1996—2000)》《上海市青少年科技教育工作的若干意见》等文件,从而使上海市青少年科普工作逐渐走上正轨,并向有序化发展的方向迈进。

2. 社区教育和家庭教育政策法规指导详尽

20世纪90年代初,上海市社区教育工作迅速发展。为了进一步加强社区教育组织在配合中小学教育、促进教育改革以及加强社区精神文明建设等方面的工作,市区各街道(镇)都成立了社区教育委员会。为使社区教育工作经常化、制度化、规范化,上海市教育局于1992年5月制定了《上海市社区教育工作暂行规定》,明确了社区教育的基本思路,即"地区为主,政府指导,社会参与,双向服务,共育人才,共建文明"。同时对社区教育的组织形式、基本任务、经费筹措和使用以及对社区教育队伍的领导和建设等都提出了指导性意见。

与此同时,上海市教育局在不同的历史时期,针对校外教育工作者的职称、工作量、优秀校外工作者的评选等出台了相应的政策文件,使校外教育工作者队伍的素质不断提升,推动了上海市校外教育工作的开展。

在家庭教育方面,为进一步落实全国和上海市家庭教育工作"九五"计划,在调查研究的基础上,上海市教育委员会于1996年提出了贯彻《全国、上海家庭教育工作"九五"计划的实施意见》,强调对家庭教育要加强领导与管理,要加强家庭教育与学校教育工作的紧密结合,尤其是对家长学校的管理建设提出了明确规定和要求,并制订了《上海市普教系统"九五"家庭教育研究课程指南》,提升了家长学校指导工作的质量和水平,并推动家长学校向科学化、制度化、规范化的办学方向迈进。

应该说,上海市的教育立法工作,在改革开放以后的二十多年里有了长足的发展,而且,在法规文件出台之后,还不断根据中央相关政策和现实情况予以修订。在1994年全国召开教育工作会议以后,上海市加快了教育配套立法工作的步伐,包括草拟《上海市1995—1997年教育立法规划》,确定重点立法项目17件,其中市人大颁布的教育法规有7件,由市政府发布的教育法规有10件。到2000年,上海的教育法规建设已初步与国家法律法规衔接,并基本适应了上海经济、社会和教育的发展需要,使上海各级各类教育的运行和发展基本上能够做到有法可依。但是,在实施和执行相关法规的过程中仍然存在有法不依、执法不严的现象,在依法治教、教育立法监督等方面仍然缺乏有效的监督管理机制。如减轻中小学生负担等问题,上海曾多次出台相关政策文件,要求各中小学减轻学生负担,但这些政策在执行时总是大打折扣,以至于中小学生的负担越减越重。1995年9月1日,《中华人民共和国教育法》正式颁布实施后,上海立即依照《中华人民共和国教育法》的有关条款着手对十一届三中全会以来正式颁布的教育法规逐一进行清理。这一举措维护了教育法规的权威性,保证了教育法规政策的严肃性和统一性。同年,上海市委决定从《中华人民共和国教育法》颁布之日起,设立教育执法综合办公室和教育行政复议办公室,与市委政策法规处合署办公。为了加强教育法制建设,坚持依法行政、依法治教,上海市教委从1995年起聘请常年法律顾问,用以提供法律咨询并参与研究制定有关地方性教育法规。在教育执法方面,上海市被列为《中华人民共和国教育法》执法监督的试点地区,首先在长宁区、闸北区和奉贤县进行试点,从而为其他地区在依法保障教育事业发展,建立健全教育执法制度体系方面提供了有益借鉴,这也成为推进上海市教育执法监督进程的有利契机,使地方性法规政策的执行有了参照。2000年,上海市为了加强各级行政部门和各级各类学校教育执法的严肃性,使其真正能够坚持依法行政、依法治教,上海市教育委员会研究决定建立人民教育督察员制度,并印发了《关于建立人民教育督察员制度的若干意见》。文件规定了人民督察员可以对政府即教育行政部门有关规定的实施情况进行监督,并向相应的部门及时反馈。同年,上海市教委还聘请了法律界知名人士组建了法律事务咨询团,其任务之一就是进行教育执法咨询,这保证了教育执法过程的严肃性和规范性,为市教委依法行政、依法治教提供了可靠保障。

第四章

深化改革,科研兴校(1992—1997)

第一节 学校内部管理体制的全面改革

一、中小学校内部管理体制的改革与发展

1. 以校内结构工资制为主的分配制度改革

(1) 改革背景和1992年之前的试行情况

在中小学教育工作中,分配制度是教师激励机制的重要组成部分。但长期以来,上海市的中小学分配制度和其他地区一样,比较僵化,深深地烙上了旧体制的印记。当时的教师职业可以用四个字来形容,即"三铁一大"。所谓"三铁一大",就是"铁工资、铁饭碗、铁交椅"和"平均主义大锅饭"。这种分配体制对中小学的教育教学工作产生了很大的消极影响。基层学校校长由于没有分配权而没有权威,教师的教学积极性也不高。从20世纪80年代开始,随着一些政策的出台,上海市中小学分配制度改革开始艰难启动。最初是1985年下半年,向明中学等11所中小学开始实行定编、定员、定工作量以及建立岗位责任制、考核制和奖惩制(即"三定三制")的分配制度改革试点。1988年,复兴中学等51所中学开始试行"四制一体化"的校内管理体制综合改革,其中"一制"就是"校内结构工资制"。所谓校内结构工资制,是指在不改变国家统一工资制度的前提下,由学校根据自身特点,对奖金等方面自主确定内部分配办法。它是建立在课时(岗位)为主、教学与教育(工作)绩效相结合基础上的分配制度。总的来说,这一时期,校内结构工资制的改革主要局限在一小部分试点学校。就当时而言,"四制一体化"改革的外部条件还不成熟,所以,真正在全市范围内施行校内结构工资制还是1992年以后的事情。

(2) 1992年之后校内结构工资制改革的推行

① 教育行政当局的推动

1992年是上海中小学校内管理体制改革的关键一年,邓小平南方谈话极大地坚定了上海教育界的改革决心。这一年,上海市教育局、人事局和财政局联合制定了《上海市中小学内部管理体制综合改革的实施意见》《关于全市中小学实行工资总额包干搞活学校内部分配试点的意见》等对基层改革具有指导作用的文件。同年11月23日,上海市专门召开会议研究在上海市全面推行中小学内部管理体制改革。参加这次会议的有分管教育的副市长、各区区长、各县县长以及人事局局长和财政局局长,可见这次会议的规格之高。当然,从1992年、1993年参加"四制一体化"试点学校的数量也可看到改革力度加大的程度。1992年底,参加试点的学校有337所,1993年增至2 021所,占了全市中小学总数的69%。同时,政府也向中小学校内部管理体制改革投入了大量的启动经费,1993年投入的改革经费达6 174万元,其中区县财政拨款共计2 174万元,市财政拨款1 800万元,教育行政部门和学校自筹2 200万元。这些经费中的相当大一部分用作教师结构工资制中可以拉大收入差距的奖金,从而极大地推动了基层学校校内结构工资制的改革。

② 基层学校的改革实践:以嘉定二中为例①

基层学校是校内管理体制改革的最终实施者,同时,它的改革也不是完全照搬有关文件,而是需要根据学校现状制定自己的实施方案。因此,基层学校的改革经历是这段历史的重要部分。上海市嘉定二中是上海市一所普通中学,于1992年9月开始进行校内体制改革,它的改革经历在某种程度上反映了基层学校的改革历程。

嘉定二中从1992年4月开始讨论和制订改革方案。在之后的三个多月,该校先后召开各种类型的座谈会9次,全员参加的分组讨论会6次,个别征求意见数十人次,共收集了十多类数百条意见。改革方案也是三易其稿,最后才提交教代会审议。这个方案从当年9月开始实施,在实施过程中又不断修改,最后成熟的改革方案已是第六稿,可见基层学校在推行改革时是比较慎重的。其中的原因是当时改革的外部环境对基层学校的改革而言不是特别成熟。嘉定二中的一位教师曾指出:"恕我直言,目前人们对这项改革的认识还不够统一,改革的基础还比较薄弱,对改革的指导也不够有力,特别是一系列与改革相关的政策还没有配套,三大突出的问题,即体制不顺、队伍不精、资金不足的问题,基本没有解决。"② 同期的一项调查也有类似的描述:"尽管理论上绝大多数人(教职工)支持、拥护(校内结构工资制)改革,但一涉及自身利益便出现了

---

①② 方忠武.学校内部管理体制改革三忌[J].上海教育(中学版),1993(6).

各种复杂的思想情绪。"① 因此,要顺利地推进改革,就需要教师群体参与方案的制订和优化。这不但会减小改革的阻力,而且也可以保护和调动教师工作的积极性。

在校内结构工资制度改革中,教师工作量和质的评估体系是非常重要的组成部分。在这点上,嘉定二中采用了模糊的方法,即用定性和定量相结合,并以定性为主的综合模糊评估法来考核教师工作,分等计奖。基于以前工作的经验,嘉定二中认为不能将考核标准规定得太细,如果规定太细,条款过死,就会导致考核评估难于操作,人为地增加矛盾,同时会把教师的注意力吸引到算细账上,事事论钱,容易导致一些负面影响。后来在对全市学校改革的一项调查中,这种综合模糊的评估方法的有效性得到印证。该调查发现,"在核定教师工作量和质的标准上,能遵循教育规律,既不能包罗万象,但又有区别,宜粗不宜过细"。②

除了试行校内结构工资制,这一时期分配制度方面的另一项改革是推行教育经费综合包干制。教育经费综合包干制是指按编制核定工资总额,在学校规模不变的情况下,由学校包干使用。如果学校实际用人数低于编制人数,仍可以按核定编制数使用工作经费。这是为控制学校编制规模、提高学校办学效益而做的一项制度设计。1988年,它作为"四制一体化"综合改革的一部分开始在一些学校试行。1992年之后,上海市相关部门又联合发布了《关于全市中小学实行工资总额包干搞活学校内部分配试点的意见》,进一步规范和指导教育经费综合包干制的改革工作。此后,这项改革开始在全市各区县推行开来。

2. 以教师聘用合同制为主的人事制度改革

(1) 1995年之前中小学人事制度改革

上海市中小学内部管理体制改革发端于人事制度改革。1984年,教育部颁布了《教育部关于中等师范学校和全日制中小学教职工编制标准的意见》。之后不久,上海市向明中学等110所学校进行了"三定三编"的改革试点。"三定"指定编、定员和定工作量。1988年,一部分中小学校又将改革转向"四制一体化"的综合改革,其中就有教职工聘任制改革。所谓教职工聘任制,就是在定编制、定岗位的基础上,按核定的编制及确定的岗位聘任教职工。1992年之后,上

---

①② 吴德仁,等.观念要先行、方案要合理、操作要规范——对本市部分小学试行内部结构工资制可行性的调查和分析[J].上海教育(小学版),1993(10).

海市政府开始在全市范围内推行中小学校内管理体制改革,学校人事制度改革的力度也相应加大。1993年,上海初步建立了市和区县两级人才交流网络,以促进人员合理流动和合理组合。据统计,1993年,全市中小学在深化内部管理体制改革中未续聘而下岗的人员达4 000余人。

(2) 聘用合同制兴起的背景

上海市中小学教师聘用合同制改革的兴起与国家的宏观政策改革有很大关系。20世纪90年代中期以来,国家人事部开始加快事业单位人事制度改革。这项改革的主要内容是建立以全员聘用合同管理为主要特征的用人制度。在这种制度框架下,单位自主用人,职员自主择业,完全改变了以往学校"铁交椅""铁饭碗"的人事制度。这一政策的出台为上海市中小学聘用合同制改革创建了一个良好的政策环境。与此同时,以前一直制约学校人事制度改革的因素也有所改变,如上海的养老保险、医疗保险、待业保险和住房商品化改革都开始起步,这就为在人事制度改革中下岗的教职工提供了一定的保障。此外,配套制度的不断完善,也是聘用合同制改革实施的重要条件。

(3) 1996年:聘用合同制试点改革第一年

1995年,上海就开始策划开展全市范围内的聘用合同制试点改革。同年,上海市人事局颁发了《上海市事业单位实行聘用合同制暂行办法》,市教育委员会下发了《关于本市普教系统中小学和其他事业单位试行聘用合同制的实施意见》。经过前期的准备工作,聘用合同制改革于1996年开始在上海市的100所学校实施。

1996年进行试点的100所学校在区域、层次和类型上的差别都比较大。有城中区、郊区和郊县边远地区,有市区重点学校、一般学校和薄弱学校,有普通中小学、职业学校等。改革者试图通过这样的选择来使试点更具代表性,从而为之后的推广提供更可信的经验。但这种选择同时增加了改革指导的难度。为此,在改革的实施上开始采用分级管理、分层突破的方式。同时,上海市教育委员会等改革领导机构的人员也常常在改革的宣传动员培训、政策学习、合同签订等阶段到基层学校进行调查、研究和指导。

由于这项改革牵涉到教师的切身利益,因此,要使改革的效益最大化,尽量减少负效应,就必须将改革的意图、程序和原则等要素从政策制定层面完整地落实到基层改革的实施上。为此,上海市教育委员会、人事局和教育工会专门对这100所学校的校长、支部书记、工会主席和人事干部进行了集中的统一培训,并组织试点单位学习交流研讨。学校领导在开展思想工作时也常采用一些策略,如先党内,后党外;先干部,后群众;先骨干,后一般等。除此之外,上海市教育委员会还为试点学校教职工每人提供一本《上海市普教系统推行聘用合同制学习文件汇编》,为每所试点学校提供一份宣传提纲、一份聘用合同文本样式和一份签订聘用合同政策口径。

通过这些细致的工作,1996年的聘用合同制试点工作取得了比较好的效果。当年列入试点单位的100所中小学共有9 248人,其中已签订聘用合同的有8 656人,占试点范围内总人数的93.6%,签订无固定期限合同和有固定期限合同的分别为3 999人和4 657人,分别占签订合同总人数的46.2%和53.8%,缓签聘用合同的有592人,其中下岗或待聘的为176人。①

从1997年开始,聘用合同制的试点工作在全市范围内逐步展开。各区县的试点学校从4所扩大到20～30所,全市试点学校达662所,占全市中小学教育事业单位总数的17%。如闵行区在1996年有3家单位开始进行聘用合同制试点,1997年上半年增加了5家单位,下半年又增加了30家单位,截止到1997年底,全区实施聘用合同制工作的单位占28%,计38家,教职工占37%,为3 424人。卢湾区在全区中小学也率先进行了聘用合同制的试点。

3. 校长管理制度的改革

校长是中小学行政管理体系中一个非常重要的角色。进入20世纪90年代,一方面,中小学校长承担着学校发展和内部管理体制改革的双重责任;另一方面,随着国家事业单位人事制度改革要求事业单位与行政脱钩,校长的行政级别也面临被取消。因此,如何发挥校长在学校中的作用,如何构建校长的激励机制,成为上海中小学内部管理体制改革的重要课题。

(1) 校长负责制的试点推行和制度完善

在中小学校内部管理体制中,学校领导体制问题是其重要内容。自中华人民共和国成立到20世纪80年代初,我国一共试行了六种不同的学校领导体制,但依然存在很多问题。80年代初,一些学者曾提出实行校长全面负责学校校务的校长负责制。1985年5月,《中共中央关于教育体制改革的决定》明确提出"学校逐步实行校长负责制"。自此,中小学校推行校长负责制的改革陆续

---

① 上海市教委人事处.聘用合同制:学校用人制度改革的催化剂[J].上海高教研究,1997(7).

开始。其中,北京的改革起步最早。1984年,北京有96所中小学进行了校长负责制试点,80%的中小学建立了教职工代表大会制度。上海的改革起步相对较晚。1988年,上海市复兴中学等51所学校的内部管理体制改革从"三定三制"转到"四制一体化",校长负责制是其中之一。到1992年,校长负责制的试行工作和其他内部管理体制改革一样,主要在一些试点学校进行。

1992年邓小平南方谈话之后,上海开始了新一轮中小学校内部管理体制改革。1993年,中共中央、国务院发布了《中国教育改革和发展纲要》,再一次提出了"中等及中等以下各类学校实行校长负责制",从而进一步确认了中小学校领导体制改革的方向。1994年,上海市教育局制定了《上海市中小学校实行校长负责制若干(试行)意见》,并于6月经中共上海市委组织部、市教卫党委和市人民政府教育卫生办公室批转各区县政府试行,这是上海地区中小学校推行校长负责制以来的第一个专门性文件。它首先明确了校长的责任,即"在上级党组织和教育行政部门领导下,校长对学校的教育教学和行政管理工作全面负责"。推行校长负责制不可避免地涉及学校原有权力部门重新界定的问题,为此,该意见规定"学校党组织发挥政治核心作用;教代会参与学校民主管理、民主监督"。此外,为了适应校长负责制的改革,1995年,上海市教育局又下发了《关于加强和改进上海市中小学党组织建设工作的若干(试行)意见》。总之,虽然这只是一些指导性文件,但由于上海地区的中小学校大部分是公立学校,因此,这些文件对上海地区基层学校重新界定校长、党组织以及教代会的权力和职责仍起到了重要作用。

1994年,《上海市中小学校实行校长负责制若干(试行)意见》出台之后,上海市的校长负责制改革得到很大推进。如1994年,浦东新区的9所学校签约深化推行校长负责制试点,1995年又有27所学校纳入改革试点。与此同时,校长负责制改革的地位也逐步提高。如1995年,徐汇区在全教育系统实施校(园)长负责制,其学校内部管理体制改革从以单一的结构工资制改革发展为以校(园)长负责制为核心,融岗位聘任制、结构工资制、奖惩激励制、民主监督制等为一体的配套化改革。可见,在徐汇区教育综合改革中,校(园)长负责制的地位是非常高的。但是,由于校长负责制涉及问题很多,加之一项改革的试行需要一个周期,因此,校长负责制直到1997年还没有在全市范围内全面推行。例如,到1997年,南市区只有28所学校实行校长负责制。浦东新区的改革起步虽比较早,但也只完成了首批36所校长负责制试点学校的评估。可见,这一时期校长负责制的改革工作仍然处于试点推行阶段。

尽管这一时期处于改革试点阶段，但其为上海地区校长负责制的完善积累了经验。1999年，上海市教育委员会颁发了《关于上海市中小学实行校长负责制的若干意见》《上海市中小学党组织建设工作若干意见》《上海市中小学校长工作试行意见》和《上海市中小学教职工代表大会试行意见》四个文件。这些文件不仅对学校领导体制中三个重要部分各自的职责进行了规定，而且对校长的职责、职权、聘用、考核及学校重大问题的议事规则进行了规范。这表明，上海市中小学经过几年的改革试点，在校长负责制的规范建设上已日趋完善。

（2）校长结构工资制：南市区的尝试

结构工资制是一种可以将工作业绩与奖金、津贴分配相结合的分配制度。自20世纪80年代后期以来，教职工的结构工资制改革就开始在上海的部分中小学推行，如南市区从1991年起就在全区范围内全面实施教职工结构工资制。这一分配改革为中小学形成多劳多得、优劳优酬的机制起了很大作用。随着改革的深入，其效益也逐渐显现，这是校长结构工资制产生的一个重要背景。

20世纪80年代末和90年代初，南市区中小学普遍面临办学经费紧张的问题。因此，在国家相关政策的扶持下，许多中小学都开始开办校办企业，致使许多学校校长把精力都放在学校的创收上，从而形成学校教职工待遇、奖金高低与办学质量、办学水平"不搭界"的现象，并对学校的办学造成不利影响。要改变这种局面，将校长的注意力从创收拉到教育教学上来，就需要一种有效的激励制度。而在原有的学校分配制度中，校长的工资奖金分配是以一所学校为单位核定的，采取学校教职工平均工资乘以系数来确定校长工资的方法。由于校长工作与教职工工作没有可比性，所以用简单的乘系数分配法来确定校长的工资奖金并不好，且区教育局只规定了校长分配系数为1.5~2.0，具体系数由校长和党委（支部）书记共同决定，而这又容易引起矛盾。所以，原有的分配方式已经不能有效激励校长的工作积极性，因此，亟待改革校长工资的分配方式。南市区的思路就是以教职工结构工资制为模块打造校长结构工资制。1994年，南市区在小学和幼儿园试行"校企分开"的同时，开始在全区中小学推行学校党、政一把手结构工资制。

校长的结构工资包括三个部分：档案工资、效益工资和奖励工资。校长结构工资依据区教育局每年组织的学校办学水平考核评估的结果确定。1994年，南市区组织了30余名专门人员，用了一个月的时间对全区中、小、幼各单位进行考核评估。在这次考评中,3名校长获重奖,奖金额为1万元;3名校(园)长被考核评议为"不称职",被免职,另行安排工作岗位。

校长结构工资制的实施及其与全区每年办学水平评估的结合,不仅仅是为了激励校长关注学校教育教学工作,也是为了推行素质教育。南市区教育督导室专门拟订的中、小、幼办学水平评估考核体系比较全面地反映了学校办学的各个要素,在某种程度上降低了升学率这根"指挥棒"对校(园)长的影响,并为素质教育的推进提供了条件。这一改革引起了国家教委的关注,1996年,南市区成为全国素质教育实验联系区县。

应该说,南市区的校长结构工资制只是上海校长管理制度变革的一个过渡,它在试行之后不久便融入校长职级制度之中。尽管如此,这一制度的产生本身也是有重要意义的,它是区县教育主管当局实施的改革,虽然在当时并不是全市性的统一行动,但改革本身是应地区教育发展所需而兴的,因而体现了区县教育改革的活力。

(3)校长职级制的初创与推广

1985年,全国实行工资制度改革,规定企事业单位成员的工资待遇与行政机关级别挂钩。对中小学来说,市重点中学校长挂靠正处级,区重点中学和完全中学校长挂靠副处级,初级中学和中心小学校长挂靠正科级,一般完小校长挂靠副科级。这种做法本来是为了提高校长的社会地位和经济待遇,但在实践中却对中小学校长的工作产生了不利影响。其主要弊端有三点:第一,教育行政部门与校长之间的工作不易协调,特别是教育局行政级别低的科室难以领导副处级以上的校长;第二,这种做法不容易反映校长的工作情况,缺乏干部激励机制,干好干坏一个样,滋生工作一般化的惰性情绪;第三,不利于干部的调动。由于校长的行政级别与学校等级有关,所以好学校的校长不愿意到薄弱学校当校长,因为这是降级。正如一位校长所说:"我会考虑这样的(工作)调动是高调、平调还是低调,如果是低调就会觉得失落,就会考虑是不是领导对自己有了看法。用行政级别划分,会使校长偏离自己的角色,习惯性地向上级负责,上级布置什么,必须认真地做;上级没有布置,连想都不去想,重要的是给上级留下一个好印象。时间长了,也就渐渐地习惯于'平庸'。"① 这些弊端促使上海的教育改革者努力去寻求一种新的校长激励机制,而校长职级制就是其重要成果。1993年,时任上海市市长黄菊在上海市教育工作会议中提出采用校长职级

---

① 张建平.职级制让我努力做专家型校长[N].中国教育报,2001-05-02.

制度的改革思路。他说:"加强中小学校长队伍建设,可以试行公开招聘、竞争上岗,同时取消校长行政级别,建立校长职级序列。"① 与此同时,国家事业单位人事制度开始进行改革,其中的一个重要内容就是将事业单位的行政级别与国家行政机关脱钩,在事业单位取消"国家干部"的称谓,以建立有别于国家行政机关的职员制度。正是在这种内因外力的作用下,校长职级制度开始在上海中小学推行开来。

上海的中小学校长职级制度最早是在静安区开始试行的。该区于1993年制定《静安区中小学校长职级评聘试行条例》。该条例将校长职级分为五级十等,拟定每级校长的任职条件、考核与评定项目、评分标准。规定校长不再享受学校的结构工资和年终奖金,其月收入由两部分组成,一是每月国家拨给的工资,二是与职级挂钩的校长津贴与岗位津贴。后来,又做了一些修改,将校长职级从五级十等改为四级十二等,即一级二等、二级三等、三级三等、四级四等。1994年,全区中小学开始实施职级制。这一制度一实施就体现出活力,仅1994年暑期,该区就顺利地调动了十多位校长的工作岗位。

静安区的改革得到了上海市教育委员会的认可和支持。时任上海市教育委员会副主任的张民生在1995年的一次讲话中指出:"凡是要进行校长职级制试点的(区县教育局)……必须按照我们已经设计的'四级十二等'中小学校长职级制的标准进行试点。"② 1995年,上海市教育委员会又会同人事局修订和完善了《关于本市中小学试行校长职级制的暂行规定》和《关于本市中小学试行校长职级制的若干意见》,进一步为校长职级制从一区试行向全市推广做了一定的铺垫。

1996年以后,上海的中小学校长职级制的改革试点进一步扩大。1996年,卢湾区开始在全区中小学施行校长职级制。1997年4月,国家教委在上海召开全国教育人事工作会议,对上海市中小学校长职级制改革试点取得的成效给予了充分肯定。国家教委的肯定说明,上海的这一改革在全国范围内是一种制度创新,同时也增强了上海推行校长职级制改革的信心。经过区县三年的试点实践,到1997年,上海市教育委员会与人事局对试点经验进行总结,其中一个重要的内容就是修改校长职级制方案,将原来的金字塔型结构即四级十二等改为

---

① 黄菊.积极探索,深化改革,推动上海教育事业的新发展[J].上海高教研究,1993(3).
② 张民生.建立主动适应市场经济发展的学校内部管理体制[J].上海教育,1996(4).

橄榄型结构即五级十二等(特级校长、一级二等、二级四等、三级四等、四级二等),后一种结构更有利于形成有效的竞争激励机制。受这些因素的影响,各区县参与校长职级制改革的动力也大大增强。同年,黄浦、南市、徐汇、闸北、杨浦、嘉定六个区开始施行中小学校长职级制。到2000年,中小学校长职级制在全市范围内全面推行开来。

二、高校内部管理体制的改革与发展

上海地区高校内部管理体制改革始于"文革"结束之后。当时高校普遍存在机构设置重叠,冗员过多,工作量不足的问题,分配上实行"平均主义大锅饭"。1979年,上海交通大学曾进行了校内劳动人事与分配制度改革。1992年以前,上海地区还有一些高校如华东化工学院、上海工业大学、上海中医学院等也开始进行以工资总额包干、后勤承包等为主要内容的内部管理体制改革。但总的来看,这些改革尝试还是在点上推行。

1992年,国家教委召开了全国普通高等教育工作会议,并于同年发布了《关于普通高等学校内部管理体制改革的意见》《关于国家教委直属高校内部管理体制改革的若干意见》《关于国家教委直属高校深化改革、扩大办学自主权的若干意见》。这些文件对高校进行内部管理体制改革作了一些规定,如规定人事、分配制度改革是高校内部管理体制改革的重点,并提出了改革的目标和内容。这些文件的出台不仅直接影响了国家教委直属高校的内部管理体制改革,而且在一定程度上影响了上海地区高校的改革。在上述文件出台后不久,上海市高等教育局就相应出台了《关于进一步推进和深化上海市属高校内部管理体制改革的意见》。

1992年以后,上海地区高校内部管理体制改革面临的问题非常复杂。一方面,教育经费紧缺。上海的教育经费投入在部属、地方工业系统所属院校呈逐年递减趋势,国家教委直属高校和市属高校每年的教育经费虽然有较大增长,但由于受1993年之后通货膨胀的影响,实际上并没有增长,落实到具体学校甚至还出现了负增长。与此同时,一些高校的教育经费中,人头费所占比例越来越大,而教学业务费用比例却越来越低。在1994年对上海地区高校综合改革的调查中,经费投入被认为是深化高校教改的最大难点之一。另一方面,上海市高校普遍面临教师新老交替的问题。据统计,到2000年,有95%的20世纪50年代末和60年代前半期毕业留校的教师陆续退休,其中很多都是科研和教学骨干,而后备教师队伍的培养却没有跟上。同时,高校青年教师的流出也比较严重。如某高校从1994年1月到

1995年6月,新补充年轻教师113名,同期流出量达72名,占补充人数的64%。① 即使留任高校,教师的教学和科研积极性也不是很高。在1994年和1995年的高校综合改革调查中,有相当一部分教职工和学生认为,教师并没有将教学和科研作为自己最关心的事情。② 在这种情况下,高校怎么发展可能是当时大学校长普遍思考的问题。上海理工大学校长陈康民在一篇文章中这样说道:"'教育的出路在改革'。只有通过不断深化校内管理体制改革,建立一个良好的机制,充分调动人的积极性,实现资源配置优化,开发教育资源潜能,学校才有希望。"③ 这反映了当时高校改革的实施者在改革中所持的观点。

1992年,中共上海市教卫党委、市人民政府教育卫生办公室和市高等教育局确定上海交通大学、华东理工大学、上海工业大学和上海海运学院四所高校为上海市实施校内综合体制改革的试点单位。除此之外,中国纺织大学、上海铁道学院、上海戏剧学院等30余所高校也陆续推出了内部管理体制改革方案。在改革中,人们常常用"轮"来计量改革次数。例如,1994年华东理工大学开始第二轮改革。中国纺织大学则是从1992年起,每两年进行一次定编改革。从上海地区高校总体改革的进展来看,1992年到1996年是上海地区高校第一轮全面内部管理体制改革时段。1996年8月,上海市教育委员会召开松江会议。在会议上,上海市教育委员会提出进行新一轮校内管理体制改革。此后,上海市高校相继提出了新的改革设想和实施方案,这样,始于1992年的全市范围内的高校内部管理体制改革在1996年之后进一步深入。

从1992年到1997年,上海市高校主要在两个方面实施内部管理体制改革,即人事制度改革和分配制度改革。

1. 人事制度改革

(1) 严格定编,提高师生比

到20世纪90年代,上海市高校内部冗员过多,师生比较低,这已是不争的事实。以1992年为例,当年上海市普通高校专任教师总计23 886人,而该年上海市的高校在校生数为119 532人,上海高校师生比平均为1∶5左右。师生比是高校办学效益的重要指标,师生比过低说明高校办学效益不高。因此,1992

---

① 郑令德.深化高校改革,提高办学质量和效益[J].上海高教研究,1995(6).
② 谢仁业.对上海高校教改现状调查的比较分析[J].上海高教研究,1996(1).
③ 朱子杉,等.抓管理体制改革,促质量效益提高——上海高校综合改革荟萃[J].上海高教研究,1997(10).

年以后的改革中,严格定编,提高师生比成为主要的改革内容。

为了提高师生比,上海地区各高校普遍严格定编、定岗和落实聘任制,实行满负荷工作制。同时,各高校还大量精简高校机关编制。如上海外国语学院23个处级单位缩并为15个,人员精简了24%。上海理工大学在第一轮改革中,将编制数压缩了18%。此外,各高校为了提高办事效率,在压缩机关编制的同时,纷纷采用了一些新形式。一是党政合署办公,将党政某些职能相近的部门如组织部和人事处、党办和校办合署办公。二是大办公室制,如上海师范大学将原有的22个处室调整为六个大办公室,大办公室主任协助校长分管下属部门的各项工作,这样,机关编制人员从800名下降到238名。而更多的高校是把不属于机关的那部分如后勤部门、图书馆等划出机关编制,从而达到精简机构的目的。

精简机构之后,高校富余人员的出路在哪里?这又是高校内部管理体制改革面临的重要问题。1992年以前,上海交通大学的做法是对富余人员进行职业培训,然后支援外单位和组织他们对外服务。1992年之后,对于富余人员问题,各高校更多的是采取内部消化的方式来解决,如上海理工大学在第二轮改革中,对临时用工制定了"先校内后校外,优先招聘和消化校内转岗人员"的政策。但也有一些学校做了新的探索,如上海工业大学率先试行将学校的富余人员交地区人才中心托管。

经过这些改革和努力,上海地区高校的师生比有了较大提高。表4-1是上海市部分高校改革前后(1992—1995)师生比的变化情况,从中我们可以看出,经过几年的努力,严格定编、定岗、提高师生比的改革取得了一定成效。当然,1992年之后,高校招生规模不断扩大,也是师生比得以提高的重要因素。

表4-1 上海市部分高校改革前后(1992—1995)师生比的变化情况①

高 校 名 称	复旦大学	上海工业大学	上海大学文学院	中国纺织大学	石油化工专科学校
师生比(改革前)	1:7	(缺)	1:6.5	1:7.8	1:6.7
师生比(改革后)	1:9.5	1:8	1:7.2	1:9	1:9.2

---

① 郑令德.上海高校综合改革的回顾与展望[J].上海高教研究,1994(2);深化高校改革,提高办学质量和效益[J].上海高教研究,1995(6).

表 4-2　上海市高校在校学生数与教师数变化一览表(1992—2000)①

人数及比例＼年份	1992	1993	1994	1995	1996	1997	1998	1999	2000
高校教职员工(人)	69 505	68 304	67 501	65 764	63 988	62 555	62 145	60 285	60 799
高校专任教师(人)	23 866	22 841	21 863	21 522	21 018	20 106	20 071	20 092	20 491
高校学生数(人)	119 532	131 034	140 396	144 082	147 926	153 804	165 123	186 307	226 798
师生比	1:5.0	1:5.7	1:6.4	1:6.9	1:7.0	1:7.6	1:8.2	1:9.3	1:11.1

不可否认的是,这些成效也是有局限性的。如上海理工大学在第一轮改革之后,师生比提高到1:10.8,编制数也降低了18%,但该校仍存在冗员多、结构不合理以及办事效率低下等问题。因此,该校又提出再精简20%,全校200多名党政管理干部要有1/4转岗聘任。上海理工大学第一轮改革之后,师生比在上海地区高校中处于较高水平,但所面临的改革局面依然艰巨,其他学校的改革成效由此可以窥得一斑。此外,有的学校没有处理好定编、聘任与其他改革的关系,造成人员编制、考核手段、聘用方式与整体改革的不协调。1995年,在上海高校综合改革调查中,有些部门提出即使减少一半人员也可运行,但有的部门则希望调整人员结构。② 这说明当时的定编改革在一些技术性工作上仍存在问题。

(2) 完善考核制度

考核制度是建立高校人才激励机制的重要环节,同时与高校分配制度改革有着密切联系,所以,高校在内部管理体制改革中不断对考核内容、考核指标体系和考核办法进行改进,力求通过建立恰当的考核制度来激励教职工,激活高校的教学和科研工作。一些学校在完善考核制度时,也将定责与考核挂钩,不断细化、量化考核内容。如上海交通大学从1995年开始实施教职工个人目标责任制的考核制度,并规定了各职称教师的课时数、科研项目数、经费数以及论文数量。对各职称工作量的规定是高校教师考核制度的一部分,上海交通大学的措施只是使这些考核指标量化、硬化。为了进一步强化考核效果,该校还将

---

① 上海市统计局.上海市国民经济和社会发展历史统计资料(1949—2000)[M].北京:中国统计出版社,2001.
② 郑令德.深化高校改革,提高办学质量和效益[J].上海高教研究,1995(6).

这些考核规定纳入《教师工作规范》《职务评审条例》等文件中。另外,有些高校更注重将一个群体作为单位来考核,如1995年上海铁道学院和中国纺织大学等高校就实行了群体考核办法,并取得了一定成效,获得了上海市教育委员会的认可,被认为是"成功的经验"。

但是,围绕怎样改革考核制度,特别是如何建立考核指标体系,依然存在一些问题。主要表现在一些高校的指标体系和操作过于复杂,增加了实施难度,而有些高校的考核指标又太宽泛,在"走过场"。另外,考核偏重课时数量和个人素质也是当时高教界议论的问题。这些问题说明,一个高质量的考核评价体系需要长时间的探索,而问题本身正是完善考核制度的开始。

(3) 不拘一格引人才

随着高校自主权的进一步落实,加之市场机制在高校运作中的作用不断增强,高校间的竞争也越来越激烈。高校要在科研和教学两方面取得发展,必须吸引和善于利用人才。因此,在人才的引进和利用上,上海地区高校也进行了不少改革和尝试。

一些高校积极拓宽人才引进渠道,多方面引进人才。如上海交通大学在1995年实施"引凤计划"。从2月21日起,上海交通大学通过各大报纸和电台向海内外发布招聘各类人才的消息;2月28日在上海人才市场设摊,举行现场招聘会。这次直接在人才市场设摊招揽人才,不仅开了先河,也成为一段佳话。应该说,这个"引凤计划"是相当成功的,本来计划招聘70人,应聘者达2 000人,其中具有高级职称的有150余人,海外及港台地区应聘的有50余人。

过去,高校人事制度一个很大的弊端就是学校里面想出去的人出不去,外面迫切想进学校的人才又进不来。怎样打破这种局面是当时高校内部管理体制改革面临的问题。华东政法学院从编制改革入手,通过建立固定编制和流动编制相结合的用人制度,逐步形成了相对稳定的骨干层与出入有序的流动层相结合的教师队伍用人模式。

2. 分配制度改革

在1992年以前,上海高校内部管理体制改革常常是从分配制度改革入手。如1979年上海交通大学从学校创收中拿出一部分资金作为岗位津贴,津贴发放以所有在编教职工的职务为依据。在20世纪80年代后期,上海工业大学和上海中医学院又试行工资总额承包制。改革的内容是在学校定编的基础上,如果学校实际用人数低于编制数,学校就可以按规定提取缺员的工资差额,这一制度对提高高校教职工的积极性有一定作用。

在1992年开始的新一轮高校内部管理体制改革中,分配制度改革仍然是一项重要内容。这次改革的主要内容是要形成国家工资和校内津贴双轨运行的校内分配模式。一方面,国家进行工资制改革,逐步提高教职工的工资水平;另一方面,建立校内津贴制度,逐步理顺教职工实际收入的结构,规范奖酬金的发放,将一部分隐性收入转到明处。①

这次改革扩大了高校在分配工作中的自主权。由于校内津贴是由学校自主决定的,因此,怎样发放这些津贴就成为高校分配体制改革中亟须解决的问题。为解决这一问题,也为了形成激励本校教职员的良好机制,各高校对专业技术人员实行职务分等分级,完善考核制度以反映个人的工作实绩和贡献。但这一时期,分配改革仍面临怎样处理同一学校计划内本、专科生教学与夜大教学,校本部教学与企业联合办学教学之间的收入差距问题。可见,虽然学校进行了分配改革,但由于教师的校内收入与校外兼职有一定差距,致使教师的教学积极性不高,出现了"学校养老师,老师骂学校"的现象。在历次高校综合改革的调查中,被调查者认为教师的精力不在教学上的占很大比例。所有这些都是这一时期高校分配体制改革面临的一直未能解决的问题。

除此之外,高校在获得分配自主权之后,为了形成员工的激励机制,往往将分配权进一步下放。这种进一步分化的格局主要有横向和纵向两个方面。横向的改革主要是根据高校内部教学、科研、产业、后勤、机关五个部分的不同特点采用分收分支,实行不同的分配政策。即教学与课时数挂钩,实行课时津贴和教学特殊津贴;科研主要依据承担项目的数量、水平与经济强度;产业主要依据创利;后勤以出工、计件、效益等为依据;机关以责任和能力等为依据。② 纵向的改革主要是缩小经济核算单位,实现工资总额承包为基础的分配制度改革。如华东政法学院在1995年开始对教学部门实行工资总额动态包干制度,用经济杠杆来调整系、部的责任和权利,并希望推进两级管理,从而调动教师的积极性,提高教学质量。也有一些高校开始调整原来学校的办学结构,推行校、院、系(所)三级管理体制,使学院成为一级办学实体,拥有进行劳动人事制度改革和分配改革的权力,这就进一步强化了分配权下放的改革。对于后者即纵向的分配制度改革,当时存在一定争议。一方面,这一改革可以打破院系之间的"大锅饭"和平均主义,有利于调动院系的办学积极性;另一方面,高校里面有些院

---

① 国家教委.关于国家教委直属高校内部管理体制改革的若干意见(1992年8月15日).
② 郑令德.深化高校改革,提高办学质量和效益[J].上海高教研究,1995(6).

系和基础学科不容易创收,这又会对高校的长远发展和学科的长期建设产生影响。另外,将分配权下放到院系之后,分散化、小型化、低层次化成为普遍现象,以致有些学校在争取"211工程"时,最大的困难就是其人员力量已经被分散,难以再组织起来。

第二节 高等教育改革的总体发展

一、高等教育管理体制改革

中华人民共和国成立后,在计划经济体制下,上海的高等教育管理也逐渐形成了条块分割的局面,同一地区高校分别隶属不同的主管部门。1992年,上海拥有50所普通高校,其中有28所高校隶属国家教委和近20个中央部委,另外22所市属高校也分别隶属市教育部门和其他几十个部门。因此,在20世纪90年代初,上海高校管理体制存在两个条块分割:中央部委院校与上海市属院校之间的条块分割和上海市内不同部门之间办学的条块分割。这种条块分割的管理体制导致高等院校及其学科、专业大量重复设置,单科性院校比重过大,数量过多,造成高等教育在结构和布局上的严重不合理。应该说,当时上海的状况在全国是具有普遍性的。在20世纪90年代初,中央已经开始酝酿新一轮高等教育管理体制改革。1992年11月14日至18日,也就是中共十四大召开不久,国家教委召开了全国普通高等教育工作会议。这次会议明确提出改革高等教育的管理体制,逐步实行中央与省(自治区、直辖市)两级管理、两级负责的管理体制。之后发布的《中国教育改革和发展纲要》又进一步提出,"中央要进一步简政放权,扩大省(自治区、直辖市)的教育决策权和包括对中央部门所属学校的统筹权","随着中央业务部门职能的转变和政企分开,中央业务部门所属学校要面向社会,其办学体制和管理体制分别不同情况,采取继续由中央部门办、中央部门和地方政府联合办、交给地方政府办、企业集团参与和管理等不同办法"。自此,以打破条块分割为主的高等教育体制改革开始萌动。1993年,国家教委与广东省共建中山大学和华南理工大学,标志着高等教育管理体制改革走向实践层面。此后不久,复旦大学、上海交通大学、上海外国语学院相继向国家教委和上海市人民政府提出共建要求,从而拉开了上海高等教育体制改革的序幕。1994年12月,国家教委在上海召开全国高校体制改革座谈会,总结改革经验,规范性地提出了共建、合作办学(简称"合作")、合并、中央部委院校划转地方政府管理(简称"划转")、企业和科研单位参与高校办学和管理(简称

1. 共建

1992年，上海共有28所高校隶属国家教委和其他中央部委，它们的办学经费主要来自主管部门。但总体来讲，它们普遍存在办学经费紧张和基本建设资金不足的问题。1993年以后，中国经济出现了通货膨胀，这就使部委高校的经济更加拮据。与此同时，上海市政府在城市建设费的征收、学校征用土地等方面给予市属高校以优惠待遇，并且对市属高校给了政策性补贴，如物价补贴和地方岗位津贴。由于高校管理体制条块分割，部委高校无法享受这些待遇。1992年末1993年初，国家关于高等教育管理体制改革的相关政策的相继出台，以及国家教委与广东省率先共建部委高校，极大地刺激了上海地区的部委所属高校。1993年，国家教委所属的复旦大学、上海交通大学、上海外国语学院相继向国家教委和上海市人民政府提交了要求共建的报告。同年6月，国家教委向上海市人民政府表达了国家教委党组对共建的积极态度。接着，上海市高教主管部门专门到复旦大学、上海交通大学、上海外国语学院等院校进行调查研究，并于8月向中共上海市委、上海市政府提出了《关于本市与中央部委"共建"高校问题的意见》，11月，上海市高等教育局正式向中共上海市委、上海市政府提交了《关于上海市参与国家教委部分高校共建的报告》。

经过近一年的酝酿和准备，1994年4月，国家教委与上海市签订了《国家教委、上海市人民政府关于共建复旦大学、上海交通大学、上海外国语大学的意见》。共建的主要内容有：在建制上，三校仍为国家教委所属高校，同时实行国家教委和上海市双重领导的体制；在管理上，复旦大学、上海交通大学以国家教委管理为主，上海外国语大学以上海市管理为主。原有投资渠道不变，但市财政每年给三校一定数量的共建补贴，市政府根据实际情况，逐年为三校确定一些共建项目。规定共建三校在人才引进、减免城市建设费、土地征用费等方面享受市属高校的同等待遇。同时，上海市在"九五"期间对复旦大学和上海交通大学提供各1.2亿的"211工程"建设配套经费，并将这两所高校的建设列入重点建设行列。另外，参与共建的三所院校扩大在沪招生和毕业生留沪比例，加大专业结构的调整步伐，以为上海地区的社会经济发展服务。

1995年，部委所属高校的共建工作进一步深入发展。首先，参与和上海市政府共建的中央部委除了国家教委以外，增加了卫生部和财政部。同年，上海市政府又与三部委达成协议，共建同济大学、上海医科大学和上海财经大学。共建之后，这些高校同样实行双重领导，以所属部委为主。在其他方面，这一批高校的共建内容大致与1994年第一批共建高校相同。以同济大学为例，上海在制定或修订经济、社会发展规划时，将同济大学的发展纳入城市总体建设发展规划。上海市财政每年给予同济大学一定数额的共建补贴，并在诸如减免城市建设费、对学校征用土地等方面给予市属高校同等待遇。同济大学扩大在上海地区的招生名额，毕业生选留上海的比例从40%～50%逐步增加到50%～55%。国家教委支持同济大学积极参与上海市的重大工程和科技发展。其次，1995年12月，国家教委又与中国石油化工总公司共建华东理工大学。这是国家教委与国家企业集团共同建设和管理委属高校的一次尝试，"这在全国还属第一次，具有示范性"。[①] 除此之外，上海市教育委员会还与国家教委直属院校办公室达成协议，对华东师范大学实施项目共建，主要内容包括就解决上海市发展基础教育的实际问题的项目，华东师范大学可以得到上海市教委相关项目实施的支持；国家教委支持华东师范大学成为上海市基础教育师资培训、教育科研和高级专门人才培养的重要基地和依靠力量，将华东师范大学的有关建设与发展纳入上海市师范教育发展规划中；增加上海市的招生和毕业生就业人数。

1994年到1995年的两年里，上海地区共有六所部委所属高校实现中央部委与上海市政府或国有企业集团的共建。在此基础之上，上海市教育委员会开始积极推动上海市与中国纺织总会、国家教委实施对中国纺织大学、华东师范大学和华东理工大学的共建工作。从1996年9月起，市教育委员会开始对中国纺织大学、华东师范大学和华东理工大学兑现市政府出台的政策性补贴。1997年，经过长时间的准备，这三所部委高校实现了主管中央部委与上海市政府的共建。4月，上海市与国家教委签署了《国家教委、上海市人民政府关于共同建设华东师范大学，进一步推进管理体制改革的意见》，实现了对华东师范大学的共建。该意见规定，华东师范大学实行以上海市政府为主的双重管理。10月，上海市人民政府与中国纺织总会、国家教委签署了关于共建中国纺织大学和华东理工大学的意见。这样，在短短四年的时间里，上海地区共有九所中央部委所属高校成为上海市政府与相关部委共建高校，其中包括国家教委在沪的所有六所直属高校。通过共建，上海市政府参与这些高校的管理和改革，不仅强化了对本地区高等教育的统筹能力，而且对整个上海地区高等教育体制改革的推进也起了非常重要的作用。

---

① 王行愚.励精图治、外联内攻——华东理工大学在改革中求发展[J].上海高教研究，1997(3).

共建作为高等教育管理体制改革的一种形式,除了学校一级实现了中央部委与地方政府、企业集团共同领导之外,一些高校还在学院管理体制上尝试共建形式的改革。如华东理工大学与上海浦东新区社会发展局共建浦东发展学院,与上海邮电管理局共建校园通信网络工程。1995年,由上海铁道学院与上海铁道医学院合并成立的上海铁道大学,与上海市教育委员会、建设和交通委员会、经济委员会共建城市轨道交通学院。

2. 划转

划转的含义非常丰富,既包括部委所属高校划转地方管理,也包括省市其他部门划归教委管理。正如前面所说,1992年以前,上海地区高校的隶属关系非常复杂,除部委高校占了一半以上外,市属高校也分别隶属教育部门和其他部门,这极不利于高等教育的统筹规划和整体发展。为此,1993年以后,在以打破高校条块分割为主的高等教育体制改革中,一些中央部委所属高校和上海市其他部门所属高校开始相继划转到上海市教育委员会,从而构成上海市高等教育管理体制改革的重要组成部分。

1994年7月,上海对外贸易学院划归上海市领导。1994年9月1日起,学校人员的行政关系从对外贸易经济合作部转到上海市,具体按上海市属院校管理办法执行,学校的人员编制由上海市核定。从1995年起,该校教育事业经费也由财政部划给上海市。同时,学校的日常管理工作、专业设置、学科建设等也由上海市统筹规划管理,对外贸易经济合作部不再参与具体事务。同年9月,上海市召开教育工作会议,提出"尽快将市属委、办、局主管高校的管理体制划归市教育部门统一管理"。这一决定进一步加快了市属高校的划转工作。

1995年,上海医学高等专科学校和立信会计高等专科学校的隶属关系分别从原主管部门市卫生局和市人民政府财贸办公室划转到市教育委员会。划转以后,两校的学校发展规划、学科及专业建设、人事管理及职称评定、学生管理、后勤管理、科研管理、招生、毕业生就业等一律由市教育委员会统一管理。此后,两校的教育事业经费也由市财政直接划给市教育委员会,然后由市教育委员会按照所属高校的拨款程序拨给学校。1996年上半年,上海建材学院从国家建材局划转上海市管理,并于同年与上海城建学院一起并入同济大学。

除了上述高校的划转之外,1995年,原电力部所属的上海电力学院被划归华东电管局管理,同时学校加入华东电力集团。完成体制划转之后,华东电力集团向上海电力学院注入几百万资金,用于改善办学条件。次年,在体制改革的基础上,上海电力学院又建立了学院董事会,华东电力集团和上海市电力公司等七家企事业单位成为该校的董事单位。

当然,这一时期的划转工作,特别是中央部委高校划归上海地方管理,也存在一些亟待解决的问题。当时主管教育的副市长龚学平在1996年全国高教管理体制改革座谈会上就曾指出,部委高校划转到地方,财政部只是将原有的事业经费划转到地方,而基本建设经费却没有固定额度的划转,这客观上加重了地方政府的教育财政负担。①

3. 合并

早在20世纪80年代,上海高校之间的合并就已经开始。如1987年,上海交通大学机电分校与华东纺织工学院纺织分校合并为上海工程技术大学。1990年,上海第二冶金专科学校并入上海冶金高等专科学校。经过这一时期的合并,上海高校在布局上有了一定优化,办学效益也有所提高,但总的形势仍非常严峻。1994年,在6所高校已经合并为2所的情况下,上海市45所普通高校中,在校生低于1 000人的还有11所,低于2 900人的有23所。极有限的教育经费,众多的学校,势必分散现有教育投资,无法集中经费,加强重点建设。②1992年、1993年,随着国家关于高等教育管理体制改革的相关政策相继出台,上海地区高校合并工作的步伐也大大加快。

1994年,上海市直属高校间的合并有了很大进展。1994年5月27日,上海工业大学、上海科学技术大学、上海大学和上海科技高等专科学校合并组成新的综合性大学——上海大学。它们都是理工科较突出的高校,在专业设置上又多有重复,将这些高校合并,能在一定程度上起到整合资源、提高办学效益的作用。经过三年的内部调整和磨合,新的上海大学整体实力迅速提高。1996年,全校科研经费比三年前上升了60%,位居全市高校的第三位。1996年底到1997年底,该校又顺利通过了"211工程"的部门预审和立项审核。同年10月22日,原上海师范大学与上海技术师范学院合并成立新的上海师范大学。

1995年,铁道部在上海地区所属的两所高校——上海铁道学院和上海铁道医学院——合并组建上海铁道大学。同年12月,撤销上海市第一人民警察学校、第二人民警察学校建制,将两者并入上海公安高等专科学校。

1996年,上海地区的高校合并工作进入新阶段。在此前两年,中央部委与上海市政府及企业集团共建部委高校的工作取得重大进展,上海市人民政府参与管理同济大学,中国石油化工总公司与国家教委共建华东理工大学。共建工

---

①② 龚学平.积极推进高教管理体制改革试点工作[J].上海高教研究,1996(5).

作带来了管理体制的改变,使上海地区的高校合并工作出现了新气象。按照1995年国家教委与中国石化总公司共同建设华东理工大学的协议,1996年,上海石油化工高等专科学校并入华东理工大学,成立华东理工大学石油化工学院,该校原承担的专科层次的培养任务由华东理工大学承担。1996年上半年,上海建材学院从国家建材局划转到上海市管理之后,与上海城建学院一起并入同济大学。这次合并是比较成功的实质性融合,被称为"同济模式"。在合并之前,三校的教务、总务部门就已经联手工作了。合并之后,学校又积极从领导班子、学科和教师干部三方面进行融合,为此,原同济大学中层干部的换届也从1996年的3月推迟到11月。在合并过程中,上海市政府投入了1 500万元作为并校启动经费,国家计划委员会拨款8 800万元,上海市计划委员会也拨款1 000万元的配套经费支持同济大学的"安居乐教工程"。合并之后,由于打破了条块分割,上海市的土建类专业都集中到新的同济大学,从而促使同济大学在办学方向上作进一步的调整,即首先面向上海市和华东地区的建设。为此,该校将原有的建筑、规划设计、勘察和地下工程设计等设计力量加以联合,成立了同济建筑规划设计研究总院,并将原来三校的60多个公司组合成同济产业集团有限公司。除此之外,上海市直属高校系统内的华东工业大学和上海机械高等专科学校也于1996年合并成立上海理工大学。

  1997年,上海师范院校布局也进行了大规模调整。在此之前,上海地区共有6所高等师范院校,它们各自办学,自成体系,职前培养和职后培训相分离。进入20世纪90年代,随着上海地区对师资培养的需求从追求数量向提高质量和层次的转变,大规模的布局调整势在必行。在上海市教育委员会与国家教委直属院校办公室对华东师范大学进行项目共建的基础上,1997年,华东师范大学正式成为国家教委与上海市政府共建部委高校,在管理上实行以上海市政府为主的管理体制。正是在这个背景下,上海市政府决定将上海幼儿师范高等专科学校、上海教育学院和上海第二教育学院并入华东师范大学。上海幼儿师范高等专科学校并入华东师范大学后,与原有学前教育专业、特殊教育专业以及相应的研究所组建华东师大学前教育与特殊教育学院。上海教育学院和上海第二教育学院并入华东师范大学,组建华东师范大学继续教育学院。同时,上海市政府还决定将上海师范高等专科学校并入上海师范大学,组建上海师范大学初等教育学院。

  4. 联合办学

  联合办学是指距离相近的不同类型、不同科类、层次相当的学校,在原隶属关系和投资渠道不变、自愿互利的基础上,进行各种形式的合作,实现资源共享、优势互补、学科交叉、协同发展,以达到共同提高办学水平和办学效益的目的。① 上海地区高校分布的一个明显特点就是东北地区和西南地区高校比较集中,且这些高校大多是办学质量较高,具有鲜明特色的高等学府。早在1994年以前,我国就有一些高校进行了合作办学的尝试。1994年,北京几所高校开始联合办学。在其影响下,上海市高等教育局于1994年6月14日召开了上海西南地区五所高校(上海交通大学、上海医科大学、华东理工大学、中国纺织大学和上海农学院)校院长座谈会。这次会议启动了高校大规模联合办学的改革尝试。会议不仅就联合办学的意义达成了共识,而且对联合的目标、途径、形式等问题进行了讨论,并推举上海交通大学作为联合办学的牵头单位。这次会议之后,联合办学进入了紧张的筹备阶段。同时,同处上海西南地区的华东师范大学和华东政法学院也参与进来,使五校联合办学扩展为七校联合办学。它们制定了七校联合办学章程,建立了由校(院)长组成的七校联合办学管理委员会,下设联合办公室,设立教学、科研、学科建设、图书资料、学生工作、后勤服务、计算机网络七个对口协作组。至此,联合办学的组织架构已初具雏形。上海西南地区七校的联合办学又大大推动了另一高校集中地区高校之间的联合。1995年11月,上海东北地区十所高校(复旦大学、同济大学、上海财经大学、上海水产大学、上海体育学院、上海海运学院、上海电力学院、上海建材学院、上海城建学院及华东工业大学)成立东北地区十校合作办学体,其联合办学的组织机构设置与西南地区七校联合办学体大致相同。上海市教育委员会为了支持两个地区的联合办学,从1995年起,每年向每个联合办学体提供50万元的经费资助。

在联合办学的框架下,高校在教师跨校互聘、学生跨校选课、图书馆馆际流动服务、共享图书资料等方面进行了有效合作。不仅如此,随着联合办学的深入,又产生了一些新的合作形式。如1996年,西南七校联合办学体以华东师范大学心理系和上海医科大学医学心理教学点为依托,建立了七校心理咨询中心。华东师范大学、华东政法学院组建了人文学科协作组,开设人文学科系列讲座,编写《大学生必读》丛书。与此同时,高校间的科研合作也越来越密切。1995年,西南地区七校联合办学体成立了华东分析测试中心,探索大型分析测试资源的"联合、联建、共享"管理模式。1996年,联合办学高校又进一步联建重点学科。如中国纺织大学和华东师范大学合作建设联合重点学科——环境

---

① 纪建.积极稳步地把高教管理体制改革引向深入[N].中国教育报,1997-08-26.

工程研究,上海交通大学、华东师范大学和中国纺织大学三校合作建设联合重点学科——计算机软件学科。

5. 企业参与高校办学及管理

1992年以后,中国经济体制改革进入一个新的阶段,市场竞争日趋激烈,客观上要求企业不断提高产品的科技含量和员工的职业素质。因此在这一时期,企业向高校投资、与高校合作、参与高校管理的积极性非常高。同时,新一轮高等教育管理体制改革明确提出,鼓励企业集团参与高校的办学和管理,无疑又在宏观政策上为企业和高校的合作提供了宽松的环境。1993年以后,上海地区高校与企业的合作办学发展迅速。

表4-3 企(事)业或科研单位参与上海地区高校办学情况(至1997年)[1]

高校	复旦大学	上海交通大学	上海电力学院	华东理工大学	上海对外贸易学院	上海财经大学	上海水产大学	上海医科大学	上海工程技术大学	华东师范大学	上海金融高等专科学校
参与办学单位数	3	13	1	1	1	4	2	1	2	4	2

1994年,上海汽车工业(集团)总公司与上海交通大学合作,在上海交通大学建立了汽车科学与工程研究院。1997年,又建立了上海汽车工业科技发展基金会,设立6 000万元基金,每年投入600万元,用于支持上海交通大学、复旦大学、华东理工大学、同济大学、上海外国语大学、上海大学的科研工作。华东理工大学积极利用自身理工类的教育科研力量,与全国大型企业集团进行教育科技合作。仅1996年一年,该校就与齐鲁石油化工公司等9个企业集团签订了科技教育协议,到1996年10月底,落实近1 000万元的科研、教育基金,极大地改善了该校的经济状况。

二、高等教育招生制度与就业制度改革

1. 招生制度改革

(1) 自费生招生制度改革

① 1992年之前自费生的招收情况

上海市高校招收自费生始于20世纪70年代末80年代初。当时上海市一

---

[1] 国家教委计划建设司.1992年以来全国高等教育管理体制改革概况[M]//教育部发展规划司.加快高等教育管理体制改革的步伐——全国高等教育管理体制改革经验会议文件、材料汇编.南京:南京大学出版社,1998.

些大学建立了分校,在办学方式上,它们采用了"收费走读"的形式,即对一批高考落榜学生适当降分录取,每年收取一定数量的学费,这种收费多是象征性的。1985年,中共中央颁布了《中共中央关于教育体制改革的决定》,明确提出将自费生与国家任务、委托培养作为三种不同的培养模式。从1987年起,上海普通高校开始扩大自费生的招收规模。1988年,上海招收自费生最多,达2 700多人,占当年上海市高校在沪招生数的15%以上。之后,由于1989年全国范围内高校毕业生就业形势不佳及政治经济环境的影响,上海高校招收自费生的规模出现不断萎缩的局面,到1991年,全市只招了950名自费生。1987—1991年,上海普通高校共招收自费生8 551人,在招生层次上以专科生为主,共招收专科生7 883名,占自费生总数的92.19%;在招生专业上,一般都是社会急需的专业。在自费生的管理上,各校的具体情况有所不同,有些学校将自费生单独编班,有些学校将其与公费生混合编班,在校期间的管理均与公费生一样。毕业时,自费生全部实行择优推荐,不包分配。

② 扩大自费生招收规模(1992—1994)

从1992年以前上海高校招收自费生的发展历程来看,影响自费生招生的两个重要因素是政治动向及对经济发展前景的预期。当时自费生招生作为一项制度改革,需要当政者进一步解放思想,而良好的经济发展前景不断扩大对高校毕业生的需求。1992年,邓小平的南方谈话进一步解放了上海市高教主管部门和各高校领导的思想,上海市高等教育局专门就扩大自费生招收的问题对2 000名中学生和家长以及20余所中学领导进行了调查。在此基础上,上海市高校自费生招生改革迈出了关键性的一步。

1992年,上海市高校扩大了自费生的招收规模,全市有40所高校(包括中央部委属高校)招收了自费生,共招收自费生4 299人,占当年上海高校总招生数的21.83%。与当年全国高校招收自费生15%的比例相比,上海市的高校自费生招生规模是走在全国前面的。同时,自费生的收费标准也有较大幅度的提高,市属高校文科生每生每年从1 200元提高到2 500元,理科生每生每年从1 800元提高到2 700元,艺术类每生每年3 000元。相对而言,部委属院校收费较低,只有1 000元。另外,对自费生招生办法也进行了改革,由以往仅仅招收高考最低分数线以下20分之内的学生,改为允许考生按照重点大学、一般本科大学和专科学校三个档次自由选择报考公费或自费。在学籍管理上,原则上自费生与公费生相同,允许自费生中途退学并可保留学籍两年,入学后自费生可以和公费生同样享受奖学金、贷学金等待遇。①

1992年11月14日至18日,国家教委召开了全国普通高等教育工作会议。这次会议确定了招生制度改革的方向,即实行国家任务计划和调节性计划相结合,逐步扩大调节性计划,扩大招收自费生和委托培养学生的比例。会议之后,国务院转发了《关于普通高等学校招生和就业制度改革的意见》。中央的改革决定推动了上海市地方高教自费生改革的步伐。1993年,国家教委将上海外国语学院作为教委直属高校招生制度改革的试点单位。规定从1993年起,上海外国语学院招收的新生全部实行缴费上学,学费2 400元,杂费600元,相应设立较高的奖学金制度。同时,上海市属高校进一步扩大了招收自费生的规模。上海大学国际商学院、美术学院和上海工业大学还试行全部招收自费生,其他高校也逐步增加自费生的比例。1993年,上海高校共招收自费生9 597人,占全部招生数的40%,其中市属高校招收自费生4 101名,占全部招生数的57%。② 另外,招生层次也发生了重大变化。虽然1992年自费生招生规模扩大了很多,但在招生的层次上,仍是以专科生为主,专科生录取人数占总录取人数的85.4%,而本科生录取人数仅占14.6%。1993年,自费本科生的录取人数达4 115名,占自费生总数的43%。这既与各校扩大了本科自费生的招生计划有关,也与招收自费生的降分幅度有关,1993年本科自费生降分幅度达20分,而1992年只有10分。自费生招生层次的提高反映了上海高校自费生招生改革的深入发展。

1994年,自费生的招收比例继续扩大,本来计划招收的自费生比例为50%,但实际上达到了64%。随着自费生招生改革的不断深入,高等学校的招生改革开始向新的阶段发展,这就是"并轨"改革。

面对自费生招生改革,上海市民的心情是非常复杂的。一方面,1992年以后,自费生的收费有了大幅度提高,平均在2 500元到3 000元之间,学费—成本比约为47%。而国际上学费—成本比一般在15%以下,这说明当时自费生的收费是比较高的。同时,根据上海市统计局的统计,1993年上半年,上海市区居民人均月收入是329.94元,人均月生活支出是266.77元,两者相减,结余63.17元。以一家三口

---

① 上海市人民政府教育卫生办公室.1992 上海教育[M].上海:上海高教研究杂志社,1993:72.
② 上海市人民政府教育卫生办公室.1993 上海教育[M].上海:上海教育出版社,1994:118.

人计算,双职工家庭每月节余为126.34元,一年的积蓄为1 516元。① 可见这一时期自费生的收费标准明显高于当时普通市民的正常经济承受能力。在接受调查的家长中,认为"无力承受"和"紧一紧才能承受"自费生收费的家长占61.9%。尽管如此,家长对自费生招生制度改革还是比较赞同的,调查发现约有53.92%的家长赞成这一改革。② 而且,一些市民宁愿选择花钱自费读热门专业,也不愿意公费读一般专业。②

③ 招生"并轨"(1995—1997)

自费生与公费生并轨,实现从国家全部包揽向实行入学收费与奖学金、贷学金相结合的转变,是高等教育改革的一项重要内容。随着自费生招生规模的不断扩大,一些教育问题开始出现。时任国家教委副主任的周远清曾说:"随着自费生增加就出现用钱抵分或者说用钱买分的情况,这违反了教育的平等原则,不符合教育规律……对教育是个破坏。"③ 1993年,上海市高等教育局提出,计划用4~5年时间基本实现"并轨"改革。当时,上海市高等教育局制定的改革思路是先在若干学校进行试点,然后在一批学校和专业试行,最后使所有高校基本到位。当年,上海外国语学院和上海工业大学的新生全部实现缴费上学,上海大学的国际商学院和美术学院的所有新生也同样全部缴费上学,但当时主要着力扩大自费生的招生规模。1994年,"并轨"工作与自主招生改革结合起来。当年,上海地区8所实行自主招生的高校实现了招生"并轨"。1995年,上海市属高校除了师范、农林等少数专业外,全部实行国家任务计划和调节计划的招生"并轨",实行招生计划、录取标准和收费标准的三统一。到1996年,上海地区的所有高校,包括在沪的部委所属高校全部实行招生"并轨"。应该说,上海市的"并轨"工作进展在全国是比较快的。1996年,全国只有2/3的学校和学生实行了"并轨"。"并轨"之后,所收取的学费基本保持在2 000~3 000元,一些特殊专业如艺术类收费相对要高,总体来讲,与1992年之后自费生的收费水平持平。但是由于1993年、1994年中国经济的通货膨胀和居民收入增长,市民对收费的承受能力有所提高。在对上海高校918名本专科生的调查中,有376人表示能够承受2 000~5 000元的收费,约占被调查者总数的40.99%。

---

① 郑挺,等.上海高校招生制度改革的调查报告[J].上海高教研究,1993(4).
②② 郑挺,等.上海高校招生制度改革的调查报告[J].上海高教研究,1993(4).
③ 周远清.在全国高校毕业生、毕业研究生就业计划协调会上的讲话[J].上海高教研究,1997(8).

(2) 自主招生改革

在中华人民共和国成立之前,中国的高等学校在招生上有较大的自主权。中华人民共和国成立之后,在计划经济体制下,高校缺乏必要的招生自主权。这样,扩大高校自主权就成为高等教育体制改革的重要内容。1992年8月21日,国家教委发布了《关于国家教委直属高校深化改革、扩大办学自主权的若干意见》,表明教育行政当局已经将扩大高校办学自主权作为改革的重要内容。这个意见发布于邓小平南方谈话之后,体现了一种持续的改革意愿,即放权改革。在这个放权运动中,扩大高校招生自主权是一项非常重要的内容。在这种背景下,上海市的自主招生改革也开始启动。

1993年,上海工业大学成为上海市自主招生改革试点单位。上海工业大学是上海市属重点工科院校,在上海市具有一定的声誉。这一年,上海工业大学的自主招生改革力度很大,并获得了相当大的自主权,如可以自主确定报名资格、组织考试、制定录取标准等。这次招生录取工作赶在当年上海市统一高考报名之前全部完成。上海市民对这次招生改革相当关注,该校共接受了7 000人次的咨询,实际报名4 396人,录取1 607人,实际报到的有1 508人。① 这次改革在上海高教界和普教界都引起了很大反响。在当年对高校招生制度改革的调查中,就"关于工大今年的招生改革"问题,被调查者中认为"有推广意义"和"应该改,还需完善"的合计为81.16%,说明这项改革得到了认可。但也有些大学对上海工业大学的改革持不同意见,认为上海工业大学获得了特殊政策的支持,导致了不平等竞争,并希望扩大自主招生试点范围。当然,上海工业大学的改革也引发了人们的担忧:如果大规模实行上海工业大学模式的自主招生,统一的高考将被取消,将如何维护社会公正?

从后来几年自主招生改革的情况来看,上海工业大学的改革是比较超前的,特别表现在自己组织考试方面,之后的自主招生改革开始走向一条中间道路。

1994年,自主招生改革的试点学校范围进一步扩大。上海交通大学、复旦大学、同济大学、华东师范大学、华东理工大学、东华大学、上海外国语大学、上海财经大学以及南京大学和东南大学共10所高校开始在上海试行自主招生。这年的自主招生是在坚持统一文化考试的基础上,学校自主确定不少于三门考试科目,可以用会考、加试、面试等水平测试成绩和反映各种能力的证书作为录

---

① 上海工业大学招生工作小组.高校自主招生的一次探索[J].上海高教研究,1993(3).

取依据。同时,复旦大学、上海交通大学、上海外国语大学和华东政法大学规定考生可以报考两所高校,其余六所高校规定学生只能报考一所高校。可见,这年的自主招生改革不像1993年上海工业大学的改革,而是将自主招生与高考结合起来,这是自主招生在改革内容上的重大变化。

经过1993年、1994年自主招生改革在内容上的调整,自主招生的改革模式基本定型。在之后的两年里,自主招生改革主要体现为改革试点范围的扩大。1995年,共有17所在沪招生的高校可以根据不同的专业要求,自主确定高考的考试科目(不少于3门),自主确定录取标准和录取办法。1996年,上海市所有本科院校均实行自主招生。

2. 就业制度改革

(1) 背景

中华人民共和国成立以后,上海市的国民经济逐步纳入计划经济体制,到20世纪80年代,上海的公有制经济在经济中所占比例非常高。在高度集中的计划经济体制下,高校毕业生的就业工作也完全被纳入计划经济体制。直到90年代初期,高校毕业生就业方式都没有发生较大变化。1992年1月15日,上海市高等教育局还发布《关于〈1992年上海市普通高校毕业生分配工作意见〉的实施细则》,规定:"国家计划内招生的高校学生,凡是取得毕业资格,服从国家分配,国家都给予安排工作。属国家分配的毕业生有为国家服务的责任,必须按计划服从分配。"同时,指出:"为加强宏观控制,充分发挥各委、办、局的作用,供需见面活动宜逐级召开,学校与用人单位的协议应在与各委、办、局协商的范围内落实,防止出现混乱状况。"同年末,国家教委召开全国普通高等教育工作会议,就是在这次会议上,明确提出改革高校毕业生的就业制度,由国家"统包统配"逐步改为国家不包分配,实行自主择业的制度。这样,高校的毕业生就业制度改革开始启动。

与此同时,1992年需要自谋职业的自费生的招收比例却大幅度提高。1992年的一项调查发现,自费生自谋职业的心理承受能力普遍不强,大部分学生希望学校、家长帮忙找工作,对就业指导机构普遍表示欢迎。在接受调查的自费生中,有41.5%的自费生希望就业指导机构能介绍工作,40.4%希望加强就业能力的培训。① 应该说,在1992年以前,由于自费生数量较少,这些就业需求在原有的毕业生分配体制下就可以满足。但在1992年以后,正如

---

① 上海市党校课题组.上海高校自费生现状及对策研究[J].上海高教研究,1993(1).

时任上海市高等教育局副局长胡启迪所说:"自费毕业生的数量将愈来愈多,'自主择业'的人也将愈来愈多,我们毕业生制度必须适应这一形势。"①

(2)"从0到1"(1993年)

1992年,上海在明确了城市发展的定位之后,开始迸发出高涨的改革热情。1993年,在上海教育工作会议上,时任上海市市长黄菊表示要"积极争取上海成为高等教育综合改革的实验区"。在高校毕业生就业制度改革上,上海提出"本市将比全国提前两三年,1997年率先实现在高校毕业生就业工作中少数毕业生由国家安排就业,多数毕业生由学生'自主择业'的就业制度"。② 1993年是高校毕业生就业制度改革的第一年,也是整个改革"从0到1"③的一年。

1993年,上海市高校毕业生就业指导委员会成立。该委员会成员有上海市计划委员会、上海市高等教育局、上海市人事局等与高校就业工作有关的部门负责人。同时,该委员会下面设立高校毕业生就业办公室。除了建立高校毕业生就业工作的领导协调机构以外,上海还着手建立了毕业生就业的中介机构,即上海市高校毕业生就业指导中心,负责为毕业生就业与用人单位招聘提供信息、政策等服务。

1993年,就业市场开始兴起。关于应不应该建立就业市场,当时人们的观点并不一致。时任上海市高等教育局副局长胡启迪在谈到这个问题时指出,1992年在镇江毕业生分配工作总结研讨会上就有人存有疑虑。④ 即便如此,1993年,上海市先后举办了四次不同类型的毕业生就业招聘会,共有3万名大学生参加。上海市高校毕业生就业办公室组织或参与组织了这些活动,这说明上海当时的就业制度改革的机构设置并不是门面,而是已经开始发挥领导及协调毕业生就业工作的作用,这对之后几年高校毕业生就业制度改革起到了重要作用。此外,一些高校也以不同形式在校园举办了就业招聘会。

1993年,上海在某些方面的举措也反映了就业制度的变化。例如,上海市政府每年都会出台高校毕业生就业工作的政策文件,1992年的文件名是《关于〈1992年上海市普通高校毕业生分配工作意见〉的实施细则》,而到1993年,文

---

① 胡启迪.把上海高校毕业生就业工作推向一个新的台阶[J].上海高教研究,1994(1).
② 上海市人民政府教育卫生办公室.1993上海教育[M].上海:上海教育出版社,1994:121.
③④ 胡启迪.把上海高校毕业生就业工作推向一个新的台阶[J].上海高教研究,1994(1).

件名改为《关于1993年上海市普通高等学校毕业生就业工作意见的实施细则》。措辞的细微变化反映了政府观念的变化。同年,上海市还规定,经多次推荐仍无法落实就业单位且毕业时间超过半年的毕业生,将被退到家庭所在地的人才交流部门待业。这一措施突破了传统"包分配"的外壳,向"不包分配"跨出了一步。

(3)"由1到多"(1994年以后)

1993年11月10日,上海市召开高校毕业生就业工作研讨会。上海市高等教育局副局长胡启迪对就业制度改革进程作了描述:"1993年我们是'从0到1',重点在开辟市场。现在要'从1到多',重点在培育、开拓和繁荣市场。"从后来的进展看,1994年以后,上海高校毕业生就业制度的改革主要是不断开拓和规范毕业生就业市场。

1994年,上海市毕业生就业中心的建设成为当年毕业生就业制度改革的中心工作。在之后的几年时间里,上海高校毕业生就业市场机制不断成熟。1995年1月8日,上海市与国家教委合作举办了全国高校毕业生就业招聘会(上海),这次活动主要由上海市毕业生就业中心承办,由上海47所高校协办,来自全国各地的3万多人应聘,500多家单位设摊招聘。这次活动规模很大,主办者为了避免影响高校正常的教学秩序,专门出台了《上海市高校毕业生就业市场暂行管理办法》。到1996年,初步形成了全市性、区域性、专业性和多形式、多层次的综合市场。与此同时,随着就业制度改革的深入,传统计划分配体制下的规范已经不再适用,双向选择、自主择业的就业格局逐步形成,就业市场不断扩大,对高校毕业生就业工作进行规范逐步成为这一时期的重要内容。关于规范化问题,除了每年一次上海市政府对就业工作提出的规范以外,1996年又出台了《上海市毕业研究生、普通高校本专科毕业生就业工作暂行管理办法》,进一步明确了政府、学校和中介机构的职责,以及用人单位及学生的权利和义务。1997年又制定和颁布了《上海市高校毕业生和毕业研究生就业工作暂行规定》等7个文件,进一步对高校毕业生的就业工作进行规范。

此外,互联网技术也很快应用到高校毕业生的就业工作中。20世纪90年代中期,上海开始建设中国教育科研网,到1997年,网络规模由最初的10个节点8所高校扩展到20所高校,并且与上海市信息港的信息交互网和上海有线电视台实验网实现互联。1996年,上海市绝大多数高校都开通了全市联网的电子邮箱;1997年,高校毕业生供求信息网络初步建立,当年上海市高校毕业生就业指导中心共收到需求信息56 574条。

第三节 课程教学改革的全面推进

一、高等学校教育教学改革

1. 专业结构调整与优化

（1）优化专业结构

在20世纪90年代初，上海的高校主要是理工类院校。在专业设置上，虽然在20世纪80年代进行了一定的调整，但到1990年，理工类专业仍占70%左右，财经类、法律类等专业所占比重仍比较低，这种专业格局无疑与长期以来上海市的城市定位和产业结构有关。1992年之后，上海市明确提出要建设成为国际经济、金融、贸易中心之一，这一城市定位及其相应产业结构的变化改变了原有的人才需求格局，成为20世纪90年代以后上海市高等学校专业结构调整的重要动力。

同时，由于专业与学生就业密切相关，专业结构也成为大学生比较关心的问题。在1994年和1995年两年对高校综合改革的调查中，每次都有40%以上的学生和教职工认为教改重点应放在"学科专业的调整及对当今经济社会的适应上"。随着1992年以后自费生招收规模的不断扩大，自费生的收费标准也大大提高，达到每人每年2 500～3 000元，学费—成本比约为47%，这对改善当时高校经费拮据的状况是有作用的。与此同时，部分上海市民宁愿选择自费读热门专业，也不愿意公费读一般专业，这种心理也促使高校积极调整专业结构，兴办社会急需的专业。

1994年，上海市根据之前国家教委发布的《普通高等学校本科专业设置规定》，制定了《上海市普通高等学校专业设置规定实施细则》。同年，成立了上海市普通高等学校专业设置评议委员会，负责审议上海地区高校的专业设置申请。这一机构的设立和运作，既可宏观管理高校的专业设置，也可更好地满足上海地区社会经济对专业结构调整的需要，促进上海地区高校专业结构的调整。

1993年，在国家教委公布的上海18所本科院校设置的63个本科专业中，经济类有26个，占总数的41%；法学7个；文科类为第三产业服务的专业8个，这三类专业加起来占本科专业总数的65%。除了结构上的变化以外，一些新兴专业开始在上海高校开设，如工业设计、工业工程、商品学、广告学等专业。到1996年，上海基本形成了文理专业各占一半的格局。经济类专业数量已从

1991年的不到8%上升到17%,其比重在十大专业科类中位居第二,而理工类专业比重下降到50.5%。同时,专业的更新速度也不断加快。以上海理工大学军工路校区(原华东工业大学)为例,1992年有18个本科专业,招收634名学生,到1996年发展到23个专业,招收1 210名学生。与1992年相比,基本保留的专业仅剩11个,新增加专业12个,确定专业新方向6个。在1996年入学的新生中,工程类学生占50.5%,外语类学生占14.5%,经济管理类学生占35%。①

但是,在取得这一成绩的同时,也出现了一些问题。特别是各高校竞相开设热门学科,引起人们的高度关注和忧虑。例如,在1994年对上海市高校综合改革的调查中发现,所调查的10所高校都设置了国际金融、国际贸易、涉外秘书、涉外会计等专业或专业方向。同时,在这些新增专业中,普遍存在专业教师力量薄弱,教材、课程设置、教学设备不足等问题,甚至有些专业教师非常难找。社会需求专业大量发展也对其他一些基础学科产生了冲击,"文、史、哲、数、理、化等基础、传统学科专业,近两年由于生源与就业比较困难,有的被迫停招,有的隔年招生或少量招生,陷入了萎缩的困境"。② 可见,满足社会需要只是高等教育专业结构优化的一个方面,怎样更好地调整专业结构,使上海地区高等教育得到可持续发展,也是当时上海地区高教专业结构调整需要思考的关键问题。

(2) 修改专业目录

长期以来,我国高等教育的专业划分太窄,学科分割过细,这既不利于拓展学生的基础知识和技能训练,也不适应社会专门人才的跨学科、跨专业发展。20世纪90年代初,中国高等教育界已经充分意识到这个问题。为此,1992年、1993年,国家教委修订了新的高等学校本科专业目录,将原有的800个专业压缩到500多个。上海市也根据国家教委新颁布的本科专业目录,对上海高校的本科专业进行了调整,调整之后,专业数量由710个降到520个。

经过1993年的修改,专业划分过窄、学科分割过细的局面有所改观,但仍然不尽如人意。1997年,国家教委又组织人力、物力对高等学校本科专业目录进行了修订,经过八个月的修改,最终完成了《普通高等学校本科专业目录(草案)》。自此,本科专业目录的第二轮调整启动。上海高校也相应地将本科目录的调整工作延续到1997年以后。

---

① 朱子杉,等.抓管理体制改革,促质量效益提高——上海高校综合改革荟萃[J].上海高教研究,1997(10).
② 郑令德.上海高校综合改革的回顾与展望[J].上海高教研究,1994(2).

2. 课程建设与改革

课程建设是高等教育教学工作的一个重要环节,但是长期以来,高等教育的课程建设却跟不上社会发展的步伐,满足不了其需要。20世纪90年代初,这个问题在全国普遍存在,上海地区也是如此。当时的上海市人民政府教育卫生办公室主任郑令德曾撰文指出:"上海高校中教学内容陈旧、教材老化、教学手段落后、教学方法原始等状况比较严重,无法与现实的需要相适应。"[1]例如,1993年我国会计财务制度与国际接轨,1994年又出台了新的金融税收制度,但是高校财会专业的教材没有相应变化,直接影响了教学质量。因此,上海高等教育要实现一流教育的目标,必须加强课程建设与改革。

(1) 增加经费投入

从1989年起,上海市高教行政部门开始向市属高校每年投入30万元以资助其课程建设,1993年又重点资助了38门专业主干课程的建设,1994年资助的24门课程中多数是学校重点课程,1995年结合国家教委面向21世纪教学内容和课程体系改革资助了28门课程,1996年上海市教育委员会又投入200万元,资助该年立项建设的60个高校教材项目。此外,上海市教育委员会还将高校教材建设列入"九五"期间的重要工作,计划在"九五"期间重点建设和出版500本优秀教材,并给予相应的经费资助。1997年是这一项目实施的第一年,上海市教育委员会为第一批重点建设的92本教材资助了300万元。总的来看,1995年以后,围绕21世纪教学内容和课程体系改革问题,许多学校不同程度地拨出课程建设专项经费,建立了校优质课程评选制度,有的学校还专门设立特色课程建设基金。如上海戏剧学院从1996年开始实施专业教材建设规划,为了保证这些教材编写和出版的顺利完成,该校在五年时间内陆续投入40万元专项经费。

(2) 改革课程结构

20世纪90年代以后,高校自主权得到进一步落实,同时,一些市场因素也开始对高校的教育教学产生影响。在这种情况下,教育教学改革从1992年开始逐步受到重视,开始被认为与体制改革具有同等重要性。上海各高校也纷纷尝试改革课程结构,从而提高教育教学质量。如复旦大学将大学课程划分为三大板块:普通教育(50学分)、基础教学(70学分)、专业教学(50学分)。普通教育是全校学生都需要修读的课程。基础教学课程由专业基础课和沟通邻近

---

[1] 郑令德.上海高校综合改革的回顾与展望[J].上海高教研究,1994(2).

学科的课程组成。专业教学除专业课程以外,还包括社会实践与生产实习、毕业论文。在改革中,学生大都随班修读文理交叉课程,但由于现成课程太专太深,加之学生基础不好,课程的实际效果并不明显。为此,1994年和1996年两轮课程体系改革中大幅增加了不同学科、不同专业相互沟通的课程,即"综合知识"。1994年,上海外国语大学开始对原有课程结构进行改革,改变以前单纯以语言为专业教学内容的做法,扩大专业口径,新增复合型的"语言+专业",如学习英语的同时学习国际会计;双语型的"英语+小语种"结构;方向型的"外语+专业方向"结构,如学习英语的同时学习旅游,等等。1996年,上海师范大学也提出"减少必修课,增加选修课,确定学位课,加强主干课,开设辅修课"的课程体系改革设想。1995年,上海大学也在全校四个年级开始推行以学分制、选课制和短学期制为核心内容的新的教学运行机制。

(3) 加强课程管理

在实施课程改革时,上海各高校也采用了一些新的形式加强对课程的管理。如复旦大学成立了人文、外语、普通教育等12个课程委员会,委员会由教学经验丰富的老教授、留学归来的青年教授和教学副主任三部分人构成。在课程内容的改革和建设上,实行课程改革立项和负责人制,即每一门课程指定一名学术造诣较深、治学态度严谨的教授担任负责人。再如华东理工大学为了激励各学院、各系精心建设重点课程,促使基础课程和技术基础课程中涌现一批优秀教师,确保本科教学质量,专门设置了"重点基础课程和技术基础课程指导教授"工作岗位。上海医科大学则成立了课程建设委员会与课程建设检查评估小组,以加强对该校课程设置的管理。委员会和评估小组的主要职责是负责学校各专业课程计划的设计和评价,对现有课程定期进行检查和评估,对新增设的课程在医学教育中的作用和地位进行评价,提出实施意见,并对课程的名称、编号、内容、教学大纲、学时数和时间安排等进行审核。上海对外贸易学院从校联合教育发展基金中拨出专款,采用招标、投标方式,资助被确定教材的编写和新课程建设。1996年,该校有6本教材通过这种方式确定了教材编写人,其中5本是上海市重点建设课程。

3. 学分制的推行

学分制是一种以学分来计算学生学习量的教学管理制度。与过去常用的以学年来计算学生学习量的学年制相比,学分制侧重目标管理,在教学过程中允许学生在一定范围内根据个人特长、爱好选修课程,并选择适合自己的学习量和学习年限,以让学生的才华得到充分发挥。早在20世纪80年代初,上海地区一些高校就开始尝试以学年学分制为主要形式的学分制改革,但推行非常缓慢。1992年以后,随着招生制度和就业制度的不断改革,学分制才逐步得以推行。时任上海大学副校长周哲玮曾说:"部委在沪高校在相当程度上还要完成国家和各部门、行业下达的人才培养计划,而上海大学完全面向上海的人才市场,决定了上海大学在学分制改革上,比其他院校力度更大。"① 这说明,在当时高校管理者的认识中,学分制被视作一项可以提高教育教学质量,进而提升学生素质和学校竞争力的先进教学管理制度。应该说,这种认识推动了学分制在上海地区高校的推行。

(1) 学分制迅速推开(1993—1994)

1993年,上海工业大学、上海外国语学院、华东师范大学、中国纺织大学、上海海运学院开始全面试行学分制。在这些学校中,上海工业大学和上海外国语学院是当年全部招收自费生的改革试点高校。此外,上海大约有三分之一的本科院校在部分院、系或专业进行了局部试点。这些学校相继制定了试行学分制的方案和适应学分制要求的教学计划,并安排了必要的教学硬件设施。由于学分制改革是一项技术性很强的教学管理改革,因此在1993年底,复旦大学等12所高校以及市高等教育局教学管理和高教研究人员又组成了"学分制研究"课题组,专门对学分制改革进行研究。这12所高校先后在本校推行学分制,使研究呈现出研究者和实践者相结合、边研究边实践的特点,这直接促进了上海地区高校学分制的推行。

1994年,试行学分制的高校数量进一步增加,全市共有17所高校试行了学分制,其中有3所是高等专科学校。同时,学分制试行的专业和学科也大大扩展,涉及理、工、农、医、文、艺、法等方面,全市进入选课制的学生也从1993年的180个专业点7 475人扩大到1994年的328个专业点14 847人。学分制覆盖的专业点和人数扩大了近一倍。

随着学分制的推行,高校也逐步加大教学投入,配置了计算机选课中心的设备,有些学校还将所收学费的30%左右投入到学分制试点中。同时,学分制的试行也促进了教学管理制度和其他相关制度的改革,如学籍管理制度、奖学金制度、导师制,等等。

1994年,"学分制研究"课题组通过收集查阅数百份资料,开展专题研究10

---

① 朱子杉,等.抓管理体制改革,促质量效益提高——上海高校综合改革荟萃[J].上海高教研究,1997(10).

余次、现场交流4次、全体研讨会5次,最终形成了一份总报告、三份专题报告,对学分制的特点、构成和实施条件等问题进行了探讨,并提出了一些可行性建议。

虽然学分制在许多高校得到推行,但当时的一些调查发现,学生和一些教职工对学分制的重要性的认识还是不够。如在1994年的一次调查中发现,学分制并不是师生最关心的教改重点,认为学分制改革是教改重点的教工仅为8.9%,学生仅为12.2%,远远低于"学科专业的调整及对当今经济社会的适应""教育思想与观念的更新"两项。在1995年6月进行的同样的调查中,其结果也大致相同。① 这说明这一时期学分制的推行还处于初始阶段,尚未获得教职工和学生的广泛认同。

同时,学分制在推行过程中也存在一些问题,如对学生选课缺乏足够指导,导致盲目选课,造成学习上的恶性循环。有的教师反映,实行学分制后,考试频率过高,学生疲于应付,影响了全面发展。在1995年的一次调查中,认为"实施学分制指导思想明确,措施落实,充分调动了教与学的积极性"的教工只占6.45%,学生占9.36%;认为"有一定效果,但也存在一定问题"的教师占23.33%,学生为50.79%;而认为"效果不明显,问题很多"的教师占了56.26%,学生占28.67%。②

(2) 不断改进和完善学分制(1995—1997)

1995年,学分制的推行进一步平稳发展。这一年,复旦大学等18所高校在不同学科的337个专业中推行了以选课制为基础的学分制。全市高校共开设选修课程3 000余门,大多数高校设立了选课中心,实行计算机选课管理,并配备200多个可供学生使用的选课终端。

在学分制的管理上,许多高校开始实施规范化管理。上海戏剧学院从1995年起将选修课程的开设、教师的聘任以及考核等工作从原来的系、部工作中单独列出,纳入学院统一管理。同时基本建立了选修课程的教学大纲档案,教学文件实现了规范化。上海外国语大学在1997年完成了该校第一本教学指导用书,包括各院(系)所属各专业的教学计划、课程介绍、师资情况以及教学管理的各项规章制度。

随着高校联合办学的不断深入,学分制的教学管理也开始跨出单所学校。上海东北地区8所高校率先签订了跨校选课的协议,规定在校学生可在8所高

---

① 谢仁业.对上海高校教改现状调查的比较分析[J].上海高教研究,1996(1).
② 郑令德.深化高校改革,提高办学质量和效益[J].上海高教研究,1995(6).

校内互相选课,在外校所获学分可得到本校承认。跨校间的学分制管理是进一步深化学分制推行的体现。同时,在高校教育教学工作中,学分制已经不仅是计算学生学习量的制度,还是用来激励学生全面发展的方式。如复旦大学为了扩大学生的知识面,1996年在文科生中发起"阅读百本书"活动,规定凡在报刊上公开发表4 000字以上论文或累计发表文章5 000字以上者,经认定可免学年论文,并记2个学分。

4. 高等教育教学评估

上海高校教育教学评估始于20世纪80年代中期。1985年6月,教育部在黑龙江镜泊湖召开了全国第一次高教评估理论研讨会。此后不久,上海的高教评估工作逐步开展起来。1987年,上海市率先开展全国高等工程教育综合评估试点工作。在1988年到1991年三年期间,上海又进行了两轮新建高校合格评估(鉴定),这次高教评估突破了工科范围,扩大到农、文、经、管和艺术等学科领域。进入90年代以后,上海又开始对专业教育水平开展评估。1990年,上海高教评估领导小组选择会计、计算机、管理三个专业进行了专家静态评估,1992年4月又对上海8所高校的11个外贸类专业点进行了评估。这表明,在1993年之前,上海高教评估已经积累了相当多的经验,处于全国领先地位,这为上海高校教育教学评估的进一步发展奠定了坚实的基础。

1993年以后,随着高校自主权的扩大,高教评估作为衡量学校办学状况、指导高校办学方向和保证高校办学质量的重要手段,其作用日益突出。这一时期,上海高教评估不仅完成了一般性的评估工作,如1995年和1996年对工程专科专业教学改革试点的中期评估,为涉及评估的6所专科院校的教学改革及时提供了有关改革效果的反馈信息;同时,上海高等教育教学评估工作也开始拥有自己的专门机构——上海高等教育评估事务所。

1996年4月22日,上海市高等教育评估事务所正式成立,这是我国第一家具有高等教育评估资格,专门从事高等教育评估工作的社会性咨询服务中介机构。该机构隶属上海市教育委员会,其组织架构实行理事会领导下的所长负责制,下设办公室、业务室、研究室、咨询室、开发部五个部门。它的成立将事务所的组织形式引入高等教育评估工作,对高等教育评估的实施具有非常重要的意义。该事务所成立不久,便与香港学术评审局签订了合作关系,规定双方可以在信息交流、定期或不定期互派工作人员或专家考察、参加对方组织的评审活动等方面进行合作和交流。

上海高等教育评估事务所的成立是这一时期上海高教评估的一件大事,它为上海高教评估工作带来了新的活力。1997年,上海高等教育评估事务所对复旦大学、华东师范大学等6所高校的旅游管理本科专业和上海海运学院、上海旅游高等专科学校等3所院校的8个专业进行了评估。在这次评估中,旅游企业总经理、特级导游等也被纳入评估专家队伍,加强了旅游行业用人单位对高校旅游管理人才培养质量的监控,建立并逐步完善了毕业生质量的社会反馈体系和社会评估制度。同年,上海高等教育评估事务所受国家教委委托,负责起草《普通高等专科学校教学工作合格评估方案》,该方案获得国家教委的认可,并于1998年在部分省市进行试测。

二、中小学课程教材改革

1993年以后,上海中小学课程教材改革进入一个新的阶段。这次改革是中华人民共和国成立以来上海教育界面临的一次全新挑战,在全国也无现成的经验可参考。怎样才能在这一改革中积极应对困难与挑战?由于上海教育牵涉不同级别的行政机构、不同学校及其他教育团体,因此需要从多重视角来观察和描述。下面从宏观、中观和微观三重视角来描述1993年后上海中小学课程改革的全貌。

1. 宏观视角下的课程改革——整体推进

从1993年起,幼儿园的课程教材改革试验开始启动,当年有30所幼儿园进行课程方案和教材试验。在1991年部分学校试验的基础上,1993年,全市所有小学一年级开始试行新课程方案和新教材,小学六年级(初中预备班)全面试用文科新教材。从1994年开始,小学六年级(初中预备班)全面试用新教材,全市所有小学二年级开始实施新课程。到1997年,上海所有小学的所有年级已全部试行了新课程方案。高中课程方案的试行也开始于1991年,经过三年的课程试验,到1994年,参加第一轮试验的23所中学高中部的学生正式毕业。经过一年的总结,1995年秋开始,全市所有高中一年级开始实施新课程改革方案。1997年1月,上海市教育委员会召开中小学课程教材改革经验总结现场会,主要目的是总结1988年到1996年的课程改革,同时为之后的第二期课改做准备。同年,上海市教育委员会开始组织人力、物力,着手修订、完善上海市中小学课程改革方案、课程标准和教材,并制定实施新课程计划的高中会考方案和中小学活动课程实施纲要。同时,作为对之前课程改革的总结活动,上海市还召开了全市性的活动课展示交流现场会和选修课专题研讨会。至此,上海市的第一期课程教材改革告一段落。从1998年7月起,上海的课程教材改革进入第二期。第二期改革主要从两个方面入手,一是研究修订课程方案,二是编写新的学科教材。这次学科教材的编写和应用没有采取第一期改革整体推进的方式,而是先行在数学、语文、外语等学科上取得突破,采取"成熟一科,推行一科"的方式。当年,数学教材率先取得了突破。

1993年以后全市范围内的课程改革对上海市素质教育的开展起到了重要作用。纵观这几年课程改革的发展,高中课程改革的推行相对比较慎重,它是在完整进行了三年一轮试验的基础上开始的。而义务教育阶段课程改革的推行显得有点仓促,试点改革不到两年时间就开始在全市范围内推行。应该说,这与当时的义务教育阶段形势有关。20世纪90年代前中期,学生学业负担过重已经成为一个突出的社会问题,而上海教育界人士认为,解决这个问题的重要途径之一就是实施新的课程改革方案。1994年,上海市教育局等部门和华东师范大学的教育科研人员专门对小学生学业负担问题进行了专题研究,他们认为要减轻学生的学习负担,"就是要进一步加快新课程的试点与推广,使尽可能多的学生从旧教材繁重的学习负担下解放出来"。[①] 同时,由于一轮完整的改革时间跨度太大以及其他原因,小学阶段课程教材改革迅速在全市范围内推行。由于试验学校的试行与全市范围内的推行之间存在时间差,因而有时间来总结经验,修改方案。但是,义务教育阶段课程方案忽视了小学教学内容的相对独立性,将小学和初中教学内容统筹安排,导致课程结构发生较大变化,而由此带来的问题不是在短短一两年内能够显现的。

1993年之后,课程改革迅速在全市范围内展开,这一时期上海中小学经历了入学人口高峰的更迭。1995年以前,入学高峰主要集中在小学阶段,1995年以后,入学高峰逐步上移到中学。入学高峰的更迭对学校的办学影响不小。处于入学高峰的学校由于在校学生较多,教师工作量增大,教育教学设备和场地相应紧张。入学高峰一过,随着在校学生的相应减少,学校的教学设备和场地紧张局面相应缓解,更便于学校开展各种活动,进行教育教学改革。从20世纪80年代末开始,由于小学阶段入学高峰的到来,小学校舍普遍紧张,其中一部分学校将小学六年级搬到条件相对宽裕的初中,客观上形成了"五四分段"(即小学五年,初中四年)的局面。因此,在上海课程教材改革中,义务教育阶段实施的是"九年一贯、五四分段"的课程方案。由入学高峰所形成的"五四分段"局面成为新课程在全市范围内实施的一个重要外部条件。1995年以后,入学高峰

---

① 上海市中小学学业负担研究课题组.上海市小学生学业负担现状、原因与教育对策[J]. 上海教育科研,1994(10).

移入中学阶段,初中的办学条件开始紧张。但上海教育界人士仍然维持义务教育阶段"五四学制"的现状,以利于维持新课程方案实施的连续性。

2. 中观视角下的课程改革——配套措施

从1986年开始,上海积极探索基础教育市、区县两级管理体制。1993年上海教育工作会议之后,市政府加大了放权力度。区县一级政府及教育行政部门在基础教育的管理上日益发挥更大的作用。学校的实际办学活动或多或少受到区县一级政府的管理,同时,教师培训、经费拨给等都与区县政府密切相关。由于上海课程教材改革的最终实施者是基层学校,因而课程教材改革对基层学校也提出了更高的要求,如构建"三位一体"的德育体系、开发活动课程、适应新必修教材等。这些工作都需要良好的改革配套条件,而区县政府就是这些配套条件的重要提供者。因此,区县所做的配套工作对全市课程教材改革的推行具有重要意义。这一时期各区县课程改革的配套工作情况大致如下。

(1) 协调社会各方力量,支持学校课程改革

上海中小学课程教材改革的推行不仅是一个教育事件,在当时更是一个社会事件,人们对改革工作相当关注。各区县政府都比较重视这次课程教材改革,纷纷由分管教育的副区县长担任区县课改领导小组组长,由区县各有关部门的领导组成该小组。有些区县(如闵行区)还把中小学课程改革情况作为一个重要专题向人大和政协通报,以获得他们的理解和支持。

课程教材改革的一个重要内容是构建"三位一体"的德育体系。所谓"三位一体",就是学校教育、家庭教育和社区教育一体化,这就需要社区积极参与学校的课程改革。对上海的一些基层学校而言,课程改革将课外活动改为活动课程之后,活动课程的场地、师资都成问题,而街道社区一般都拥有一定的活动场地、设备,同时,社区里也有一些有专长的居民,所以调动社区街道参与学校的课程改革是有必要的。为此,各区县纷纷通过各种方式协调社区与学校之间的关系。如闸北区社区教育委员会组织各街道积极参与课程教材改革,并以此作为考核街道工作实绩的内容之一。1994年,该区13个街道(乡)共有校外德育基地70多个,青少年学校4所,青少年文化设施33个,校外活动指导站12个,校外活动俱乐部24个,校外辅导员200多名,讲师500多名。[①]

---

① 闸北区教育局课程教材试验工作领导小组.重视活动课程,管好活动课程,努力提高活动课程的质量[J].上海教育(小学版),1994(7—8).

(2) 建设教师队伍

课程教材改革对基层教师的素质也提出了更高要求。学校在实施课程改革方案特别是组织实施活动课时面临的一大难题就是师资问题,因此,师资培训成为课程教材改革的重要任务之一。当时上海市师资培训的总体安排是骨干教师培训由市里负责,其余由区县负责。负责区县一级培训的机构主要是教师进修学校、少科站、少年宫等单位。在培训中,这些机构按照课程方案的要求,将培养"三能"(能上必修课、能上选修课、能上活动课)教师作为目标。在培养内容上,除了新课程教材教法外,还有一些特别的课程,如闵行区的教师培训就开设摄影、航模、篆刻、艺术等班,并将这些列入市职务培训的240学时之内。

为了提高教师素质,各区县还做了很多细致的工作。如有的区县将教研活动与培训相结合,区教研员要到试点学校上课,试点学校上公开课要请没有参加改革试点的教师参加评课活动等。如奉贤县在培训中将教研员的辅导讲座和试点学校的教学体会介绍结合起来,并准备了各科论文教案集以及配套的音像资料。

除了加强师资培训,各区县还充分利用人事自主权,积极引进课程教材改革急需的人才。如闵行区从1993年开始就从外省市招聘和引进音、体、美、外语等缺门学科教师共254名,在一定程度上缓解了课程教材改革面临的师资缺乏问题。

(3) 指导学校的课改科研

上海市区县教育部门有着进行教育科研的传统。早在20世纪70年代末80年代初,以徐汇区为代表的区县就已成立教育科学研究专门机构。1982年,上海市教育科学研究所建立之后,上海区县教育科研机构得到进一步发展。到90年代,经过十多年的发展,上海区县一级的教育科研力量成为上海中小学教育科研的重要部分,他们积极参与课程改革,并在指导学校及其相关教育单位如少年宫等实施课程改革的过程中,不断引导基层学校通过科研来解决课改中的问题。如长宁区在探索少年宫、少科站及学校怎样合理发挥作用,推进活动课程的建设时就将此作为一个科研课题,从理论和实践两个层面进行了探讨。再如奉贤县教育局在1991年中小学课改试验刚刚启动时,就提出"以课题促课改"的战略方针,帮助试点学校确定课题,进行课题研究。① 实践证明,这种将

---

① 奉贤县教育局.实施"五抓",深化课程教材改革[J].上海教育,1997(4).

课题研究引入课程改革之中的策略是有效的。如,闵行小学在课改期间承担了市级课题"小学阶段学习兴趣活动的设、导、激实验研究",自编了十余万字的活动课程设计教案。奉贤县的一所实验学校——金汇小学辅导区,在县课改办的协助下编写了28本农村小学活动课程乡土教材。

除了上述课改配套措施之外,为了使学校设施达到课改要求,区县还加大了对中小学的投入,如闸北区在1993年秋季开学前夕,投入百万元经费作为课改试行工作的专项经费,为小学起始年级配备"二机一幕"以及其他设备。① 这些配套措施客观上为基层学校的课程改革营造了良好的环境。当然,这些措施要想取得好的效果,还需要基层学校的参与。

3. 微观视角下的课程改革——实施

上海市课程教材改革虽然是着眼于未来社会对人才需要所进行的整体教育改革,但学生家长对这项改革的态度却很复杂。他们对原有教育的弊端深有体会,但也担心新课程的试行会降低教学质量,影响孩子升学,特别是考大学。有的小学这样反映:"当初改革时家长担心自己的孩子进试验班会成为试验品,学习质量会下降,后来有的家长看到新教材作业少,就出现了'课内损失家庭补',这样学生的负担没有得到减轻。"② 高中改革更是引起了家长的疑虑。北虹中学在课改初期,有位家长打电话到学校,和教导主任、校长通了25分钟的电话,原因就是其非常担心课改会降低教育质量。③ 因此,在课改之初,学校的一项重要工作就是争取家长的支持。为此,许多学校都召开家长会,积极与家长沟通。如北虹中学由校长牵头,由试验班全体教师向家长汇报介绍执教新教材的想法,并比较新旧教材的差异。《上海教育》杂志上的一篇文章也曾提到,浦东有一位校长为了让家长了解支持课改,一个年级一个年级、一个班级一个班级地召开家长会,向他们解释课改的道理。④

课程改革方案将小学的课程分为必修课和活动课两大板块。虽然在此之前小学或多或少开设了课外活动,但活动课程比课外活动要求更高,它是课程化的活动。基层学校在开展活动课程之初,普遍面临两大问题,一是物质条件

---

① 封尊琪.抓好一年级课改方案的试行,加快课程教材改革的步伐[J].上海教育(小学版),1994(4).
② 薛晓农.以提高学生素质为核心搞好中年级课程教材改革的试验工作[J].上海教育(小学版),1994(4).
③ 徐韵安.三年求索应无愧——北虹中学课改试验采风[J].上海教育(中学版),1993(11).
④ 陈雨石.做宣传课程教材改革的热心人[J].上海教育,1995(2).

不足,二是师资缺乏。如有些学校的场地条件非常有限,为了解决这一问题,它们通常采用内部挖潜和走出去的方式。所谓内部挖潜,就是精心设计课程表,错开各年级的活动时间。有些学校将工会休息室、会议室、食堂等教师用的场地腾出来安排活动课程。有些学校则走出去,通过与社区建立联系,利用社区的场地和设备来开展活动课程。为了解决师资问题,学校一般因师设课,根据教师的专长开设活动课程,同时也积极组织教师参加相应的培训。另外,社区也努力为当地学校寻找合适的师资。

基层学校为了调动教师参与课改的积极性,除了加强宣传以外,还建立了一套激励机制,其中较普遍的是灵活运用结构工资制。如上海市第六十中学对教师培训的考核,三大板块教学计划、教案、质量分析的考核,外出取经听课的考核等均与校内结构工资制挂钩。① 这样一来,教师参与课改所付出的劳动就能得到即时回报,这对基层学校课改工作起到了重要的推动作用。

第四节 教育科研的蓬勃发展

一、高校科研的发展

20世纪90年代,中国经济体制改革进一步深化,特别是1992年召开的中共十四大明确提出了建立社会主义市场经济体制。自此,中国经济进入发展的快车道。这一时期,以上海为龙头的长江三角洲经济圈发展尤为迅速,这就对高校如何提供更有力的科学技术支持提出了更高的要求。

20世纪90年代,高等教育体制改革以前所未有的力度展开。从1994年起,上海地区在高校管理体制改革上取得突破,共有9所部委高校与地方政府确立了共建共管关系,上海市政府参与领导这些部委高校,从而在机制上促进了高校科研工作为上海地区经济服务。当然,这些高校的科研工作也得到了地方政府的支持。与此同时,这一时期高校布局结构的调整力度也非常大,特别是一些高校实现了合并重组,改变了上海市属高校整体力量相对较弱,专业设置重复较多的局面。比如,1994年,上海工业大学、上海科学技术大学、上海大学、上海科技高等专科学校合并成立了新的上海大学,经过三年的内部调整,学校的科研水平大幅提升。1996年全校科研经费比三年前上升60%,居全市高

---

① 何曾豪.不求人人升学,但求人人成才——抓住课改契机,创办六十特色[J].上海教育,1995(2).

校第三位。① 此外,高校内部管理体制改革开始向高校教学科研工作倾斜,包括分配制度改革强调在增量中拉大差距,人事制度改革要形成人才流动的良好机制。为此,一些高校相继出台了一些制度和措施来激励高校教师进行科研工作。例如,1995年,复旦大学建立"首席教授"称号制度,该称号享誉两年,获得者享受校内特殊津贴。获得这一称号的第一批学者全部是在学校科研工作中取得杰出贡献的科研项目负责人。上海交通大学量化与硬化教师的考核指标,对各职称教师的科研项目数、经费数以及论文数量都以文件形式作了规定。在高校内部体制改革中,学术单位调整也与高校科研有关,许多高校实行学院制后,建立校、院、系(所)三级管理体制,学院逐步成为真正的办学实体。也有一些高校对原有的科教体制进行了改革,如1995年,华东工业大学以动力工程学院为试点,取消原教研室建制,建立以学科点为核心的研究所体制,集中人、财、物,形成了有力的科研学术梯队和柔性设置专业的机制。所有这些改革都对高校科研产生了重要影响,成为这一时期上海高校科研工作发展的推动力。

1. 科研经费的筹集

科研经费是高校开展科学研究的重要条件,它的来源渠道和结构对高校科研工作的发展具有导向作用。因此,从科研经费的总量、结构和来源渠道的变化可以看出高校科研工作的历史发展轨迹。

20世纪90年代,上海高校科研经费总量保持了快速增长。"八五"期间,上海高校科研经费总量年增长21.9%。1995年,上海高校科研总经费达58 274.1万元,与1991年19 338.6万元的总量相比,增加了两倍多。到1998年,上海高校筹集的科研经费达到10.19亿,比1995年增长了近一倍。与此同时,上海高校科研经费在全市所有科研机构经费筹集总额中所占比重也有所提高。尽管如此,从总体上讲,高校科研仍没有摆脱地位较低的状况。

在高校科研经费的结构上,来自预算外的科研经费占很大比例。以1993年到1995年为例,来自预算外的科研经费分别为32 271.2万元、44 172.5万元、51 036万元,分别占总量的88.4%、88.3%、87.6%。其中,来自企事业委托的科研经费增长很快,在"八五"期间,年增长为35%,比同期总量增长高出近14个百分点。

---

① 教育部发展规划司.全国高等教育管理体制改革经验交流会议文件、材料汇编[G].南京:南京大学出版社,1998.

表4-4 上海市科研经费筹集情况① （单位：亿元）

年份 经费	全市科研经费总额	科研机构筹集经费数	高等院校筹集经费数	大中型工业企业经费数
1992	60.57	30.77	3.88	25.92
1993	72.57	39.54	4.55	28.48
1994	95.11	45.26	5.00	44.85
1995	122.49	54.06	5.83	62.60
1996	127.41	63.44	7.09	56.88
1997	153.77	69.61	9.46	74.70
1998	140.24	51.42	10.19	78.63

随着20世纪80年代高校科研工作的发展，高校科研经费的来源渠道大致形成。除了教育主管部门的预算内经费外，科学研究基金和企事业委托科研经费也成为上海高校科研经费的重要来源。20世纪90年代以后，这种格局没有大的变化，但一些新元素的出现开始为上海高校科学研究工作带来新的活力。

(1) 新的科研基金不断涌现

科研基金是高校科研工作经费的重要来源。进入20世纪90年代以后，一方面，上海地区高校不断申请各种国家基金用于科学研究；另一方面，上海市为了引导和促进上海高校的科学研究工作，也设立了为数不少的基金项目。这些基金项目的设立对上海高校科研队伍的建设和科研水平的提高都起到了积极作用。

在上海高校的科学研究经费中，来自国家的科研基金赞助占有非常重要的分量。从1993年到1997年，上海高校获得国家自然科学基金科研经费分别为1555.9万元、1991.8万元、2286.1万元、2300.6万元和3100万元。1994年，国务院批准设立"国家杰出青年科学基金"，在1995年第一批资助项目中，上海地区有10人获得资助，其中高校有7人，每人获得60万元的基金资助。

在这一时期，上海市高等教育局、上海市科学技术委员会等机构也设立了科研基金。在"八五"期间，上海市科学技术委员会设立了自然科学专项基金。

---

① 上海市统计局.上海市国民经济和社会发展历史统计资料(1949—2000)[M].北京：中国统计出版社,2001：301.

1991年,上海市高等教育局设立了青年学术基金,以促进优秀学科带头人的成长。1995年,在青年学术基金的基础之上,上海市教育委员会(此时,上海市高等教育局已与中共上海市政府教卫办和教育局合并成立了上海市教育委员会)与上海市教育发展基金会合作,启动了"曙光计划"。"曙光计划"每年进行一次项目立项,它资助的面相当广,不仅对自然科学研究和工程技术研究提供资助,而且对社会科学研究进行资助,资助的许多项目处于同类科学研究的前沿,如1995年资助复旦大学陈立民教授的课题"大气中破坏臭氧层的痕量气体的浓度分布和动态的研究",当时该研究领域尚属空白。同时,在项目遴选时,比较注重为社会、经济建设服务。如1996年上海农学院的"温室蔬菜氮营养及硝酸盐污染控制研究"就是和上海市生态环境密切联系的重要课题。此外,上海市教育委员会还设立了上海高校科技发展基金、上海高校青年基金。以1997年为例,上海市教育委员会拨出高校科技发展基金项目经费450万元,主要用于支持市属高校的科研工作。在资助的项目中,理论研究项目25项,经费50万元;应用研究项目30项,经费358.5万元;另列41.5万元作为委托学校自选项目经费。高校青年科学基金则面向上海地区的所有高校。1997年,部委属高校和市属高校所获科研经费资助数目大致相当。

另外,在这一时期,部委高校重点学科建设还得到上海市政府的专门资助。"七五"期间,上海市开始实施第一期高校重点学科建设。从1985年起,上海市每年拨出1 000万元作为资助经费,由于当时高校管理体制呈条块分割局面,这一计划主要针对市属高校。1990年,上海市政府又以同样的投资力度支持21个市属高校的重点学科建设。到1994年底,第二期高校重点学科建设结束。在对第二期重点学科建设进行审查评估和对第三期重点学科建设进行规划时,由于国家高校管理体制改革,上海市政府开始与国家部委共建在沪部属高校,因此,在78个第三期上海市高校重点学科中,部属院校占了48个。

(2) 企业加强对高校科研经费的投入

上海地区拥有一大批具有较强科研实力的理工类高校,如上海交通大学、同济大学、华东理工大学等,这些高校与企业存在长期的科研合作关系。20世纪90年代以来,高校和企业在科研方面的协作进一步加强,这不仅反映在企业向高校科研投入的经费总量上,也反映在经费投入的方式上。如一些有实力的大型企业不满足于在项目上与高校进行合作,开始向高校投资,建立研究机构。1997年,上海汽车工业(集团)总公司建立了上海汽车工业科技发展基金会,设立6 000万元发展基金,每年投入600万元用于支持上海交通大学、复旦大学、华东理工大学、同济大学、上海外国语大学、上海大学的科研工作。也有一些学校还得到来自国外大企业的科研经费资助,如美国的福特汽车公司与上海交通大学合作共建联合实验室,具体实施单位是上海交通大学的国家模具 CAD 工程研究中心。福特公司第一期投入 1 000 万元人民币作为软硬件和运行费用。仅 1997 年一年,上海交通大学就承担了海外委托和合作科研项目共 35 项,总经费折合人民币 509.4 万元。同时,有些高校为了解决科研经费问题,也主动走向社会,寻求与企业合作的机会,以通过科研项目来获得企业的经费支持。如 1996 年,中国纺织大学主动与上海纺织控股(集团)公司、上海石油化工股份有限公司等八大集团公司 100 余家企业建立了各种层次的合作关系,科研合同签约经费达 1 000 余万元,约占中国纺织大学年科研经费的三分之一。

2. 科研机构建设的发展

(1) 科研机构管理引入新机制

1993 年之后,一些大型企业积极参与高校的科研工作。例如,1994 年,上海汽车工业(集团)总公司与上海交通大学共建上海交通大学汽车科学与工程研究院;1996 年,华东理工大学与上海华谊集团公司合作共建国家生化工程技术研究中心(上海);1997 年,上海汽车工业集团总公司又投资 3 000 万元,在复旦大学、上海交通大学等高校的重点学科和重点实验室基础上,与有关高校共建了 13 个产学研基地。这样,高校科研机构在管理体制上发生了变化,企业开始扮演重要角色。以上海交通大学的材料与化工研究院为例,该研究院是 1995 年成立的,它联合了校内各相关院、系、所及其对口的大企业和研究单位等共同组成学科群。在管理体制上实行院务委员会制,委员以政府主管部门负责人、社会著名专家、对口大型企业负责人为主,如上海宝山钢铁总公司、上海氯碱化工总厂、上海航天局等单位的负责人都是该研究院的院务委员。

(2) 科研机构之间的联合进一步加强

上海地区集中了一批科研实力雄厚的高等院校。20 世纪 90 年代以后,为了适应科技迅速发展、不断交叉和综合的趋势,特别是上海经济对科学技术发展的巨大需要,高校的科研机构在联合科研力量、合作攻关的道路上迈出了重要一步。如上海交通大学对其科研机构实行研究院制,以特定的国家或地方的支柱产业为对象,将有关院、系、所组成学科群进行攻关。1994—1995 年,该校共成立了 4 个研究院。实践证明,这一校内学科合作攻关的形式是有效的,仅 1995 年,该校汽车科学与工程研究院承接的科研项目经费就达 600 多万元。

另外,在这一时期,上海市科学技术委员会等有关部门也积极推动上海各高校和专门研究机构研究力量的联合。如在1994年成立了上海应用物理研究中心,该中心联合了复旦大学等六所高校和中科院六个研究所,挂靠复旦大学,旨在开拓与改革传统的物理研究,并支持上海支柱产业的发展。复旦大学还与上海第二医科大学联合建立了"遗传学及医学科学中心"。1995年5月,在上海科学技术委员会的组织下,上海交通大学、同济大学、上海大学和中国纺织大学这四所高校又与五个研究所和八个大中型企业共同组成上海先进制造技术工程研究中心。同时,高校之间科研机构跨校合作研究也逐渐增多。1994年开始,上海西南地区七所高校和东北地区八所高校在联合办学的基础上开始合作,其中一项重要内容就是科研合作。在第三期上海市高校重点学科建设规划中,有4个重点学科是校际联合建设的。

二、普通教育科研的发展

1. 1993年之前的普通教育科研

上海教育科研发端于20世纪70年代末,当时,"文革"已经结束,教育事业开始恢复。1978年7月,教育部重建中央教育科学研究所。1979年7月,教育部和中国社会科学院联合召开第一次全国教育科学规划会议,由此,教育科研工作正式提上了日程。这次会议明确提出,有条件的省、市和自治区可以建立地方教育科研机构。但这个规定具有相当大的弹性,对各地何时成立地方教育科研机构也没有明确规定。在这次会议之后不久,上海市教育局就开始酝酿筹备成立上海市教育科学研究所。这在某种程度上是由当时上海学校教育科研的现状决定的。"文革"结束之后,上海普通教育回到以教学为中心,怎样提高教育教学质量是当时亟待解决的问题。20世纪70年代末,上海普通教育界掀起了教改热潮,在中小学大量的教改尝试中涌现了不少成果,但也暴露出一些问题,如文章少而分散,经验类文章占大多数。因此,要推进学校教育科研工作,必须设立一个专门机构,这个机构不仅要通过自身的教育科研来为上海教育发展服务,而且要管理上海市基层学校开展的教育教学研究活动,提高科研人员素质。正是在这种背景下,上海市教育局于1980年决定成立上海市教育科学研究所,这开启了上海学校教育科研的新篇章。

(1) 教育科研机构的建设

1980年,上海市教育局开始筹办上海市教育科学研究所。在此之前,上海的一些区县已经初步建立起科研管理机构。如徐汇区在第一次全国教育科学规划会议之后就成立了教育科学研究组。在上海市教育科学研究所筹备期间,其他区县也相继成立了科研机构。1982年3月,虹口区设立了第一个区级教育科学研究室;同月,奉贤县设立了第一个县级教育科学研究组。1983年12月,经过近两年的筹备,上海市教育科学研究所正式成立。当时,上海市教育科学研究所不仅是上海市教育局的下属科研机构,而且是全市普通教育科研管理机构。由于上海有了专门的全市教育科研管理机构,上海各区县的科研机构迅速发展。由于普通教育科研活动很多是群众性科研活动,不少科研项目与基层学校紧密联系。要使大量基层学校参与科研,就必须加强区县一级的科研管理工作。当然,全市性的科研成果评奖也促使各区县加强了各自的教育科研管理工作。1987年6月,《上海市普教教育科研课题管理暂行办法》规定,如果各区县没有设立科研室,将没有资格申报市级一般课题,这就促进了区县一级科研机构的发展。到1987年12月,上海共有5区2县设立了教育科学研究室,其他区县也都设立了教育科学研究组。到1992年,上海所有区县都设立了区县级的教育科学研究室,同时基层学校的教育科研机构也有了一定发展。1992年,全市已有十分之一的学校建立了科研组室(当时主要出现在少数重点中学、中心小学和中心幼儿园),并有相当多的中小学和幼儿园设置了科研联络员。① 这样,到1993年,上海普通教育科研初步形成了"市—区县—学校"三级科研机构网络。

(2) 教育科研队伍的建设

1981年12月,上海市第一次中小学教育科研规划会议确定了上海市学校教育科研的总方针,即"理论与实践相结合""普及与提高相结合""教育科研要发动群众,要推动全市各级各类学校进行教育科研活动"。这一方针为上海市教育科研队伍的发展奠定了基础。早在筹备之初,上海市教育科学研究所就从华东师范大学、上海师范学院吸收了一批大学生,他们在上海普通教育科研工作中发挥了重要作用。1982年春,该所依托上海师范类高校,开始举办教育科研学习班,对各区教研骨干进行培训。到1984年,该所共举办科研学习班或教育统计专题学习班四期,培训学员300多人,他们大多成为上海学校科研的骨干。在此之后,各区县也采用这种形式培养自己的科研队伍。与此同时,上海市教育科学研究所又利用报刊、讲座、报告会等形式,一方面普及基本科研知识,另一方面树立典型,调动学校教师参与科研的积极性。在上海市教育科学研究所发展的同时,区县一级教育科研机构从科研联络员逐步发展到科研组,最后发展到科研室,这一变化在编制上保证了区县一级专兼职科研队伍的不断

---

① 潘国青.上海市学校教育科研发展的回顾与前瞻[J].上海教育科研,2002(12).

壮大。同时,上海市教育科学研究所开办了各种形式的培训班,加强了区县一级教育科研队伍的建设。1988年,上海市教育科学研究所成立教育科研讲师团,负责培训各区县教科室(组)新进的科研人员。1991年举办的青年教师科研骨干学习班中,相当一部分成员来自区县教科室。为了提高基层学校兼职科研人员的素质,从1991年开始,上海市教育局决定将教育科研纳入在职二级教师240学时的进修内容。此外,上海的高等师范教育科研部门、各级教育行政部门和有关研究机构也逐步参与上海普通教育科研。特别是"八五"期间,上海市在制定《上海市"八五"普通教育科学研究课题指南》时列出了一批招标课题,这在当时影响非常大。总之,在1993年以前,上海市普通教育科研逐步形成了"专—兼—群"三个层次的科研队伍。

(3) 课题管理制度的发展

1981年12月,上海市召开第一次中小学教育科研规划会议,制定了《1981—1985年上海市中小学教育科学研究项目初步设想》,这是中华人民共和国成立以来上海市第一个教育科研课题规划。1985年,上海市教育局建立了普通教育科学研究成果评奖制度,最初是两年一评,后来改为三年一评。1989年6月17日,上海市召开第三次普通教育科研课题规划会议。会议不仅规划了"八五"期间上海市、区县两级教育科研课题,而且首次确立市级重点课题制度。此后,区县一级也相应设立区县一级的重点课题,从而逐步形成了以市、区县级重点课题为核心的课题网络体系。"八五"期间,在课题规划方面,上海又进行了改革,采取了编制《课题指南》—组织申报与招标—促进协作的措施,其中,课题招标的形式大大调动了高等师范院校教育科研机构参与普通教育科研工作的积极性。除了课题制定方面的措施,科研课题的管理也在不断发展。上海市第三次普通教育科研规划会议通过了《上海市普教教育科研课题管理暂行办法》,规定科研课题实行分级管理,并对课题管理的四个环节进行了规范。1988年,上海市教育科学研究所对首批市级重点课题中的大部分课题进行了中期论证。1990年,《上海市普通教育科学研究市级课题管理试行办法》不仅规范了市级课题的管理,而且其中关于区县必须成立科研室才能申报市级一般课题的规定也大大地促进了区县一级科研机构的发展。1989年6月,上海市成立了普通教育科学研究学术委员会,负责审议市普通教育科研规划、评审市级课题、评选普通教育科研成果奖等,从而成为指导上海普通教育系统开展教育科研的权威性机构。与此相应,区县一级也设立了类似机构。至此,上海普通教育科研的管理逐步走向规范化和制度化。

2. 1993 年之后普通教育科研的发展

（1）总体发展概述

1995 年,上海市教育行政机构进行了大调整,原来的上海市教育局、上海市高等教育局、上海市政府教卫办等教育行政部门合并成立了上海市教育委员会。相应地,上海的教育科研机构也进行了重组,撤销了上海市教育科学研究所建制,将其并入上海市教育科学研究院,原由上海市教育科学研究所承担的全市普通教育科研的管理工作也划归新成立的上海市教育委员会科研处负责。之后,为了加强对上海市高、普、职、成各大块科研力量的组织和协调,中共上海市教育卫生委员会、市教育委员会又于 1996 年成立了上海市教育科学规划领导小组,由上海市教育委员会副主任担任组长,有关高校和教育科研机构的领导人参与其中。这一管理机构的职责是制定有关教育科研工作政策、制订教育科研规划、审定教育科研项目、领导和协调全市的教育科研工作。20 世纪 90 年代初,上海各区县都相继将教育科研机构的编制提升到"室"这一级别。1993 年以后,区县教育科研室的规模逐渐扩大,根据 1995 年 4 月的统计,此时各区县共计有 132 位专职研究人员(其中有高级职称的 61 人)。① 随着政府对学校教育科研工作的重视,学校这一级别的科研机构建设也获得了进一步发展。1993 年以后,上海的基础教育课程改革对学校教育科研提出了更多要求,到 20 世纪 90 年代中期,上海又开始进行素质教育示范校、实验校的评选。由于在评选标准中规定示范校、实验校要在学校教育科研方面具有示范作用,有些区县还将学校的教育科研成绩作为校长考核的重要指标,从而刺激了学校教育科研活动的积极开展,使基层学校的科研机构得到发展。为了加强区县教育科研机构的建设,上海市教育委员会在成立之初就下发了《加强区县教育科研工作的若干意见》,对区县和基层学校教育科研机构的职责、科研队伍建设和经费投入等基本问题都作了规定。②

这一时期,高校参与上海基础教育科研的力度也大大加强。1995 年,华东师范大学和静安区、宝山区签订协议共建地方教育,其中一项重要内容就是华东师范大学对学校教育科研工作的指导。上海师范大学在这一时期也和徐汇区、宝山区达成相似的合作协定。这些合作尝试为此后高校参与基础教育科研积累了不少经验和教训。同时,高校里的许多研究人员还以个人或课题组的名

---

① 上海改革开放二十年(教卫卷)[M].上海:上海远东出版社,1998:103,104.
② 潘国青.上海市学校教育科研发展的回顾与前瞻[J].上海教育科研,2002(12).

义与基层学校合作开展教育科学研究。如华东师范大学叶澜教授的新基础教育实验、熊川武教授与金山区平乐中学共同开展的"理解教育"研究等。此外,各种形式的学术团体也开始活跃在学校教育科研领域。上海市教育学会、上海市陶行知研究会、上海创造教育学会及中小学心理辅导协会、家庭教育学会等学术团体纷纷通过课题研究或建立基地学校等形式开展教育科学研究,并出现了基于一定教育科研成果的学术团体,如虹口区的"张思中外语教学法研究会",这些学术团体的兴起无疑为上海教育科研事业带来了更多的活力。

  课题研究是教育科学研究的重要形式。1993年以前,上海市已经初步形成了课题规划、申报、论证和评奖等一系列制度。1993年以后,课题管理成为上海市教育科研管理的主要形式。在此之前,每次教育科研规划会议都对上海市学校教育科研发展产生了很大影响。1993年以后,上海未再召开类似的大型教育科研规划会议,取而代之的是五年一次的课题规划和每年一次的市级课题申报和管理。这样,上海教育科研进入了课题常规管理的时代。

  1993年以后,上海市科研课题的申报和评奖渠道不断增多。1996年,上海市教育基金会开始实施教育科研"绿叶计划",对立项课题进行经费资助。在对资助课题的选择上,实行"三倾斜",即向农村及教育科研薄弱地区倾斜,向中小学、幼儿园等基层单位倾斜,向45岁以下的中青年科研骨干倾斜。另外,一些教育科研机构和学术团体也设立课题评奖,如上海市教育科学研究院普通教育研究所科研基地课题、家庭教育课题、中小学心理研究学会课题等。在20世纪90年代,关于基层学校教育科研的定位曾一度成为焦点问题。一些科研人员认为,群众性的教育科研不应过分追求成果的理论性和创新性,应该着眼于学校的发展和教师素质的提高。但是,怎样通过一种奖励机制来引导基层学校的科研工作呢?2002年,上海市教育科学研究院针对基层学校教育科研的现状,设立了专门面向基层中、小、幼校长和教师的"学校教育科研成果奖",这一奖项十分关注和强调成果的实践性、应用性和有效性,并且对一等奖的候选成果采取评价现场调研、深入访谈、当场答辩和预先公示的评价办法,这对基层学校的教育科研工作起到了一定的导向作用。

  (2)普通教育科研内容与方法的变化

  ① 普通教育科研内容的变化

  在上海市普通教育科研发展的前十年中,科研工作初期主要关注语文、数学等学科,到20世纪80年代末90年代初,音、体、美各门学科和学生思想品德评价、中小学劳技教育等问题渐渐引起上海普通教育科研工作者的研究兴趣，课外教育和校外教育研究也有了明显增多。总体上，普通教育科研的研究领域呈现不断扩展的态势。同时，普通教育科研的研究类型中的高质量研究成果①，是以实践形态的应用研究和开发研究为主，在研究层次上以中观研究和微观研究为主。普通教育科研实践形态的研究主要围绕解决教育系统内部的问题，重在探索教育自身发展的规律，相对而言，较少关注教育与外部系统的关系。在1992年上海市第四届教育科研优秀成果奖获奖成果中，教育内部问题研究中所占比例排在前几位的研究是教学研究、德育研究、教师队伍建设研究、教育管理研究和学生培养研究等。②

1992年以后，上海的第一期课程改革逐步在全市范围内推开。1998年以后，上海的第二期课程改革开始启动。这样，上海普通教育进入一个不断变革和发展的时期，但是也遇到了许多问题。如"一期课改"将活动课程作为课程改革的重要内容，而学校在这方面的实践经验都比较薄弱，所以在怎样开展活动课程上存在许多待解决的问题，另外"二期课改"所提出的研究性学习、探索性学习等也是崭新的课题。尽管如此，不断推进的基础教育课程改革仍是影响普通教育科研内容选择的重要因素。如在上海市第五届（1995）教育科研优秀成果奖获奖成果中，关于活动课程和课程教材改革配套问题的研究就非常突出，这是第四届教育科研优秀成果奖评奖中没有的。到上海市第六届（1998）教育科研优秀成果奖评奖时，学生研究性学习活动的研究又出现了高质量的成果。华东师范大学第一附属中学刘定一的《开创素质教育的新模式：高中生跨学科研究活动》获得这届教育科研优秀成果奖一等奖。在随后的三年里，研究性学习、探索性学习及学生创新能力的培养更是成为研究的热点。在上海市第七届（2001）教育科研优秀成果奖的评奖中，《大同中学研究型课程的探索与实践》获得上海市教育科研项目、论文及其他类优秀成果奖一等奖，《晋元高级中学研究性学习探索与实践》《中学生探究性学习的研究》获得二等奖。在获得一等奖的成果中，关于学生创造力培养的研究成果就占了13%强。

20世纪90年代中后期，素质教育改革在全国范围开始推开，它带来的是一种教育观念和精神的转变，如弘扬人的主体性，实现人的生命价值，等等。在这种背景下，一些中小学又进行了以自主教育、自主发展、主体教育、主体发展、参

---

① 所谓高质量的成果，主要是指上海市教育科研获奖成果。
② 郑慧琦.从教育科研获奖成果看上海普教科研的特点及发展[J].上海教育科研，1996(12).

与教育、选择教育、和谐教育、人格教育、个性化教育、创新教育等为主题的学校龙头课题的整体研究。① 这些研究逐步从一校扩大到一区县,并在研究广度和深度上都有所发展,如获得上海市第六届教育科研优秀成果奖的《"素质教育区域性整体推进"闵行模式的探索》等。1999年,由华东师范大学叶澜教授主持的新基础教育研究扩大实验,将闵行区作为实验区,在全区范围内铺开。

这一时期,关于教育政策的研究也成为上海教育科研的重要特点。早在上海市普通教育科研刚走完十年历程时,时任市教育局副局长张民生就在一次谈话中提出要积极倡导教育行政领导"组织重大问题的决策研究,逐步建立重大决策必须经过科学研究的制度,以实现教育决策的民主化、科学化"。② 这说明,在20世纪90年代初,教育决策与科研相结合的想法已开始得到教育行政管理层的认同。进入90年代以后,上海普通教育改革与发展面临很多问题,如怎样建设一流基础教育,九年制义务教育的实现及入学人口高峰对中小学办学的影响,初高中分离办学,高中招生制度改革,上海城区大规模改造过程中带来的学校设点布局调整、薄弱学校更新以及民办学校的管理等。这些都要求上海市教育科研加强宏观的政策研究。在这种情况下,政策研究开始成为上海市教育科研的一个重要领域。这一时期,上海市教育科学研究院普通教育研究所专门成立了政策研究室,从事政策研究工作。一些区县也进行了将教育科研与教育决策结合的尝试,如奉贤县政府在制定城乡建设总体规划或区域性改造规划中将教育科研作为制定涉及教育方面政策的重要依据。奉贤县首先承担上海市教育科研重点课题"上海市郊区中小学设点布局和办学规模效益的研究",通过研究,总结出中小学设点布局调整应遵循的四个原则。这不仅为奉贤县的学校布局调整提供了依据,而且形成了有质量的科研成果。该课题获得上海市第五届教育科研优秀成果奖一等奖。除了直接为现实决策服务的研究以外,对教育管理方面的研究也有上升的趋势,如在获得上海市第七届教育科研优秀成果奖一等奖的成果中,浦东新区社会发展局的《教育资金管理体制与运行机制》就以一个区为研究样本,探究了教育资金科学合理的运行机制。

② 研究方法的变化

在20世纪80年代,上海市教育科研在研究方法的应用上比较强调"三法两工具",即教育实验法、教育调查法、经验总结法和教育统计、教育测量。上海

---

① 潘国青.上海市学校教育科研发展的回顾与前瞻[J].上海教育科研,2002(12).
② 张民生.总结经验,发扬成绩,开拓前进[J].上海教育科研,1993(1).

市教育科学研究所成立之初,对上海教育科研骨干进行培训,其中"三法两工具"是重要内容。《上海教育科研》曾系统刊出关于怎样应用经验总结法的一系列论文,可见在这一时期,经验总结法是比较受重视的。由上海市教育科学研究院普通教育研究所编写的《教育经验总结的原理和方法》一书,是专业人员通过系统研究,将教育经验总结上升为科学的基本理论和基本方法的重要标志。

到20世纪90年代,上海教育科研界在研究方法上有了进一步发展。与第四届教育科研优秀成果奖的获奖成果相比,第五届的获奖成果在研究方法上有了一定变化。首先是群众性科研不断创造新的研究方法,如趋势外推法、滚动式研究法等。其次是行动研究法迅速普及。行动研究法是一种边研究,边总结,边反馈,边调整完善的研究方法,引进国内之后,迅速被上海普通教育科研人员所接受。这与这一时期上海教育科研面临的问题有关。20世纪90年代中期以后,上海中小学教师从事科研工作的积极性尽管在各种制度实施的激励下被调动起来,却仍然面临一个问题,即怎样对基层中小学科研工作进行合理定位。在上海普通教育教科研十五周年纪念研讨活动中,上海教育科研界的有关人士就这个问题作了反思。在这次会议上,一种观点认为,基层学校做教育科研,宜着眼于提高本学校的教师素质,"加强对这些年来比较普遍运用的'行动研究法'的总结完善","使之更易为广大教师所接受"。① 正是基于这种定位,同时由于定量研究方法和实验研究法对教师素质要求较高,在基层学校科研中推广有一定难度,加之行动研究法和质性研究方法具有一定的先进性,以行动研究方法为主的新方法得到了广泛应用。如静安区教育局承担的教育部"九五"规划重点课题"发达地区中小学实施素质教育的行动纲领及实践研究",就在五年研究时间里大量采用了行动研究法,"为教育科学研究中的大规模课题如何采用行动研究法提供了良好的范例",② 并获得上海市第七届教育科研优秀成果奖一等奖。

③ 普通教育科研成果推广工作的发展

1993年以前,上海市教育科研的推广工作在一些区县和学校已经展开。早在1988年,徐汇区就设立了"区教育科研推广奖"来支持教育科研的推广工作。闸北区在20世纪90年代初也开始将成功教育研究推广到小学阶段。如1990

---

① 郑慧琦,胡兴宏.上海市普教科研现状、问题及发展趋向研讨综述[J].上海教育科研,1998(4).
② 苏忱.科研出成效,笔耕结硕果——上海第七届教育科学研究参选成果述评[J].上海教育科研,2001(12).

年9月,闸北区中兴路第二小学着手成功教育的扩大研究。1994年3月,上海第一师范附属小学(简称"一师附小")召开愉快教育专题研讨会,与会者很多是其他省市的研究者。

上海市学校科研前十年里取得了比较丰硕的成果,如一师附小的"愉快教育"、青浦县数学教改实验、闸北八中的"成功教育"等产出了在全市乃至全国都具有影响力的科研成果。要让这些研究成果产生效益,就必须将它们推广出去。张民生谈道:"如果我们的研究工作取得了成果评了奖,就束之高阁,那么这样的研究本身没有完成,本身没有效益,或者效益很低。"① 因此,怎样推广已获得的科研成果,让它们取得更大的效益,成为十年之后上海教育科研界面临的重要课题。1994年11月28日到12月3日,上海市教育局和上海市教育科学研究所联合举办了"上海市教育科研成果推广活动周",开展了愉快教育成果推广现场观摩会、报告会和研讨会等活动,并成立了专门的成果推广机构——上海市教育科研成果推广领导小组,设立"上海市教育科研成果推广奖"。这样,全市范围内的大规模有计划的教育科研成果推广工作正式启动。1995年,上海市教育委员会成立后,教育科研推广的领导机构也得到充实,张民生、夏秀蓉任上海市教育科学研究成果推广领导小组组长,颁布了1995年第47号文件《关于调整上海市普教科研成果推广工作的通知》,确定了上海市重点推广课题。1997年6月,上海市举行了首届普通教育科研成果推广颁奖大会。这次评奖的标准主要看三个方面,即成果本身的科学价值;推广时能不能结合学校实际,有计划、有组织地实施活动;在推广过程中能否形成新的成果。在教育科研成果的推广方式上,主要有:第一,以合作科研带动成果推广,其中愉快教育的推广比较典型,在20世纪90年代初先后吸收了24个学校参与愉快教育的后续研究。第二,在研究中推广,在推广中深化研究。第三,以课程形式推广科研成果。如虹口区教育局将张思中外语教学法纳入教师职务培训课程,南汇县承担"农村初中生物学与农业科技融合课程教育研究"课题的研究人员将该研究成果编写成两门师训课程。此外,还有一些区县在推广科研成果方面注重集约化管理。1997年,上海市教育委员会和上海市教育发展基金会成立的市级教育科研基地,将科研成果的推广作为基地的主要功能之一。1999年,华东师范大学叶澜教授主持的新基础教育研究在前期研究的基础上,将成果推广到闵行

---

① 张民生.推广科研成果,促进素质教育——在上海市首届教育科研成果推广奖大会上的报告(摘要)[J].上海教育科研,1997(9).

区,并获得第二届教育科研成果推广奖一等奖。

④ 上海教育科研基地建设

在上海普通教育科研开展的前十年,初步形成了"市—区—校"三级科研网络。许多基层学校都建立了专门的科研室,全市各区县也建立了教育科研机构,不仅从事教育科研,而且负责该区县的科研管理工作。上海曾将普通教育科研定位为"普及与提高相结合,理论与实践相结合"。推动本区域基层科研工作进一步发展的一个重要因素就是组织建设。正如一位区科研管理者所说:"在长期的基层学校科研指导工作中,我们感到需要有一种形式来强化区科研室与基层学校的协作研究关系,于是便产生了共建共管科研实验基地的构想。"① 同时,面对各区县在科研工作上的竞争,要形成本区域的拳头科研产品,也需要集中科研力量来从事重大课题研究,这就是一些区县在20世纪90年代初设立科研基地的最初动力。在这一时期,黄浦区建立了8个科研基地。1996年1月,黄浦区对首批挂牌的8个科研基地进行考核,上海市教育委员会科研处、上海市教育科学研究院等科研机构都派人参加这次活动。黄浦区建立科研基地的一个重要目标就是通过基地建设,在全区学校教育科研中起到示范和辐射作用,从而推动全区教育科研的发展。闵行区于1993年初设计并实施了"138工程",其中抓好8个科研基地建设是其重要内容。1994年5月12日,闵行区教研所在明星小学建立了第一个教科研实验基地——明星科研实验基地。1996年,浦东新区也建立了8个科研基地。

市级科研基地的建立则标志着普通教育科研基地建设进入新阶段。

20世纪90年代中期,上海的普通教育科研在经过80年代的大发展之后,开始进入一个新的时期。在这个时期,科研网络不断完善,各种课题管理制度相继出台,科研课题规划和评奖也进入制度化管理时期。同时,随着其他兄弟省市教育科研工作的相继展开,上海教育科研开始面临更多挑战。怎样实现普通教育科研在原有基础上的继续发展成为当时面临的重要问题。另外,怎样加强已有教育科研成果的推广工作,怎样建设科研队伍等也是亟待解决的问题,而要解决这些问题,就必须在原有基础上实现制度创新。为此,上海借鉴专门科研机构的体制,以前期拥有重大普通教育科研成果的学校或科研机构为基础成立了研究所,并按当时参与设立市级科研基地人士的最初设想,使这些科研基地"在组织结构上倡导以人为本的学术带头人负责制,在人员构成上倡导开

---

① 王福林.明星小学科研基地的创建历程[J].上海教育科研,1999(6).

放式的动态组合,在经费投入上改变由教育行政部门独家包办、平均分钱的习惯做法,形成以项目为中心的多元投资方式",① 将市级科研基地建设成为具有现代组织形式的科研机构,集教育科学研究、科研成果推广、科研人才培养和科研情报收集为一体。1996年下半年,上海市教育委员会发布消息,决定从1997年开始用几年时间建设若干个"上海市教育科学研究基地"。

1997年3月,对研究基地有申报意向的十几个区县向上海市教育委员会提出了申请,并提供了基地的建设规划与工作方案。经各方面专家评审考核,上海市教育委员会根据学科门类、研究方向,特别是在考察原有研究的基础上,于1997年4月建立并命名了首批五个上海市教育科学研究基地:愉快教育研究所、成功教育研究所、青浦实验研究所、张思中外语教学法研究所、学习指导研究所。研究所的运作得到上海市教育发展基金会的经费资助。一方面,它们继续对原有科研成果做进一步的研究,如愉快教育研究所成立之后,研究人员开始积极寻找新的生长点,将愉快教育研究的重点从教师的教转到学生的学,并在之后三年的时间里,申报并获批2项全国性项目、2项市级项目。另一方面,这些市级科研基地又在其他学校建立相应的科研基地,推广研究成果或共同推进科研工作,如学习科学专业委员会和学习指导研究所命名了一批学习指导实验研究基地,这些研究基地在市级科研基地的带动下,或开展研究成果的推广研究,或一起进行探索性研究。可见,市级基地对带动上海其他学校开展科研工作起了重要的作用。

成立市级教育科研基地前后,上海普通教育界的许多科研力量也开始建立自己的研究基地。例如,1997年9月,杨浦区齐齐哈尔路第一小学成为上海市教育科学研究院普通教育研究所第一个实验基地。此后,普通教育研究所与20多所高中、初中、九年一贯制学校、小学、幼儿园达成协议,并以这些学校为依托建立科研基地。华东师范大学、上海师范大学的科研基地也有几十个。上海的创造教育学会自20世纪90年代开始在中小学建立了100多个科研基地。中小学心理辅导协会、家庭教育学会等教育科研学术团体也都建立了学校基地。此外,还出现了高校和科研机构联手签约的科研基地。

在这些教育科研基地中,上海市教育科学研究院普通教育研究所科研基地的运作是较有代表性的。长期以来,该所与一些学校建立协作关系,并为这些学校开展科研提供科研咨询服务,指导这些学校的教师的学习和科研。2000

---

① 张民生,苏忱.关于建设市级教育科研基地的思考与实践[J].上海教育科研,2000(6).

年,在这种协作关系的基础上,该所又与一些学校共建科研基地。为此,该所专门成立了基地工作小组,加强对基地学校的统筹和管理,同时制订了有关基地的管理办法、基地学校教改课题建设计划和基地学校联系指导人条例等,规范了协议书文本,并对此前已有的基地进行了调整。这样,基地建设开始呈现制度化、规范化的格局。① 总之,上海市教育科学研究院普通教育研究所科研基地运作呈现出既与基地学校在课题研究上进行合作,又为科研基地学校提供教师和科研骨干培训,既在科研课题的选择上考虑基地学校的现状和需要,又力图通过教育科研使基地学校在办学水平上有较大发展等特点。

---

① 张文周.普教所教育科研基地建设的实践与思考[J].上海教育科研,2002(12).

第五章

一流教育,面向未来(1997—2002)

20世纪末21世纪初,面对经济全球化、知识经济及信息技术的飞速发展,上海市及时提出了"建设一流现代化国际化城市"的战略目标。围绕这个目标,上海市描绘了"一流城市、一流教育"的宏伟蓝图,并在此基础上重新构建教育发展的思路,以适应教育面向现代化、面向世界、面向未来的需要,使上海逐渐成为与国际化大都市相匹配的学习型城市。

第一节 一流基础教育的规划实施

一、基础教育的发展

1. 基础教育的重要性

基础教育对提高民族素质和促进国家富强具有全局性、基础性和先导性的作用,是建设中国特色社会主义的奠基性工程。发展基础教育,对人的基本素质养成和一生成长发展至关重要,对推动经济增长、社会进步和迎接各种挑战具有战略意义。

1985年7月,上海市第八届人民代表大会第四次会议通过了《上海市普及义务教育条例》,在全国率先以地方人大立法的形式实施九年制义务教育,确立了优先发展基础教育的思路。

教育发展与上海整体协调发展密切相关。基础教育是其他各级各类教育的基础和培养人才的奠基工程,关系每一位个体的终身发展和幸福,关系未来上海全体市民的素质,涉及社会的方方面面。具体来说,主要表现在四个方面。

其一,上海城市功能的重新塑造。大规模的市政建设、城乡一体化、农村城镇化等使整个基础教育设点布局和资源配置得以重组和调整,它要求未来的建设者必须具备开放的心态和开阔的视野,要求基础教育进一步面向世界,提高开放度。因此,必须让学生从小形成开阔的视野、开放的心态、协作的精神和竞争的意识,以更好地适应未来上海开放型经济的发展需要。

其二,改革开放和社会主义物质文明、精神文明的建设,极大地增加了人们对基础教育的需求,成为基础教育发展强有力的动力和新的增长点。市民生活水平的不断提高和居住环境的改善,也对高质量的中小学教育提出了新要求。

其三,在分级管理体制改革中,上海的基础教育改革以区域为主体,通过区域性推进全方位展开,逐渐实现由应试教育向素质教育的转变。一些发达国家提出基础教育要"为学生知识技能方面的继续教育和培养奠定基础,让学生尊重并以积极的态度对待终身教育"的做法很值得我们借鉴。因此,培养学生的创新精神、创新能力和发掘学生适应终身学习的潜能,是上海基础教育面临的重要任务。①

其四,各级政府依法治教,使教育经费投入有了保证。教育经费的增长,尤其是区县教育经费的增长,极大地促进了基础教育的发展。在建设现代化社会的历史进程中,上海各级政府都要把办高标准、高质量的义务教育作为政府的重要职能。

2. 基础教育的发展概况

"八五""九五"期间,上海基础教育的发展水平达到一个新的高度,取得了显著成绩。上海市教育委员会在中共上海市委、上海市政府领导下,全面推进一流基础教育建设,其中一些改革项目已经进入攻坚阶段,如示范性学校建设、现代化寄宿制学校建设、薄弱学校改造等,这些项目都体现了上海为优化教育资源配置以及满足人民群众对教育的需求所做的努力,这些实事建设已经成为改革的重点任务。同时,和素质教育有关的课程教材改革、招生考试方法改革、课堂教学策略和现代化教育技术应用等研究也愈来愈深入。另外,办学体制改革、高中阶段高峰问题等在教育改革中的矛盾,也正积极稳妥地得到逐步解决。②

二、一流基础教育的规划实施

1. 上海基础教育的任务

第八届全国人民代表大会第四次会议通过了《中华人民共和国国民经济和社会发展"九五"计划和2010年远景目标纲要》,这一带领中国进入21世纪的行动指南提出了两个具有全局意义的根本性转变,即经济体制从传统的计划经济体制向市场经济体制转变,经济增长方式从粗放型向集约型转变。要实现这

---

① 上海市教育委员会.上海教育年鉴(2002)[M].上海:上海教育出版社,2002:16.
② 胡瑞文,蒋鸣和.一流城市,一流教育[M].上海:上海教育出版社,2002:108.

两个转变,就要求对自然资源再配置和人力资源再发掘,由此决定了未来中国的繁荣富强必须实施科教兴国战略和可持续发展战略。而实施这两个战略的关键就是优先发展教育。对上海这个现代化国际大都市来讲,这个任务尤为重要。

其一,上海的基础教育要为塑造未来新型市民,培养新世纪人才奠定基础。新世纪人才必须具备两个素质特征:一是国际视野——由于世界经济一体化以及信息的高速发展,未来的人才如果不通晓外语,不熟悉国际惯例,将很难取得更大的成绩;二是一专多能——21世纪的人们会碰到更为复杂、更为普遍以及严峻的问题,要解决这些问题,要求解决问题的人不仅在自己领域内具有专长,而且熟悉其他领域。

其二,上海基础教育必须走可持续发展的道路。长期以来,上海基础教育的发展在全国都处于较高水平,教育改革也已进入整体推进的状态。要进一步发展,就必须放眼全球,走可持续发展道路,只有这样,才能应对新世纪的种种挑战,实现一流教育的目标。

其三,建设一流基础教育的主要规划:一是建成0—18岁现代基础教育体系;二是促进学生全面有个性地发展;三是学校物质环境配置达到现代化水准;四是实现教育信息化;五是形成以政府办学为主体、社会各界积极参与、多元化的办学格局;六是国际化程度和开放度明显提高。①

其四,推进基础教育现代化的若干举措:一是以中小学标准化建设为基础,全面改善上海基础教育的办学条件;二是以信息化为平台,促进基础教育的全面改革和教育方法、教育手段的现代化,初步形成基础教育社会化的大教育网络;三是以上海城镇化建设为契机,大力提升郊区基础教育水平,要抓住城镇化建设这一历史机遇,高起点、跨越式地加快郊区基础教育水平;四是以师资建设和课程教材改革为重点,努力推进由应试教育向素质教育的转变;五是以体制和机制创新为动力,转变陈旧的教育观念,用先进的教育思想指导教育活动,进一步增强基础教育的办学活力;六是初步形成市和区县两级政府宏观管理、学校自主办学的基础教育管理体制。

其五,全社会要进一步关心和支持基础教育的改革与发展。基础教育是关系全民族基本素质提高和上海未来发展的重大工程,各级政府和社会各个方面都要尽最大努力进一步关心和支持基础教育的改革与发展。一是区县政府要

---

① 上海市教育委员会.上海教育年鉴(2002)[M].上海:上海教育出版社,2002:17.

进一步加强对基础教育的领导;二是确保对义务教育的投入;三是为基础教育的改革与发展创造更好的社会环境。

其六,上海建设一流基础教育的策略。1997年,上海市制订了《上海市建设一流基础教育"九五"规划及2010年远景目标》,并按照三步走的策略开始实施。第一步(1997—2000),建设一流基础教育的启动阶段和初步奠定上海一流基础教育的体系框架;第二步(2001—2005),有重点地推进上海一流基础教育建设;第三步(2006—2010),基本形成上海一流基础教育。

在此基础上,上海市又于2000年编制完成了《上海教育事业"十五"计划和2015年规划纲要》。上海教育事业2015年的远景目标是:确立素质教育的框架,上海教育的总体水平将达到或接近世界发达国家的教育水准,基础教育(九年制义务教育、高中阶段教育)在普及率与教育质量上达到或接近国际一流水平。

2. 上海建设一流基础教育的政策法规保障

其一,加强教育立法工作,推进依法行政和依法治教。为了保护青少年的权益,上海于1998年出台了《上海市中小学校学生伤害事故处理条例(草案)》,1999年形成了《上海市中小学校学生伤害事故处理暂行条例》《上海市实施〈社会力量办学条例〉若干规定》以及立法说明,2000年完成了《上海市中小学校学生伤害事故处理暂行条例》文本及立法说明起草工作,并配合做好立法审议的有关工作。最后,经过长达8年的调研与反复论证、修改,我国第一部关于校园事故处理的地方性法规《上海市中小学校学生伤害事故处理条例》于2001年7月13日经上海市第十一届人民代表大会常务委员会第二十九次会议通过,并于2001年9月1日生效施行。

此外,上海市教育委员会和上海市政府法制办公室还组织了对《上海市青少年保护条例》的修改。同时,为了更好地进行社会办学,进一步开展《上海市实施〈社会力量办学条例〉若干规定》的立法调研,上海市教育委员会会同上海市政府法制办公室又进行了文本修改。此外,针对社会经济发展,青少年保护工作面临的新情况、新问题,上海市人民代表大会常务委员会又着手制订《上海市未成年人保护条例》。

其二,从一系列政策上指导一流教育的建设。1997年,上海市教育委员会制订了《一九九七年本市初中入学工作的原则意见》,明确提出初中入学的改革目标,为素质教育的实施打下基础。1998年修订了《市重点中学办学水平督导评估指标》,初步形成了一整套比较科学的评价量表和操作规则,以便组织实施教育工作专项督导,同时印发了《关于在本市开展基础教育实施素质教育专项督导检查的通知》和《上海市对区县教育工作专项督导的实施意见》及相应指标。同年11月,修订颁布《上海市中小学学籍管理办法》,着重对学科考核、品行鉴定、升留级制度等进行了改革,以更好地推进素质教育。1999年1月26日,上海市教育委员会又颁布了《关于加强当前本市农村基础教育工作的若干意见》,要求大力发展上海农村基础教育,使农村教育与城市教育齐头并进,共同发展。

1999年8月29日,上海市教育委员会颁布了《上海市中小学标准化建设工程的实施意见》。它以全国教育工作会议精神为指针,积极贯彻《上海市建设一流基础教育规划》和《关于上海市进一步加强中小学素质教育工作的若干意见》,把"办好每一所学校,总体提高基础教育的办学水平"作为各级政府及其教育行政部门依法治教的基本职责,作为全面实施素质教育,进一步提高全市基础教育整体水平的基础性工作,作为满足人民群众对良好教育的强烈需求和为人民办实事、办好事的重要举措,尽力使每一个进入21世纪的学生都能享有基本均等的受教育机会和良好的学习环境。

3. 一流基础教育建设的核心是全面实施素质教育

一流基础教育的建设是一项面向未来的工程,它具有多方面的深刻内涵,其核心是通过注重学生素质发展的教育价值、教育功能及其运行体系来培养学生,以适应一流城市建设和发展的需要,适应21世纪知识经济时代的需要和人民群众对高质量基础教育的需求。可以说,一切先进的教育思想、教育行为和教育条件都是围绕培养适应时代需要的高素质人才这个核心展开的。因此,一流基础教育建设的核心就是全面实施素质教育。

1993年《中国教育改革和发展纲要》指出,"中小学要由'应试教育'转向全面提高国民素质的轨道,面向全体学生,全面提高学生的思想道德、文化科学、劳动技能和身体心理素质,促进学生生动活泼地发展,办出各自的特色",明确提出了素质教育的培养目标。1996年,时任上海市市长徐匡迪在《政府工作报告》中提出,上海市的基础教育将在2000年前基本实现由应试教育向素质教育转轨,初步形成素质教育的运行机制。自此,这一历史性的任务摆在了全市31万教育工作者的面前。

(1)为了全面推行和顺利实施素质教育,上海市政府和各级单位全力以赴,颁布了许多文件方案

① 上海市政府召开关于素质教育的会议

1998年,上海市召开中小学素质教育工作会议,上海市副市长周慕尧作了《更新观念,转换机制,实现由应试教育向素质教育的根本转变》的讲话,提出转变传统教育观念,树立"以学生发展为本"等符合素质教育要求的观念,明确以培养创新能力作为素质教育的核心的思想。会议制定了《关于上海市进一步推进中小学素质教育工作的意见》,拟订了《上海市中小学素质教育工作三年目标和行动计划》以及一系列具体实施意见,会后各区县均相继部署了区域性推进素质教育的实施计划与措施。

1999年,中共上海市委、上海市政府转发了《关于贯彻〈中共中央国务院关于深化教育改革全面推进素质教育的决定〉的意见》,提出了以全面推进素质教育,努力实现上海教育发展目标,实施素质教育十项行动计划,建设一流教育等为主要内容的几点意见。同年9月6日,中共上海市委副书记龚学平在上海市教育工作会议上作了《深化教育改革,全面推进素质教育,为创建国际大都市作出更大的贡献》的重要讲话,再次重申了政府的立场,强调了素质教育对上海的重要性。

2000年暑期,中共上海市教育工作委员会、上海市教育委员会召开了上海市教育系统学习江泽民《关于教育问题的谈话》动员会。会后,全市各区县又举办了教育行政部门的干部和校长学习班,之后又在全体教师中开展大学习、大讨论和大落实活动,为贯彻落实"三个代表"思想和江泽民《关于教育问题的谈话》精神,全面推进素质教育打下良好的思想基础。

② 各个区县政府机关召开各种工作会议,颁布各项措施,确保素质教育的实施

1997年7月,青浦县人民政府专门下发了关于进一步深化教育改革的意见和开展素质教育专项督导的文件,要求进一步建立健全素质教育的运行机制,加大实施素质教育的力度。1999年4月22日,闸北区召开"扎扎实实全面推进素质教育大会",总结了一年来闸北区的工作成果,并提出10项新举措。当年下半年,上海市各个区县陆续召开工作会议,重点讨论素质教育。通过会议,各个区县再次强调全面推进素质教育的重要性,并且制定了相应的工作计划和目标来确保素质教育的顺利进行。闵行区政府为了进一步加大区域性整体推进素质教育的力度,于2000年3月建立了闵行区素质教育联席会议制度,并于3月16日召开了第一次会议。

③ 在召开各种会议的基础上,各级单位积极构建素质教育评价方案

1997年,长宁区教育局率先开始制定素质教育方案,先后制定了学校、课堂

教学、学生状况三个评价方案。1998年,黄浦区区域性实施素质教育框架基本形成,拟定了《黄浦区基础教育实施素质教育跨世纪(1998—2000年)行动纲领》,制定了《黄浦区中学(小学)素质教育评价方案》。1999年11月24日,杨浦区教育局推出了中小学各学科实施素质教育行动方案。2001年初,南汇县教育局推出了《周浦素质教育实验区实验总方案》。这些方案的出台为构建上海素质教育运行机制及建立良好的环境创设了有利条件。

④ 各个区县举办有关素质教育的研讨会

为了促进大家对素质教育重要性的了解,为素质教育的实施打下坚实基础,1997年2月,长宁区教育局组织全区中小学开展以素质教育为中心的第六届教学研讨会。1998年8月,普陀区召开了"中小学素质教育研讨会",提出深化教育改革、实施以创新教育为核心的素质教育的奋斗目标,要求紧紧抓住课堂教学改革这一突破口,冲破陈旧的课堂教学模式,以学生发展为本,努力培养学生的创新精神和实践能力。1998年12月16日,上海市教育委员会基础教育处、科研处与静安区教育局、上海市愉快教育研究所在静安区联合召开了"纪念十一届三中全会20周年暨深化愉快教育研究,推进素质教育研讨会"。1999年3月31日,南汇县中小学素质教育工作会议在南汇县实验学校和南汇中学召开,南汇县实验学校校长作了《以人为本,鼓励创新,健全人格》的实施素质教育的专题介绍,县教育局局长施志义作了《关于区域性推进素质教育的几点意见》主题报告。2001年3月20日,宝山区教育局也召开了"五大区域推进素质教育研讨会"。总的来说,上述会议实事求是地总结了区域推进素质教育的主要进展,让大家进一步加深了对实施素质教育的根本目的、任务和重点等方面的认识,更好地为实现素质教育目标服务。

(2)为了落实素质教育,上海市积极推动课程改革与师资培训

与政府机关举行各项会议颁布各项文件、积极为素质教育创造便利条件不同,学校的重点是把素质教育落实到课程教材和课堂教学中,这是建设与一流城市相适应的一流基础教育的需要。1988年,上海率先提出课程改革、课堂和教师在素质教育中的重要地位:"素质教育课程化,课程实施素质化,素质教育的基本渠道在课堂,素质教育的主力军是教师。"[1]上海的课程方案也明确提出使学生"具有良好的思想道德素质、文化科学素质、身体心理素质和劳动技能素

---

[1] 孙元清.素质教育课程化 课程实施素质化[J].上海教育,1997(1).

质,个性得到健康发展"①的总的培养目标。这说明,课程改革和师资培训是推进素质教育的两大支柱。

① 上海市中小学课程改革

1997年,上海市副市长龚学平在于闵行区实验小学召开的上海市中小学课程教材改革总结交流会上作了《加大力度,深化课程教材改革,全面实施素质教育》的报告,指出了课程教材改革的重要性和必要性。他指出,中小学教育从应试教育转轨到素质教育,是中共中央和中共上海市委、上海市政府对基础教育提出的重大改革任务,是一项全方位的综合性教育改革,而课程教材改革是这一重大教育改革的核心内容。而在此之前,从1988年开始的上海第一期课改已取得了令人瞩目的成绩。

1998年,上海开始启动课改第二期工程,提出制定适应全面实施素质教育和培养21世纪需求人才的课程结构。按照上海市第三次教育工作会议提出实施新一轮课程改革工程的要求,课程教材改革的第二期工程于1999年全面推进。一是编订新课程方案,完成方案设想讨论稿;二是编写各学科教育改革的行动纲领,明确提出学科目标、内容、要求等方面的改革要点和课程实施的配套措施等;三是启动幼儿教育的课程教材改革;四是建立108个中小学、幼儿园课改试验基地;五是编制英语、计算机新教材和软件;六是推进特殊教育的课程教材改革。

在此基础上,各学校纷纷响应,探索课堂教育教学模式,举办各种展示活动。1999年5月21日,延安中学召开以课堂教学改革为重点的素质教育研讨会。由浦东新区教育科学研究所教学研究室承办的上海市小学数学课堂教学实施素质教育研讨会于1999年11月22日至24日在浦东举行。

与此同时,各个区县也不遗余力地推进课程教学改革。普陀区教育局与市教育科学研究院合作,进行课堂教学改革的实验研究,探索培养学生创新精神与实践能力的新的课堂教学改革样式。虹口区大力推广四平路一小的"小班化教学"、第四中心小学的"六段双反馈教学"、飞虹中学的"分层递进教学"、华东师大一附中的"高中跨学科研究型课程"和"张思中外语教学法"等具有代表性的教学模式。虹口区教育局和各校领导及区督导室、教研室人员还深入课堂第一线,和师生探讨课堂教学改革,一批学校举办了大型教学展示活动,注重发挥高级教师的骨干作用,举行了全区高级教师教学观摩周活动。2001年,卢湾区

---

① 《上海教育》评论员.把素质教育落实到课程、教材和课堂中[J].上海教育,1997(1).

教育局研究制定了推进课堂教学的主要措施,如确定新学期推进课改的目标,增加高中研究型课程数目,推进初中研究性学习和课堂教学模式改革,课堂教学逐步从"教材为本"转变为"学生发展为本",从"知识记忆为主"转变为"启迪智慧、注重能力为主"等。

② 师资力量培养

实施课改,不仅仅需要教材改革,更需要课程改革的实施者。邓小平指出:"一个学校能不能为社会主义建设培养合格人才,培养德智体全面发展、有社会主义觉悟的有文化的劳动者,关键在教师。"①《中国教育改革和发展纲要》同样指出:"振兴民族的希望在教育,振兴教育的希望在教师。建设一支具有良好政治业务素质、结构合理、相对稳定的教师队伍,是教育改革和发展的根本大计。"在全面推进素质教育的进程中,上海市及下辖各个区县都花大力气进行了师资培训。

首先,是中共上海市委、上海市政府组织的培训工程。

1996年至2001年是上海市对中小学和幼儿园的干部、教师实施第二轮培训的阶段。根据"全面开放,按需施教,分级负责,科学管理,讲求实效"的工作方针,培养培训工作进入了深入发展阶段。据统计,市级骨干教师培养率为127%,区县级骨干教师培养率为459%,校级骨干教师培养率为105.84%;校(园)长培训、学校后备干部培训、新教师见习期培训、教师职务培训的完成率均在99%以上。

1997年,"中青年骨干教师培养工程"正式启动。1998年3月,上海市中小学、幼儿园骨干教师和骨干校长培养工程正式启动。1999年,上海市积极开展教师继续教育工作,先后派出了3批61名中小学骨干教师赴英国和美国进行1~2个月的业务培训,下发了《关于第一届市级中小学骨干教师的培养的实施意见》。2000年扩大了骨干教师出国进修的规模。2001年,上海市师资工作会议召开,制定了《上海市师资队伍建设第十个五年规划纲要》以及《关于加强上海市教师队伍建设的若干意见》等一系列文件。

其次,是各个区县的师资培训工程。

在市委市政府的带动下,为了加强师资队伍建设,提升教师综合素质,各个区县也启动了"名师工程"和其他培训工程。如徐汇区教育局于1997年正式启动"名师工程",1998年继续深入。崇明县从三个方面加强师资队伍建设:一是开展骨干教师培训工作,二是抓师资培训,三是抓好新教师培训。1998年,卢湾区召开第五届师资工作会议,制定了《卢湾区中、青年骨干教师标准(修订稿)》

---

① 邓小平.邓小平论学校教育[M].北京:中国人民大学出版社,1990:64.

《关于进一步加强师资队伍建设的若干意见》《卢湾区中学高级教师管理意见》三个文件,以便师资培训顺利进行。同年12月17日,宝山区教委也正式启动名师培养工程。1999年5月13日,杨浦区教育局正式启动"名师工程",并按照"名师领先,群体推出,集中展示,滚动发展"的办法向前推进。①

③ 考试测评制度改革

在素质教育实施过程中,对考试测评制度的改革不容忽视。中国传统的考试制度制约着学生各方面素质的发展,只有改革考试测评制度,才能让学生有更多的时间全面发展。从1997年到2000年,上海市政府在这方面做出了积极的努力。

1997年,上海市全面实行初中入学办法改革,在嘉定、静安等13个区县全面实行免试就近对口入学办法改革的基础上,其余7个区县也着手进行这项改革,从而实现了全市(除4所经国家教委和市教育委员会批准的教育实验学校外)小学升初中的免试就近对口入学。同时,扩大高中阶段招生改革。在1996年闵行区高中阶段招生改革试点的基础上,闸北区也开始进行高中阶段招生办法改革的实验,以进一步探索初中实施素质教育、初中学生合理分流、区县主动改革的高中阶段各类学校招生制度。

1998年,推进招生考试制度改革,实行市区小学五年级学生、郊县六年级学生全部免试就近对口升入初中就读的政策,同时积极探索"多次机会、双向选择、多元评价、多元录取"的中考改革,将高中阶段学校招生综合改革试点扩大到闵行区、静安区、闸北区、青浦县等区县。

2000年,为积极营造有利于实施素质教育的宽松环境,上海市继续进行招生考试制度改革。一是试行市、区县两级管理的招生考试制度,初中升学考试由市统一命题,市和区县共同组织实施。二是在普通高中和重点职业技术学校重点专业实行"保送生"制度。三是推行技能测试。四是取消学科竞赛加分办法。五是扩大加试体育的试点。

(3)"家长看素质教育"活动和社区教育的影响

素质教育不单应在学校推行,更应在社会上加以推广,以让更多的家长和群众认识到素质教育的重要性。

① "家长看素质教育"活动

素质教育如果没有家长的支持,就很难成功。只有让家长深刻认识到素质

---

① 上海市教育委员会.上海教育年鉴(2000)[M].上海:上海教育出版社,2000:269.

教育的作用,才能将素质教育全面彻底地推行下去。

1999年,中共上海市教育工作委员会、上海市教育委员会从5月至9月在全市范围内开展了"百万家长看素质教育,素质教育进千家万户"主题教育活动,5月17日至21日,各个区县在此基础上又举行了一系列活动。如闸北区各中小学通过教学公开课、主题班会、作品展示、录像播映、橱窗板报等多种形式向家长、社会各界展示实施素质教育的成果。在"万名家长看素质教育——市北中学素质教育展示活动"中,千余名学生家长一起饶有兴致地观看了学生自己组织的主题班会、文艺表演、书画艺术作品展、科技小发明小制作以及电脑课件和班级网页展示。① 虹口区120所中小学集中一周时间邀请15 000名家长观摩教育教学活动,开设教学公开课1 300多节,组织各类素质教育活动400多次,各教育小区也组织了双休日素质教育活动。②

② 社区教育

上海市教育委员会深刻认识到社区教育对推进素质教育的作用。1999年,由国家教育部下达,上海市教育委员会牵头,14个省市区共同参与的"九五"国家级重点课题《社区教育在面向21世纪现代教育体系中的地位与作用研究》进入研究的第三年。在课题组全体成员的专题性研讨会上,上海市教育委员会就社区教育在构建全民终身教育体系中的地位、社区教育与社区文化建设、社区教育对促进地区精神文化构建等问题介绍了最新研究成果。之后,上海市社区教育的实践日趋活跃,开始形成多方位、多角度的发展模式,包括以企事业单位为主体,探索与地区共建社区教育的模式;以学校系统为中心,与社区互相配合、资源共享、共同育人的发展模式等。特别是以上海社区教育发展的主要模式——街道乡镇为核心,重点进行了在社区教育中推进素质教育的实践研究。它从实施全民素质教育的角度,展示和研讨了学习化社区与教育现代化、学习化社区与构建全民终身教育体系及地区精神文明建设等专题;召开了"全面实施素质教育,完善开元模式"的办学体制改革研讨会以及全面推进"学习化社区"的大型理论研讨会,从而在更加广阔的范围内拓展了社区教育的社会功能与教育功能。另外,还通过举办全市"学习化社区"干部培训班,提高了社区教育干部的认识水平,进一步确立了加强社区建设的新目标。

1998年,南市区建立了学校、家庭、社区三结合的教育网络,共同推进素质

---

① 上海市教育委员会.上海教育年鉴(2000)[M].上海:上海教育出版社,2000:257.
② 同上:265.

教育。暑期中,有 5 所中小学全天向社区开放,15 所中小学双休日向社区开放,这些中小学暑假共接待 38 700 多人次,推动了地区精神文明建设。2001 年 3 月 21 日,静安区区长姜亚新向区有关职能部门颁发了素质教育目标责任书,指出推进素质教育是一项系统工程,全区各有关部门和街道要从各自的工作实际出发,对教育多一分理解、关心、支持和帮助。2000 年,中共上海市委、市政府于青浦区划出 373 公顷陆地和水域,建立上海青少年教育活动基地,这是中共上海市委、市政府贯彻"科教兴国"战略的一项重大举措。这样,积极推进素质教育的重大工程——"东方绿舟"于 2001 年 10 月建成,其中水域面积 133 公顷,陆地面积 240 公顷,建筑面积 15 万平方米。

(4) 素质教育在上海得到全面推广并取得显著成效

经过短短几年,上海基础教育领域的艺术、体育、科技教育全面开花。1998 年,上海市成功举办世界中学生运动会,学生体育健身活动广泛开展,同时艺术教育活泼开展,科普活动形式多样。1998 年初,黄浦区教育局组织大规模的中小学生创造发明方案设计活动,全区共有 23 所中小学,24 075 名学生参加活动,实际收到的创造发明设计方案有 19 025 份。长宁区中小学体锻达标率为 98%,艺术教育成绩显著,区、校代表队参加 1998 年布谷鸟音乐节竞赛与市"六一书画展",总分为全市第一;徐汇区双休日活动与竞赛丰富多彩;静安区举办第十一届美育节暨第十三届艺术节;"'98 虹口区青少年科技活动月"于 12 月 16 日在飞虹中学落下帷幕;闵行区举办了第三届学生艺术节;浦东新区积极开展科技教育活动,认真组织了"走可持续发展之路"系列科普活动和"金钥匙"科技竞赛。

在实施素质教育活动中,南市区的成效比较突出。1999 年 1 月,区教育局在上海大剧院成功举办了"春之声——南市区学生艺术教育汇报演出暨新春联欢会"。南市区在抓提高的同时,还注重抓好各学校的艺术普及教育。4 月,经过验收评估,市南中学、董家渡路二小等 8 所学校成为首批南市区艺术教育特色学校。敬业中学、蓬莱路二小参加上海市校歌歌咏比赛并双双获得表演奖。在"六一"少儿书法绘画比赛和国际航空绘画比赛中,南市区共获 6 个一等奖。区教育局在全市率先成立了陶艺教育南市分中心。1999 年 4 月,敬业中学游泳队代表中国赴法国参加世界中学生游泳比赛,摘取了 11 枚金牌。大同中学荣获"上海市群众体育示范单位"称号。全区学生科技活动参与率达 95% 以上,4 所学校被评为市科技教育特色学校,10 所学校被评为区科技教育特色学校。南市区学生参与全国、市级科技类竞赛多达 60 项,涉及全区近 3 000 名学生,共获市一等奖 42 项、二等奖 64 项、三等奖 106 项。

第二节 一流高校建设的启动与发展

高校建设对一个城市的发展是举足轻重的。对上海这样一个国际大都市来说,高校的全面建设更为重要,它有助于促进上海乃至全国经济和社会的发展。具体来说,上海一流高校建设主要围绕"211工程"展开,表现在体制、课程、师资等多个方面。

一、高校的整体建设

1. "211工程"的发展历史

1990年6月,国家教委在制定全国教育事业十年规划和"八五"计划时,就研究了在"八五"期间集中力量办好一批重点高校的问题。当时提出在两到三个五年计划内,有计划地重点投资建成30所左右的重点大学。但后来考虑到要形成一批行业带头学校,最终经过多次研究,确定了到2000年前后,重点建设100所左右的高等学校,并要求将此事当作面向21世纪的大事来抓。这一发展高等教育的措施开始简称"211计划",后来被确定为"211工程"。

1993年2月13日,中共中央、国务院印发了《中国教育改革和发展纲要》及国务院《关于〈中国教育改革和发展纲要〉的实施意见》。其中关于"211工程"的主要精神是:为了迎接世界新技术革命的挑战,面向21世纪,要集中中央和地方各方面的力量,分期分批地重点建设100所左右的高等学校和一批重点学科、专业,使其到2000年左右在教育质量、科学研究、管理水平及办学效益等方面有较大提高,在教育改革方面有明显进展,力争在21世纪初有一批高等学校和学科、专业接近或达到国际一流大学的水平。

1995年11月,经国务院批准,国家教委、国家计委和财政部联合发布了《"211工程"总体建设规划》,并将其作为我国教育领域唯一的国家重点建设项目,列入国民经济和社会发展中长期规划和"九五"计划,由国家拨出专款实施建设。"211工程"建设主要包括三个部分:一是一批重点学科点;二是基础设施;三是高等教育公共服务体系。其中重点学科建设是核心,它是体现教学、科研水平的重要标志,也是提升学校整体水平的有效途径。

2. 上海启动并建设"211工程"

遵照《"211工程"总体建设规划》所确定的原则、目标、工作步骤和任务,在国家"211工程"部际协调小组的统筹规划和具体指导下,上海市政府和上海市教育委员会将"211工程"建设作为高校改革的契机,全面实施高校结构、体制和机制改革,并全力帮助高校进行"211工程"的申报工作,成立了由市委副秘书长殷一璀为组长、市教育委员会主任张伟江为副组长的上海市"211工程"协调小组。上海市政府把"211工程"列为上海教育八大工程之一,并采取了一系列措施。一是把"211工程"立项建设的高校列为高校招生第一批录取学校;二是与所有部委属"211工程"建设学校的主管部门签署共建协议,给予上海地方政策的补贴;三是向复旦大学、上海交通大学各提供1.2亿元的"211工程"建设专款经费;四是上海大学和上海第二医科大学这两所地方高校的"211工程"建设资金完全由地方投入。至1996年底,上海共有复旦大学、上海交通大学、同济大学、华东理工大学、华东师范大学、上海外国语大学、中国纺织大学、上海医科大学、上海财经大学、第二军医大学、上海大学、上海第二医科大学等12所高校通过了部门预审。"九五"期间,12所"211工程"建设高校预计投入经费18亿元,其中约一半以上用于88个重点学科的建设。①

1997年,上海高校"211工程"建设进入启动阶段。这段时间主要是通过部门预审的高校进行"211工程"建设可行性研究报告的论证和立项审核工作。② 1998年,上海高校"211工程"进入建设阶段,复旦大学、上海交通大学、同济大学、上海医科大学、中国纺织大学、上海财经大学等高校经国家计委批准立项后,全面进入"211工程"项目的投资建设阶段。根据国家"211工程"部际协调小组《关于对有关高等学校开展"211工程"中期检查工作的通知》要求,复旦大学和上海交通大学按时完成了中期检查工作,并上报了中期检查报告。到1998年10月,复旦大学"211工程"项目经费累计到款2.46亿元,同批准的投资计划的进度相比,已到款项占3年中应到款的97%。上海交通大学1997年的"211工程"项目经费也全部到位,1998年应到位的1.55亿元已到位1.53亿元。通过中期检查,发现了问题,找出了原因,采取了措施,总结了经验,为第二期建设做好了准备,也为其他高校的"211工程"项目建设提供了宝贵经验。1998年,上海地方向上海大学和上海第二医科大学投入经费6 000万元。③

3. 重点学科建设

重点学科建设是列入上海市教育发展"八大工程"之一——"三重工程"("三重"即重点学科、重点实验室、重点课程)的重要内容,也是"211工程"的核心内容,是促进高校发展和提高整体水平的主要切入点和抓手,在高校改革与

---

① 抓住"211工程"契机,全力发展上海高等教育[J].上海教育,1997(1).
② 上海市教育委员会.上海教育年鉴(1998)[M].上海:上海教育出版社,1998:121.
③ 上海市教育委员会.上海教育年鉴(1999)[M].上海:上海教育出版社,1999:135.

发展中发挥着重要作用。1999年，上海高校有国家级重点学科52个，上海市教育委员会重点学科79个，其中市属高校26个、部属高校49个、联合学科4个。① 在此基础之上，2000年，根据上海市重点学科建设方案，经市教育委员会组织，由10位院士、专家和市政府有关部门领导组成的专家组论证，确定海洋地质、桥梁工程、自然地理学等10个学科为首批投入建设的重中之重学科。到2001年，重点学科建设稳步推进，上海高校的科研水平与综合竞争力有所提升。第一批重中之重学科建设进展情况良好。第二批上海市重点学科建设启动。根据《关于建设上海市重点学科的实施办法》，继"重中之重"学科启动建设后，又审核确认39个学科为第二批上海市重点学科。"上海市教育委员会重点学科（第四期）建设方案"已经制定并组织实施。上海紧紧抓住"211工程"建设，实施高等教育体制的改革。② 这一改革为上海高等教育的发展注入了生机和活力，推动了部门与地方的攻坚和多种形式的联合办学，促进了院校的调整与合并。通过院校合并，走优势互补、强强联合或强特联合的路子，使一批高校扩大了办学规模，提高了办学层次，增强了科研开发的实力。

与此同时，高校管理体制改革不断深化，学校布局结构调整取得新的突破。通过"共建、合作、合并、调整"，高教管理体制改革向纵深发展。

第一，以创建一流高校为目标的重点共建项目开始启动并继续推进。1996年，上海城建学院和上海建材学院以完整建制并入同济大学，这一集划转、合并、共建于一体的模式，被称为高等教育管理体制改革的"同济模式"。1997年，华东师范大学、华东理工大学、中国纺织大学实行中央部委与上海共建共管。1999年，教育部和上海市人民政府协商决定重点共建复旦大学和上海交通大学。

第二，普通高等教育资源得到合理配置，师范类院校布局调整工作基本完成。1998年8月，经教育部批准，上海教育学院、上海第二教育学院正式撤销建制，并入华东师范大学，组建华东师范大学继续教育学院，这为构建上海高等师范教育职前培养与在职培训的一体化体系打下基础。

第三，合作办学促进了学校教育资源的优化组合。1997年，上海西南地区的上海交通大学、上海第一医科大学、华东师范大学、华东理工大学等7所高校和上海东北地区的复旦大学、同济大学、上海财经大学等8所高校在合作办学

---

① 上海市教育委员会.上海教育年鉴(2000)[M].上海：上海教育出版社,2000：172.
② 同上：65.

上继续巩固成果,逐步把联合朝着教学、科研、学科建设等深层领域方向推进。其中,西南七校的环保合作科研已结出硕果;东北九校的跨校选课也从辅修课程发展成辅修专业,学分互为认可;重点建设的图书光盘检索中心也已成功开通。

第四,成人高校布局结构调整步伐加快。撤销了12所市、区教育学院和8所成人高校建制,有两个区的成人教育资源实施优化组合,经市政府批准,试办南市区社区学院、闸北区社区学院;完成了4所成人高校的改办,组建成上海第一所独立建制的高等职业技术学院——上海商业职业技术学院。

4. 师资队伍建设

首先,上海市政府和市教育委员会借助"211工程"建设,努力构筑上海人才建设高地,造就了一大批德才兼备的师资队伍。师资队伍水平的提高在促进高校科研和教学水平的提高,推动学科建设和发展,培养中青年学术骨干等方面发挥了积极作用,为高校的可持续发展奠定了良好基础。

自1995年开始,上海市教育委员会、上海市教育发展基金会共同开展"曙光计划",在高校中以"三高"(高学历、高职称、高起点)为要求,以出优秀人才、出科研成果为目的。从1998年起,"曙光计划"的资金从每年200万元增加到每年400万元,以加强对高校优秀青年科技人才的支持,加强对基础性研究和高新技术研究的支持。1999年是"曙光学者"丰收的一年。这一年,有21名"曙光学者"完成了科研任务并通过了专家的鉴定或评审,有24所高校选送了100名青年教师申报"曙光计划"项目,经专家评审,有48人被选为第五届"曙光学者",这48名学者全部具有博士学位,其中有正教授27人,女学者6人,22人是从国外学成归来或在国外进行过合作科研,25人获得过省部级以上的科技进步奖和哲学社会科学奖。

2000年,"曙光计划"绝大部分到期项目都进行了总结。同年,有20所高校选送了101名青年教师申报"曙光计划"项目,经专家严格评审,有48人被选为第六届"曙光学者"。2001年,"曙光计划"27个项目通过专家评审鉴定,许多学者获得科技进步奖和哲学社会科学奖。

其次,除了"曙光计划",根据上海"九五"师资队伍建设计划,1999年上海市教育委员会决定在普通高校开展第五届市级优秀青年教师选拔培养工作。经各高校推荐,上海市教育委员会组织专家评审,最后确定219名优秀青年教师为重点培养对象。各高校也以此为契机,为本届入选对象制定了培养计划,落实培养措施,创造成长条件,着力提高他们的思想政治素质,提高实施素质教育的能力和水平,激励他们增强历史使命感,以追求更高的目标,教书育人,为人师表,开拓创新,勇攀高峰。

5. 教材改革

建设一流高校不能忽视高校内部的教育教学改革,其中教材改革是重要一环。

1997年,上海普通高校规划"九五"期间重点建设教材并出版500本优秀教材,上海市教育委员会为第一批重点建设教材资助的300万元全部到位。1999年,上海市教育委员会启动了世界银行贷款项目,全年共审批22所高校的103个课程建设项目,投入课程建设资金318万元。这次课程建设体现出以下特点:投入资金的总量之多前所未有,相当于1990—1998年投入资金的总和;首次在全市高校范围内遴选课程建设项目获得立项的课程,其专业学科范围之广,将直接带动上海高校各专业各学科新一轮的课程改革;以培养学生创造精神和实践能力作为指导和评价课程建设的新理念。总的来说,1999年度课程建设工作的基本思路是以上海高校培养21世纪高素质人才为出发点,以素质教育的重点和教育现代化为突破口,以激励学生自主学习和教师投入教学改革为着力点,以实施本学科专业目录为契机,适应全面推进高校专业结构调整的需要,重点围绕高新技术专业和第三产业类专业建设一批一流水平的相关课程;制作配套的CAI课件,使相当一批课程实现多媒体教学。在这种背景下,上海高校外国教材中心于1999年4月在华东理工大学图书馆建成,它由5个网上系统组成,即世界著名大学教学信息数据库系统、教材查阅系统、网上信息服务系统、教材全文数据库系统和网上借阅系统。上海高校外国教材中心注重为全市高校教育教学改革第一线服务,它收集的教材以哈佛大学、牛津大学等30余所世界著名大学为特定对象,并将其教学模式、专业设置、教学计划、课程一览表、课时、教学实践与能力培养方式等一系列教学信息加以汇集,构成了颇具特色的"世界著名大学教材信息数据库"。

1999年,全市32所普通高校在学校立项的"九五"重点建设教材中,又推荐了179本教材作为"九五"重点教材第二批资助项目。经专家评审和市高校教材工作研究委员会审核,市教育委员会确定了135本教材作为上海普通高校"九五"重点建设教材第二批资助项目。为确保高质量、高水平地完成立项教材,市教育委员会颁发了《关于上海普通高校"九五"重点教材世界银行贷款资助项目实施的若干规定》,对教材的拨款、编写、装帧、出版提出了明确要求。

6. 研究生教育

研究生是高校科研的生力军,是一流高校的重要组成部分。为了加强研究生教育和学位管理,把研究生教育提到一个新的、与国际化大都市相适应的水平,1997年,上海市学位委员会办公室在研究生教育和学位管理方面采取了若干举措:一是建立与完善研究生教育质量监督制度和评估制度;二是加强研究生课程与教材建设;三是选取自愿进行试点的研究生培养单位;四是受国务院学位委员会办公室委托,继续举办在职人员以同等学力申请硕士学位的考试;五是统一外国语考试。

到1999年底,上海有博士学位授予点340多个,硕士学位授予点870多个,研究生约2万人。在研究生教育上,上海本着"加强建设,积极发展;深化改革,分类指导;注重创新,保证质量"的方针,着重抓"建设"与"质量"。进行了调查研究工作,将调研结果建立数据库,建立了前7批单独批准的博士、硕士学位授权学科、专业师资队伍、研究生招生、课程设置、毕业生就业、科研成果和科研经费等学位点情况的动态数据库。在培养质量方面,一方面受国务院学位委员会办公室的委托,组织了全国以研究生毕业同等学力申请硕士学位的外国语考试和在职人员攻读MBA学位的入学考试;另一方面,抓博士、硕士学位论文的"双盲"评议,以提高研究生培养和学位的授予质量。1999年,全市有17家单位共推荐107篇博士论文参评全国优秀博士学位论文评选,其中11篇入选全国优秀博士学位论文。[①] 2000年,根据国务院学位委员会《关于进行第八次博士、硕士学位授权审核工作的通知》和《关于2000年省级学位委员会和军队学位委员会审批硕士点工作的通知》精神,结合上海市学位授权点的布局结构、学科建设与发展规划以及高校布局结构调整情况,开展了第八次硕士学位授权审核工作,最后决定增列68个硕士学位授权点,确认9个硕士学位授权点,调整1个硕士学位授权点。

总的来看,上海各高校在研究生教育中取得了很大成绩。复旦大学、上海交通大学、同济大学、华东师范大学、东华大学、上海医科大学、上海财经大学、上海第二医科大学、中国科学院上海生物化学研究所等10家单位的研究生管理部门荣获国务院学位委员会、教育部"1999年全国学位与研究生教育管理工作先进集体"称号。此次全国共表彰了127家单位,上海研究生培养单位占7.9%。2000年,在全国百篇优秀博士学位论文中,上海高校占了11篇。

---

① 上海市教育委员会.上海教育年鉴(2000)[M].上海:上海教育出版社,2000:170.

7. 加大实验室建设力度

首先,2000年,高校一年级、二年级基础实验室建设项目全面启动,对首批18所高校的166个实验室进行建设,计划投资3.14亿元。截至当年11月底,18所高校已对127个实验室进行了改造施工,占计划改造实验室项目总数的77%。共落实改造工程经费2.04亿元,占计划投入的65%。

其次,建立教学质量保证体系。上海海运学院自1997年起首次将国际标准化组织(ISO)的质量标准引入教学管理,建立了学校质量保证体系。1998年6月获得了国际权威认证机构挪威船级社(DNV)的ISO9001质量保证体系证书。为促进上海高校建立持续有效的教学质量保证体系,上海市教育委员会于1998年6月11—12日主办了高等学校教学质量保证体系国际学术研讨会。

二、上海高校取得的成果

在1997年全国普通高校国家级教学成果奖评选中,上海普通高校45项教学成果获奖,其中一等奖6项、二等奖39项。在这次全国评选出的422项成果奖项中,上海占10.6%。

1998年,上海高校获得的科技奖励有所增加。有8所高校获得国家发明奖、国家科技进步奖,共计22项;有12所高校的74项科技成果获教育部科技进步奖,占获奖总数的11.2%,其中一等奖11项,占全国高校科技进步一等奖总数的15.3%。有17所高校的127项成果获上海市科技进步奖,占全市获奖总数的42.1%,其中一等奖6项、二等奖40项、三等奖81项,分别占全市获奖总数的42.8%、38%、44.3%。同年,上海高校又在全国普通高等学校第二届人文社会科学研究成果奖的412个奖项中获得了46项,其中一等奖4项,占全国32项一等奖的12.5%。

1999年是上海高校大获丰收的一年。这一年,在全国首届国家社科基金项目优秀成果奖评出的"六五"至"八五"期间151项获奖成果中,上海高校共有7项,其中复旦大学5项,一等奖1项、二等奖1项、三等奖3项,华东师范大学2项,均为三等奖。在全国优秀高校自然科学学报及教育部优秀科技期刊评比中,上海高校也获佳绩,在评出的200种获奖期刊中,上海市教育委员会推荐的5种B类学报均获奖。其中,《同济大学学报(自然科学版)》《上海医科大学学报》获一等奖,《第二军医大学学报》《上海交通大学学报》分获二、三等奖。在社会科学学报中,《复旦学报(社会科学版)》《华东师范大学学报(哲社版)》获全国双十佳社科学报奖,《财经研究》(上海财经大学)等学报分获其他奖项。

在1999年举行的第二届全国教育科学优秀成果评选中,在评出的188项优秀成果(一等奖 27 项、二等奖 161 项)中,上海参评成果共获得 5 项一等奖、30 项二等奖。为此,上海市教育委员会于 11 月 25 日召开颁奖大会,对上海地区的获奖成果进行表彰。

2000 年,上海高校继续保持科学技术的领先地位。在 2000 年度国家科学技术奖、教育部"十大科技进展"和"2000 年度中国高校科学技术奖"中,上海高校所获奖项数目都占有相当大的比例,取得了可喜的成绩。

19 所高校的 182 项科技成果参加了上海市第十一次生产技术难题攻关招标、科技成果转让洽谈会,推荐的成果占全市各系统推荐的成果总数(276 项)的 68.16%,继续保持领先地位。据国家自然科学基金会公布的统计数据,2000 年国家自然科学基金面上项目,上海地区共有 34 家单位 382 个项目立项,共获科研经费 6 284.8 万元,其中上海高校有 16 家单位 275 个项目立项,获得科研经费 5 070.5 万元。

第三节 优质教育资源与区域教育特色

一、优质教育资源

2000 年以前,我国基础教育的主要任务是完成基本普及九年制义务教育目标。在新的历史时期,只有在巩固已经取得的成果的基础上不断提高教育质量,特别是扩大和建设优质教育资源,才能满足人民群众对高质量教育日益增长的需要。这成为新时期基础教育改革和发展的新的任务、目标及发展模式。

优质教育资源是一个历史性的概念,它随着时代的发展而不断变化。至于什么是优质教育资源,很难做出具体界定。结合当前实际,优质教育资源应该包括以下几个方面:一是学校的文化资源。文化资源包括学校的办学理念、学校本身的价值观念、学校的教职员甚至学生对学校的认同感,以及学校从所在地区、社区、街道得到的信任和支持。二是学校的制度资源。制度是学校的重要资源之一,包括学校正式的规章制度、学校的非正式制度以及学校外部的制度资源。三是学校的物质资源。例如,学校的信息化程度以及物质资源的配置方式等。四是优质的教师资源。包括教师的职业精神和专业能力以及教师研究能力等。五是学校的特色资源。例如,办学特色以及这种特色所带来的效应。[1]

---

[1] 谢维和. 论优质教育资源的涵义与建设[J]. 人民教育,2002(11).

总体来说,上海在优质教育资源的合理配置以及怎样最大限度地发挥这个资源的作用上作了很多尝试和努力,出台了许多政策,并取得了显著的成果。

1. 薄弱学校更新工程

这一工程从1995学年开始正式启动,历时三年,于1998年全面完成。在历时三年的"薄弱学校更新工程"项目中,上海市政府拨款近2亿元,区县、乡镇两级政府也拨出数倍于市里的经费,许多区县还制定了鼓励重点中学教师和中心小学骨干教师向薄弱学校流动的政策,形成骨干教师在区县范围"资源共享"的机制,加大了骨干教师校际调配的力度。1998年,经过三年的努力,230所薄弱学校更新改造的任务基本完成。三年中,各级政府在进行硬件建设的同时,积极通过加强学校管理和干部、教师队伍建设,促进了学校的发展。如徐汇区"薄弱学校更新工程"基本完成的标志性举措是"长桥教育工程",就是在新纳入区域版图的原市郊所属长桥地区开展大规模的改造薄弱学校工作,特别是软件建设工作,实施"立足长桥,兼带周边,南北联动,辐射全区"的战略,派遣大批教研和管理人才,帮助该地区建立了区域性联合教研活动等制度,形成自我提高的局面。再如,长宁区至1998年初基本完成更新薄弱学校的任务,两年多内共更新薄弱学校9所,为推进"一流城市,一流教育"打下了扎实基础。还有普陀区从1995年到1998年,集中财力,加大投入力度更新薄弱学校硬件,总计投入1.38亿元,在加强薄弱学校硬件的同时,又加强薄弱学校的软件建设,推进学校间教师的合理流动。1998年度普陀区中小学流动干部和教师413名,其中流动到新办学校和薄弱学校的干部、教师有159名。为了让更多的骨干教师到薄弱学校去任教,普陀区教育局还规定,凡申报中学高级职务的教师,必须具备在本系统薄弱学校工作一年的经历。

2. 寄宿制高中以及示范性高中的建立

为了支持学校改革和发展,上海在制定经济、社会发展规划时,将学校发展纳入城市整体发展规划中。

其一,上海于1997年5月正式启动现代化寄宿制高级中学的建设。在1997年建成3所的基础上,1998年,现代化寄宿制高中建设步伐进一步加快。这一年,又建成5所,在建3所,共有8所学校招生。1999年,总投入20多亿元的现代化、标志性的11所寄宿制高中全部建成,总班数达400个,学生2万名,校园总面积1 700亩,校舍建筑总面积48万平方米。现代化寄宿制高中的建成,扩大了普通高中的规模,缓解了高中阶段的入学矛盾,为上海市青少年提供了优质的普通高中教育。2000年,11所现代化寄宿制高中全面投入使用,为学生发展提供了更多的优质教育资源。同时,大量的体育艺术场馆,电子资料阅览系统,语音、计算机、实验室等专用教室也为学校全面推进素质教育,为学生全面而有个性的发展提供了有力支持。这些学校在现代教育理念的指导下,普遍制定了实验性、示范性学校的创建规划,不断提升育人水平,积极推进教育教学改革,形成办学特色。

其二,示范性高中建设。除了建立寄宿制高中之外,政府还在实施以德育为核心、以创新精神和实践能力为重点的素质教育的过程中,建设了一批能对其他学校起示范、辐射作用的各类普通高中。到2000年底,通过评审和创建规划的学校有上海中学、复旦大学附属中学、进才中学、华东师范大学第二附属中学等16所。截至2001年底,上海市共有49所学校"创建上海市实验性示范性普通高中"的规划通过了市教育委员会组织的专家评审,各校办学优势和特点日趋明显,示范、辐射效应逐步形成。

1997年,南市区人民政府将大同中学高中示范校工程列为区政府社会事业发展"六个一工程"之首。1998年9月12日下午,在大同中学新竣工的操场上举行了大同中学示范校工程开工仪式。2000年,长宁区延安中学、市三女中两所市重点中学制定了创建示范性高中规划,其中延安中学通过试验性、示范性高中规划评审,市三女中的创建规划方案已上报;同时还建立了一批相应的素质教育示范学校,包括建青实验学校等。

其三,中小学达标工程建设。2001年,列入上海市政府实事工程的"90所中小学校舍改造建设"的校舍达标项目全部按期竣工。工程共改造和建设九年一贯制学校6所、初中31所、小学53所,其中41所达到一类学校的建设标准,49所达到二类学校的建设标准,共征地46万平方米,扩建校舍38万平方米,各级政府投入资金7.2亿元。全市90所学校中,整体迁建学校16所。

其四,上海市政府同时注重对农村教育的建设。1999年,中小学(幼)标准化建设工程全面启动,重点放在农村。经过努力,379所农村小学的"村小改貌"工作基本完成,这使市郊农村地区中小学的设施建设上了一个台阶,缩小了与市区的差距。

在改善校舍、装备条件的同时,上海重点加强了学校基础管理和师资队伍建设,以提高义务教育质量;加大校长、教师培训和流动的力度,鼓励和动员优秀校长和教师赴相对薄弱的学校任职、任教,鼓励优秀师范毕业生到农村学校顶岗锻炼和任教,以加强农村中小学的达标建设。

3. 大力开展支教工作

在对薄弱学校进行改造的同时,上海重视师资队伍建设,除了加强各校自身的师资力量培训,还通过借用其他学校的优秀教师资源做好支教工作。

首先,选派高校教师到中学兼职联聘。1997年先后选派了复旦大学、上海交通大学、华东师范大学等11所高校的86位教师兼职联聘,到中学任教,受到学校的欢迎。1999年,长宁区教育局与华东师范大学加强合作,充分运用各自的资源优势,优势互补、互惠互利、相互支持、共同发展,并签订合作协议书。协议规定,华东师范大学不定期为长宁区教育局举办在职青年教师、硕士研究生班和在职校长培训班,以培养高层教育管理人才,向长宁区教育局派出各类教育专家,不定期对中小学和职业学校进行科研指导,向长宁区教育局派出兼职教授,提高区社区学院办学水准,并在继续教育领域进一步开展合作。协议规定,长宁区教育局要为华东师范大学提供2至3所学校,作为华东师范大学学生实习基地,为学生实习提供便利。同时,由华东师范大学在长宁区选择不同类型的中小学和职业学校作为教育科研基地。华东师范大学每年推荐本科生10至15名,硕士研究生5至6名,供长宁区教育局择优录用。

其次,选派党政机关和事业单位优秀人员支援农村教育。按照党中央和国务院的部署,上海市从相关部门和区县党政机关、事业单位选派了121名优秀人员到农村边远地区支教,以加快薄弱地区和薄弱学校的发展。从1997年开始,市教育委员会同市委组织部、市人事局在全市党政机关、事业单位组织选派优秀人才到农村边远地区支教。1998年,到郊县顶岗锻炼的市区新教师54名,到本区县内师资相对薄弱学校顶岗锻炼的新教师568名,占引进新教师总数的51%。1999年,第三批支教人员共99名,分赴南汇、奉贤、青浦、松江、金山、崇明等区县60余所学校和教育单位执教。广大支教人员从"科教兴市"的高度出发,把自己的聪明才智贡献给农村的教育事业和农家子女,为促进城乡教育事业的共同发展和提高农村未来一代整体素质作出了应有贡献,受到受援地区教育行政部门以及受援学校领导和师生的好评。同年,上海市还继续执行了外地生源毕业生顶岗锻炼两年的政策,共有36名新教师到郊县顶岗锻炼两年,也有一些区县在各自地区实行顶岗锻炼办法。

1999年,嘉定区教育局制定了《关于选派中小学骨干教师对口支援农村学校的试行意见》。根据文件精神,第一批14位城镇骨干教师对口支援7所边远农村学校,嘉定区10所管理水平和教育教学质量较高的中小学与教育教学质量相对薄弱的学校互相结对子,建立长期对口支援关系,18名优秀应届毕业生到农村学校顶岗锻炼两年。2000年起,奉贤县城南桥地区学校每年选派部分骨干教师支援县东部地区学校,以解决县东部地区学校骨干教师紧缺的问题,2000年当年,共选派26名骨干教师到头桥中学、四团小学等13所学校支教。其他各个区县也充分利用高校或本区县内的优秀教师资源,加强薄弱学校和农村地区的师资力量,大大促进了上海教育的整体协调发展。

4. 寄宿制高中对外省市招生

中共上海市委、市政府在《关于贯彻〈中共中央国务院关于深化教育改革全面推进素质教育的决定〉的意见》中指出:"寄宿制高中、示范性高中、国家和市重点中等职业技术学校等逐步开放招收外省市学生和外国留学生,同时鼓励上海学生赴外省市接受高等教育。"根据市教育工作会议精神和中共上海市委、市政府领导讲话精神,寄宿制高中要拓宽教育视野,发挥教育优势,塑造教育品牌,让更多适龄学生有机会在现代化的寄宿制高中接受充分教育和优质教育,以度过人生最关键的阶段。为进一步提高现代化寄宿制高中教育资源的利用率,扩大办学规模,更好地服务全国,满足外省市人民群众对优质教育的需求,为外省市培养优秀人才,位育中学、杨浦中学等从2000年秋季起,开始招收外省市应届初中毕业生。

二、区域教育特色

至2002年,上海共有19个区县,经过这一时期的教育改革,每个区县都形成了自己的教育特色。

1. 徐汇区的科技教育

徐汇区的人文历史源远流长。元初有传播纺织技术的先驱黄道婆,明末有沟通中西科学文化的徐光启,近代有创建高等学府南洋公学的盛宣怀,现代有被国际天文组织以名字命名小行星的叶叔华。这种独特的区情,为徐汇区开展青少年科技教育提供了良好基础,使其形成了科技教育的特色。

一是继承并发扬科普教育的优良传统,持之以恒地开展科技活动。具体有:创办青少年科技指导站,形成科技教育指导中心;面向全体学生,开展学校科技教育活动。

二是加强管理,完善制度,促进科技教育工作的稳步发展。主要体现为:

率先制订工作条例,完善管理体制。1990年,随着教育体制改革的不断深化,徐汇区教育局把青少年科技教育工作列入重要议事日程。

率先建立管理网络。1991年,徐汇区在中小学设置科技总指导岗位,由学校教研组长以上干部担任,协助校长统筹全校科技活动。

率先命名科技特色学校,形成激励机制。

率先举办中小学科技节,加强活动管理。1987年,南洋中学首创了学校科技节的活动模式。1988年,在总结该校经验的基础上,徐汇区举办了首届中小学生科技节,此后每年一届。从1992年起,徐汇区又形成了科技教育活动每月一个主题,全年一个高潮的活动系列,从而保证了青少年科技教育工作正常有序地开展。

率先设立科技技能等级考试,规范活动课程。徐汇区于1995年起实施中小学生科技技能等级考试,开考项目不断增加,包括计算机、业余电台、船模、航模、车模、生物、能源、环保、电子、科技制作、英文打字等各种项目。

率先创办科技教育实验基地,探索教育规律。徐汇区于1994年创办了全国第一所科技幼儿园,开展幼儿早期科技教育的实践研究。1997年,康宁科技实验小学在徐汇区揭牌成立。

率先组建科技导师团,整合社区科技教育资源。1995年,受上海市教育委员会、上海市科学技术委员会、上海市科学技术协会的委托,徐汇区在原有科技顾问团的基础上,聘请著名科学家谢希德、翁史烈等担任导师团顾问,中国科学院上海分院前院长王志勤研究员担任团长,成立由46位科学家(其中10位是院士)组成的徐汇区青少年科技导师团。

率先拓展青少年科技指导站的功能,发挥指导中心作用。徐汇区教育局于1990年提出区青少年科技指导站应成为全区中小学科技教育活动的指导管理中心。1992年,徐汇区青少年科技指导站被国家教委评为全国少年儿童校外教育先进集体。①

三是加强领导,落实措施,启动全方位科技教育。为进一步推动青少年科技教育工作的开展,徐汇区教育局1997年又提出在"科教兴国"口号的指引下,利用本区的地域优势和资源条件,通过全方位实施科技教育,区域性推进素质教育的行动计划,在青少年中形成学科学、爱科学、讲科学和用科学的氛围,以培养有较高科学文化水平的学生。具体表现在以下六方面:

实施园丁科技教育行动。1997年,徐汇区有12%的中小学教师担任了科技类的教师职务。同时,徐汇区还积极实施科技教育名师工程,为优秀科技教师举办个人科技教育成果展和科技教育思想研讨会。

---

① 王懋功.徐汇区科技教育的发展历程和初步成效.徐汇区青少年科技指导站[OL]. http://218.26.207.135:8080/RESOURCE/XX/XXZR/ZRBL/ZXXKJJY/3515_SR.HTM

实施科技教育课程化行动。1997年,在徐汇区第一中心小学和康宁小学全面实施科技教育的实践研究,创建两个科技实验小学,南北联动、辐射周边。同时选择10余所中小学作为实施科技教育课程化的试点单位,多层次、多形式地探索科技教育课程化。

实施科技教育活动化行动。通过课内课外两个渠道,让全体学生都动手动脑,在实践活动中培养爱科学的兴趣,接受用科学的启蒙。

实施科技教育渗透德育的行动。

实施科技教育环境化行动。徐汇区于1996年投资500万元,新建、改建了三个青少年科技教育活动分中心;"九五"期间,再投入2 000万元,新建区青少年科技教育活动中心和若干个分中心,形成校外科技教育机构的规模效应。

实施科技教育社区化行动。科技导师团定期到学校为师生开设科普讲座,指导课题研究,组织科普活动。

2. 闸北区的教育特色——以闸北八中的成功教育为代表

闸北区地处上海市中部,区内工业发达,商业繁荣,交通方便,市政环境优美,人文资源丰富,是上海市繁华的中心城区之一。但闸北八中是一所师资力量薄弱,办学条件较差,社区教育环境相对落后的初级中学。针对这一实际,早在1987年,当国内外教育家都在关注学习困难问题的研究之时,闸北八中就开始了成功教育课题实验。学校以成功教育思想为办学指导思想,以"认识自我、超越自我、奉献自我"为校训,注重面向全体学生,追求学生多方面的成功。经过三年的第一轮实验,闸北八中取得了令人瞩目的成绩,一跃成为闸北区教育教学改革的龙头学校,并被确定为闸北区重点中学。成功教育也辐射带动了周边数十所同类型的中小学。[①]

所谓成功教育,是指基于每一个学生都有成功的潜能、成功的愿望,都可以在原有基础上取得多方面成功而实施的教育模式。在成功教育中,学校和教师的任务就是使学生成为学习的成功者,进而为其成为社会的成功者做好基本准备。闸北八中通过转变教育观念,适当增加并不断强化与提高学生素质有关的教育内容,落实素质培养的目标;改革教育方法,分层渐进,创造成功机会,促使学生参与活动;强化非智力因素教育,以成功心理的培养和自我教育能力形成为重点,改革德育教育;实施鼓励性评价等一系列措施,从而取得成功。对此,

---

① 福建省福州幼儿师范学校.上海著名中学特色教育观摩考察汇报材料[OL].http://www.fzys.net/study/list.asp?id=16

时任国家教育委员会副主任柳斌曾给予高度评价,说它走出了一条"让学生学得生动活泼,学得主动,得到发展的道路"。教育部把成功教育作为素质教育的成功模式之一,并要求把成功教育经验推向全国。

3. 静安区的愉快教育

20世纪80年代,一师附小遵循邓小平"三个面向"的指示,在倪谷音校长的带领下,开始了愉快教育的实验,旨在减轻学生过重的学习负担,努力探索能够促进儿童主动愉快、生动活泼地全面发展的教育规律。愉快教育从酝酿、诞生到逐渐形成特色,大致走过了三个阶段。第一阶段为20世纪80年代初到中期,旨在探索、确定愉快教育的主题——教学生5年,为他们想50年,为国家、民族想500年。同时,初步构建了愉快教育的培养目标。第二阶段为20世纪80年代中期到90年代初,是在实践中寻找规律,并从理论上提炼出愉快教育的四要素——爱、美、兴趣、创造,摸索提炼了"三多""三鼓励"的教学方法,建立了"讲、练、评"三结合的课堂教学结构,使愉快教育的实验跃上一个新台阶。第三阶段为20世纪90年代初以后,是在实践的基础上,归纳出愉快教育的本质特征,即"在愉快中求发展,在发展中求愉快",同时结合改革发展的形势,确定了新的主攻方向——以学生发展为本,开发学生潜能,发展学生个性,全面提高学生的素质。

这一时期,愉快教育的教改成果成了上海乃至全国小学教育改革的品牌,一师附小也成了上海小学界教育改革的一面旗帜。愉快教育实验不仅影响广泛,而且在实施素质教育的过程中体现出强劲的生命力。

4. 崇明县的"三园"教育

崇明县教育部门积极抓住校园、庭园、田园这"三园",以该县特有的生态农业和绿色农业为大背景,在中学生物学科教育中构建起了崭新的实践教育模式。

为使中学教育更符合地区经济建设的需要,崇明县教育局从生物学科入手实行教学改革。该县实行生物课、农技类劳技课和生物科技活动课"三位一体"的教学改革,编写了《农业生物学基础》教材,并把校园生物实验基地、学生家里的自留地和承包田作为学生的"第二课堂"。一方面,"三园"教育使课堂教学更为直观生动,有助于培养学生的动手动脑能力,提高了学生的农业科技素质。几年来,各校通过"三园"基地实践,先后推广了50多个农业科技新项目,学校也成为县里农业新技术的扩散地。同时,县里各村镇还举办"科普早市",由学生在市场摆起小黑板,散发小资料,现场操作演示,教农民识别真假蟹苗、使用微量元素等,从而成了科普宣传的生力军。另一方面,"三园"实践也激发了学生主动探究的学习热情,发展了学者的科学创新能力。①

第四节 民办学校的发展

上海于1992年9月开办了最早的五所民办中小学,同年10月,上海市教育局普教处即确定由专人负责联系、分管民办中小学工作。在市教育局的关心下,1993年2月26日,上海民办中小学校长联谊会成立。可以说,上海的民办中小学从一开始就是在政府的鼓励下开办起来的,因此政府对民办学校的支持力度较大,各区县教育局的领导从一开始便采取关心、支持的态度,上海市还对首批民校采取"扶上马,再送一程"的政策。所以有人说,上海没有真正的"私立"学校,也不可能有真正意义上的"私立"学校,上海的民办学校实际上都是"民办公助",这里的"公"主要指政府,即在政府有关部门的扶持下,由公民个人或团体兴办或承办。

从一定意义上说,上海市民办学校的兴起和发展是社会政治、经济、文化、教育等诸多因素综合作用的结果。1985年以后,在"以经济建设为中心,坚持四项基本原则,坚持改革开放"基本路线的指引下,上海教育事业各项改革进入积极探索、全面发展的新时期。政治、经济、教育领域进行了全面的体制改革,政府积极鼓励社会力量、民间力量介入民办教育,为鼓励和规范社会力量办学也采取了相应的措施,出台了相关的政策。随着改革开放的深入,上海流动人口不断增多,随之而来的是对教育质与量上的强大需求,在这种社会大背景下,发展民办教育显得十分迫切。

一、民办教育的发展阶段

1996年,《全国教育事业"九五"计划和2010年发展规划》指出,"到2010年,基本形成以政府办学为主,社会各界共同参与的办学体制及公立学校和民办学校共同发展的格局"。这为民办教育的发展确立了长远规划。1999年,在《面向21世纪教育振兴行动计划》中,民办教育成为21世纪教育振兴不可或缺的领域之一。

在民办教育的合法地位得到确认的同时,民办教育的规范化建设也逐渐加

---

① 以实施"三园"教育为突破口全面推进农村素质教育[EB/OL]. http://deyu.pudong-edu.sh.cn/ssjl/suzhijiaoyu/html/s19.htm

强。从《国家教委关于加强和改善企事业单位兴办中小学工作的意见》到《民办高校设置暂行规定》，从《中外合作办学暂行规定》到《关于加强社会力量办学管理工作的通知》，从《国家教委办公厅关于民办学校向社会筹集资金问题的通知》到《国家教委关于社会力量办学管理经费问题的意见》等，多层次、多角度地对民办教育的发展作了较为翔实的论述。1997年7月《社会力量办学条例》的颁布，则是国家第一次以行政法规的形式集中、系统、全面地对多年来执政党和国家关于民办教育的政策、方针作了较为明确的阐释和规定，内容涉及民办教育的性质、设立标准、教学管理、行政管理、财务管理、扶持政策等诸多方面。《社会力量办学条例》的颁布为我国民办教育的健康发展和权益保护提供了法律依据。

综观国家民办教育政策的变化和上海市民办教育发展的大致情况，可以把上海市民办教育的发展从起步到21世纪初分为三个阶段，即第一阶段（1978—1992）的酝酿探索期、第二阶段（1992—1997）的繁荣发展期和第三阶段（1997—2002）的规范发展期。

第一阶段可称为酝酿探索期（1978—1992）。"酝酿"既包括政府在政策方面的酝酿，也包括办学者和民众等办学思想、办学实践的酝酿。"探索"主要是指办学者的探索。改革开放后，民办教育的发展主要在城镇。城镇民办学校最初是从高考补习班发展起来的，后来又演化成各类实施系统课程教育的民办学校。20世纪70年代末80年代初，随着社会不断发展，人们对教育的需求日趋多样化。随着经济体制的不断改革，特别是第三产业的发展和个体私营经济的产生，社会需要的人才更为多样，各类职业技术培训班相继兴起，如服装裁剪、美发美容、摩托车维修等。这些文化补习和职业技术培训班弥补了公办教育的不足，成为公办教育的有益补充。

总的来说，这一时期民办教育的特点是以业余为主，规模小、层次低，适应市场经济的能力强，所谓"船小好掉头"。社会上需要什么，学校就开设什么专业，而且实用性强，学生学习时间短，取得效果快。① 从政府的政策看，虽然扶持的力度不大，但对民办教育一直是支持的。如1982年的《中华人民共和国宪法》和1985年的《中共中央关于教育体制改革的决定》都规定要支持民办教育的发展。所以，这期间上海也出现了一些民办性质的学校和其他教育机构，例如上海工商专业进修学校和上海工商职工中等专业学校。这两所学校是上海

---

① 岑申，王建社.世纪之交的民办教育[M].宁波：宁波出版社，1999.

市民建、工商联响应党中央"广开门路,多方办学"的号召,于1981年、1983年相继创办的。由于办学认真,校风良好,教学效果比较显著,受到了各界重视,在社会上赢得一定声誉。综观这一阶段民办教育的发展情况,该阶段民办教育类型主要以职业教育和成人教育为主,而且大多是培训班,用以进行职业技术培训,还不能算做正规的学校教育,这种情况一直持续到1992年上海第一批5所民办中小学的诞生和杉达大学的成立。

第二阶段属于政府鼓励支持与民办学校自身繁荣发展期(1992—1997)。1992年,在邓小平南方谈话精神的鼓舞下,上海的教育行政部门雷厉风行,长宁区、黄浦区、闸北区的教育局领导充当了改革的先锋,他们和一些老校长商议决定试办一些民办中小学。如长宁区新世纪中学和新世纪小学、黄浦区明珠高中、闸北区扬波中学和扬波外国语小学就是上海首批创办的5所民办学校。尔后,虹口区的白玉兰学校,杨浦区的英华中学、长江中学、沪东外国语学校,浦东新区的外高桥中学,卢湾区的五爱中学,徐汇区的西南位育中学、世界外国语学校,普陀区的侨华中学,闵行区的建虹中学亦先后创建。

这一时期,上海在发展民办高等教育方面也进行了一些有益的探索与实践。如1992年,上海审批同意由上海交通大学、清华大学、北京大学三校的部分教师发起创办一所全日制民办大学,校名为"杉达大学",并同意试招收180名上海应届毕业生。① 当年杉达大学的国际商务、计算机、现代会计三个专业实际共招收235名学生,其中外地学生62名。② 1994年2月,该校经国家教委批准正式建校,成为上海市第一所具有学历教育资质的全日制民办高校。2002年3月,经教育部批准设置为全日制普通本科院校,校名为"上海杉达学院",成为上海市第一所具有本科学历教育资质的全日制民办高校。此外,上海市高教局还批准民办中华高等职业学校珠宝学院招收珠宝专业学生60人。之后,华夏学院、光启学院等也相继建校。这些民办高校都有自己的办学理念和办学特色,多从外语和职业技能入手,投家长所好,能满足部分家长及其子女的需要,有一定的发展空间和优势。

第三阶段为稳定的规范发展期(1997—2002)。上海市教委根据上海市民办中小学发展的现状,及时拟订颁布了《关于加强上海市民办中小学管理工作的若干意见》《关于加强上海市公立中小学转制试点管理工作的意见》

---

① 上海市人民政府教育卫生办公室.1992上海教育[M].上海:上海高教研究杂志社,1993:63.
② 同上:7.

《上海市民办中小学人事管理若干规定》《上海市民办中小学财务管理若干规定》以及民办中小学的学籍和设校审批方面的管理规定。上海市教育委员会在制定这些意见和规定时反复听取各方面人士的意见，包括具有实践经验的民办中小学校长的意见，使规定的内容尽量符合实际，尽量有利于民办学校的发展。

1997年1月14日，国家教育委员会签发《关于规范当前义务教育阶段办学行为的若干原则意见》（教基[1997]1号），重申"国家对民办学校继续采取'积极鼓励、大力支持、正确引导、加强管理的方针'"，并提出规范办学的若干意见。1997年7月31日，国务院颁布《社会力量办学条例》，自1997年10月1日起施行，这就使民办中小学有法可依，有章可循。与此同时，政府及理论界也越来越关注对民办教育立法的研究，曾多次举办关于民办教育的高层学术会议或论坛。如2000年6月8日至10日，由全国教育科学规划领导小组办公室、上海市教育科学研究院和上海市普陀区教育局承办的"全国民办教育发展研讨会"在上海召开。此前，上海市教育科学研究院民办教育研究所、全国人大教科文卫委员会及香港学者还分别在上海召开了民办学校董事长、校长及政府有关部门领导的座谈会，听取一线人士的声音。

民办高校是民办教育的重要组成部分，到2002年3月，上海经政府批准创办的民办高校共有11所，包括：上海杉达学院、东海职业技术学院、济光职业技术学院、新侨职业技术学院、建桥职业技术学院、工商外国语学院、工商学院、中侨职业技术学院、邦德职业技术学院、建峰职业技术学院、托普信息职业技术学院；批准筹建的民办高校有9所，包括：东方文化学院、上海光启学院、华夏学院、民远学院、欧华学院、东亚管理学院、诚信学院、树人学院、思博职业技术学院；批准参加国家学历文凭考试的学校有11所，包括：长宁科技进修学院、沪东科技进修学院、前进进修学院、震旦进修学院、迈克汀国际商务进修学院、燎原进修学院、信息管理专修学院、华东电脑进修学院、海粟美术设计专修学院、锦江经济文化专修学院、中华职业技术学院。这些学校共设置专业266个，按专业目录分，共计52个门类；在校学生共43 492名，其中党员124名，团员35 099名；教师共4 183名，其中学校专任教师1 595名，占总数的38.13%，兼职教师2 588名，占61.87%。[①] 民办高校逐步成为上海市高等教育的重要组成部分，在教育发展中发挥着积极作用。

---

① 上海市民办高校党委.《关于本市民办高校情况调研报告》，内部资料.2002.

二、民办学校的发展特征

1. 政府对民办学校的资助力度较大,投资的"公有化"倾向明显

上海市民办学校一开始就得到了上海市、区县两级政府和教育行政部门的关心、支持和指导。总的来说,政府对民办学校的资助主要采取以下形式。

一是政府提供场地、校舍。上海民办学校均无属于自己的固定校舍,校舍都是向区教育局租赁或由其无偿提供使用,产权仍归政府所有。

二是政府资助仪器设备。如闸北区的扬波中学就是这样。但政府提供的仪器设备也不是完全无偿的,等学校条件好转后要分期分批归还。

三是政府拨给建设启动费。民办学校创办之初,政府一般会拨给一定数量的启动资金。

四是在师资上给予必要的支持。为鼓励中青年教师和优秀师范毕业生去民办学校工作,教育行政部门一般都采用"借调"的方式,同时也有区教育局的教研员到民办学校兼职,充实了民办学校的师资队伍。

2. 办学形式灵活多样

以办学主体和资金来源划分,上海的民办学校可分为个人兴办的私立学校、民办公助学校、国有民办制学校、企业办学、事业单位及其他社会团体联合办学、中外合资合作办学。

一是个人兴办的私立学校,即公民个人或公民合资办学校,多是由个人投资兴办,自聘教师,自主管理的学校,其日常经费来源为社会捐款和学费,如民办华光高级中学。

二是民办公助学校,严格地说应称为私立公助学校。它是指个人或社会团体出面办学,承办人筹备一定的启动资金,政府在办学之初在学校用地、校舍、设备、资金等方面予以不同程度的资助。上海的私立学校多属于这种类型。

三是国有民办制学校。这是一种介于纯政府办学与纯民间办学之间的新型办学形式。政府将全民所有制的公立学校交由有法人地位的社会团体或公民个人承办,其资产及以后的资产增值仍属国家所有,而学校的经费由承办者依法筹集,学校享有和私立学校一样的政策和待遇。所以,国有民办制学校的基本特点可以概括为四句话:学校国有,社会公民承办,经费自筹,办学自主。这类学校在上海被称为公立转制学校,如西南位育中学就属于这一类型。

四是企业办学。这类学校也称为教育产业型学校,由企业投资,聘请校长自主管理。例如一些房地产公司,把学校作为商品住宅的配套设施来建设。也有的集团公司把学校纳入一种产业来经营。这类学校一般投资大、办学条件好、招生范围广、收费高。如新黄浦实验学校即为企业办学校。

五是事业单位及其他社会团体联合办学。如上海市教育科学研究院民办实验中学属于事业单位办学校,民办进华中学属于若干单位联合办学。

六是中外合资合作办学。这是利用外资在中国兴办学校,学校主权为中方所有,采用民办学校的模式自主经营。如民办东方曹杨外国语高级中学。

3. 教育主体多元化

加强社会参与是我国教育发展和改革总体战略的重要组成部分,是我国社会主义市场经济发展多元化的客观要求。市场经济的多元化必然导致办学主体的多元化。过去,我国办学主体仅仅是政府,20世纪90年代以后民间社会力量也成为办学主体,而且在民办教育主体内部,更呈现出多元化特征,不仅有民主党派、社会团体、企事业单位、中、高等学校以及离退休教师和科技工作者,而且有境外合作者。上海中外合作创办教育机构的趋势越来越明显。随着改革开放的深入和教育对外交流与合作的进一步发展,境外组织和个人在中国境内与具有法人资格的中国教育机构合作创办教育机构,或对学生进行培养、培训的活动不断增加,成为中国教育对外交流与合作的一种重要形式。

三、发展民办教育的意义

上海市民办教育的一些有益尝试,对我国民办教育的发展有着特殊的意义,给我国民办教育的发展提供了重要的借鉴和启示。

1. 有力地推动了教育体制变革

民办教育是当代教育体制改革中的革命性因素。由于政府对民办学校不出资或不完全出资,因而对民办学校的控制力度小,同时民办学校对政府的依赖性也小,这就使民办学校的办学自主权较大,为民办学校探索新的运行机制提供了很好的条件和机会。许多民办学校在内部管理机制、教育经费筹措和运作、教师聘任以及教学计划、教材、教学手段和方法等方面都进行了大胆的改革和探索,在社会外部监督机制上也进行了尝试。家长作为消费者给学校付了学费,他们就要对学校的办学质量、办学方向和办学特色进行监督,这就使学校管理更趋于民主化,容易接受社会监督。同时,这些改革和探索也促进了公办教育办学体制改革,例如"转制学校"就是公办学校受民办学校启发而进行的一种改革探索。此外,适应社会主义市场经济环境而成长起来的民办教育机构具有独立自主性,其存亡兴衰主要靠自身的竞争力,为了生存和发展,它们就必须不断提高教学质量和办学效益,就要"靠质量求生存,以特色求发展"。它们不仅与民办学校竞争,而且与公办学校竞争,正是这样,公办学校不得不进行相应的改革,从而有力地推动了整个教育制度的创新。

民办教育探索了与社会主义市场经济相适应的办学运行机制,为公办教育改革提供了有益的经验。尤其是民办高等教育具有充满活力的竞争机制,它是在无国家拨款,以非学历教育为主,毕业生不包分配,学生自费的情况下办学的,学校要生存下去,就要与公办学校、同类学校、各校同类专业进行竞争。竞争存在于生源、课程、师资、管理各个方面。因此,民办学校更加注重加强自身的建设,提高教学质量,以特色求发展。在竞争中,民办学校充分认识到,仅有良好的硬件设施是不够的,社会更关注的是教育质量和办学水平,民办学校必须将更多的精力转移到提高教育质量和办学特色等"软件"上,否则很难有竞争力,也难以生存和发展。民办学校一般把竞争机制完全引入人事管理之中,不背人员包袱,不养闲人,优胜劣汰,彻底打破了平均主义的"大锅饭"。学校的教师和管理人员是在竞争机制下工作的,这使学校充满了生机和活力。

2. 促进了教育者教育观念的转变

由于民办学校拥有较大的自主权,能够自主地裁减人员,分配教育资源,所以能够使教育资源得到合理配置,提高办学效率。同时,民办教育要接受社会检验,办学质量是其发展的生命线,而决定其办学质量高低的因素除了学校的硬件设备之外,更主要的是其人员的素质等"软件"。相比较而言,民办学校的领导及教师的责任感较强,这可能是机制转换后,教师首先要对自己的绩效承担责任,所以对学生也有更强的责任感。可见,机制的转换,能使民办学校及其教师对学生、家长更富有责任心,改变工作态度和教育观念。

3. 弥补了政府教育经费的不足

虽然上海市政府对一些民办学校在办学经费、校舍、场地等方面投入较多,但是民办学校的很大一部分经费还要靠学校自筹,比如学费就是民办学校最稳定的基础,是其办学的主要经济来源。家长的赞助费也是来源之一,赞助费不是每个学生都交,一般是对招生名额以外的学生收赞助费。此外还有企业赞助,如上海大众出租汽车公司一次性赞助新世纪小学 25 万元,并每年给一定数量的教师奖励基金。总之,民办教育吸引了更多的办学者,调动了多方面力量的办学积极性,在一定程度上弥补了政府教育经费的不足。①

---

① 上海市教育科学研究院民办教育研究中心.民办教育的定位与发展——上海市教育学会第二次教育论坛综述,http://www.mb-edu.com.cn

4. 基本形成了既相对独立又与公办教育相辅相成的办学体系

到 2001 年,上海市民办教育已经基本上形成了自己相对独立的体系,成为上海市教育事业的重要组成部分。自 1992 年上海市创办第一所民办学校到 2000 年底,全市已有各级各类实施学历教育的民办学校 325 所(见表 5-3)。

表 5-3 2000 年上海市各级各类民办学校发展状况①

学校级别与类型		民办学校数(所)	占同级同类学校数比例(%)
幼儿园		122	7.55
小 学		35	3.43
中学*	初级中学	27	5.07
	高级中学	70	54.89
	完全中学	37	18.50
职业中学		1	1.67
高等院校**		12	32.43

* 此外还有 21 所民办一贯制学校。 ** 不包括进修学院。
(数据来源:上海市教育委员会发展规划处,2000)

从表中可以看出,从幼儿园到小学、中学、大学的各个教育层次都有民办学校和教育机构。此外,还有实施非学历教育的各类职业技术学校,这些职业技术学校为上海培养了技术性人才,适应了社会发展对多规格、多层次人才的需求。它们在基本不用国家财政投资的情况下扩大了教育规模,拓宽了办学路子,特别是面向基层,对满足集体经济、个体经济、合资企业、乡镇企业对人才的需求起到了积极的作用。

5. 为公众提供了多样化的教育选择

民办教育适应了家长选择教育的需求。市场经济发展以后,市民有了一定的经济承受能力,对教育也有了自主选择的愿望。有的家长选择有特色的、能培养学生兴趣的学校,有的选择寄宿制学校,也有的家长不愿意让自己的孩子进入职业学校而选择普通学校等。民办教育除了在义务教育阶段要承担国家所赋予的义务教育责任外,也可以作为一种选择性教育,满足广大民众选择教

---

① 丁笑炳.上海市民办教育现状调查(上)[J].民办教育动态,2001(7).

育的需要。所以,从本质上来说,民办教育是一种选择性教育,为社会公众提供教育选择的空间。这种选择可以分四类。第一类,选择办学条件。由于一部分人已经先富起来,具备了相当的经济承受能力,他们不再满足于公办学校的办学条件,而是希望子女在具备优良的教育设施、良好的教育氛围、优秀的教师队伍的学校接受教育。第二类,选择就读形式。随着社会生活节奏的加快和工作竞争压力的增大,一部分家长无心或者无力关注子女的教育,希望有寄宿制的学校来全方位代劳,集教和养于一体。第三类,选择办学特色。由于人的能力、兴趣、性格等的不同,家长都希望子女能接受符合自身情况的因材施教式的教育,以最大限度地发挥个人才能。第四类,选择教育层次。由于我国普通高等教育入学竞争十分激烈,许多学生高中毕业后只能走向社会,或者接受职业教育,而家长普遍希望能提高子女的学历层次,增强其社会适应能力和竞争能力,因而需要有非公办的高等教育供其选择。总之,正是由于社会公众的教育选择广泛多样,才为民办教育的生存提供了坚实的基础,为民办教育的发展提供了历史性机遇。

6. 在某种意义上促进了教育公平

随着生活水平的提高,人们对所受教育的质量的要求也越来越高,但是由于条件所限,公办学校的优质教育并不是每一个学生都有机会享受到。优质民办学校的出现则在一定程度上缓解了择校难的问题,在某种意义上有利于促进教育公平。

当然,民办教育在这个时期也出现了一些问题,如民办教育的地位问题。我国法律规定民办学校与公办学校具有同等的法律地位,国家保障民办学校的办学自主权。国家保障民办学校举办者、校长、教职工和受教育者的合法权益。但是有关部门未对这一规定给予充分的重视,同时公众对民办教育的一种隐性歧视也仍然存在。再如民办教育的称谓混乱。诸如"民办学校""私立学校""社会力量办学""民办教育""民办公助学校""公办民助学校""国有民办制学校""民办自助学校""中外合作学校""引进外资型学校"等都有自己的市场。受此影响,在官方文件中,民办教育的称谓也成了一个问题,"社会力量办学""民办教育""民办学校""民办中小学""民办高校"等都在官方文件中有一席之地,使人眼花缭乱,难辨真伪。还有投资办学的经济回报问题(营利性问题)、民办学校的师资队伍、民办教育立法、学校内部管理机制、政府与民办学校之间的关系等,都是民办教育在这一发展阶段暴露出的问题,需要各相关部门通力合作,进一步完善民办教育的相关制度。

第五节 各类教育服务机构的发展

随着改革开放程度的加大,上海市各类教育服务机构也逐渐发展起来,主要包括教育考试机构、就业服务机构、人才服务机构、教育督导机构、教育评估机构、教育科研机构、信息服务机构等。

一、教育考试机构

顺应上海市教育系统机构改革和考试招生事业的发展需要,经中共上海市委、上海市人民政府批准,上海市教育考试院于1995年6月正式成立。作为一个招生考试机构,上海市教育考试院承担着上海市义务教育阶段以后的各级各类教育考试招生工作。其主要职责:贯彻执行党和国家关于教育考试和招生工作的各项方针、政策和法规;开展教育考试的科研和开发;深化教育考试制度的改革;组织实施教育考试与招生工作方案;促进与境外考试机构的合作交流,开拓多层次、多规格的考试项目。

二、就业服务机构

2000年,为满足高校毕业生就业工作的需要,成立了上海市高校毕业生就业指导中心。它的主要职责是:宣传和贯彻国家和上海市高校、中职校学生工作的方针和政策;协助市教委做好全市高校、中职校学生工作制度的建设,按照市教委有关文件规定,进行具体操作工作;负责全市高校、中职校学生工作信息系统的建设、维护、运行和日常管理工作;负责全市高校、中职校学生工作人员的业务培训、工作交流和其他服务工作;负责高校、中职校学生工作数据库的日常管理、统计分析,建立毕业生就业信息监测体系;负责上海市高校、中职校毕业生就业状况跟踪调查等相关工作,为上级主管部门决策提供依据;负责全市高校学生工作的相关事务受理及指导服务;负责全市中等职业学校学生工作的相关受理及服务工作;完成市教委交办的其他工作。

三、人才服务机构

上海市教育人才交流服务中心是直属上海市教育委员会领导并经上海市人事局核准的事业单位,1995年成立,设有人力资源部、教师资格受理部、考试培训部、人事代理部和综合办公室等部门。其主要职责是:组织、指导、协调全市教育系统人才开发、交流、服务工作;举办教育人才市场,建立全市教育系统人才信息网;承办教育系统有关人员的人事代理、托管和档案管理,并提供相应的服务;组织开展各级、各类教育人才培训、培养;承担用人单位委托的教育人才素质测评工作;负责应届大学毕业生进沪从教的初审及相关手续办理;受理教师资格申请,承担审核认定的具体事务工作,配合上海市教育委员会,颁发教师资格证书并承担证书管理工作;为满足社会教育需要,提供中介服务,完成上海市教育委员会委托和交办的其他工作与事务性的工作。2000年10月,上海市教育人才交流服务中心在原有基础上,充实了人员,拓展了服务功能,进一步扩大了业务范围。

四、教育督导机构

根据《中华人民共和国教育法》关于"国家实行教育督导制度"的规定,我国现已设有中央、省市、区县三级督导机构。上海市人民政府教育督导室成立于1987年,全市19个区县政府也都设有教育督导室。教育督导室受同级政府领导并接受上级教育督导机构的指导。

上海市人民政府教育督导室是代表市政府对上海市中等和中等以下各类教育实施行政监督的机构,主要任务是"督政"和"督学",即对本级人民政府的有关部门、下级人民政府及其教育行政部门的工作,对中等以下各级各类学校和其他教育教学机构工作进行监督、检查、评估、指导,以保证国家有优质的教育方针、政策、法规的贯彻执行和教育目标的实现。

五、教育评估机构

为适应政府转变职能和进一步提高上海各级各类学校教育质量和水平的需要,上海市教育评估院作为上海市教育委员会的直属事业单位,于2000年9月经上海市机构编制委员会批准建立,其前身是1996年成立的上海市高等教育评估事务所。上海市教育评估院下设办公室、教育评估研究所、高教评估所、基教评估所、职成教评估所、教育综合事务评估所、民办教育评估所、期刊办等8个部门。其主要职责是:接受各级各类办学实体的委托,评估学校办学质量,提供相应的评审报告和研究咨询报告;开发并建立教育质量评估指标体系,为政府和教育行政部门提供教育咨询报告;接受各单位委托,拟定各种教育评估方案,指标体系或标准,设计相应的评估方法,提供教育评估技术和咨询服务;接受各部门、单位委托,开展社会性教育评估服务;接受教育行政部门、学校和单位委托,开展教师职务学术水平、科研能力和教学能力评价工作;开展教育评估的理论研究和评估学术交流活动,开展教育评估和国际合作与学术交流活动;开展教育评估专题培训,培训教育评估人员;承担与提高教育质量相关的其他评估业务。

六、教育科研机构

上海市教育科学研究院隶属上海市教育委员会,于1995年2月经中共上海市委、上海市人民政府批准成立。其主要职责是：从事教育规划、教育管理、教育政策与人力资源研究，为教育部、市政府有关教育发展与改革的重要政策决策提供咨询服务；从事教育教学理论与应用研究，承担全国及上海市的教育科研课题，促进我国教育学科的发展；开展教育教学实验研究，总结科研经验，推广教育科研成果，为各级各类院校的教育教学改革发展提供理论研究和实践指导；开展教育科研的国际国内合作与交流，借鉴和汲取世界各国教育发展的有益经验，为国家和上海教育改革发展服务。

上海市教育科学研究院在人力资源与教育规划、教育财政、教育管理、教育政策法规、教学论、课程论、教育心理、教育评价、国际比较以及普通教育、高等教育、职业教育与成人教育、民办教育等学科领域有较强的研究力量和较高的研究水平。

七、信息服务机构

上海市教育委员会信息中心是直属上海市教育委员会领导并经上海市人事局核准的事业单位，于1995年成立。其主要职责是：协助市教委有关职能部门参与上海市教育委员会机关电子政务规划、建设和技术保障工作；负责市教委机关计算机网络系统、设备系统的规划、建设、管理和维护，保障计算机网络信息安全；负责市教委机关应用软件的开发、应用推广工作；负责"上海教育"网站、上海市教育委员会内网应用平台以及市教委机关处室业务信息系统的技术保障和支持工作；协助上海市教育委员会有关职能部门参与上海市教育系统信息化的规划、建设和管理工作，组织、协调和推进上海市教育系统信息化建设工作；开展教育信息化发展研究工作，总结和推广上海市教育信息化工作经验；负责拟定和实施上海市教育信息化标准，建设教育信息数据交换体系；指导和协调上海市教育系统计算机网络信息安全工作，建立健全计算机网络和信息使用管理规章制度；负责市教委机关和市委直属单位的计算机网络业务培训，提供计算机网络技术咨询和技术服务；负责收集、处理、分析有关教育管理信息，建立教育信息和数据统计资源数据库，为市教委宏观管理和科学决策服务；完成上海市教育委员会交办的其他工作。

八、留学咨询与服务机构

随着改革开放的深入，上海市的留学咨询与服务机构也多了起来。这些机构中，有专门从事出国留学咨询、中介、代理和培训的，如上海中智国际教育培训中心、华东师范大学华申国际教育交流有限公司、上海同济留学事务所等；有从事教育管理及与教育产业相关服务的，如上海上教国际交流有限公司、上海商业国际教育交流中心、上海中锐国际教育服务有限公司等;也有如上海市对外服务有限公司那样,是由上海市人民政府指定的外商驻沪办事机构和为"三资"企业提供派遣中国员工等各类服务的涉外企业。这林林总总的各类留学咨询与服务机构,为中国学生提供了众多拓展国际视野、进行专业深造的机会,也为上海教育事业的繁荣打开了新局面。

第六节 后勤工作社会化的试验与推广

我国高校原有的后勤体制是在计划经济体制下形成的。长期"学校办社会",使高校背上了沉重的包袱,教职工中约有 1/5 是后勤职工,教职工住房与学生公寓、食堂以及其他生活设施占学校所有建筑面积的一半左右。按照旧的模式,每扩招一个大学生,国家就需投入 4.5 万元左右。这种以后勤机制为主要特点的办学模式,既不符合社会主义市场规律,也严重制约了高等教育的发展,成为制约我国高等教育发展的一大"瓶颈"。为了消除这一"瓶颈",使高等教育健康发展,1999 年 11 月,国务院办公厅在上海召开了第一次全国高校后勤社会化改革工作会议,对改革进行了全面部署。之后,又分别于 2000 年 12 月和 2001 年 12 月在武汉和西安召开会议,总结工作,交流经验,研究、解决改革过程中出现的问题与矛盾。①

上海市高校后勤改革一直走在全国前列。早在 1997 年 4 月 18 日,上海市教育委员会就召开了学校后勤工作会议。会议回顾了自 1979 年以来上海学校后勤改革的成就,确定了在社会主义市场经济条件下实现学校后勤管理社会化的总体目标。为改变长期形成的封闭式、福利性办后勤的体制,上海高校进行了不断改革,成立了学校后勤管理委员会或后勤管理办公室。这样,饮食服务、物业修缮等部门逐步走向实体化,初步实现了事企分开、两权分离,从而在后勤机制上建立了自负盈亏、协调发展的运行模式,变拨款驱动为市场驱动,提高了后勤的经济效益和社会效益。在后勤服务范围上,冲破了封闭式、单一化学校办后勤的旧格局,实现了校际、校企互惠联动,校内校外双向服务,使"以外补内"初见成效,使高校师生员工对后勤服务的满意率达到 75% 左右,高校后勤职工与学生之比从 1∶20 降低到 1∶30,做到高校后勤日常运转经费的 1/3 靠后勤

---

① 尹鸿祝. 高校后勤社会化改革消除"瓶颈",学生食宿无忧[EB/OL]. [2002-12-08]. http://news.xinhuanet.com

自收自支解决。会议还指出,学校后勤要进入良性发展的轨道,必须走社会化道路,实现两个根本性转变,即学校后勤要由传统的事业型、供给制、福利性或经费包干制向现代后勤的生产力型、企业化、产业化转变;要由封闭式"小而全""大而杂"的自我服务旧格局向校际联办社会化的集约型、集团化后勤转变。①自此,上海市高校在后勤部门与学校规范分离、教育系统联办后勤及引导社会力量参与后勤服务与建设方面有明显突破,取得了一系列新进展。

一、上海市高校后勤社会化的主要成绩及面临的问题

1. 主要成绩

(1) 全市高校后勤部门基本实现规范分离

由上海市政府统一部署,上海市教育委员会牵头组织实施。上海市在1999年成立了高校后勤服务中心和高校后勤发展中心,并通过第一批试点和第二批推进,完成了20余所高校后勤部门的分离转制工作。2000年,上海继续加大改革力度。2001年,除了上海公安高等专科学校、上海海关高等专科学校等情况特殊的学校外,全市31所普通高校中的29所全部实现转制,加入高校后勤服务中心和高校后勤发展中心,初步实现了1999年上海在全国会议上提出的到2000年底全部完成转制的改革目标。

分离之后,各高校后勤实体在五方面进行了改革:① 撤销原总务处建制,由学校代表甲方,与分离转制的后勤实体成为甲乙方关系;② 按照"老人老办法,新人新办法""公开招聘、竞争上岗、择优录用、双向选择"的原则建立了新的人事管理制度,建立了学校人才交流中心和市后勤职工培训与交流中心,为人员分流提供后援;③ 多数高校实行了"以岗定员、以责定薪、以绩定奖"的办法,将职工酬劳与企业业绩和风险挂钩,并适当拉开分配差距;④ 各高校对原后勤所使用的房产、设备等资产实行初步的清理、登记,明确了学校所有权,然后根据用途分类租赁给后勤实体使用,其中为师生服务的非经营性项目所使用的资产一般实行零租金;⑤ 许多高校在改拨款服务为收费服务方面进行了探索。有的学校对后勤服务项目费用进行了初步核算后,实行按项目付费制度;有的学校则开始按具体服务内容收费。

(2) 改革基建投资与管理体制

在学生公寓建设方面,上海高校采用"政府财政支持,多方提供土地,企业投资建造,银行给予贷款,学生宿费还贷"的改革思路,共建造了98万平方米的

---

① 上海市教育委员会.上海教育年鉴(1998)[M].上海:上海教育出版社,1998:116.

学生公寓,三年多时间里建造的学生公寓面积超过前50年的总和。

2000年8月,上海成立了上海市教育基建管理中心,负责全市高校的基建管理工作,开始改变原来高校基建管理分散的状态。该中心对承担的基建管理项目实行"交钥匙"工程,如该中心承担的松江大学城于2001年8月完成第一期工程,迎接新生入学。

(3)利用银行贷款加快学校基础设施和校园环境的改造

为了鼓励高校借助银行贷款改造学校基础设施,上海市教育委员会出台了对学校改造基础实验室给予贴息的政策,并向中国农业银行上海市分行贷款4.5亿元。这项工程于1999年启动,2001年基本完成,政府为此贴息3 000万元。按照原来的投资机制,完成全市高校基础实验室的改造至少需要8～10年,这次通过改革投资机制,大大加快了改造速度。

1999年暑假,上海各高校纷纷通过各种途径筹资来改造和整治校园环境,全市共投资29 449万元,改造了531 255平方米的教室,拆除了62 608平方米的违章建筑,建造了4 043米的栅栏式透绿围墙,高校的校园环境焕然一新。2000年初,上海市教育委员会与中国工商银行议定60亿元人民币的受信额度,鼓励高校贷款,加快校园环境建设与改造。此外,上海市教育委员会在根据项目具体情况给予贴息或还本的同时,又拿出3 000万元作为校园环境整治专项奖励资金。

(4)引进社会企业的资金与管理模式,提高后勤服务质量

继1999年复旦大学、上海对外贸易学院等部分高校引进社会企业进校服务之后,2000年,上海各高校在引进社会企业进校服务方面进行了更多探索。如华东师范大学在河西学生食堂重新改造之后,将三楼整个层面承包给社会上的一家著名餐饮公司;上海海运学院将学校医院托管给东方医院,由东方医院负责原来的学校医院管理,承担上海海运学院师生员工的卫生医疗工作;上海旅游专科学校的医务室与奉贤县奉城医院也签订了托管协议。这种引进专业部门管理学校后勤服务项目的做法还应用到水电、邮政等方面,这对提高整个后勤服务的质量、效益都起到了积极作用。

(5)初步建立规范的高校后勤服务体系

上海加强高校连锁餐厅、教育超市和配货中心的建设。1999年,上海高校后勤服务中心和上海高校后勤发展中心分别以"生乐"和"新世纪"为品牌,在各高校开办了19家学生连锁餐厅,提高了学生餐厅管理水平;经过一年,餐厅数量又发展到45家。同时,上海高校后勤服务公司在各高校开办的连锁经营师生日常用品的教育超市也已发展到43家。另外,还建立了10个后勤主副仪

器配货中心,实行了后勤大宗物资的团体采购制度。2000年全年,配货中心实现集中配货1.1亿元,平价配置各种主副食品和燃料5.4万吨,公开招标、团体采购床上用品1 300万元,规模采购价格比原来学校单独采购平均下降8%,两年来,集中购置学生公寓家具5万套。

(6) 后勤实体走出校门拓展社会市场

上海各高校在2000年度还拓展校外市场,以增强自身实力。同济大学组建了后勤专业服务公司(中心),开展对外服务,其餐饮服务中心承包了上海昆明大楼二、三餐厅,成为首家走向社会的上海高校后勤餐饮企业。上海交通大学后勤中心组建了物业管理公司,承担上海外贸学院等学校的物业管理工作。上海戏剧学院后勤承包了部队医院的职工食堂。上海高校后勤发展中心新世纪餐厅开到瑞金医院、仁济医院以及中美儿童医院等医院。这些探索不但分流了高校后勤富余人员,而且拓展了市场,增加了后勤部门的经济收入,也增强了其市场竞争能力。

2001年是高校后勤社会化改革的关键一年。这一年,上海又推出新的措施,加大改革力度。上海市教育委员会进一步做好高校后勤部门的规范分离工作,并创造条件,促使以联办等方式转制的后勤部门以并入方式过渡,使托管、合并的方式更加完善;理顺上海高校后勤服务中心和上海高校后勤发展中心两个中心及学校、后勤实体之间的责权关系;鼓励和支持有基础的学校后勤实体进行工商注册,成为真正的法人实体,允许后勤部门将自有结余资金作为注册资金,并在资本多元化和管理现代化方面进行创新。高校后勤服务中心和高校后勤发展中心通过建立规范的现代企业管理制度,加强对下属后勤部门的管理,为各高校后勤部门提供服务,如市场信息、招投标、法律咨询、人员培训、职称和技术等级评定等服务。

上海还建立企业化运行的区域性、专业化后勤服务中心,依托部门后勤服务项目有优势的高校,通过开放市场、吸引合作等方式,组建学校专业后勤服务中心,在区域内打破高校后勤围墙。上海编制了全市高校后勤服务收费指导性意见,试行后勤服务收费制度,收费标准在成本核算的基础上,照顾后勤服务的教育属性,理顺学校和后勤服务实体的经济权责关系,使后勤服务价格更具有竞争优势。2001年,上海开始试行后勤人事代理制,建立上海市教育人才交流服务中心的分中心,将转制后勤人员的人事档案和工资关系交由"分中心"管理,进入各高校后勤部门的新人一律由"分中心"管理。[1]

---

[1] 上海高校后勤社会化改革不断深化[J].中国高等教育,2001(18).

2. 面临的主要问题

从上海高校后勤改革的实践来看,高校后勤社会化改革分为三个阶段。

一是经验借鉴阶段(20世纪90年代以前)。从20世纪80年代初开始,高校后勤就借鉴农村和城市经济体制改革的经验,首先从伙食改革开始,由单项定额承包发展到综合定额承包,继而深化到全面改革管理体制和运行机制,并由点到面、由浅入深地扩展到整个后勤部门,逐步开始了后勤社会化改革的探索。

二是改革优化阶段(20世纪90年代)。20世纪90年代以来,高校内部管理体制改革开始全面推行,后勤改革也不断深入,开始了管理体制和运行机制的改革。特别是伴随着三次全国高等学校后勤改革工作会议的召开,后勤改革由综合承包的模式,通过改体制、转机制、引入企业化管理,发展到小机关多实体或小机关大实体、大服务模式,进而发展到组建后勤服务集团。

三是内涵发展阶段(21世纪初期)。随着高校后勤社会化改革的逐步深入,如何在坚持教育规律和经济规律相结合的原则下,让高校后勤建设形成规模经营、降低服务成本和提高服务质量开始成为焦点问题。

由此可见,高校后勤社会化改革并不是孤立的,它牵涉到体制、产权、利益格局等一系列问题。在后勤体制改革的过程中,也引发了一些矛盾,出现了几个急需解决的问题。

其一,清理财产和审核资产问题是实现后勤社会化的核心问题,也是后勤顺利转制的关键。学校必须明确后勤社会化改革过程中的产权问题,做到清产核资,在把一部分资产划给后勤实体后,分清资产的所有权、管理权、经营权和处理权。对学校所有权进行分割,学校保留财产的最终所有权,使后勤实体得到法人财产权。后勤实体对所经营的财产不仅有占有权、使用权、处分权,而且有所有权,可以作为财产主体行使经营管理的职能,真正自负盈亏。学校可以通过国有(校有)资产管理公司,按照出资比例对后勤实体行使约束权,学校根据所占股份获取利益和承担责任,防止国有资产流失。

其二,事业和企业职能分开,做到两权分离。多年来,在计划经济体制下,我国高校实际上承担着"办社会"的职能,提供社会公共产品,诸如医疗、住房、交通、通信等各种福利保障和生活设施,变成了一个"微缩政府"。但由于高校财力有限,后勤部门缺乏足够的市场竞争力和激励机制,以及非教学人员编制偏多,直接导致了学校运行成本长期居高不下,资源得不到有效合理的配置。高校后勤社会化应该明确所有者(高校)、管理者(总务处或后勤处)、经营者

(中心或集团)之间的关系,认识到后勤成为独立的法人实体企业后,其所有制成分应该是多元的,如学校出资、社会投资、个人入股等。明确学校通过董事会行使股东相应的权力来对后勤企业进行监管,监管内容包括企业经营方向、效益、人事任免等,减少行政直接干扰,真正使企业成为有权举债,享有民事权利,承担民事责任的法人企业实体。

其三,公司治理结构问题。治理结构是股份公司的组织制度,我国股份公司采用大陆法系的一元体制,其中,股东大会是公司的最高权力机构,董事会是公司的常设权力机构,监事会是公司的常设监察机构,下设总经理或经理,负责执行董事会作出的经营决策。公司的行政班子在执行董事会的决策中,根据管理职能,行使相应的管理职责,但必须做到服从、勤奋、忠诚。高校后勤在转制中必须根据我国公司法来建立科学的治理结构,只有这样才能适应社会主义市场经济体制。综观我国国有企业在三年转制中,比较顺利、比较成功的企业都是按照现代企业制度去建立和转制的。有些高校由于某些原因回避某些矛盾,转制过程中不敢一步到位,背上了另一类包袱。可见,高校后勤要走向社会化,就不能束手束脚。

其四,内部管理制度问题。建立与现代企业制度相适应的内部管理制度,第一是劳动人事制度。后勤经济实体人员列入企业编制,与学校主体分离,实行干部聘任制和全员劳动合同制,企业有自主的人事任免权。第二是财务制度。企业运营以成本核算为核心,自主经营、自负盈亏,由过去的行政拨款改为有偿服务,参与整个社会的竞争,通过优质服务降低成本,达到提高经济效益和社会效益的目的。第三是分配制度。根据效益优先、兼顾公平的原则,效益直接与工资、奖金挂钩,企业经理或部门(中心)经理采取年薪制,建立奖惩制度,既可利用经济杠杆调动人的积极性,也可通过期权或股份的方式,把个人利益与企业利益结合起来。第四是监督制度。建立会计监督制度和审计监督制度,包括部门经理以上的负责人的离任审计制度。

二、几个具有典型特征的大学后勤社会化状况

根据高校后勤社会化改革的实际情况,立足于高校后勤建设的内涵式发展,从降低服务成本和提高服务质量出发,上海高校采取了多种后勤社会化的模式,其中以复旦大学、华东师范大学、上海大学和松江大学城为典型代表。①

---

① 盛裕良,等.中国教育服务产业案例点评[M].上海:华东师范大学出版社,2003:6-11,183-187,203-213,367-371.

1. 社会企业模式：复旦大学和华东师范大学

(1) 复旦大学的项目托管与开放市场并举

复旦大学以大胆实践、重点突破、总结经验、整体推进为改革指导思想，走托管与开放市场并举的渐进式改革之路。

以开放市场，引入竞争，加强管理，苦练内功为指导思想，复旦大学从1999年7月起，用一年半时间，初步构建起后勤服务社会化改革的格局。这意味着在高校后勤社会化改革起步阶段先制订出适合各类生活服务的校内"市场准入"准则，这样既改变了自家经营体制，又不是简单地与某一社会后勤企业联姻成为独家经营。通过确定餐饮、物业两大服务项目期望达到的改革要求和相关条件，面向社会多家联姻，激活校内同类服务项目的良性竞争，使服务内容出新，服务水准提高。

以转换机制，规范分离，市场运作，融入社会为指导方针，从2001年开始，用一年半时间，到2002年7月，基本实现教育部规定的后勤社会化改革的初步目标。这意味着在高校后勤社会化起步后，复旦大学实施多元体制改革并力求稳步推进机制改革。托管、委托经营、合作参股等多种形式的体制改革照顾了改革对象的原有情况，使之能够实现平稳转换，更促进了机制改革，从"养人"到"用人"。与其说后勤职工随项目被社会企业联姻后托管，不如说是职工观念被"托管"，以竞争带动职工观念的转变，在用人机制上形成突破。

以"做大蛋糕"，组建集团，集约管理，跨越发展为指导方针，从2002年下半年起，再用一年半左右的时间进一步实现学校后勤保障体系的社会化。这意味着在高校后勤社会化改革进程中确定了校方（即作为学校后勤管理部门的甲方）自身的定位，明晰其所应该承担的职责。校方不仅从办后勤转向管后勤，而且着眼长远，进行有序指导，实时督控，确保了整体改革的有效推进。应该说，复旦大学"开放市场、引入竞争""多方探索、专业联合""强化管理、规范市场"的后勤社会化改革思路颇有借鉴意义。

与此同时，学校非常注重后勤服务标准与校园文化的统一。随着高等教育改革的全面展开，传统的学生宿舍管理模式越来越不适应素质教育的发展要求，为此，复旦大学学生生活园区自1999年9月15日正式运作，在探索"以人为本，文明修身"管理新模式和教育新思想的道路上迈出了成功的一步。首先，改革紧扣中心工作和发展主题。1999年，复旦大学成立学生生活园区委员会，下设办公室为工作执行机构。它既行使素质教育职能，以"育人"为宗旨，以多种形式培养人才，又行使管理职能，制定了符合园区特色的规章制度，并在日常的工作中加以落实,同时还通过为学生提供完善有利的生活环境与成长舞台而行使服务职能。其建设目标是:顺应新形式、新体制的变化,加强学生思想政治工作,拓展素质教育载体,把学生生活园区建设成为融"思想教育、行为指导、生活服务、文化建设"等功能于一体的具有浓郁文化氛围、陶冶学生情操的素质教育基地。在具体运作与管理上,其工作和成效有:① 物业管理的配合使素质教育空间更为广阔。上海不夜城物业管理公司的参与是建设新型学生生活园区的重要标志,这种竞争性的导入给园区建设、管理和教育工作带来了新的生机和活力;② 辅导员进楼,学生思想工作有了新载体。这些住楼辅导员在园区办公室的具体指导下,在不断提高自身素质和工作能力的基础上,以学分操行评定为抓手开展各项工作,负责本班级和所住楼学生的思想教育、行为指导、楼文化建设,并在园区内形成学生素质教育的主体力量,配合园区办公室开展工作;③ 自我管理成为园区内的亮丽"风景"。园区办公室充分发挥学生的主观能动性,鼓励学生积极参与园区内的管理、服务和精神文明建设,为大学生锻炼动手能力、管理能力、创新能力提供条件和载体;④ 自我教育为素质教育提供新契机。他们创办了自己的报纸——《风景线》,建立了自己的网站——"园区人"。可以说,高校后勤社会化改革后,学生宿舍管理工作呈现出新的面貌,原属高校后勤工作的学生宿舍管理与后勤管理一起从学校管理中剥离出来,但同时,学生工作的特性、学生与学校的关系又决定了学生宿舍管理采取完全社会化的物业管理模式是不合适的。应该说,复旦大学学生园区建设是探索教育新思路和管理新模式的一次成功尝试,其成功之处就在于将学生工作延伸到生活领域,将学生工作与社会化的物业管理有机结合在一起,创建了一种具有典型意义的后勤服务文化。

(2) 华东师范大学引入民营企业承办餐饮服务

华东师范大学引入民营饮食公司承办食堂餐饮,取得了良好的效益。2000年8月,民营企业秋林阁饮食服务有限公司通过投标获得在华东师范大学河西食堂二楼和三楼经营学生食堂和餐厅的机会。2002年,它再次通过竞标的方式获得在该校中江路学生公寓为学生提供餐饮、理发等综合服务的经营权。

民营饮食服务公司进入学校市场后,以良好的服务态度、优质的服务质量,赢得了广大学生的欢迎。它们在竞争中发展既提升了华东师范大学食堂的服务水平,也改变了"大锅饭、铁饭碗"计划经济下的思维定式,改进了服务态度,提高了服务质量,使广大师生员工、学校和企业均得到益处,实现了多赢。民营企业的进入,建立了高校后勤服务行业的竞争和退出机制,改变了以往高校自己办后勤的一统局面，推动了校内后勤服务走社会化发展的道路。

2. 校际联办模式：上海大学

从1995年春季开始，上海大学后勤集团由莘莘营养配膳公司出面，先后与邻近的8所中学共建专业厨房，为高校走向市场、加速后勤机制转变作了积极有效的探索。它以"人类应当将她拥有的最好东西给予儿童"为经营宗旨，实行连锁经营，通过引进专业技术人才，不断完善营养量化标准体系来进行质量监控，实现了观念上从"你求我"到"我求你"，工作时间上从"松散型"到"满负荷"，服务质量上从"对上头负责"到"对吃饭人负责"，管理水平上从"只管开出饭"到"事事算细账"的转变。

2002年2月，联办食堂接受嘉定区教育局、卫生局的食堂卫生验收，验收标准按《上海市中小学校食堂卫生等级计分管理暂定办法》规定的8大项目37个子项目为准，结果取得了7项A、1项B的成绩。这说明联办食堂的职工（有的是大学调过去的）改变了工作环境，转换了工作机制，增强了市场意识和竞争意识，增强了服务意识和核算意识。这种综合效益比联办食堂的盈余更为可贵。从这个意义上来说，联办食堂正是大学后勤职工经受市场经济洗礼、接受锻炼的最佳场所。

3. 社会参与模式：松江大学城建设的社会化运作

上海松江大学城建设基地总面积533万余平方米，总投资50亿~60亿元，涉及上海市政府投入、松江区政府投入以及其他各方的投入。上海教育基建管理中心在上海市教育委员会的直接领导下，从2000年6月起直接参与组织和建设松江大学城，积极探索"建设新的校园途径，尝试新的办学投资，实施新的管理举措，营造新的教育形象"的建设思路，并努力实现规范设计、工程质量、使用功能、校园环境均达到一流的建设管理目标要求。

松江大学城一期项目建设所需投资25亿~30亿元，其中政府投入3.5亿元，用于教学资源共享区面积为10.7万平方米的体育活动中心和学术交流中心的建设，其余20多亿元均通过企业投资、银行贷款、学校自筹等方式进行集资，从而获得了运用市场机制和严格科学管理的经验，包括面向社会进行工程招投标，节省建设资金；实施严格科学管理，保证建设高速、高效、高质量；像抓工程质量那样狠抓落实廉政建设措施；加强中心内部思想、作风和组织建设等。

下 篇

第六章

基础教育发展概况

基础教育是培养人才的奠基工程，它不仅关系着个体的发展，而且关系到国家的未来。上海是我国基础教育最发达的地区之一。

上海市政府多渠道筹措教育经费，不断改善基础教育办学条件，积极创造良好的教育环境，加强基础教育立法，优化教育秩序，同时利用现代化信息技术提高教育质量。根据《中华人民共和国义务教育法》，上海制定了《上海市普及义务教育条例》，在法律上保障了适龄儿童少年接受九年制义务教育的权利。

20世纪90年代初期，上海基础教育开始实行"五四三"分段的学制，并在大力发展学校教育的同时，注重发展社区教育和家庭教育。同时，上海积极进行基础教育科研活动，在全国最先卓有成效地开展了课程教材改革、"新基础教育"试验等教育科研改革活动。

20世纪90年代，上海基础教育不断完善招生考试和课程评价制度，既注重学业成绩，也注重把学生的校内发展和在家庭、社会内的进步相结合进行评价；不断改革基础教育领导管理体制，追求权责一致，注重中小学内部管理体制改革，不断完善校长负责制、教职工聘任制、工资总额包干制和校内结构工资制。市、区县政府设有两级教育督导机构，负责对各级政府、教育主管部门、学校的办学与管理水平进行监督、评估、指导、检查。

在21世纪初，上海以先进的教育理念指导基础教育建设，力求建成精简和高效的基础教育管理体制，发展注重学生素质的教育教学体系。

第一节 基础教育发展环境

上海的基础教育实行市和区县"两级政府，两级管理，区县为主"的管理体制。相对于整个上海市而言，各区县作为相对独立的教育发展区域，有其独特的教育资源和传统，这就有利于整合区域教育资源，形成自主发展机制，促进区域教育的整体自主发展，打造区域教育品牌。根据中共上海市委、市政府统筹城乡一体化发展目标,上海逐步推进农村城市化、农业现代化和农民市民化,在这种背景下,各区县都把发展基础教育列为实事工程。

一、基础教育发展的区域背景

上海是全国最大的开放型多功能经济中心城市,有着深厚的海派城市文化底蕴,具有得天独厚的教育发展条件。上海具有雄厚的工业基础、发达的生产力以及科技人才优势,在全面建设社会主义现代化的进程中,上海发挥着"开路先锋"和"对内对外两个扇面辐射"的作用。上海加强推进科学知识普及工作,破除愚昧迷信,倡导文明健康的生活方式,不断加强哲学社会科学研究,大力发展文化艺术、新闻出版、广播影视事业,以满足市民的精神文化需求。

在良好的社会环境下,上海基础教育坚决贯彻"科教兴市"战略,大力繁荣和发展基础教育事业,促进经济、社会的协调发展。按照改革开放和现代化建设新形势的要求,上海实施了人才高地战略,重点培养了高新科技、国际金融、国际贸易、现代管理等方面的高级专业人才。通过教育体制改革,上海在理顺教育与外部关系上取得了重要进展,将教育发展纳入国民经济和社会发展规划,为社会经济部门输送了大量合格劳动力,有力促进了经济社会发展。

与区域经济发展、传统文化背景相连,上海基础教育发展还得到了政府和社会各界的大力支持。各级政府树立"科教兴国""科教兴市"的战略思想,落实教育优先发展政策,培养尊师重教、尊重知识、尊重人才的社会风气,逐步优化区域教育资源的合理配置,建立与完善区域教育的投融资体系,努力营造良好的教育环境。

1. 加快郊区基础教育建设

1983年,中共中央、国务院发布了《关于加强和改革农村学校教育若干问题的通知》,提出农村教育要纠正片面追求升学率的倾向,开始了农村教育的全面改革。1987年,国家教委要求农村教育要面向本地需要培养人才,大力推进农村教育综合改革。为此,各区县对今后的发展作了详细规划。针对上海进入城乡一体化发展的历史阶段,郊区成为上海进一步发展的重要空间的现实,上海未来郊区的发展在于提高人口的整体素质,而其关键是教育。

金山区位于上海西南远郊,1997年经国务院批准撤县建区。金山原是上海传统农业县,工业基础薄弱。因此,其推进教育改革除了端正办学思想、增加教育投入、加强队伍建设外,在教育教学领域还实行了"三教统筹"和"燎原计划"。"三教统筹"是各级政府根据普通教育、职业教育、成人教育的任务,结合当地经济社会发展特点,统筹规划、全面安排,使普、职、成"三教"协调发展,相互沟通,更好地为当地经济和社会发展服务。"燎原计划"是国家教委于1988年正式部署实施的推进农村经济发展和社会进步的农村教育改革计划,旨在培养农业技术人才,为"星火计划""丰收计划"的推行奠定基础。实施"燎原计划"是在选定农村经济项目的基础上,围绕项目开展试验和培训,提高现实和未来农村劳动者素质,促进农村经济发展和农村教育改革。1989年5月,上海市人民政府教育卫生办公室、上海市农业委员会、上海市成人教育委员会、上海市教育局联合公布上海市实施"燎原计划"首批12个示范乡和24所示范学校。其中,金山县钱圩乡实施的"燎原计划"以"庭院经济"为龙头项目,依靠钱圩职业技术学校和钱圩成人文化技术学校两个基地,与乡科协、乡农副业公司结合,开展技术培训,传授新技术,培养技术骨干。钱圩职业技术学校在被确定为"燎原计划"示范校以后,又进一步调整专业课程结构,建立了一套以庭院经济专业为主的农村职业教育体系,以培养适应当地农村经济发展的实用人才。1991年,该校被国家教委命名为"全国科教兴农先进学校"。

奉贤区2001年经国务院批准撤县建区,是21世纪上海城乡一体化发展的重点区域之一。要建成与国际化大都市相匹配的现代化滨海新城的目标,就需要培养大批合格的建设者,造就具有创新能力的高素质人才,提高全民的思想道德素质和科学文化素质,储备高素质的建设者。为此,奉贤区紧紧把握上海将在南部滨海地区打造世界级城市产业经济带的发展机遇,把加强基础教育的发展作为区域发展的重点目标之一。

嘉定区历史悠久,素有"教化嘉定"的美称。1989年,嘉定被国家教委列为全国116个农村教育综合改革实验区之一。之后,嘉定从本地区实际出发,全面开展了农村教育综合改革,初步构建了一个适应本地区经济与社会发展需要的区域教育体系。1992年10月,经国务院批准,嘉定撤县建区,之后其综合经济实力一直位于市郊前列。1998年经国家科技部批准,嘉定又成为国家级高科技园区。21世纪初,嘉定抓住建设国际汽车城的历史性机遇,加快推进城市化进程;经济的快速发展,也带动了教育发展和人才培养。

闵行区于1992年由原闵行区与上海县"撤二建一"而成。随着农村城市化进程的加快,闵行区作为人口导入区的功能日益强化。经济体制与发展模式的变革,促使闵行区教育局依靠各级政府和社会各界力量积极进行区域性整体推进素质教育的探索与实践,建立了一套以政策文件形式固定下来的规定、制度、准则,形成了有利于素质教育的良好环境。2001年,闵行区被评为"全国两基教育先进县"。

青浦区地处上海西部的江、浙、沪交界处,文化底蕴深厚,是上海著名的旅游度假区。改革开放以来,在中共上海市委、市政府的领导下,青浦区抓住历史性机遇,促进了经济建设的迅猛发展。1986年,青浦县被评为全国基础教育先进县;1988年,教育整体改革实验全面推开;1989年,在深化教改中提出一系列教育实验措施;1990年实行县办中专"不转户口、不包分配"的招生制度,直接为农村输送人才。1995年,青浦县连续三年被评为"全国综合经济实力百强县",教育投入继续增加,教育改革的步伐不断加快。1997年,青浦县各类教育事业取得新的成绩,义务教育不断发展,多层次、多形式的职业技术教育和成人教育继续开展。

浦东新区由原黄浦区、杨浦区、南市区三区的浦东部分以及上海县的三林乡和川沙县合并而成。1993年1月底,浦东新区教育处组建后,对全区基础教育进行了调查;2月,完成了4区1县的交接工作。1993年,浦东新区着重通过改革教育体制和投资机制来推进新区教育事业发展,加快学校建设,并以教师进修学校为基地开展了学历培训和职务培训。1994年,新区活动课程已从全面开设向系列化、特色化方向发展,各校把活动课程视为培养学生优良思想素质、文化素质、身体素质和劳动素质的重要条件,从体育锻炼、班队活动、兴趣活动、阅览与自习、社会实践五个方面作了全面安排。

松江区位于上海市西南,黄浦江上游。1998年2月,国务院批准其撤县设区。为建成与上海整体发展要求相配套的制造业和出口创汇基地、旅游休闲基地、都市绿色农副产品生产基地以及人才培养基地,松江区不断推进教育体制与机制创新,全面实施素质教育,提高教育现代化水平,增创人才、科技、环境等新优势。

南汇区西与上海市区隔黄浦江相望,北与浦东新区接壤,2001年8月正式撤县建区。南汇努力发展都市型现代农业,稳步推进农业产业化、集约化、科技化进程,不断加强教育资源的优化整合。南汇科教园区总规划面积6.3平方千米,基础设施投资22亿元,由教育园区与科技园区两部分组成。依托科教园区,南汇不断提升各类学校的办学水平,积极推进产、学、研一体化,不断完善社区教育网络和终身教育体系。

宝山区位于上海市北部,1988年1月经国务院批准撤销宝山县和吴淞区建制,建立宝山区。宝山区以形成与世界级城市相匹配的发展格局为目标,提出"服务于大发展与大变样,构筑宝山城乡规划新格局"的要求,注重基础教育的投入和创新。全区深化基础教育体制、机制、投资三位一体改革,加强初中建设工程;通过"三名工程"(名校、名师、名室),提高教育信息化水平;开展"二期课改"新理念、新方法、新模式的教师培训和"走进课程,发展课程"中小学校长系列培训及校长论坛等活动。

2. 推动中心城区基础教育发展

长宁区以教育信息化推动教育现代化,利用"数字长宁"的区域优势,依托信息园、多媒体产业园的发展效应,做好学校设备的运行、维护以及教育软件等的开发、研究工作,加快推进长宁教育信息化进程,使信息技术教育成为区域素质教育的亮点,成为"数字长宁"的标志性工程。同时,长宁依托涉外城区的优势,大力提高教育的对外开放水平,有效促进了教育的国际交流与合作。如依托百年名校上海市第三女子中学的英语教学研究和师资队伍优势,充分发挥长宁区外语培训中心的功能,扩大优质教育资源,发展长宁外语教学特色;积极主动参与国际接轨的教育项目,加强与世界各国友好学校的教育交流,加大干部、教师的对外交流力度,通过在国内接受外籍教师培训和出国进修等渠道,加大对英语学科教师和非英语学科教师英语培训的力度,提高广大师生的国际意识和外语水平。

静安区地处上海市中心。1988年,上海市进行市、区县管理体制改革,对区县明责放权,并增强以区县为单位的区域经济活力,以促进区内各项事业的发展。在此背景下,20世纪90年代,静安区重新确定了商业、商务中心城区的发展目标,成为上海现代化国际中心城市的重要组成部分,同时作出了"科教兴区"的教育战略部署。

闸北区位于上海市中心北部,南以吴淞江(苏州河)与黄浦、静安两区分界,北与宝山区相接,东连虹口区,西临普陀区。闸北区坚持"两手抓、两手都要硬"的方针,大力促进社会各项事业的发展和繁荣,使基础教育保持全市先进水平,并被评为全国基本普及义务教育、基本扫除青壮年文盲和全国特殊教育先进区。同时,闸北区坚持"科教兴区"战略,大力发展社会各项事业,深化教育教学改革,坚持教育创新,全面推进素质教育,更新教育理念,推广现代教育技术。在义务教育均衡化发展的基础上,又优化教育资源,建设了非学历教育和职业技能培训基地,培育开放的教育产业。此外,还完善终身教育体系,形成以优质教育为标志的闸北教育新优势。

杨浦区地处上海市中心城区东北角,它以"一流的科教区"为教育目标,深化教育改革,优化结构布局,狠抓队伍建设,推进素质教育,使教育的整体水平有了较快提高。

黄浦区浓缩了上海城建和上海中外文化交汇融合的发展历史,凝结了中国近代教育发展的轨迹,教育底蕴深厚,优质资源丰富。在此基础上,黄浦区积极探索有中心城区特色的教育发展道路,提出以人为本的理念,全面贯彻党的教育方针,加快教育现代化进程,努力创办以"精、特、优"为特征的国际大都市精品教育。

普陀区位于上海西北部,改革开放以来,特别是进入20世纪90年代后,其各项事业取得了历史性成就。中共普陀区委、区政府提出"抓机遇、打基础、兴功能、树形象"的发展方针,逐渐形成了从基础教育到高等教育和终身教育的完整体系。20世纪90年代,普陀区一方面坚持教育改革创新,全面推进素质教育,大力优化办学条件,发展教育内涵;另一方面积极加强教育对外交流,构建国际交流平台,使教育水平有了全面提升。

徐汇区集聚了上海交通大学、复旦大学医学院等12所大专院校以及中科院上海分院等117个科研机构,为此,徐汇区坚持"科教兴区"和"可持续发展"战略,努力营造良好的科技创新环境,为实现科技强区和发展区域经济服务。2002年,徐汇区教育局重点推进九年制义务教育基础工程和师资队伍建设工程,实施九年制义务教育的基础工程,促进了义务教育的均衡发展。同时,全面完成了中小学校舍的标准化建设,稳步推进了学校的布局调整,扩大了优质教育资源。

卢湾区在保持经济持续健康快速增长态势的基础上,为了配置优化教育资源,以德育为核心,以"二期课改"为抓手,注重培养学生的创新意识和实践能力。

虹口区位于上海市中心城区东北部,是上海中央商务区的组成部分之一,区域经济发达,社会事业繁荣。区内有上海外国语大学、上海财经大学等著名高校,有复兴高级中学、华东师大一附中、鲁迅中学等重点中学及南湖职校。虹口区积极实施教育优先发展战略,推进义务教育均衡化、信息化和现代化建设,基本普及九年制义务教育,逐步形成了具有虹口特色的终身教育体系。

二、不断优化基础教育发展环境

1. 改善教育条件,优化教育秩序

党的十一届三中全会之前,我国教育经费的分配由中央和地方两级财政切块安排,供教育部门使用。1985年,《中共中央关于教育体制改革的决定》提出基础教育由地方负责,分级管理。这样,上海市各级政府财政拨款成为基础教育经费的主要来源,同时财政拨款的稳定增长又为保证和促进基础教育的发展

起到重要作用。另外,多渠道筹措教育经费的体制也逐步完善。在这种情况下,政府、社会、学校统一思想,致力于改善基础教育办学条件,不断完善政策法规体系,为基础教育的发展建立了良好的教育秩序。

(1) 多渠道增加教育经费投入

1985年之前,上海基础教育经费基本由市教育部门根据事业发展情况作出全市和各区县教育经费预算,再由市财政统一安排下达,区县财政部门管理,区县教育部门安排使用。这期间,上海积极鼓励单位和个人办学,加强校办企业建设,并通过多种合法形式筹措基础教育经费。

1984年12月,国务院发出《关于筹措农村学校办学经费的通知》,规定除国家拨给的教育事业费外,乡人民政府可以征收教育事业费附加。1985年起,上海各郊县的基础教育事业经费首先由市划归各县统筹安排,划归区县后,市财政每年只安排少量专款作为对全市基础教育的补助。同年,上海市又开始实施农村按乡镇、村两级企业当年征税利润的3%计征农村教育事业费附加,在税前列支,由税务部门代收。随着农村企业税前列支项目的不断增加,农村教育事业费附加出现"滑坡"。为此,市政府1988年重新修订了计征办法,规定从1988年起,郊县逐步推进教育经费包干到乡的办法,农村中小学的教育经费按基数由县划归各乡镇,各乡镇根据财政统筹安排乡镇的教育经费。1988年是区财政包干的第一年,在各区财政支出中,教育经费增长幅度一般都在20%以上,有的超过了30%,乡政府管理教育的职能也不断加强,各乡用于教育的经费占乡财政支出的比例均高于县。到1995年,全市共计征收农村教育事业费附加5.53亿元。其中,崇明县1992年县乡两级财政教育拨款基本做到了"两个增长"。奉贤县1987年和1988年县乡财政共安排教育经费3 551.77万元,约占财政支出的30.8%。1993年奉贤县教育投入实施以县财政拨款为主,辅之以多渠道筹措教育经费的"分流负担、分层调控、分级管理"的教育经费保障体制,教育经费由县财政、乡镇财政及学校分流负担,其中各占70%、20%、10%,简称为"721",由于教育事业费附加由县统一征收、统一使用,从1998年起改为"91"体制。为减轻学校负担,2002年起,奉贤区财政承担了全部教育经费。嘉定县从1985年开始,全县各乡在乡村两级企业的当年利润中征收3%作为教育事业费附加,充实各乡教育经费,用于改造校舍、改善办学条件和教职工待遇,1988年到1990年,全县为贯彻"关于深化教育改革,发展教育事业"的精神,实行财政切块包干、分级管理,并逐步完善了县、乡两级管理职责,使教育经费有了大幅度增长。

从1987年开始，上海市区的基础教育事业经费也由市划归各区统筹安排。1983年，长宁区教育经费支出超过1 000万元，1986年起征收教育费附加，1988年达3 000万元。

上海鼓励国有企业、社会团体和个人办学，鼓励单位、集体和个人在自愿的基础上捐资助学，弥补了财政对教育经费安排的不足，缓和了教育经费紧缺的矛盾。自1978年以来，上海市郊县普遍掀起集资办学的热潮，其中成绩显著的有崇明县竖河乡和南汇县大团乡，其所筹集的资金大多用于改善中小学办学条件。据统计，1984年郊县各乡镇共集资770万元，1989年社会集资办学达到2 900万元。① 1988年，奉贤成立市郊第一个县教育基金理事会，使集资办学有序开展。从1985年至1988年，共有2 736万元集资款用于改善办学条件。金山县在20世纪80年代初也出现集资办学、捐资办学的现象，其中1981年至1985年各乡（镇）村共集资92万元用于改善农村学校办学条件。1990年，金山县委又转批县教育局《关于开展捐资助学活动的意见》，明确在组织发动和群众自愿相结合的基础上开展捐资助学活动，从1988年至1995年，全县共捐资约2 023万元，由各乡镇自行改善办学条件。

上海从1980年起开始发展校办产业，它是筹措教育经费不可缺少的渠道。为推进校办产业发展，上海根据国务院有关文件规定，依靠各级政府和有关部门，制定了各项优惠政策，积极支持、扶植校办企业。据1995年统计，全市基础教育校办企业收益中用于补充教育经费的达4.8亿元，占各区县投入教育经费总额的10.6%。② 1988年，全市中小学校办企业总产值5.6亿元，净收益1.16亿元，校办企业的收益约40%用于校办企业生产发展基金，60%用于抵支教育经费。1984年，长宁区教育局成立长宁区校办工业公司，制订一系列有利于校办企业发展的制度，对补充教育经费、改善办学条件和提高教师待遇起了一定作用。

为拓展筹措教育经费的渠道，上海还从1995年起开征社会事业建设费，作为教育专项经费。此外，上海以1994年征收的个人所得税为基础，从每年征收的个人所得税增量中提取10%作为教育专项经费。另外，上海各区县抓住区县市政建设、房地产开发等有利时机，积极采取置换土地、贷款等多种方式筹集资金。

---

① 《中国教育年鉴》编辑部.中国教育年鉴·地方教育(1949—1984)[M].长沙：湖南教育出版社,1986：405.
② 丛书总编纂委员会.上海改革开放二十年(教卫卷)[M].上海：上海人民出版社,1998：137.

(2) 改善基础教育办学条件

自 1985 年开始,上海市致力于改变办学条件较差、教育管理水平和教育质量不高、办学效益和社会声望低下的薄弱学校面貌。政府、社会、学校统一思想,采取撤销、兼并、合并、挂钩、改制等对策,为不断提高基础薄弱学校的办学质量和效益,先后进行了 1985—1990 年、1990—1995 年、1995—1998 年的三轮薄弱学校改造工程。同时,上海市教育委员会于 1999 年启动了"达标工程"——上海市中小学标准化建设工程,以实现全市所有初中、小学校舍与装备的标准化配置。

第一轮主要改造弄堂小学。"七五"期间,市区计划改造弄堂小学 64 所,到 1988 年已开工 56 所,其中竣工 42 所。1985 年,闸北区组织"12 所薄弱初中联合体",经不断探索和实践,先后办成"合格初中",有的还被评为市或区的先进学校。奉贤县的学校从 1985 年起经历了四轮较大规模的撤、并、改、建,特别是 1985 年到 1988 年农村危房和陈旧校舍的改造,全县筹集 2 736 万元,使 126 所学校得到改造和翻新。崇明县从 20 世纪 80 年代起就开始改善办学条件,更新设备,逐步向现代化方向发展,主要从课桌椅、实验仪器、语音室、计算机房、体育设施和器材、教育图书资料等各方面改善办学条件。1990 年,崇明县财政又投资 73 万元为中小学配备教学仪器设施,安排 10 万元改造 7 所学校的运动场地,投资 760 万元完成陈旧校舍改造项目 38 个,使薄弱学校的治理工作有了新的进展,困难学校比例有较大幅度的下降。1991 年,崇明县又实施薄弱学校建设,撤并中学 2 所、小学 5 所,为中小学配备了 120 万元教学仪器、设备,共完成陈旧校舍改造项目 18 个,消除陈旧校舍 9 848 平方米,到 1992 年 9 月,陈旧校舍改造项目全部竣工。

1992 年,在第二轮改造薄弱学校硬件达标后,由国家教委、财政部、农业部联合组成的考察组又对上海市多渠道筹措教育资金、改善办学条件的情况进行了考察,肯定了上海市的做法和经验,同时上海市被评为全国多渠道筹措教育资金、改善办学条件的先进市。1995 年,上海召开加强薄弱学校建设工作会议,上海市教育委员会与区县政府签订了实施"薄弱学校更新工程"责任书,"薄弱学校更新工程"正式启动。① 这一工程三年内总计投入 6 亿元,调用部分教育经费附加与区县财力形成 1:2 的配比投入,出现了静安区的"手术疗法"、徐汇区的"长桥工程"等先进典型。

---

① 《中国教育年鉴》编辑部. 中国教育年鉴(1995)[M]. 北京:人民教育出版社,1995:529.

静安区教育局把大刀阔斧地调整学校结构布局的方法和措施称为"手术疗法"。1992年,经中共静安区委、静安区政府研究同意,区教育局通过"调整、兼并、挂钩、联办、加强"的方法对区内初中阶段学校进行了彻底改革,旨在提高初中阶段的教育质量。1992年,徐汇区小教系统办学水平先进的永新学区和原先大都是乡村小学、办学条件薄弱的新建长桥学区组成了"改薄联合体",结成8对友谊校,就加强学校管理、德育、师资等方面作经验交流和示范指导。随着上海中心城区改造和建设的迅速发展,动迁居民源源不断涌入徐汇区的周边区域,加上正值初中入学高峰期,中小学生人数猛增,因此如何接纳新增和转入学生就读就成为实施优质教育的徐汇区必须解决的问题。1995年,徐汇区教育局依照中共徐汇区委和徐汇区政府制定的"九五"规划和"2000年规划"中关于教育工作的要求,从"让徐汇区每一位居民的子女都能得到良好的教育"的指导思想出发,调整部署,制定措施,实施"长桥教育工程",动员大批教研人员、管理人员深入长桥地区,加强教育管理,指导课堂教学,培养骨干教师,建立教学研究的自运转机制,充分发挥重点学校、窗口学校的示范作用,提高教育整体水平,最终形成了"立足长桥、兼带周边、南北联动、辐射全区"的工作思路,把工作过程中的成功经验推广到周边的田林、康健、虹梅、漕河泾等区域,推动了全区基础教育的发展。

1998年,上海市历时三年的"薄弱学校更新工程"全面完成,共计改造230所学校。在上海市委、市政府的组织和领导下,1999年又正式启动上海市中小学标准化建设工程(又称"达标工程"),要求经过三年努力,实现全市所有初中、小学校舍与装备标准化配置。1999年到2002年,市、区县和乡镇在"达标工程"校舍建设和设施设备的硬件投入上达40余亿元。在"达标工程"的建设过程中,区县、乡镇政府充分挖掘潜力,加大资金投入力度;上海市教育委员会自1999年起连续三年都将教育费附加1.5亿元及农村专项资金4500万元统筹补贴各区县"达标工程"中的校舍、装备等硬件设施建设;市财政也在2001年增拨2亿元专项资金用于相对贫困地区的中小学"达标工程"建设。"达标工程"以学校校舍设施等硬件建设为抓手,从学校的设点布局规划调整开始,通过迁建、改建和扩建等基建改造措施,以及缩班减生、调整使用、拆墙、并校等非基建措施,多途径实现校舍达标。2000年和2001年,上海市政府又把"达标工程"列为实事项目。2000年,上海共改造完中4所、九年一贯制学校6所、初中44所、小学46所,征地449 544平方米,扩建校舍314 403平方米,总投资5.15亿元,全面完成100所中小学校舍达标建设。2001年,共改造建设九年一贯制学校6

所、初中 31 所、小学 53 所,其中 41 所达到一类学校的建设标准,49 所达到二类建设标准,共征地 46 万平方米,扩建校舍 38 万平方米,各级政府投入资金 7.2 亿元,按时按质按量完成 90 所中小学校舍改造达标建设。至 2002 年,完成撤点的中小学校共计 853 所(含村小撤点 497 所),通过缩班减生、调整使用、拆墙、并校等非基建措施实现校舍达标的学校 261 所。经各级政府、教育行政部门、学校和广大建设者的共同努力,"达标工程"于 2002 年顺利完成。"达标工程"建设的学校数量超过了原计划,占全市学校总数的 5.14%。当然,由于城乡之间的差异较大,特别是随着农村人口向城镇的集聚,城镇地区生源增幅较大,达标学校有可能回到未达标行列。因此,要解决城镇化建设教育资源不足的问题,必须加强区县政府的领导和协调力量,统筹规划,明确配置学校建设责任,落实建设资金,确保学校建设与城镇发展速度相适应。

各区县积极、扎实地推进中小学标准化建设,静安区在 1998 年到 2002 年共投资 7 亿元,完成重点项目 11 个,对规划保留的中小学校舍进行了全面改扩建和大修,使中小学生均占地面积和生均建筑面积达标率达到 100%,专用教室和设备配置全部达标,全区所有中小学均建成多媒体电化教室,开通闭路电视,按照 A 级一等图书馆标准实施计算机管理的图书馆占相当比例,建成了方便快捷的中小学信息网络体系。

2002 年,长宁区教育局在完成学校标准化建设后将学校均衡发展作为重点工作内容。为办好每一所初级中学,全面提高初中教育质量,区教育局根据上海市教育委员会《关于实施"加强初中建设工程"的研究决定》,制定了《长宁区加强初中建设三年规划》,对本区初中现有发展情况作了分析,提出了三年奋斗目标、政策、措施。确定 10 所初中为重点建设学校,并成立了初中校长沙龙,为"加强初中建设工程"构筑平台。区教育局要求沙龙成为学堂、研堂、群言堂,要求群策群力,办好长宁初中。"加强初中建设工程"是基础教育工作的重中之重,长宁区实施新一轮"重点中学带分校",整合重点校和分校教育资源,使其结成办学联合体。

杨浦区教育局及有关部门与学校于 1998 年签订了"达标工程"目标责任书和改造责任书,根据区督导室对 39 所初级中学进行全面评估的情况,精选好、中、差三个层次的学校,确定铁岭中学等 8 校为首批争创达标学校。通过采取筹措资金、布局调整、内外装修、添置设备、提高学历、培养青年教师等措施,18 所初级中学中的 16 所成为达标学校或基本达标学校。1999 年,第二批初中达标校进展顺利,它们根据"整体推进、上下结合、软硬并举、分批达标"的原则,通过政府投入、银行贷款、社会资助、学校自筹等多种方式,共投入3 000余万元用于该工程项目。

金山区在1998年底有初中和小学107所,其中村小59所,对照《上海市中小学校建设标准》,未达标学校有53所,达标建设面广、量大,任务艰巨。为此,金山区政府于1999年增拨达标专项资金3 000万元,中共金山区委、金山区政府在曹泾镇召开"区中小学达标建设工程启动大会";要求区、镇两级党委和政府从"执法""为民"和"兴国"三个高度充分认识中小学达标建设的重要性和紧迫性,切实把"达标工程"放到优先落实的战略地位。为推进"达标工程"的实施,区政府又先后两次发文部署达标建设工作,分管财政、分管教育和分管城建的副区长分别协调立项、选址、征地、设计、招投标和筹资等建设过程中出现的矛盾和产生的问题。中共金山区委、金山区政府对达标建设的高度重视既调动了全区各镇和区教育局克服困难、努力达标的积极性,又为"达标工程"的实施创造了良好的社会氛围。中小学达标建设工程的顺利实施不仅推进了农村城镇化进程,而且为地区经济和社会发展创造了良好的投资环境和人文氛围。2000年,金山区14个镇的义务教育顺利完成了向"五四"制过渡。面向21世纪,金山区新一轮教育的发展目标是提高城乡一体化水平,加速教育现代化步伐,建设充满智慧的金山教育,其主要任务是德育人性化、国民教育优质化、终身教育全民化、区域教育多元化。

(3) 完善政策法规体系

上海十分重视加强教育法制建设,大力推进依法治教、依法行政,在努力建构具有上海特色的教育法规体系的同时,优化教育秩序。

上海市于1985年7月召开的第八届人民代表大会第四次会议上通过了《上海市普及义务教育条例》,从法律上保证了全市普及九年制义务教育的实施。1986年8月29日,上海市人民政府又根据《中华人民共和国义务教育法》和《上海市普及义务教育条例》发布了《上海市普及义务教育条例实施细则》,对实施九年制义务教育有关的权利和义务、办学条件和考核、奖惩等事项进一步作了具体规定,为有步骤地实行九年制义务教育提供了法律保证。1987年6月20日,上海市第八届人民代表大会常务委员会第二十九次会议通过了《上海市青少年保护条例》。1994年6月14日,上海市第十届人民代表大会常务委员会第十次会议通过了《关于修改〈上海市青少年保护条例〉的决定》。1992年,根据上海市实施九年制义务教育的进展情况,上海市人大又制定了《上海市实施〈中华人民共和国义务教育法〉办法》,对全市义务教育实施情况及验收准备工作进行了专题调查和检查。1993年2月6日,上海市第九届人民代表大会常务委员会第四十一次会议通过了《上海市实施〈中华人民共和国义务教育法〉办法》,规定自1993年3月1日起施行。规定凡居住在上海市行政区域内、具有上海市常住户口的适龄儿童、少年,必须按照该办法的规定接受义务教育。国家、社会、学校和家庭应当保障适龄儿童、少年接受义务教育的权利。规定由上海市各级人民政府领导义务教育工作。上海市义务教育工作以区县为单位组织实施,并落实到乡、镇人民政府。经市教育行政主管部门批准的自行举办实施义务教育的部门或者企事业单位,应该切实组织实施义务教育。各级人民政府、教育行政主管部门以及有关行政部门应当建立实施义务教育的目标责任制,把实施义务教育的情况作为考核有关负责人员政绩的重要内容。市和区县人民政府应当建立对实施义务教育的工作进行监督、指导、检查的制度。1996年,上海市教育委员会在市人大、市政府法制办的指导和帮助下,组织了立法调研,力图构建具有上海特色的教育法规体系。

从1989年下半年起,上海推进了以治理中小学乱收费为主的行风建设。针对上海普教系统收费一度比较混乱的现象,根据市政府的统一部署,① 上海市教育委员会进一步提出清理整顿中小学破墙开店、出租出借校舍场地的意见,同时明确审批制度,加以严格控制。1991年初,国家教育委员会召开了全国教育系统开展治理"三乱"工作的紧急会议和电视会议,同时上海市人民政府也召开了全市治理"三乱"工作大会,积极做好制止乱收费工作,使上海中小学乱收费现象基本得到控制。会议要求普教系统各类学校严格按市物价局审批项目亮证收取行政事业费,不得组织整班补课和擅自订购课外书籍与资料,不得收取学生、家长的财物。按照率先建成教育收费规范城市的要求,上海积极巩固治理中小学乱收费成果,完善规范学前教育收费措施,全面推行中小学"一费制"收费办法,坚决制止与入学挂钩的各种乱收费,坚决纠正学校擅立收费项目、提高收费标准、扩大收费范围和巧立名目、违反规定收费办班的行为,完善教育收费听证、公示、审计、督导等制度。同时要求各级政府和单位明确责任,完善制度,加强监督,进一步把治理教育乱收费的各项工作落到实处,努力把上海建设成为教育规范城市,不断优化教育大环境。2002年,上海根据国务院纠正行业不正之风办公室、教育部的文件精神,会同市纠正行业不正之风办公室、市财政局、市物价局制定下发了《上海市教育委员会等单位关于认真做好本市

---

① 《中国教育年鉴》编辑部.中国教育年鉴(1989)[M].北京:人民教育出版社,1990:535.

中小学违反规定收费处理工作的通知》,明确了处理的政策界限和"收、退、补、封、惩"的具体处理办法。同时,制定下发了《关于2002年本市治理中小学乱收费工作的意见》,召开上海市治理中小学乱收费工作会议,并进行教育收费公示。同时,进一步完善了工作机制,制定了有关信访信件的处理办法,使各部门的责任得到明确和落实,完善了法规体系。自2002年5月起,全市范围内又开展了教育秩序专项整顿活动,根据上海市第八次党代会提出的"切实加强社会管理,努力提高城市综合管理水平"的要求,按照市委领导的统一部署,整顿活动分为四个阶段:"宣传教育",正面宣传教育法律法规;"重拳出击",依法查处非法办学单位、非法办学行为;"行政告知",向有管理职责的法人单位及主管部门发出行政告知书,督促有关部门履行法定职责;"监管查处",对有违规行为的单位进行谈话教育,责令整改。2002年,全市共查处违规收费7 240万元,清退1 180万元,将剩余的进行了封存。

为确保基础教育事业有序、健康发展,上海教育部门还结合市内其他职能部门共同治理中小学校周边环境,推进以治理中小学乱收费为主要内容的行风建设,对不断优化基础教育秩序起到了积极作用。1991年,上海市教育局、上海市青少年保护委员会、上海市工商局联合制定和发布《关于加强中、小学校周围环境管理的通告》,要求学校门前统一设置"学校周围禁止设摊、堆物、停车"的固定标牌,并对实施情况组织检查,积极建设学校周围环境。1999年,上海市在全面调查的基础上,针对部分学校存在的问题,召开了中小学周边环境整治工作现场会,印发《关于进一步加强学校周边环境和治安综合治理的意见》。根据该意见规定,各职能部门从上海市的市政建设、拆除违法建筑、绿化市容等实事工程展开,不断改善学校周围环境,保障中小学生健康成长和生命安全,使中小学周边环境和治安整治工作取得显著效果。

2. 充分应用现代教育技术

上海注重利用和发展现代化的教育信息技术,以更好地实现教育目标,提高教学效率。结合现代信息技术的发展和素质教育的推进,上海提出"将上海的基础教育改革架构到现代信息化平台上"的战略,一方面加快信息技术在课程实施中的应用推广,积极利用信息技术扩大生活中的课程资源,有效结合生活进行教育;另一方面逐步实现中小学校的信息化管理。

(1)配置信息化教育硬件设施

根据上海城市发展定位和上海基础教育信息化、现代化的发展需求,上海不断加强现代化信息技术教育的软硬件配置。

1978年，上海市教育局提出实现教育手段现代化；到1983年，电教工作有了较大发展。如建立电教机构，形成电教专职队伍，购置增添电教设备，根据教育和教学需要编制电教材料，教学电影放映已经经常化。① 1984年，根据"三个面向"和"计算机要从娃娃抓起"的要求，上海市区内各校计算机教学又有较大的发展。1986年5月，上海市中小学计算机教学研究会成立，主要开展中小学计算机教育的研究和应用教学软硬件的开发。1988年，上海地区各校广泛开展电化教育。

　　2000年，上海市中小学宽带教育网络首期工程顺利完成，经全国中小学现代教育技术实验学校领导小组审批，24所学校被命名为第二批全国中小学应用现代教育技术实验学校。至此，上海市全国中小学应用现代教育技术实验学校总数已达52所。② 2002年，上海市政府又将"为本市中小学增配两万台电脑"和"基本实现'校校通'"列为市政府实事工程。该工程由上海市信息化办公室和上海市教育委员会共同负责落实，由市教育委员会基础教育处、信息中心和市信息办社会信息发展处共同负责实施。2002年，市级骨干网建设已完成市教育委员会信息中心与全部19个区县信息中心的光缆连通，同时开展区县技术人员的培训，确保网络开通投入运用。2002年，已有12个区共1 477所中小学校生机比配置达标，约占学校总数的92%，各区县基本完成教育信息专网的建设。

　　此外，各区县还积极推进教育设备现代化，完成局域网建设，使宽带进入各中小学，实现中小学之间的"校校通"。1999年，杨浦区现代化教育技术实验学校全部建立了多功能室，一批中小学建立了教师课件制作专用室，培训了一大批能自己制作课件的学科教师，成立了"杨浦区现代教育技术中心组"，指导全区现代教育技术工作。长宁区教育局也于2002年建设了"三网"和"四室"，"三网"即教育信息网、校园网、计算机教育网，"四室"即学生计算机教室、教师电子备课室、多媒体演示教室、电子阅览室。自此，全区所有中小学接入有线宽带网实现"校校通"，不断更新硬件配置，完善教师电子备课设备和教学电脑配备，普及"数字教室"，实现全区每个学校覆盖"校园网"，并选择部分幼儿园建设局域网，同时在仙霞高级中学筹备成立"长宁区信息技术教育培训中心"，推进"数字校园"建设。

---

① 《中国教育年鉴》编辑部.中国教育年鉴·地方教育(1949—1984)[M].长沙：湖南教育出版社,1986：419.
② 《中国教育年鉴》编辑部.中国教育年鉴(2000)[M].北京：人民教育出版社,2000：118.

(2) 应用信息技术整合课程

21世纪初,上海大力推进信息技术在课程实施过程中的普遍应用,加快信息技术与课程整合的步伐。上海中小学充分应用辅助教学软件、多媒体学习软件、电子教材,不断优化"校校通"工程交织构成的教育信息环境,促进信息科技与课程的整合。基础教育课程与信息技术的结合,逐步实现了教学内容呈现方式、学生学习方式、教师教学方式以及师生互动方式等方面的变革,为学生的学习和发展提供了有力的学习工具、丰富的学习资源和广阔的时空范围。2002年,中小学教育从"信息化背景下全面架构上海普通中小学新课程教材体系"的高度,将信息技术作为所有学科课程的一个有机组成部分,旨在改变学生的学习方式,全面提升新课程教材教学体系的信息化水平。

上海市中小学积极利用现代信息技术,结合生活补充课程资源,主要有直接向学生开放因特网资源和建设校内或区域教学信息网两种形式。在中小学让学生从因特网获取范围广、信息量大的资源,拓展学习和研究的视野,使学生直接与信息化社会接轨,同时屏蔽不良信息,对学生进行价值选择教育,防止网络成瘾。各中小学还组织教师和专业信息人员将各类与教学有关的信息收集整理后放在网页中,供广大学生使用,提高了学生信息收集的效率。同时,在上海市教育委员会教研室和上海远程教育集团合作推出"名师点拨"系列教育光盘的基础上,又积极推进与"二期课改"相配套的各类网络教育资源的建设,开发包括数字化实验平台在内的各类认知工具,在部分"二期课改"研究基地学校开展"TI"图形计算器教学应用研究与实验。黄浦区教育信息中心的《海纳百川》《地理》,松江区教育信息中心的《美术》等资源网站,都从不同角度对学校教学中可能用到的教学资源进行了整合,实现了资源共享,对上海市中小学相关学科的教学改革起到了支持作用。

面向21世纪,上海基础教育启动了信息技术全面支持下的学科课程建设改革试点,进行新一轮中小学信息科技课程、信息资源建设,开展信息技术与学科教学整合的实践工作,鼓励、倡导广大师生应用信息资源促进自身发展,发动师生开发设计体现自身教学特色和创造能力的教育教学软件,丰富区域教育资源。

(3) 实现中小学校的信息化管理

根据上海的实际情况和教育信息化的发展要求,上海逐步实现中小学校信息化管理的物理连通和应用推动,以管理的信息化、现代化带动基础教育教学的信息化。

中小学学籍电子化管理主要是通过计算机网络建立市、区县、校三级管理系统,旨在进一步规范学籍管理体系,实现上海教育管理的信息化、科学化。同时,根据素质教育的要求,上海逐步建立了科学、全面反映学生素质的信息资料库,并建立了为中考、高考提供反映学生综合素质的信息档案,另外还为网络化招生工作提供了技术支持。这些都为教育教学的全面改革提供了科学依据。到2001年,上海市所有区县都已经启动培训与系统安装工作,启动初中的数据录入工作和小学的试点工作。在市政府统一领导下,上海市中小学学籍电子化管理工作纳入了上海市社会保障和市民服务信息系统,学生的学籍卡本身就是中华人民共和国社会保障卡,正面底色为绿色,并印有国徽图案。学生持卡可以享受学生阶段的所有社会保障服务。

到21世纪初,上海已初步完成教育管理信息化工程。如建立教育政务信息化的总体框架,主要是在上海市教育委员会内外网建设的基础上开展资源整合;建成一批教育业务与服务应用系统,使其发挥较大作用,并使教育管理与信息的迅速反应能力得到明显提高;完成教育政务信息资源库和基础数据库建设,实现教育政务信息资源共享;建立教育政务信息化培训研发体系和支援应急系统;实现教育系统办公自动化、管理决策科学化以及公共服务电子化。

第二节 大力发展基础教育

一、加强发展学校教育

改革开放以后,上海以邓小平提出的"三个面向"和江泽民提出的"四个统一"为指导,以提高国民素质为宗旨,全面培养学生正确的世界观、人生观和价值观,使学生树立爱国主义、集体主义和社会主义思想,培养学生的创新精神和实践能力,以造就适应21世纪的"四有"新人。经过20多年的努力,上海基本形成了"坚定不移、坚持不懈、真心实意、真抓实干"的全社会重视和推进素质教育的新局面,使学生具有高度的社会责任感、高尚的道德情操和文明的生活行为方式,适应了上海建成国际开放城市的要求,培养了一批具有开放意识、科学素养和创新精神的社会主义事业的合格建设人才。

教育改革和发展的主题是全面推进素质教育,全面提高教育者和受教育者的素质和创新能力,全面提高教育质量与办学效益。在以高新技术为核心的经济发展的今天,国家教育部在《面向21世纪教育振兴行动计划》中将"跨世纪素质教育工程"列为头号工程,上海市教育委员会也将推进素质教育列为建设上海"一流基础教育"的核心内容。随着人民生活水准的日益提高,人们迫切希望下一代接受高质量的基础教育,希望子女具有较强的生存和竞争能力,而全面推进素质教育就是办好每一所学校,教好每一个学生,满足人民对高质量教育的需求。所谓全面推进素质教育就是在区域范围内,政府、学校、社会共同参与,各项改革配套联动,全面实施,整体推进,形成社会化大教育网络。

1. 推进学前教育

上海学前教育事业在改革开放之后取得了长足发展,主要表现为努力构建0—6岁儿童的现代学前教育体系,提高学前教育质量,为每一位儿童提供充分的基本均衡的教育机会和高质量的幼儿教育服务;始终进行教育内容和教育方法改革,注重按照学前儿童的心理发展规律设置课程,开展各种课程改革试验,积极推广家庭教育指导工作。另外,学前教育还在加强师资队伍建设、理顺托幼体制、健全托幼管理机构、进行学前教育管理体制和办园体制改革等方面取得了新进展。

(1)提高学前教育质量

1978年,上海市陆续恢复配备基层幼教专职干部,幼儿教育开始按教养并重、保教结合的原则落实,质量不断提高。自1979年起,各区县又落实市教育局颁布的《城市幼儿工作条例》。1981年10月,教育部颁发《幼儿教育纲要》,上海市教育局受教育部委托,认真组织编写了幼儿园教师使用的体育、语言、常识、计算、音乐、美术、游戏等教材,以适应幼儿教育的需要。

上海市努力贯彻学前教育"教养并重"方针,培养各方面健康发展的幼儿。从1982年起,上海各区县开始试行教育部《幼儿教育纲要》提出的幼儿教育内容与要求,并使用上海市幼儿园统一试用教材,向幼儿进行体、智、德、美教育。教育教学以游戏为主要形式,寓教育于游戏活动之中,使幼儿在没有负担的愉快氛围中接受知识。根据幼儿年龄特点全面合理安排幼儿活动,保证幼儿有充足的户外活动游戏时间。制定科学的作息制度,使幼儿养成良好的生活习惯。建立幼儿保健卡,做好保健工作。进行营养分析并制订食谱,确保幼儿有良好的营养。同时,上海市不断更新园所设备,使教育环境布置儿童化,从而为儿童健康成长提供更好的条件。至1987年,教育局系统中心幼儿园及其他系统办的幼儿园都配备风琴、收录机、磁性黑板及转马、滑梯、荡船、攀登架等大型活动器具。

上海市学前教育重视家庭教育指导工作,积极开展家庭教育指导实践,配合幼儿园实现培养各方面健康发展的幼儿的教育目的。积极探索0—3岁婴幼儿的启蒙教育,推进社会化的早期服务机制、科学化的育儿指导方法和多样化的早期指导形式,形成社区、家庭、托幼机构整合的学前教育格局。逐步推行科学的家庭教育理念,使家长接受科学育儿指导,科学开发儿童潜能,促进儿童健康成长。进一步落实《90年代上海市儿童优生、保护、发展规划》,落实市政府实事工程,包括延长服务时间、开展优质服务活动、建立家园联系窗、举办家长学校等。杨浦等区县成立"家长委员会",具体指导家庭教育,使家庭、幼儿园教育一致化。2002年,长宁区开展0—3岁婴幼儿教育,建立了"长宁贝贝早期教育中心",设立了10个社区指导站,开展了一系列育儿、亲子活动,并对入园的新生家长进行培训,颁发合格证书,参加人数达2 200名左右,合格率100%。

上海市始终努力探索提高学前教育质量的途径。1985年以后,随着教育改革的深入发展,学前教育科研有了更多尝试。1990年,在上海市课程教材改革委员会的统一领导下,上海又开始了与九年制义务教育课改相衔接的幼儿园课程新方案研究,建立了以生活、体育、歌舞与游戏、故事、讲讲做做等五门课程构成的综合性课程,并在全市30所幼儿园进行为期三年的实验试点。从2001年9月起,又由上海市教研室牵头,组织基教处行政人员,华东师范大学教授,上海市教育科学研究院与上海市儿童保健所专家,各区县教研员及园、所长和一线教师对《上海市0—3岁婴幼儿教养方案》进行全面研究,丰富了从活动中发展感知觉和智力的幼儿教育方式。

(2) 健全学前教育管理体制

上海市不断健全学前教育管理体制,大力培养专职干部主管各区县的幼教工作,不断理顺各级领导机构间的关系,积极改革办园体制。为加强对幼儿园的领导和管理,上海市认真执行国家颁发的《幼儿园管理条例》《幼儿园工作规程》等一系列法规,使幼儿园管理工作逐步走上科学化、制度化的轨道。

1979年,上海市为加强托幼工作的领导,设立了由市妇女联合会、市教育局、市卫生局、市集体事业管理局等单位负责人组成的托幼领导小组,并在市妇联设托幼工作办公室。1980年,上海市成立市托幼工作领导小组,由副市长牵头,市教育局等9个部门的负责人参加,加强对托幼工作的领导和协调,以解决幼儿入园难的问题。1985年,市政府又采取督促企事业单位自办幼儿园、改革幼儿园收费办法、各主办单位自行解决师资问题等方式,解决了入托难、入园难问题。由于市政府对学前教育的重视以及各区县及时采取多种有效措施协调解决出现的问题,上海市适龄幼儿几乎全部享受到高质量的学前教育。从1984年起,长宁区出现幼儿入园的持续高峰,为此,长宁区人民政府于1986年成立托幼办公室,领导和协调全区托幼工作。闸北区幼儿入园从1985年开始也进入高峰期,由于区政府动员学校、工厂、企业、街道和社会各界力量采取多种形式办园,于1987年基本解决了持续七年的入园难问题,1989年闸北区被评为"全国幼儿教育先进区"。从1992年起,幼儿入园人数又出现逐年下降,在这种情况下,从1994年起,闸北幼儿教育又向多模式、多类型、多渠道方向发展。1986年,嘉定县也面临幼儿入园高峰,县教育局贯彻上级有关文件精神,坚持"两条腿走路"的办园方针,解决入园难问题,使嘉定地区入园率达94%。

1984年,市教育局转发教育部《关于发展农村幼儿教育的几点意见》,要求推进幼儿园建设。1986年,市政府建立托幼工作联席会议制度,制定和实施托幼事业发展总体规划,争取社会各方面对托幼工作的关心和支持。1988年,各县政府都成立了托幼工作办公室,与县教育局共同领导和协调全县的托幼工作。1990年,市教育局为了更好地贯彻《幼儿园管理条例》和《幼儿园工作规程(试行)》,提高幼儿园依法办园的自觉性,增强办园活力,颁布了《上海市幼儿园分等定级标准》,实行幼儿园等级制。普陀区自1985年就开始实行园长任期制,加强目标管理以提高工作效益。1993年起,上海在15所幼儿园实行园长负责制,以促进园内管理的良性循环,逐步形成调动教职工积极性的激励机制。1998年,《上海市学前教育纲要》颁布实施。

上海市各区县还根据社会发展和人口分布状况,制定了幼儿园的发展规划,设置全日制、半日制、寄宿制和季节制等多种类型的幼儿园,这种多渠道、多形式办园的方式极大地促进了幼儿教育事业的发展。根据全市托幼一体化建设的要求,上海市各区县进一步优化学前教育资源配置,实施托幼标准化建设;同时,改革现有的托幼管理体制,进一步规范托幼工作管理。各区县都进一步明确,将办好每一所幼儿园,让每个孩子都能接受公平、公正的教育作为实施素质教育的关键。

2. 普及义务教育

上海的义务教育从决策、普及到实施都处于全国先进之列,这为提高教育质量,进一步实施素质教育奠定了坚实基础。在此基础上,又高质量扩大高中阶段教育的办学规模,积极稳步地形成现代终身教育体系。为此,教育部门积极争取有关局、委和街道办事处、镇政府的支持配合,摸清每年适龄儿童数量的分布,做好入学准备。

从1977年起,全国整顿和恢复教学秩序,将小学学制改为5年。1978年,开始恢复秋季招生,招收六足岁儿童入学。上海从1980年下半年起,把小学学制又改为6年。1981年起,小学设政治、语文、数学、外语、自然常识、体育、音乐、美术 8 门必修课。有条件的小学另开设一门科技活动课进行试点，外语从三年级开始开设，自然常识从四年级开始开设，小学各年级每周必修课总课时为 26～28 节。1983 年下半年起，调整为开设思想品德教育、语文、数学、外语、自然常识、手工劳动、地理、历史、体育、音乐、美术 11 门必修课，外语、地理课五年级开设，历史课六年级开设，每年级每周开设必修课 29～30 节。

上海市通过各种方式保证义务教育的实施，不断解决入学高峰问题和流动儿童、少年求学问题，保证了九年制义务教育的顺利实施。20 世纪 70 年代末，上海市区已普及初中教育，郊县学龄儿童也基本全部入学。从 1988 年到 1993 年，全市每年净增小学和初中学生数分别为 5.92 万、6.3 万、6 万、6.26 万、8.3 万、7.7 万，6 年共增加中小学生 40.48 万人。为保证义务教育的质量，在市、区县两级政府和有关方面的支持下，通过新建、扩建、加层改造校舍，增加办学额，借用中学校舍，五六年级同时进初中等途径，上海市解决了入学高峰以及流动儿童的求学等问题，切实办好了中小学，保证了义务教育的实施。1991 年，在《中华人民共和国义务教育法》颁布五周年之际，全国人大常委会检查组于 10 月到沪，通过检查，肯定成绩，发现问题，进一步推动了上海市九年制义务教育的实施。① 2002 年，上海市九年制义务教育入学率保持在 99.9%，高中阶段教育入学率达 99.2%。

此外，上海市政府还十分重视特殊教育的发展，将其纳入全民义务教育轨道，根据各类残疾儿童的特点开展教育教学工作，千方百计地弥补他们的身心缺陷。上海在抓好残疾儿童基础教育和职业技术教育的同时，积极把早期教育和早期康复密切结合，基本形成以特殊教育学校为主的残疾儿童义务教育和普通学校开设的特殊教育班及随班就读的办学格局。如上海市盲童学校招收上海全部适龄盲童入学，学制为 9 年，小学 6 年，初中 3 年；上海聋哑学校学制为 9 年，适龄聋哑儿童入学率达 100%；弱智儿童辅读学校主要招收普通小学低年级的轻度精神发育不健全的儿童，学习年限为 9 年，到 1991 年 11 月，上海市各区县都设立了弱智校或辅读班。1986 年，上海市聋哑青年技术学校建校 30 周年，这是当时中国唯一的聋人中等技校，积累了大量教育经验。1986 年，上海又开办一年制盲童幼儿班，依据普通幼儿园教育大纲和特殊儿童特点安排教养工作。1998 年，全市视力残疾儿童义务教育的入学率接近 100%，高中阶段教育入学率达到 70%；听力残疾儿童义务教育基本普及，高中阶段教育入学率达到

---

① 《中国教育年鉴》编辑部.中国教育年鉴(1991)[M].北京：人民出版社，1992：416.

63%;轻度智力残疾儿童义务教育的入学率接近100%,中度智力残疾儿童入学率达94.96%。① 其中,崇明县聋哑学校创办于1977年,学制8年,要求学生达到初小毕业程度,各年级开设思想品德、语文、数学、体育、美术、自然常识、历史、手工、职业技术9门课程。1996年,为加强特教工作,崇明县又制定了《崇明县特殊教育1995—2000年发展规划》,增加小学弱智辅读班4个,并建立了崇明县特殊教育中心。

3. 推进素质教育

"素质教育"一词最早出现于《上海教育(中学版)》1988年第11期《素质教育是初中教育的新目标》一文中②,文章主要对上海改变初中薄弱学校及全面提高初中毕业生素质的情况进行了述评,其后全国陆续出现了"素质教育"的提法。1996年,时任上海市市长徐匡迪正式提出尽快建立由应试教育向素质教育转轨的运行机制的目标。1998年7月,上海市中小学素质教育工作会议召开,提出了"以学生发展为本"的教育观念,确立了"以培养创新能力作为素质教育核心"的教育思想,并根据建设一流基础教育的要求,制定了《关于上海市进一步推进中小学生素质教育工作的若干意见》和《上海市中小学素质教育工作三年目标和行动计划》,各区县也部署了区域性推进素质教育的实施计划与措施。1999年,又通过举办"素质教育系列讲座""名师论坛"和各种形式的专题报告会、现场研讨活动等,进一步确立了素质教育的理念,明确了构建素质教育运行机制的指导原则、方法。

上海现代基础教育是基于全体学生素质发展的素质教育教学体系。它注重学生在教育过程中的主体地位,重视培养学生的兴趣、态度、选择、独立思考等"发展性学力"因素,并从教育思想、学校制度、招生制度、教育评价、课程教材、教学管理和课堂教育模式等方面系统地构建了注重学生素质发展的运行机制。

全面推进素质教育,办好每一所学校,是上海市各级政府的职责。为此,各区县职能部门在政府的推动下,通过办学体制和教育资源配置机制改革,调整学校网点布局,不断提高学校的办学水平。如杨浦区为更好地推进以创新精神和实践能力为重点的素质教育,加快素质教育科目化、法规化建设,于1999年批准控江中学、杨浦高级中学、鞍山中学、市东中学、长阳中学、铁岭中学、打虎山路第一小学、上海市第二师范学校附属小学(简称"二师附小")等15所中小

---

① 上海市教育委员会统计资料. http://www.shmec.gov.cn
② 崔相录,等. 素质教育指要[M]. 北京:北京大学出版社,1999:217.

学为首批素质教育实验校。实验内容包括依法治校、规范办学、加强德育及心理健康教育、重视学习方法指导、提高课堂效率、减轻学生负担、科学安排作息时间、探索评价新颖机制、试行学生发展手册。为确保实验校的成功探索,杨浦区教育局采取了保障措施,如建立素质教育实验课题研究组,由督导室拟定评估指标,给予学校自行调整课程设置权、课时安排权、自行改革考试和测评制度权、自行改革升留级制度权。2000年,又命名第二批24所素质教育实验校,开展"突出重点、明确专题、集中展示、一校为主、多校参与"的展示研讨活动,分别举行语文、英语、艺术等学科专场展示。再如嘉定区各中小学校积极开展研究型课程实验,引导学生研究性学习,培养学生的创新和实践能力。在这些方面,嘉定一中成绩显著,2001年成功承办了全国部分重点中学"研究性学习与课堂教学"研讨会,由该校三名同学组成的高三代表队获2001年美国国际大学生数学建模竞赛一等奖,2002年高二代表队又获一等奖。崇明县也于2000年制定下发《2000年崇明县中小学素质教育目标管理方案》,进一步完善了素质教育评估体系,并针对方案中的基础性目标和学校发展性目标的要求,修订了学校素质教育考核评估标准。同时,制定下发了《开展中小学课堂教学达标评优活动的通知》,开展中小学课堂教学达标创优活动,对全县初高中教学质量进行了全面细致的调研工作,建立了各学段、各年级、各学科的县级学业监控方案,切实提高课堂教学效率,减轻学生负担,促进教学质量的全面提高。另外,还在初中、小学各学科教学中积极引入探究性学习方式,初步形成具有浓厚区域色彩的教学模式和教学策略;整合科学精神和人文精神,遵循学生身心发展规律,倡导学生主动参与、交流合作、探究发现等学习方式,为学生禀赋和潜能的开发创造宽松和谐的发展环境。

二、注重结合校外教育

随着不同教育模式的形成和发展,上海积极探索学校教育与家庭、社区教育的一体化方式,努力实现"形成全民学习、终身学习的学习型社会,促进人的全面发展"的目标,把握建设学习型城市的机遇,更好地发展基础教育。

1. 重视家庭教育

家庭教育关系到每一个孩子的成长发展,关系到每一个家庭的幸福与未来,关系到社会的安定和发展。上海始终将家庭教育视为教育系统工程的重要环节,将家庭教育视为学校教育功能在时间和空间上向社会的延伸,在全市范围内开展了大量类型丰富的家庭教育活动,有效地促进了家庭、学校、社区一体化教育模式的构建。

（1）建设正规家庭教育系统

上海市形成了家庭教育系统,有效促进了家庭教育的理论和实践推广。1986年,全市设立家长学校1 500所,[1] 加强对家庭教育的指导。之后,通过建立家庭教育辅导站、成立家长学校或家长委员会,进行家庭教育指导、交流,总结家庭教育的成功经验等多种形式,不断提高家长教育子女的水平。1996年,为探索学校、社会、家庭教育的一体化发展,上海又开展了"为了美好家庭——上海市家庭教育指导系列活动",组织家庭教育讲师团深入社区、企业、机关、学校作巡回报告;[2] 2000年,又制定《上海家庭教育指导工作大纲》,开办了两期"上海家庭教育指导大纲"研修班,使家长受教育率和家庭教育指导工作者业务培训率达95%,家庭教育工作取得良好成绩。同时,开展了"创建学习型家庭"主题活动,组织"上海市家庭教育宣传周",展示家庭教育取得的成绩。在这期间,全市共筹建、命名、挂牌市家庭教育试验基地95个。[3]

闵行区教育局在区域性整体推进素质教育的进程中,始终注重学校教育与家庭教育的结合,在学校实施素质教育的同时,积极推进家庭素质教育。20世纪80年代,该教育局开始尝试对高中生家长进行家庭教育指导。在指导家庭教育工作、办好家长学校的过程中,闵行区制定了20多项规章制度,使学校家庭教育指导工作走上科学化、制度化、规范化的轨道,极大地提高了学校指导家庭教育的实效。在家庭教育指导工作中,闵行区的学校注重与中华民族传统美德教育、新基础教育、独生子女教育、创建学习型家庭、推动社区精神文明建设等有机结合,在长期的实践中积累了许多学校引领家庭教育的教育资料。

（2）注重家庭教育展示宣传

2002年12月,上海开展了家庭教育现场展示活动,有演讲、英语会话、家长论坛、教师论坛、家庭学习活动等形式,其中包括两个专场。一个专场是展示上海市教育科学研究院普通教育研究所主持的课题——"学校、社区推进学习型家庭理论与实践研究",包括"亲子情深"生日卡展示、"这一刻最使我感动"亲子对话演讲、"哟,我们这一家有多棒"家庭才艺大赛、"共同学习"亲子英语会话比赛,全市约20万家长参与了这项活动。通过活动,家庭亲子共同学习成为每个中小学生家庭生活中不可缺少的重要组成部分。另一个专场是闸北区家

---

[1] 《中国教育年鉴》编辑部. 中国教育年鉴(1985—1986)[M]. 长沙:湖南教育出版社,1988:198.
[2] 《中国教育年鉴》编辑部. 中国教育年鉴(1988)[M]. 北京:人民教育出版社,1989:458.
[3] 同上:118.

庭教育现场展示,该专场通过家长论坛、教师论坛、家庭教育论坛、家长进课堂、亲子文艺活动、家长学生社区活动、家庭学习活动等形式,集中展示了闸北区全面构建家庭教育新格局的工作成果。

2000年5月,长宁区教育局在天山二小召开"长宁区中小学家庭教育工作交流会",60多所中小学交流家庭教育经验。11月,各中学广泛开展家庭教育宣传周活动,使该区家长和青年教师开展家庭教育指导的学校达95%以上。同时,该教育局积极开展"家庭教育指导示范校"创建活动,有6所中小学和2所幼儿园获得"区家庭教育指导示范校"称号。另外,长宁区还普遍举办各种形式的"家长学校"和家庭教育讲座,开展家庭教育咨询活动,区教育局还组织编写了《初中一年级家长须知》《中学德育辅导》等家教辅导读物。

2. 联合社区教育

上海在贯彻执行《中共中央关于教育体制改革的决定》的过程中,为积极探索大城市"人民教育人民办,依靠人民办教育"的理念,将学校教育与社会教育结合,出现了以"地区为主,政府协调,社会参与,双向服务,共建文明,共育新人"为基本形式的社区教育,并随实践开展逐渐形成以学校教育为主体、以社会力量为依托、以家庭教育为基础的学校、家庭、社区一体化教育网络。

(1) 社区教育的组织形式

上海社区教育有工厂企业、地区街道或乡镇、学校三种组织形式。

早在1985年9月,闵行、吴泾地区的一批大型工厂企业就以厂区附近地域为界,由上海氯碱总厂牵头,建立了上海第一个由地区企业牵头,由地域内工厂、商店、医院、机关和学校联合组成的"社会支教基金会",带动了上海以企业为组织形式的社区教育的开展,有力地促进了社区规划学校的发展,提高了办学水平;同时集资助学支教,改善教育教学条件;优化学校环境,调动社会力量,共同建设地区精神文明。

1986年9月,在普陀区真如镇人民政府的支持下,真如中学牵头建立了真如中学社会教育委员会,学校和附近企业、部队、商店、镇政府组成理事单位,共同加强学校与社会的联系。之后,上海市大多数中小学都成立了社区教育委员会,以横向组织的形式开展双向活动,深化教育改革。

1988年3月,闸北区新疆路街道和彭浦新村街道也分别建立了由街道办事处牵头,街道辖区内工厂、商店、学校、机关、部队、公安派出所等单位参加的,以支持和促进本地区教育事业发展为宗旨的街道社区教育委员会。这种由地区街道或乡镇牵头的社区教育组织形式,能较好地把政府的权威性和社会的创造性结合起来,是上海开展社区教育的基本组织形式。

区和街道(镇)两级社区教育委员会成立后,逐步形成学校、家庭、社会三位一体的教育网络。随着社区教育经验的交流和推广,社区教育工作不断加强,到1995年,上海市14个区和125个街道普遍建立了社区教育组织,217个乡镇中有70%建立了乡镇社区教育委员会,① 有力促进了学校、家庭、社会"三结合"教育的实现。

为进一步加强对全市社区教育工作的指导、规划、协调和管理,上海初步形成了市、区县、街道(镇乡)三级组织形式的社区教育网络。1988年,长宁区社区教育委员会成立,下设办公室,负责社区教育日常工作。同时街道(镇)社区教育委员会成立,学校选派一名教导主任为专职干部,参加社区教育委员会工作。1992年,上海市社区教育办公室成立,挂靠上海市教育局,负责在全市范围内协调教育与政治、经济、文化的发展,明确规划社区教育发展目标,促进学校教育与社区发展相互支持,形成良好的教育风尚。同时,还设立社区教育委员会分会,负责因地制宜地开展社区教育的各项具体活动,提供社区教育的典型经验。

(2) 积累社区教育经验

上海市社区教育与基础教育之所以相互协调,共同发展,取得良好的成效,得益于社区教育经验的有效推广,得益于全民社区教育意识的增强。

上海市十分重视推广社区教育成功经验,以此推动社区教育发展。1985年9月,上海第一个由地区企业牵头的"社会支教基金会"成立;同年12月,上海市教育工作会议面向全市介绍了其发展状况,产生了广泛的社会影响。之后,又不断总结该类社会教育委员会的工作经验和成果,积极向全市、全国推广。1988年,上海市政府在《关于加强教育工作的意见》中指出,要积极推广社区教育委员会的经验。1990年,社区教育组织已遍及上海全市,理论与实践的研究也深入发展。

上海社区教育注重全民社区教育意识的形成。上海社区教育协调社区资源多角度支持基础教育,多方面参与基础教育,充分调动社区街道、工厂、商店等单位的所有社区居民参与社区教育活动,将社区、课堂、居民、家长和学生、教师、学校有机联系起来,共同提高教育质量。同时,社区教育的发展有助于形成

---

① 丛书总编纂委员会.上海改革开放二十年(教卫卷)[M].上海:上海人民出版社,1998:93.

社会对中小学教育的监督和评价机制,使教育系统的内部督导评价与教育单位外的社会评价相结合,更好地贯彻教育方针,实现教育目的。上海市将社区教育作为学校教育的补充。全民对教育质量的关注使学校教育与社会生活更紧密地联系在一起,加之社区学校的办学质量与社区居民生活直接相关,这使社区居民形成了主动关注社区教育与学校教育的意识。

另外,社区教育为校外教育提供了有利条件,而学校教育则借助社区资源,更好地依托社会培养学生的多方面能力。上海全市有大量的社区教育资源可供基础教育使用,这就为拓宽课程内容、开发隐性课程、扩充课程材料创造了有利的物质环境基础,从而建立了近200个市、区县、乡镇(街道)各级各类少年宫、青少年科技指导站、青少年活动中心、社区少年之家、儿童乐园等和一批野外活动营地、军事活动营地、儿童公园及青少年儿童休闲、娱乐场所。同时,上海的市级少年儿童图书馆和区县级少年儿童图书馆还向少年儿童全年免费开放。

上海市社区教育也在中小学及高校牵头的组织形式下蓬勃发展,为全国社区教育提供了经验。如徐汇区政府和上海交通大学于1995年4月签约,在上海交通大学校区内共建徐汇区青少年教育基地,使大学的教育资源向徐汇区青少年开放。

3. 建设校外教育基地

校外教育基地是实施高质量义务教育的有效场所之一。上海市各区县充分根据本地特色,利用社会资源开展参观、访问、学工、学农、学军野营等社会教育活动,做好校外教育基地建设,主要有少年宫、青少年科技指导站、劳动技术教育中心、野外活动营地等。

嘉定县于1983年建立少年儿童图书馆。1987年,坐落在浏河风景区内的少年儿童六合活动营地建成,由上海市儿童和少年工作协调委员会等单位主办,嘉定教育局管理,为儿童个性的健康发展提供了机会和条件。同年又创建了青少年学生课外学校,这成为教育整体改革实验基地之一,设学科、科技、文学、艺术、体育五个部,分别设在嘉定各中小学校内,开设数学、外语、生物、环境保护、无线电、竹刻、艺术体操、篮球等28个科目,将学生每周半天的学习和活动纳入学校教学计划。1988年,在唐行乡又创建嘉定劳动教育基地,这是实施"燎原计划",进行教育整体改革的一个重要组成部分,为学生提供了教学、劳动、科研三结合的实践场所。同年又创建了嘉定国防教育学校,它是一所为开展全民国防教育而创办的综合性学校,实行"一套班子,三块牌子",即民兵训练基地、国防教育学校、青少年军事营地。

杨浦区于1990年创建少儿活动营地,是全市第一所都市型营地。营地招收的主要对象为小学五年级学生,它以野营活动为主要形式,组织少年儿童接触自然、了解社会,对少年儿童进行爱国主义教育、集体主义教育以及以"自主、自理、自立"为主线的生存教育。

静安区抽调100多位教师,深入街道和居委会,有效加强社区教育力量,并和街道联手创办了以学校为基地的"社区双休日俱乐部"和以社区为单位的中小学社会实践基地。

奉贤县为适应素质教育需要,不断加强青少年校外活动基地建设,于1998年建成并命名八个爱国主义教育基地,将县少年宫、少科站和南桥中学、成教中心的资源进行共享,同时配合海湾旅游区建设,把县少年军校置换为上海市海湾青少年教育基地,将奉城一小改建为奉城青少年活动中心。

闸北区校外教育机构从1978年起逐步得到恢复与发展,小学第三学区和第四学区少年之家、区青少年科技指导站、街道少儿图书馆和少年之家相继建立。1988年起,全区各街道社区教育委员会又相继建立校外德育基地、青少年军校、课外活动指导站以及课外活动俱乐部等校外教育机构。1993年,建立区青少年活动中心和劳动技术教育中心,形成了以少年宫、少科站、青少年活动中心、青少年劳技教育中心和少儿图书馆以及社区教育德育基地等为主体的区、街道两级校外教育网络。各级各类校外教育机构在教育内容上配合学校对青少年儿童进行爱国主义、社会主义、集体主义和革命传统教育,培养优良道德品质,提高自学能力和动手能力,以扩大知识面,丰富课余文化生活,发展多方面的兴趣和才能。

三、积极发展多元办学模式

长宁区教育局积极探索多渠道筹集办学经费,如以"社会集资、民间创办、政府帮助"的方式开办了新世纪中小学,由虹桥国际机场等4家民航企业出资创办虹桥机场学校等,学校由区教育局统一管理。同时,继续开展重点中学带分校与九年一贯制办学课题研究,取得了初步成果;有关学校认真总结经验,加强实践,特别是重点中学带分校课题在加强领导、师资支持、资源共享等方面已取得一定经验。

松江区积极探索名校资源的整合途径。2001年,松江二中教育集团成立暨揭牌。

静安区设立了寄宿制初中,全区初中九年一贯制、寄宿制学校门类齐全,结构趋于合理。同时优化高中阶段各类教育资源,加强普职渗透,实现高中办学模式多元化。静安区注重提升名校办学效益,弘扬名校教育理念,积极鼓励市西中学、育才中学等校招收一定数量的外省市学生和外国留学生,加强与市外、境外学校的交流合作,建成并不断提升与"双高区"相匹配的"精品教育区"。

杨浦区积极抓好分层递进、因材施教和小班化教学的教育改革和特色校建设,继续深化区教育学院和8所重点中学与12所初级中学的合作办学,从交流干部、选调师资、开展教研及教师基本功训练等环节,带动初级中学提高办学水平。

闵行区教育局也积极进行教育投融资体制改革探索,积极发展民办教育,促进办学体制的多元化。到2002年,全区已有各类民办中小学14所、民办幼儿园34所,类型包括由政府集资创办、依托市、区重点中学无形资产创办、企业自建校舍创办、企业租赁校舍创办等。

第三节 提高基础教育质量

上海注重全体学生素质的发展,重视培养学生的兴趣、态度和独立思考能力,并从德、智、体、美、劳等方面综合提高上海的基础教育质量。具体而言,主要包括不断探索德育工作发展,提高学生道德水平;关注科技教育与美育,促进学生全面发展;加强体育卫生教育,关注学生体质和健康;发展劳动技术教育,开展社会实践活动。

一、不断探索德育工作发展,提高学生道德水平

1. 德育的组织落实

20世纪70年代末到80年代中期,上海基础教育中的德育逐步由政治教育转变为思想政治教育,学校的思想政治工作得到加强和改善。这一时期,着重进行了四项基本原则教育和理想教育,同时根据新时期中小学生的特点,不断改革,加强德育的针对性、实践性和科学性。

1978年,中共十一届三中全会以后,各区县学校的教育工作日趋正常,逐步恢复了"学雷锋、创三好"等主题活动,开展了创"先进班级""文明班级"和"文明学校"等活动。1981年,上海市教育局结合精神文明建设实际和学生身心发展特点编写了《上海市全日制六年小学思想课》教材和12册参考书,[①] 要求教

---

① 《中国教育年鉴》编辑部. 中国教育年鉴·地方教育(1949—1984)[M]. 长沙:湖南教育出版社,1986:415.

师更新观念,更新知识,采取以启发、说理、讨论、调查为主的新教学方法,要求各区县配备教研员,学校成立研究小组。1982年,从"教育要面向现代化、面向世界、面向未来"的高度,又加强了学生的理想教育、道德教育和法制教育,深入开展"五讲四美三热爱"活动。

　　1984年,中共上海市教育卫生委员会、上海市人民政府教育卫生办公室和市教育局联合召开上海市中学思想工作会议,对中学思想工作如何适应新时期的要求以及如何加强、改进领导工作进行了交流与探讨。1985年前后,各区县教育局成立政治思想教育工作领导小组,各校的德育工作由中共学校党支部负责,并建立由校长、教导主任、团队干部、政治教研组长组成的政治思想工作领导小组,负责领导班主任工作和具体实施学校的各项德育工作。1986年,上海市教育局制定了《上海市中小学德育大纲》《小学生行为规范》和《中学生行为规范》,同年9月在300所中小学试行,促进了思想品德教育的科学化、规范化和制度化,成为上海市中小学进行思想品德教育工作的依据和准则。之后,各区又根据要求落实德育组织工作,在教育局设立德育研究室,就德育的目标、任务、方法、途径等开展研究,并定期召开德育工作研讨会,总结学校工作、培训班主任业务等经验。如长宁区在6所中学进行德育大纲与行为规范的试点工作,拟定了中学思想品德教育体系,各校制定一日常规、纪律评比标准、值勤制度等规章制度,加强了学校的文明礼貌教育和纪律教育。

　　这一时期,德育作为基础教育工作的重点之一也在各区县得到积极组织落实。1979年,嘉定县小学贯彻教育部修订的《小学生守则》,进行尊师守纪、勤学苦练教育,重点进行纪律教育,以整顿校风、健全组织,逐步扭转了"文化大革命"中造成的混乱现象,在学校重新形成尊师守纪、认真学习的良好风气。中学则贯彻《中学生守则》,对中学生进行"三热爱"和坚持四项基本原则教育,开展"创三好"和"五讲四美"活动,并结合校风教育,开展"创建文明学校"的活动。1981年,小学开展"五讲四美"和"三热爱"活动,1983年,又开展了学习张海迪的活动,这对进一步提高和培养学生良好的道德品质和文明礼貌习惯起了积极作用。1985年起,对中学生进行"四有"教育,1987年起又结合坚持四项基本原则教育,在中学生中开展了"社会主义祖国在我心中"活动。从1988年到1990年,嘉定县小学坚持落实"德育为首,五育并举"的主导思想,按照县委关于学校德育工作应做到"全面动员、全面贯彻、全程管理"的要求,由县人民政府和县教育局分别建立学校思想领导小组和学校德育工作领导小组,制定了小学教育工作岗位职责制和小学生一日常规等制度。

1981年起,闸北区也进行了"四有"教育,开设思想品德课,培养学生的共产主义理想、道德情操,促进学生树立正确的人生观。1982年,各校重新进行《小学生守则》教育,以"五爱"为基本内容,对学生进行社会主义公民应有的道德品质和行为规范教育,取得了良好效果。自1983年起,奉贤县中小学生的行为规范教育经历了"学生行为规范学习""学生行为规范养成""行为规范学校建设"三个阶段。

另外,上海市于1978年恢复了工读学校,① 为预防少年早期违法犯罪和促进工读学校改革积累了许多管理经验。该校从1985年开始,对学生的管理形式作了较大改革。如拆除少年犯管教所的高围墙、铁丝网和铁门,让学生参与管理,争取社会各界力量参与教育。② 这样,工读学校在管理上由封闭式管理向开放式教育转变,从单一的转化矫治违法犯罪青少年向积极参加社会综合治理方向发展,尝试工读教育与职业教育结合,提高了工读学校学生的思想品德和文化学习的合格率,降低了学生离校后的重犯率。学校始终贯彻道德教育与法制教育并重的方针,从实际出发进行前途教育与人生观教育,帮助他们学习文化技艺,让他们懂得如何做人,重新树立生活的信心,以争取美好的前途。

2. 德育内容设计

从1988到1995年,德育概念的外延不断扩大。这一阶段,上海市中小学通过举办各种类型的活动加强德育,在重视学生思想政治教育的同时,也重视学生良好心理品格的形成。上海市教育局和各区县教育局举办了思想品德课教学的观摩活动,市教育行政部门与各有关部门和各区县联合整理开放了一批爱国主义教育和革命传统教育基地,各校注重思想品德课与班主任、少先队活动的总体配合,注重团、队、学生会工作中德育行为的强化和实践的交流、总结工作。1988年,开展了"两史一情"教育和学科教学的德育渗透活动。1989年,组织了上百万小学生广泛开展为环卫、公交、残疾人、烈军属、孤寡老人服务的"学雷锋、树新风、为社会服务"活动。③ 1991年,对全市中小学生的"两史一情"教育又重新作了部署和安排,除课堂教学外,"两史一情"教育活动还与纪念

---

① 《中国教育年鉴》编辑部.中国教育年鉴·地方教育(1949—1984)[M].长沙:湖南教育出版社,1986:416.
② 《中国教育年鉴》编辑部.中国教育年鉴(1985—1986)[M].长沙:湖南教育出版社,1988:202.
③ 《中国教育年鉴》编辑部.中国教育年鉴(1989)[M].北京:人民教育出版社,1990:534.

建党70周年、辛亥革命80周年、鸦片战争150周年紧密结合,开展"看图识史""在党的哺育下成长"等影视观赏、诗歌朗诵活动,加强对学生爱国思想情感的培养。1993年,又开展"我和上海一起腾飞"、参观上海市新风貌等活动,各中小学也组织社会服务队,积极参加"学雷锋、献爱心"社会实践活动,深入进行爱国主义教育,培养学生的社会责任感和使命感。

同时,各区县也认真设计德育内容,抓住社会发展契机,组织了丰富的活动。

1988年,闸北区教育局编写出版了《小学生日常行为规范教育序列》,制定常规管理十项具体要求。为此,各校一手抓基本观点教育,一手抓行为规范培养,并在此基础上凝练成校训、校规,针对学生思想实际,细化教育内容。1988年,闸北区成立中小学德育工作小组,到1989年,全区15个街道相继成立社区教育委员会,建立德育基地,组织讲师团和校外辅导员对学生进行革命传统教育、爱国主义教育、近现代史和国情教育。另外,各校还加强学校、家庭、社会"三结合"教育,区内75%的学校建立了家长委员会,形成了社会对青少年齐抓共管的网络。

1990年,崇明县建立了学校思想政治工作领导小组和县领导联系学校制度,成立了县青少年保护工作者队伍。县教育局安排了德育工作专项经费,先于教育奖励基金会设立了德育专项奖,并把德育工作渗透到学科教学之中,数学、音乐、美术等学科相继召开了教学渗透德育的研讨会。1991年,继续开展中小学思想品德考核评定试点工作,深入开展纪念建党70周年主题教育活动,召开了中学加强"两史一情"教育现场交流会,加强对师生进行国际形势教育。同时,加强综合治理,降低学生犯罪率,建立教育转化后进生的有效措施和制度。1992年,组织开展了"英烈指导我前进"读书征文、"可爱的崇明岛"征文演讲比赛、"两史一情"见报评比等活动。此外,积极推进以学校教育为主体的学校、家庭、社会三位一体的德育网络建设,积极推广社区教育委员会的经验,使80%以上的村校成立了村校办学委员会,将学生犯罪率降至万分之零点五。

1991年起,杨浦区教育局为贯彻江泽民同志关于加强近代史、现代史教育和国情教育的指示精神,组织收看了国家教委举办的"两史一情"教育电视讲座,开办了中学政治教研组长、中学部分政教主任"两史一情"教育学习研讨班。1994年,该教育局编制了《行为规范读本》,在15所中学进行试点教学,同时大力组织学生观看优秀影片,开展爱国主义教育。1995年,该教育局又宣传、落实"七不"要求,加强学生的行为规范教育,制定了《日常行为规范检查评估表》,全面推广杨浦职校的经验,通过自查、互查和职能部门的明察暗访进行落实。要求从三方面进一步强化学校德育工作,一是高中学生党建工作,二是艺术教育与学校德育的结合,三是爱国主义教育。另外,1991年,奉贤县也在"两史一情"教育中,组织不少中小学学生开展了"村史""家史"的小"两史一情"教育。

3. 德育创新建设

1995年后,德育发展为涵盖整个社会意识形态的"大德育",包括政治教育、思想教育、道德教育,其中日常行为规范养成教育、文明礼貌教育、劳动教育、国防教育等都被列入各级学校的德育大纲,德育开始在各种教学活动中进行。1996年,全市开展"德育系统工程"全面调研,提出中小学德育纵向衔接,学校、家庭、社会横向沟通的全员、全程、全方位育人新格局的思路。同时,要求全面加强和改进学校德育工作的针对性和有效性,在课程设置、教学和考试方法等方面取得新突破。

徐汇区教育局坚持贯彻中共十三届四中全会精神和区委、区政府关于加强中小学德育工作的决定,把爱国主义教育定为主旋律,从本区实际和学生特点出发,改革"唱老调"和"灌输式"的教育内容和方法,注重养成,增强实效,初步形成从基础建设入手,立足国情、市情、区情、校情,把握学生思想特点,以情动心,四管(主渠道、主阵地、校外辅导渠道、社区教育单位)齐奏,形成爱国主义教育的新格局。

2000年,长宁区将德育作为素质教育的核心,要求加强与改进德育工作,努力贯彻全国、市、区教育工作会议精神和市德育工作会议精神,具体从以下几个方面落实。加强德育队伍建设,组织中小学德育干部、教师深入学习江泽民《关于教育问题的谈话》,使德育干部、教师明确当前德育工作目标,增强搞好德育工作的自觉性;加强规划建设,要求各校根据学校特点,整体规划学校德育工作,制定基础性、发展性、有特色的目标,制定《长宁区进一步加强和改进学校德育工作的意见》,对全区德育工作作了重点部署;加强德育环境建设,协调社会各方,积极创设有利于青少年身心健康发展的良好环境,区公安分局派出88名干警担任中小学校外辅导员,为净化校园环境作出努力。在对校园周边环境整治的基础上,又联合社会各方,特别是由公安分局与学校联手整治学校周边环境,涌现了许多先进典型。

2002年,崇明县不断加强德育队伍建设,重视德育工作方式方法的创新,通过举办"班主任心理辅导培训班""骨干班主任培训班"等措施整体提高班主任队伍的工作能力,并强化心理辅导教师岗位培训,这期间有63位中小学心理教师取得了"上海市中小学心理辅导协会"和崇明县教育局联合颁发的证书。崇明县明确县、乡、校三级思想政治工作领导小组的职责,建立了以德育为首的政策导向机制和激励机制,加强对中小学德育工作的监督、检查,做到各级有人抓,层层有人管。根据国家教委制定的中学思想政治和中小学语文、历史、地理学科国情教育纲要的实施意见,以及上海市编印的爱国主义和国情教育的参考资料,合理调整、充实了学科教学内容。推进家庭、学校、社会三结合网络建设及社会实践基地的建设,加强青少年保护工作和综合治理,拟定了创建青少年保护工作合格学校、示范学校暂行办法。

二、关注科技教育与美育,促进学生全面发展

上海市积极开展中小学课内外科技教育,举办各类科普活动、科技竞赛,使学生科技素质有了很大提高。据1991年统计,全市共有1 235所中小学开展课外科技活动,共建立课外科技兴趣小组40 254个。[①] 1991年,上海市举办首届科技节,4万余名中小学生参加了"上海的未来与我们青少年"科技系列活动;2000年,举办青少年发明创造比赛和科学讨论会及中小学电子作品展示活动,推动了科技教育发展。[②] 上海市中小学在国际和全国的科技竞赛中获得各种奖励,中小学科技教育活动的开展不断进步。据统计,从2001年9月起,上海市所有小学已经全部开设了信息科技必修课,把对学生进行信息意识和应用技能的培养放在与听、说、读、写能力培养的同一高度并予以重视。2001年,上海市教育委员会与美国多飞公司合作进行的"IT活动"小学课程开发工作进入推广阶段,这一科技教育课题的水平排在世界前列,其对更好地进行科技教育有强化作用。2002年,上海召开教育技术展示会,全市近1 200所学校参加了设计和制作活动,占中小学总数的70%,共有37 000余件优秀作品参展,充分展现了建造数字化上海、推进教育信息化的成果。

注重加强科技教育领导,进一步完善管理机制,努力建设多元化的师资队伍。学校科技教育在区少科站、少年宫的指导下,紧密结合二期课改与创新教育的要求,不断取得新的成绩。在第二届全国青少年生物百项科技评选活动中,崇明中学的《水稻秧田喷施稀土研究初探》获全国优秀项目一等奖。青少年百项生物科技活动的开展使崇明县学校系统的"小星火"项目与农村经济

---

① 《中国教育年鉴》编辑部. 中国教育年鉴(1991)[M]. 北京:人民教育出版社,1992:418.
② 《中国教育年鉴》编辑部. 中国教育年鉴(2000)[M]. 北京:人民教育出版社,2000:419.

建设得到了有机结合,促进了"学校与社会、科技与兴农"实践活动不断纵深发展。

闸北区和田路小学自1979年起,一直将开展科技活动和普及科技知识作为促进学生全面发展的一项重要工作,把科技活动纳入教学计划,开展适合儿童特点的各种科技活动,1985年被评为上海市科技活动先进集体,1987年被评为全国科技活动先进集体。

2001年,在上海市第六届青少年生物和环境实践活动中,杨浦区组织5万名中小学生参加科学实践活动,完成900多篇小论文,开展100多项科学普及活动。

长宁区坚持创新,凸显科技艺术教育特色。2002年,长宁区召开了区学校科技艺术教育工作会议,成立区学校科学教育委员会,调整区学校艺术教育委员会。学校在区少科站、少年宫指导下,紧密结合"二期课改"与创新教育特色要求,在科技和艺术教育上取得了一批成果。如,区少科站发挥主阵地作用,建立摄影群众组织,多渠道培养青少年摄影爱好者,取得显著成绩,50名青少年在市级竞赛中获奖,其中20多人获一等奖;指导参加第17届英特尔上海市青少年创新大赛,44项作品入围,经评选全部获奖,其中3项一等奖、3项二等奖,区少科站也获得优秀组织奖;指导古北路小学参加市机器人运动会,参加国际机器人亚太地区运动会,均夺冠;在其指导下,该区在全国科技教育第八届年会上有5篇学生论文获奖。

艺术教育在上海中小学也普遍开展。中小学生的艺术欣赏能力、艺术表现力和审美情操不断提高,不少学校和学生在国内外的各类艺术竞赛中获得良好成绩。自1980年恢复美育以后,上海市教育局要求不断发展学生对美的认识、欣赏能力,培养其艺术表现技能,注重美育的教法改革。1980年,上海市教育局编写中小学音乐教材14册,美术教材16册,两套教材都有新的尝试。① 1990年又成立艺术教育委员会,健全各级艺术教育管理和教研系统。为了积极推动学校艺术教育,1993年成立了上海市学生艺术团交响乐团和上海市中等职业技术学校艺术团。这样,中小学生在美育领域中,通过广泛参加丰富多彩的音乐、美术等活动,培养了良好的审美情趣,在各科教学和丰富的课外活动中增强了美感体验,在生活和实践中激发了对美的追求和创造美的能力。

---

① 《中国教育年鉴》编辑部.中国教育年鉴(1985—1986)[M].长沙:湖南教育出版社,1988:201.

金山县有多种本土性的民间文化,特别是金山农民画和金山黑陶,因此,各校在开展艺术教育活动时,都把良好的艺术素养作为学生整体素质不可缺少的部分,注意把社区民间艺术融入学校艺术教育,拓展艺术教育领域。1991年,上海市教育局确定金山县山阳镇为上海市农村艺术教育实验点,该镇经过多年探索,在管理、教学方法、学生素质培养、师资队伍建设等方面形成了办学特色。实验点由原来一个镇的3所学校扩展到五个镇的11所学校,同时镇内成立课题组,定期开展研讨活动,形成了"以点带片,以片推面"的良好局面,涌现了一批具有特色的骨干学校,开创了一条切合该区实际的以艺术教育为特色的素质教育之路。

杨浦区是上海市教育委员会指定的艺术教育实验区。1990年,依据《上海市学校艺术教育发展规划》的要求,杨浦区教育局制定了《杨浦区学校艺术教育计划》,对200多名中小学音乐、美术教师定期进行培训,开展音乐、美术教师的教学评比。

三、加强体育卫生教育,关注学生体质和健康

上海市基础教育重视建立正常的体育卫生工作秩序,并以提高全体学生身心健康水平为核心,重在使学生养成良好的体育锻炼和生活卫生习惯,掌握基本运动技能,提高学生体育运动水平。为此,上海市一方面加强体育课教学,开展课外体育活动,使青少年一代身心健康成长,提高运动技能,养成锻炼身体的习惯,增强中华民族的体质,树立良好的体育道德风尚;另一方面,加强卫生保健教育,规范中小学卫生工作,预防疾病,促进学生生长发育,增强学生体魄。

1979年起,各区县教育局开始采取措施以落实《中小学卫生工作暂行规定》的要求,采取新建、翻修校舍、修缮危房和改造弄堂小学等措施,使校园环境卫生、教室通风和采光条件、照明设备等都得到很大改善。1984年秋,各校又建立"上海市小学生体质健康卡"、学生体质测试和健康检查制度,学生每人一张体质健康卡,随档案转移。各校积极开展了学生常见病的防治工作。

1. 改革体育课教学,加强开展课外体育活动

上海市人民政府教育卫生办公室和市教育局始终要求在基础教育中改革体育课教学,以更好地达到体育目标。上海市中小学体育教学也在打破单一的传技式教学,发展学生基本活动能力的基础上,注意培养学生的心理品质,并探索课堂的社会功能。

1978年,教育部组织编写了十年制中小学体育教学大纲和教材,要求各校

改革教学方法,提高每节体育课的密度和学生的运动量。1980年后,为了提高体育课的效率,各校对体育课教学又作了许多改进,如上海初中以上学校男女分班上课,部分学校按学生体质强弱进行分组教学;重视体育课教学的多样化,采用了竞赛、游戏、音乐伴奏等各种方法增加学生锻炼的兴趣;① 新编了一套供学生使用的体育课本。"七五"期间,国家教委制定了《九年制义务教育体育大纲》,在上海市试行,大纲加强了体育基础知识、基本动作练习,并结合现代生活,增加了韵律舞蹈,加大了球类教学内容的可选择性,简化了田径内容,注重提高学生身体素质。上海十分重视体育课教学,将体育视为学校教育的基本组成部分之一,把是否重视体育卫生工作作为评估一所学校的重要标准之一,要求各区县教育局加强对中小学体育卫生工作的领导。

上海市严格落实"每天一小时体育活动"和国家体育锻炼标准的要求,注重开展课外体育活动,促进运动成绩及《国家体育锻炼标准》达标率的提高。1994年,又对群众性体育竞赛制度进行了改革,打破了学校和年级限制,规定学生可以自由组队,自行报名。如"新民晚报杯"中学生足球赛参赛队超千支,运动员超万人;《解放日报》"永和杯"篮球赛参赛队超百支,运动员超千人。② 1998年,世界中学生运动会在上海举办,学校体育工作以运动会成功举办为契机,加大工作力度,使学生身心素质和体育运动会水平进一步提高。同时还注意上海传统体育项目学校的设立,注重培养体育苗子,发展学校运动队。早在20世纪60年代初期,上海部分中小学就设立了本校的体育传统项目,但在"文革"中被迫中断,1978年又恢复与发展了这一活动。至1981年,全市有123所中小学成为"上海体育传统项目学校"。

2. 加强卫生保健教育,规范中小学卫生工作

中共十一届三中全会后,上海市教育局规定,各校均要落实"两课、两操、两活动",即每周安排两节体育课,每天做广播操、眼保健操各一次,每周安排两节课外体育活动,以后每天又增加室内操和眼保健操各一次,以加强卫生保健,关注学生体质。同时,学校十分重视健康和基本卫生知识教育,青少年身体发育的形态指标已超过国家均值指标。学校卫生工作执行"预防为主"的方针,努力做好疾病防治和学校环境卫生工作。全市在义务教育阶段开设保健课程,学生的营养问题得到重视,青少年儿童的体质有了明显增强,中小学生平均体重、身

---

① 《中国教育年鉴》编辑部.中国教育年鉴·地方教育(1949—1984)[M].长沙:湖南教育出版社,1986:417.
② 《中国教育年鉴》编辑部.中国教育年鉴(1994)[M].北京:人民教育出版社,1995:441.

高比值不断提高,23项指标均有所上升,传染病、肠道寄生虫等多发病的发病率始终保持国家最低水平。另外,针对中小学近视眼发病率较高这一突出问题,教育行政部门和学校又采取了一系列措施,如加强学生用眼卫生教育、减轻学生课业负担、改善照明条件、课桌椅按身高配套等。1982年5月,上海市教育局、卫生局联合发出《中小学近视眼防治工作情况和建议》,① 由各区县教育局局长分管,对学校预防近视工作有布置、有检查,要求学校建立预防近视工作组,班级建立预防近视小组。在1998年中小学校健康教育活动中,全市学校卫生知识认知率达90%,卫生行为形成率达81%。②

中小学卫生工作逐步规范化。上海市教育局制定了中小学校卫生合格标准,并进行验收。从1984年开始,上海市建立了"上海市小学生体质健康卡""上海市中学生体质健康卡",规定中小学每年举行一次体质测试和健康检查。市区、郊县的学校达到体育设备配备标准,村小学以上都有卫生箱,中心小学以上都有卫生室。1980年以后,上海市中学开展以性生理知识为起点,性道德教育为重点的青春期教育,使学生对自身的生理发育变化有了正确认识,消除了其好奇、不安和恐惧心理,树立了其自尊、自爱、自重、自强的思想。一些中学还开设了青春期常识选修课,为科学指导学生健康顺利地度过青春期进行有益的探索。

学校卫生工作还依法控制传染病和加强食品卫生检查,规范学校健康教育。如长宁区开展了面向全市的"长宁区小学健康教育多媒体展示活动",78所学校共70 189名学生参加"拒绝第一支烟签名活动",上海市盲童学校学生也积极参加,活动受到市有关方面的好评。同时,认真做好各种疾病防治工作及红十字会、爱国卫生工作,做好学生饮食、饮水工作及学生奶的供应工作,保障学生身体健康。贯彻执行《学校卫生工作条例》《食品卫生法》《传染病防治法》,落实贯彻市教育委员会有关文件精神。区内成立了"中小学健康教育中心组",加强卫生工作领导,并以健康教育为抓手,制定了《建设健康校园三年行动目标意见》,重点做好食品卫生及预防传染病的宣传教育,由区教育局与学校签订"学校食品与安全目标责任书",积极努力降低在校学生的常见病发病率以及伤害事故数量,全面落实学校卫生信息管理工作,有力推动全区学校卫生工作再上新台阶。

---

① 《中国教育年鉴》编辑部.中国教育年鉴·地方教育(1949—1984)[M].长沙:湖南教育出版社,1986:418.

② 上海市教育委员会.上海教育年鉴(1998)[M].上海:上海教育出版社,1998:573.

四、发展劳动技术教育，开展勤工俭学活动

从20世纪50年代开始，上海就重视发展劳动技术教育，并不断开展勤工俭学活动。虽然在发展过程中几经波折，尤其是"文革"时，以劳动代替教学的做法打乱了正常的教学秩序，降低了教育质量，但自党的十一届三中全会以后，特别是1980年初国务院批转吉林省《关于开展勤工俭学情况的报告》以后，上海市劳动技术教育和勤工俭学活动又逐步得到恢复和发展。

勤工俭学活动为培养学生的劳动观念、劳动态度和习惯提供了条件。1982年，上海市开始逐渐把劳动列入教育计划，规定每个学生每学期参加劳动1~2周，劳动涉及校办工厂、校内农副业、基建、绿化等内容，项目因年级而异，初一木工、初二金工、初三电工、高一制图、高二无线电基础。劳动思想教育、劳动技能教育和劳动实践三方兼顾，最终取得了良好效果。

上海市发展劳动技术教育及开展勤工俭学活动的目的明确。在全面贯彻教育方针，全面实施以德育为核心、以培养学生创新精神和实践能力为重点的素质教育中进行劳动观点教育、基本生产技术知识和劳动技能教育，注重在劳动生产和劳动技能的训练中培养学生运用基本生产知识、劳动工具的能力，使学生掌握基本的劳动技能，培养学生正确的劳动观，使学生从小就认识技术在人类的发展中，在现代化的建设中，在各行各业的工作和发展中的重要地位和作用，从而重视技术，喜爱技术，愿意钻研技术，立志改进技术和采用新技术。同时，劳动技术教育使教育的外部关系得到改善，使学校、家庭、社会有机配合，使学校的物质环境得到一定程度的改善。1988年，上海提出"加强领导、理顺关系、大力发展、聚财育人、讲究效益"①的勤工俭学发展指导思想，自此，勤工俭学作为教育系统的子系统，随着上海基础教育的发展而发展。

上海为更好地开展劳动技能教育和促进勤工俭学活动的发展，注重管理的落实，并制定了有关劳动教育的规章制度，加强了勤工俭学管理机构建设，组织编写了劳动课教材。上海的市、区县、乡三级政府加强了对勤工俭学的领导、组织和协调，建立了有效的管理体系，成立了上海市教育局勤工俭学办公室、上海市勤工俭学研究会等相关机构。1981年5月，上海市教育局修订、下发《全日制六年小学教学计划（试行草案）》，规定小学开设手工劳动课，每周一课时，六年共216课时，② 另外在中学教学计划中规定普通中学开设劳动技术课，整个中

---

① 上海教育发展战略课题组.上海教育发展战略研究[M].上海：复旦大学出版社，1988：318.
② 吕型伟.上海普通教育史（1949—1989）[M].上海：上海教育出版社，1994：535.

学阶段为576课时。① 从1982年起,上海市教育局先后又制定了《关于本市普通中学开设劳动技术教育课的试行意见(征求意见稿)》《上海市普通中学劳动技术教育教学大纲》《关于组织本市高中学生参加社会实践活动的意见》等有关劳动教育的规章制度。1987年5月,上海市教育局转发国家教委《全日制普通中学劳动技术课教学大纲(试行稿)》,要求各区县教育局制定贯彻该大纲的意见和落实措施。为了使劳动技术课稳定、健康地发展,上海市教育局又在调查研究的基础上,制定、印发了《上海市中学劳动技术教育器具配备目录(试行)》。1988年,上海市教育局组织检查小组,对各区县开设劳动技术课的情况进行了检查,并拨出专款80万元,以奖励劳动技术课开设好的区县。在这种情况下,卢湾区教育局于1988年投资百万元,筹建了上海市第一座设备齐全的劳动技术教育中心,② 作为全区27所中学10 000余名中学生的劳动实践基地。上海市教育局组织编写了部分劳动课教材,其中1982年到1984年编写了《工艺制作》《植物栽培》《测量》《电工》等12种劳动技术教育教材。

上海市基础教育注重以多种形式开展劳动技术教育和勤工俭学活动。从1983年开始,多数中学在一到两个年级进行了劳动技术教育课试点。③ 其后在基础教育中广泛实施了基础性的通用技术的劳动教育课程,包括手工劳动技术,使用日常工具的简单技术,生活技术,木工、金工、电工技术,机械劳动技术,农业劳动技术,电气技术,电脑技术,信息技术等,这些技术可应用于工业、农业、交通等各个方面,不仅具有普遍意义,而且是进一步学习和掌握机械技术、电气技术以至现代技术的基础。劳动教育以多种形式开展,除开设劳动技术课外,上海各中小学还在教学计划内安排时间,广泛开展劳动实践活动、劳动技能竞赛等,组织学生参加各种公益劳动,如打扫校园和公共场所,参加建校义务劳动,种植树木等,另外还组织高中学生轮流下乡参加"三秋"劳动。在进行劳动技术教育的同时,上海市又以校办工厂为基地开展勤工俭学活动。上海市中小学的勤工俭学活动从1982年起逐步发展,1984年后,由于《全日制中小学勤工俭学暂行条例》的颁布,发展进一步加速。1985年1月,上海市教育局召开市区中小学勤工俭学经验交流会,总结经验,加强对校办工厂的管理,以促进勤工俭学活动的发展。全市各区县都先后成立了校办工业公司,使中小学勤工俭学活动走上健康

---

① 吕型伟.上海普通教育史(1949—1989)[M].上海:上海教育出版社,1994:537.
② 同上:539.
③ 《中国教育年鉴》编辑部.中国教育年鉴·地方教育(1949—1984)[M].长沙:湖南教育出版社,1986:410.

发展的道路,校办工厂开始成为上海市开展勤工俭学活动、向学生进行劳动技术教育的主要基地,这些校办工厂积极吸收学生参加劳动,寓教育教学于劳动过程中。仅1985年一年,各中小学校办工厂就接纳了20.4万名参加劳动的学生。①

可以说,上海市的劳动技术教育和勤工俭学活动卓有成效,既达到了育人目的,又提升了教育效益。随着上海社会经济的发展,基础教育中的勤工俭学活动及劳动技术教育又从单一的校内活动转向多样化的社会活动,既成为培养人才的有效途径,为学生提供了大量实践机会,又成为发展教育事业、弥补国家教育经费不足的有力措施。"六五"期间,上海中小学勤工俭学年总产值达2亿多元,年收益达5 700万元。② 在1979年至1987年的9年中,松江县校办厂总产值合计2 595.4万元,纯利润558.2万元,其中21.89%用于改善办学条件,29.52%用于改善师生福利,其他用于扩大再生产等。中小学校办工厂开始有印刷、服装、电器、机械修理、纸制品、生活用品、家电等173个行业,其中,勤工俭学的一些产品还填补了国家空白,多种产品获上海市经济委员会优秀新产品奖、科技进步奖、优秀产品奖。根据1991年9月开幕的上海市中小学勤工俭学成果展览会的成品和材料情况统计,1990年,上海市中小学已有2 375家校办企业,涉及170余个行业,年产值近10亿元,企业产品先后获得市优秀产品、科技进步、优质产品等57项奖,为发展教育事业作出了较大贡献。③

第四节　深化基础教育改革

一、加强教育科研工作

教育科研是教育事业发展的动力,上海基础教育注重以科研促进教育改革,提高教育质量和现代化教育管理水平,通过构建教育科研新模式,坚持"理论与实践相结合,提高与普及相结合"的方针,全面提高了教育质量。

1. 积极建设基础教育科研机构

（1）建立专门的科研机构组织

上海市通过建立专门的基础教育科研机构,确定正确的教育科研工作方

---

① 《中国教育年鉴》编辑部.中国教育年鉴(1985—1986)[M].长沙:湖南教育出版社,1988:204.
② 上海教育发展战略课题组.上海教育发展战略研究[M].上海:复旦大学出版社,1988:314.
③ 《中国教育年鉴》编辑部.中国教育年鉴(1991)[M].北京:人民教育出版社,1992:543.

针,组织专职、兼职、群众性三结合的科研队伍,形成市、区县和学校三级网络,加强了对教育科研工作的领导与管理,推动全市基础教育科研工作不断发展。

上海市教育委员会教研室是上海基础教育研究的重要机构,成立于1949年10月1日,同上海市中小学课程教材改革委员会下设的办公室实行"两块牌子,一套班子"制度。该教研室的主要职责有:研究、编拟、修订中小学(包括成职教学校)课程教材改革方案、课程标准以及各类教材,承担中小学(包括成职教学校)课程教材改革试验与推广的分类指导工作;参与幼儿园、中小学校骨干教师的培养与指导工作;进行教学改革的研究,对课程实施进行调查研究,并提出对策建议;对中小学学校教学质量进行分析和评价;研究与编写中小学、幼儿园、成职教学校教学资料,汇编教学与教改经验和动态资料;开发、研制教学软件和教具、学具等。

上海市教育学会于1978年复会,下设18个市级教育专业研究会,在11个区县成立教育分会,[1] 为有效开展各类教育科研活动奠定了稳固基础。

1982年12月,上海市教育科学研究所成立,这使上海基础教育科研工作进入一个有领导、有组织的发展新阶段。[2] 上海市教育科学研究所隶属上海市教育局,主要进行基础教育发展规划、政策研究,基础教育应用理论、科研成果的开发与推广研究,建设科研基地,开展教育科研的国内、国际合作与交流,为上海市政府和上海市教育委员会宏观决策提供咨询,提高中小学、幼儿园教育教学质量,提高教师专业水平和学校办学效益,指导和推动区县教育科研工作。

之后,各区县纷纷建立教育科学研究室,部分中小学同时建立教育科学研究小组,形成了融研究、服务和教育功能于一体的基础教育科研系统。同时,各级教育科研组织也逐步发展,区县从设教育联络员发展到建立教科组、教科室。[3] 1987年7月,成立上海市普教科研学术委员会,以加强课题立项过程的学术管理。

1996年,上海市教育科学规划领导小组成立,承担协助上海市教育委员会制定发展教育科研工作政策、审定教育科研规划项目、领导与协调全市教育科研工作等职责。同年,上海市教育委员会成立普教科研成果推广领导小组,实行两年一度的科研成果推广奖评选制度。

---

[1] 吕型伟.上海普通教育史(1949—1989)[M].上海:上海教育出版社,1994:578.
[2][3] 丛书总编纂委员会.上海改革开放二十年(教卫卷)[M].上海:上海人民出版社,1998:103.

（2）建设试验工作部门

按不同学科、不同年段分别设立上海市学科试验中心组。各学科试验中心组由市、区县教研室教研员、教材编写人员与研究基地学校的试验教师组成，一般为10人左右，由上海市教育委员会教研室学科教研员任组长。中心根据各学科的改革要求，具体对学科新教材的使用和课堂教学改革进行指导，组织开展相应的学科教研活动，并负责收集、分析、研究与总结学科教材的试验情况，完成学科教材的试验报告。

1992年，课程教材改革试验逐步扩大并深化，所有试验新教材的学科都成立了学科中心教研组，开展教学研究工作，对改革中的综合性课题进行专题研究，如德育工作、考试办法等。同时成立上海市试验测试评估小组，对实验进行科学化的测评。为配合课程教材试验工作，又成立了实验资料信息中心，制定了比较系统的课程教材改革师资培训计划。

在上海市教育委员会的领导下，上海市中小学课程教材改革试验工作办公室得以设立。该办公室由上海市教育委员会基教处、教研室及其他有关人员组成，设在上海市教育委员会教研室。其主要负责全市课改基地学校课程试验计划的编制与实施，教材试验的布局，课堂教学与考试评价的研究与管理，市级教师培训的规划与组织，试验经费、设施、设备的落实与管理等；对区县和基地学校的试验工作予以指导；对市、区县、校整个课改试验情况进行资料的搜集、分析和研究，并作出试验总结和评价。市试验办公室在市课改试验领导小组的具体领导下，对"二期课改"的全面推广工作进行规划、宣传和发动，积极而稳步地推进上海市的课程教材改革。

在区县教育局的领导下，设立区县中小学课程教材改革试验工作办公室，负责具体执行相关计划和日常工作，办公室设在区县教研室。区县试验办公室承担如下具体职责：进行地方课程的研究和开发，探索和总结对地方课程的管理经验；对所属基地学校实施的课程试验计划进行指导与管理，对全市有关教材试验布局进行协调与落实；对所属基地学校课堂教学与考试评价进行管理与指导；参与市级教师培训工作，负责区县级教师培训的规划与组织；对本区县试验经费、设施、设备进行筹措与管理；与上海市中小学课程教材改革试验办公室通力协作，共同促进基地学校实现教育观念的转变，并确实转化为有效的教学行为；对本区县课改试验情况进行资料的积累、分析和研究，并作出试验总结和评价。区县中小学课程教材改革试验办公室在区县教育行政部门的直接领导下，对本区县"二期课改"的全面推广工作进行计划、宣传和发动，积极推进课程教材改革。

成立学校课改试验工作领导小组,由课改研究基地学校校长任组长,负责对全校课程教材改革的试验工作进行全面的领导、实施与管理。包括按市试验办公室下发的课改基地学校课程试验计划制订并实施本校的教学计划,其中特别要做到根据学校的实际和学生的发展需求有效开发和建设学校的拓展型课程和研究型(探究型)课程;要落实基础型课程的教材试验;充分发挥学校在教学研究和教师自培等方面的积极作用,在课改试验的实践中关注教师教育思想与教师教学方式及评价方式的转变;要积极主动地筹措和落实试验中必要的经费、设备和设施;收集、积累和提供学校完整的课改试验资料。学校课改试验工作领导小组还应按市、区县课改试验领导小组的工作部署和有关要求,积极配合和参与"二期课改"的全面推广工作,以创造性的试验工作为课程教材改革的推进提供经验,作出示范。

2000年,上海建立并命名了8个教育科学研究基地:新基础教育研究所、科技教育研究所、学业管理与评价研究所、跨学科课程研究所、特殊教育研究所、中学创造教育研究所、小学创造教育研究所、幼儿游戏教育研究所。

2. 积极开展各类科研活动

上海市基础教育科研工作从实际出发,结合经济、文化的发展需求,对教育观念、教育目标、教育的途径与方法以及教育的规划与管理等一系列问题进行了研究,同时积极创办教育刊物,开展各类研讨会,进行课题实验等。

上海市基础教育注重开发能够提升全体学生素质的课程,强调对学生创新精神和实践能力的培养。1984年9月,① 上海基础教育开始大力改革,如:减少必修课,开设选修课;精简教材,充实新内容;改革教学方法,积极应用现代化教学手段;开辟第二教学渠道,发展学生的兴趣特长等。最后,基础教育课程教学改革取得了较好的效果,学生课业负担有所减轻,个性得到发展,各方面能力普遍提高。同时,上海市教育委员会、上海市中小学课程教材改革委员会还不断检查工作,深入分析教改的重要问题,使之不断完善,构建了注重全体学生素质发展的教育教学体系。

《上海教育科研》是全国中文核心期刊,是面向基础教育的综合性教育理论刊物,它注重反映当前教育改革的新观点、新成果及新动态,内容充实,风格明

---

① 《中国教育年鉴》编辑部.中国教育年鉴·地方教育(1949—1984)[M].长沙:湖南教育出版社,1986:406.

快，在理论与实践的结合上有独到之处，被列入国际著名的《乌利希国际期刊指南》(Ulrich's International Periodical Directory)中。《家庭教育指导》深入千家万户，被广大读者称为集科研、活动、刊物为一体的家庭教育"汉堡包"。《上海教育情报》是专题性的教育情报杂志，主要以专题形式汇编有关研究资料或学校教改经验，在教育理论界和基层学校产生了广泛的影响。

上海基础教育研究的指导机构做了大量的教育科研普及工作，从1982到1985年先后举办六期学习班，建设教育科研队伍。从1996年起，上海市教育委员会普教科研成果推广领导小组又进行了两年一度的科研成果推广奖评选，同时筹备建立"成功教育""愉快教育""青浦教学教改经验"等若干个市级研究与推广中心或基地，来承担课题的深化研究和迁移、辐射工作。1998年，上海市组织第六届教育科研优秀成果评奖和推广活动，同时普及适合学校教师开展研究的方法，包括组织多种形式的展示、交流和研讨活动，及时宣传基层学校开展教育科研的典型经验，为基层学校提供展示、交流教育研究成果的舞台，组织教育科研成果推广的交流和评比活动，加快科研成果的迁移推广。2002年，组织了首届"上海市教育科学研究院学校教育科研成果评奖"活动，强化了基层学校联系实践开展教育研究的意识。

为准确理解新课改的教育理念与改革要点，上海市教育科研注重课改培训，以确保试验工作的有效开展。十年来，上海市共举办多期全市性教育科研培训班，培训对象包括区县教育行政领导、区县教师进修院校领导、区县教研室领导和教研员、课改研究基地学校领导和全体参加课改试验的教师。教师培训分市、区县两级进行，市级承担初次试验的培训任务，区县级承担滚动试验的培训任务，培训活动全程采取集中开展与日常分散开展相结合的方式进行。逐步实行研究和探索与课程教材改革相适应，"研、训一体化"的培训模式，以提高培训工作的实效性。

1987年，首次确立市级重点课题41项，并开始对市级重点课题进行全过程管理。1990年，上海市教育局发布《教育科研课题指南》，确定市级重点科研课题5项，市级一般课题23项。

3. 科研成果卓著

上海市基础教育科研成果卓著，具有很强的实践性和实效性。具体而言，成果可以分为三类：认识成果，如对教育的质量观、学生观、人才观、教学观等的理解、解释；技术成果，如教学模式，课堂教学结构，教学过程与程序，教与学的方法、策略等；实践与实验成果，如教育对象的变化、教育目标的达成、改革实验的验证等。

1986年10月,上海教育发展战略基础教育课题组成立,① 确定了16个研究课题,这是中华人民共和国成立后上海基础教育方面第一次大规模的调查研究。参加研究的区县有卢湾、杨浦、普陀三区,上海、川沙、金山三县,单位有上海师范大学、上海教育学院、上海师范专科学校、上海市教育科学研究所和上海市教育局各有关处室、上海教育学研究会、上海勤工俭学研究会等。通过深入调查和研究,对中华人民共和国成立以后上海基础教育的情况有了大致了解。调查内容包括:从上海婴幼儿早期教育的改革与发展,到新时期学生素质与培养目标;从中小学管理体制的探索与研究,到教师及校长研究;从对教育经费的研究,到对基础教育科学研究体系的设想。这些调查为深化改革打好了基础,为教育行政部门的管理工作提供了思路和方法。

上海市基础教育科研机构和组织还与上海中小学积极合作,建立教育科研基地,组织教育科研人员深入学校,针对学校发展的实际需要,开展教育教学课题研究、培训等活动,既促进了学校教改,提高了教育质量,也提高了科研人员自身的素养。

很多上海市基础教育科研课题在全国都有很大影响。如"初中学习困难学生教育的理论与实践""学生品德测评""上海市普通教育科研发展与管理""小学师生互爱关系形成的研究""爱国情感教育心理学初探""上海市中小学生课业负担调查与研究""步出高峰后,优化教育资源及进行小班化教育的可行性研究""上海市民办中小学、幼儿园现状调查和发展研究"和"上海市建设一流基础教育规划研究"等,分别在全国教育科研成果奖评选、上海市哲学社会科学研究成果奖评选、上海市教育科研成果奖评选和上海市政府决策咨询奖评选中获得较高评价。

20世纪90年代以后,上海基础教育科研又承担了多项重点课题,包括联合国教科文组织亚太地区办事处项目、国家教育部—联合国儿童基金会项目、全国教育科学规划课题、中国基础教育课程改革项目、上海市哲学社会科学规划项目、上海市教育科学规划课题等。例如,"中国幼儿家庭教育的研究""民族文化和中小学生爱国情感形成及培养研究""中国民办初等教育——背景、发展、财政与管理特征研究报告""人才培养模式由应试教育向素质教育转变的研究"

---

① 上海教育发展战略课题组.上海教育发展战略研究[M].上海:复旦大学出版社,1988:256.

"研究性学习的理论和实践研究""中小学社会科综合课程研究""现代学校心理辅导模式研究",等等。

2001年下半年,又一批规划课题被批准立项。其中包括全国哲学社会科学规划"十五"重点项目"0—3岁婴幼儿早期关心与发展研究",全国教育科学规划"十五"重点项目"现代学校设计及其发展策略""发达地区中小学学校教育科研的持续发展研究",上海市哲学社会科学规划重点项目"上海基础教育现代化和均衡发展研究",中国教育学会"十五"重点项目"学校、社区推进学习型家庭理论与实践研究",上海市教育科学规划重点项目"上海基础教育现代化的目标和指标研究",等等。

与此同时,从1988年开始的基础教育课程教材改革也取得了良好成绩,进行了"以德育为核心,以创新精神和实践能力为重点的,以21世纪初国民素质教育的基本要求为目标"的研究试验。"研究性学习"的开展有力地转变了学生的学习方式,转变了教师的教学观念和行为方式。自1994年开始,由叶澜主持的"新基础教育"研究经过5年的探索性实验后,于1999年开始进入推广、发展性研究阶段,这个项目的辐射范围,参与研究的学校和师生数量,以及"新基础教育"研究在境内外的影响,都在不断扩大。

1998年,上海市教育督导室的"发展性督导评价"课题——"学校可持续发展督导评估方案研究"经评审被确立为上海市教育科研重点课题,[①] 这一课题构建了督导与学校新型的合作关系。2000年,上海市将小班化教育试点学校扩大至40所,并对各校开展"小班化教育"研究的基础、学校现状等情况作出诊断与分析。2001年11月,上海市教育委员会在浦东新区召开了"上海市区域推进小班化教育现场交流会",通过教学观摩活动、校长论坛,浦东新区教育部门领导的介绍,展示了小班化教育科研的深入进展。

二、优化教师及校长队伍

教师是教育活动的要素之一,是决定教育质量高低的关键。上海市基础教育在注重教师素质提高的同时,注重提高教师的工作和生活水平;不断探索教师专业发展方式,不断完善教师终身学习与培训体系。一所好学校不能没有好校长,为此,上海市基础教育将校长的办学思想和管理能力作为校长培训工作的重点,努力建设一支优秀的校长队伍。

---

① 上海市人民政府教育督导室.探索"发展性督导评价"模式 促进学校自主发展[J].教育督导,2002(2).

1. 重视教师和校长队伍的基础建设

上海基础教育的改革与发展,重要任务之一是建设一支优秀的教师和校长队伍,提高学校教育教学水平和学校管理水平。这就必须首先重视教师队伍的基础建设,保证教师的师德和业务水平,使广大教师"率先垂范,做先进生产力和先进文化发展的弘扬者、推动者,做青少年学生健康成长的指导者、引路人,努力成为无愧于党和人民的人类灵魂工程师"。[①]

(1)加强教师资格评审工作,提高教师基础素质

上海市中小学全面推行教师资格工作制度,严格执行教师的资格要求,保证基础教育的教师质量,使教师队伍的评审工作不断深入。上海市中小学教师队伍在"文革"时期曾受到严重破坏,据上海市教育局1983年统计,上海市未达到国家规定文化程度的小学教师占总数的50.2%。[②] 从1989年起,中小学教师学历达标率显著提高。上海基础教育为提高中小学教师的学历层次,对培养大专学历小学师资的五年制师范教育进行了总体规划,通过分步实施,开展了专业合格证书的考试工作。1993年,举办了电视教育、函授教育和自学考试三沟通的教师进修班,提高了在职中小学幼儿园教师的学历达标率。

1988年,中小学进行了教师专业职务聘任工作,教师职务被列入了专业技术职务系列。1992年,进行教师专业职务评聘工作,研究制定了基础教育专业技术人员业务考核评价系统和考绩档案实施办法等文件,使专业职务评聘工作规范化、制度化、科学化。[③] 1990年,普教系统专业技术职务补缺评审工作主要着眼于师资队伍建设和教师队伍素质的提高,开展了评选特级教师的工作,评选并表彰了一批优秀青年教师。[④] 1994年,加强了中小学教师职务评审工作的管理和制度建设,成立市中学教师职评教科研成果鉴定委员会。[⑤] 1996年,组建教师评估队伍,建构师训、干训工作评估指标体系,完善以市、区县教师进修院校和学校自培基地为核心的三级师训、干训网络,并建立全市性分级管理的师训、干训信息库,实现了师训、干训工作的计算机管理。[⑥]

上海市注意提高中小学教师的基础素养、政治思想素质,努力引导教师热爱教育、端正教育思想,调动教师的积极性,为其更好地发挥潜力奠定基础。1989

---

① 江泽民.不断推进教育创新[M]//江泽民文选:第三卷.北京:人民出版社,2006:501.
② 吕型伟.上海普通教育史(1949—1989)[M].上海:上海教育出版社,1994:544.
③ 《中国教育年鉴》编辑部.中国教育年鉴(1992)[M].北京:人民教育出版社,1993:449.
④ 《中国教育年鉴》编辑部.中国教育年鉴(1990)[M].北京:人民教育出版社,1991:554.
⑤ 《中国教育年鉴》编辑部.中国教育年鉴(1994)[M].北京:人民教育出版社,1995:482.
⑥ 《中国教育年鉴》编辑部.中国教育年鉴(1996)[M].北京:人民教育出版社,1997:458.

年,上海市教育局成立了教师思想政治工作小组,协助中共上海市教育卫生委员会做好具体工作,加强对中小学教师思想政治工作的领导。1990年开展学习陶行知的活动,要求全体教师树立为人民教育事业无私奉献的精神,加强教师的爱生教育。1991年,各区县和学校积极开展师德教育活动,组织干部、教师认真学习和执行国家教委、全国教育工会的《中小学教师职业道德规范》和《上海市中小学教师职业道德基本要求》,以提高广大教师尤其是青年教师的职业道德素质。

(2) 努力创造条件,实现教师专业发展

随着教师队伍基础性建设工作的完成,教师队伍建设不再局限于提高教师学历,而是着眼于与教师自身幸福密切相关的教师职业生涯发展,努力为教师创造良好的条件。

1995年,上海市教育委员会制定《关于解决教职工住房问题的若干意见》,要求通过"广厦工程"来规划、解决教师住房困难问题,并召开了全市教师住房解困工作会议,为教师提供较好的生活条件。① 1999年又进一步改善教师待遇,规定郊县民办中小学教师经考核合格者,其户口全部"农转非";全市民办教师经考核合格者均转为公办编制。② 2001年12月31日,建成上海市教师教育网,它包括"信息之窗""网络课程""教师风范""名师工作室""校长风采""教育论坛"等栏目。

上海基础教育正在努力实现教师学科专业和教育专业的双重发展,明确提出"教师即研究者",使教师成为校本课程开发的主体之一,成为课程的生产者和主动的设计者。同时,上海市中小学开展了各类先进表彰活动,以提高教师的工作积极性和责任感,如开展评选表彰市"十佳"模范班主任和市、县、区"园丁奖"获得者,设置科研奖项,启动上海市中小学幼儿园骨干教师培养工程,选送骨干教师赴国外大学进行短期进修等活动。

2. 以培训为主发展优秀教师及校长队伍

上海市基础教育采取多种措施进行教师和校长培训,以提高教师教育教学水平和教育素养,提高校长的教学和综合管理能力,为开展一流的基础教育创造必要条件。

上海市中小学教师培训主要有基础型和发展型两种模式。基础型教师培

---

① 《中国教育年鉴》编辑部.中国教育年鉴(1995)[M].北京:人民教育出版社,1995:529.
② 《中国教育年鉴》编辑部.中国教育年鉴(1999)[M].北京:人民教育出版社,1999:493.

训指向问题解决,主要针对中小学教师缺乏新型知识、方法和技能的情况;发展型教师培训指向中小学教师思想观念的更新和整体知识能力结构的重新优化,更加强调和重视教师教育基本理论的学习和思想观念的更新。自1990年正式实行《上海市中小学教师进修规定》,1991年贯彻实施国家教委《全国中小学校长任职条件和岗位要求(试行)》[1]以后,上海市开展了多层次的校长岗位培训,分别开设了校长岗位基础培训班、校长岗位进修培训班、校长岗位研究培训班。1993年,为提高各级教育行政干部的政治和业务水平,又通过举办中小学校长轮训班进一步加强了骨干教师参加硕士研究生进修班的学习,开设青年骨干教师培训班,其中青年骨干教师的破格评聘已成为经常性的工作。

上海从学历教育发展到职务培训,再到举办职务培训试点班,最终成立了中小学教师职务培训课程建设办公室。它对全市近1 300名幼儿园园长开展了"依法办学、以德立园"的专题思想培训,提高了幼托园所长的道德和法制意识,进一步加强了以法自律、以德修身、以德育人的办学行为。同时以集中宣讲与参与式讨论活动相结合的方式,分批对上海1 000余名园长与骨干教师开展了《幼儿园教育指导纲要》《上海市学前教育纲要》及《上海市学前教育课程指南》专题业务培训。1998年3月,又正式启动上海市中小学幼儿园骨干教师、骨干校长培养工程,根据"公开竞争、公开推荐、公开选拔"的原则,选出首届市级骨干教师培养对象111名,骨干校长培养对象33名,同时组织培养骨干教师、校长的导师138名,按"公开推荐,合理配对"的原则,让导师制定培养对象的个别化指导方案和培养计划,组建"市级骨干教师培养工程评估专家小组",对骨干教师培养工程进行中期评价和对最终结果进行评价验收。[2] 1999年,制定印发了《上海市中小学校长工作试行意见》和《关于第一届市级中小学骨干教师培养的实施意见》,完成第二届市级中小学骨干教师材料的审批工作。

同时,建立科学的培训机制和人事机制,全面实施校长、教师培训计划,通过"依法治校,以德立校"的第二层次培训,推动了教师继续教育的发展,形成市、区县、学校三级培训网络,构建了教师修养、专业知识和技能更新、教育教学实践研究、教育理论、教育科研五个模块的有特色的教研体系。1996年,举办了中小学校长德育工作讲习所,与上海师范大学联合举办了学制为一年半的德育高级教师培训班。为贯彻落实基础教育工作会议和师资工作会议精神,努力造

---

[1] 《中国教育年鉴》编辑部.中国教育年鉴(1991)[M].北京:人民教育出版社,1992:419.
[2] 《中国教育年鉴》编辑部.中国教育年鉴(1998)[M].北京:人民教育出版社,1999:574.

就一支适应 21 世纪基础教育发展需要的校长队伍,又组织开展了上海市中小学 1 700 名正职校长"依法办学、以德立校"的专题培训工作,得到社会各界的广泛好评。

此外,上海广大教师和校长在中小学教育科研中还以科学的思想、态度和方法观察、分析、研究教育中存在的问题,以科学的教育理论去指导实践,促进专业发展。教师的教育观念在理论与实践的结合中得到更新,教育技能在这一过程中得到改善。特别是校本课程开发要求教师以一个研究者的身份进行课堂教学实践,并成为一个对自己实践不断反思的"反思实践者",这极大地促进了教师的成长。

三、完善招生考试评价制度

上海市始终把提高小学、初中教育质量放在重要地位,而招生考试评价是基础教育工作的重点之一。通过取消重点中小学制度,解决了招生不均、考试压力大、评价方式单一等问题;运用多元的评价方式以更准确地衡量学生的受教育水平,促进招生考试制度不断完善。

上海市在取消重点中小学制度后,不断完善学生就近入学、学校自主招生制度,取消考试与升学挂钩等制度,使基础教育获得了较大的发展空间。1978 年,上海市区设立重点小学 97 所,1980 年开始要求采取措施办好所有小学,1981 年市区取消重点小学制度,改设中心小学及辅导区,以保证提供质量优良的基础教育。① 初中教育坚持从端正办学思想入手,克服片面追求升学率的不良倾向,1986 年,初中阶段取消重点学校,学生就近入学,各区教育部门普遍制定分期分批办好初中的三年规划。1988 年,继续改革招生考试制度,市区实行小学升初中按地区划块就近入学,减少填报志愿,减少筛选,这对改变薄弱中学的生源起了积极作用。1990 年,郊县农村初中实行就近对口入学制度,同时,上海市教育局制定了《上海市市区初中招生办法改革方案》,取消选拔性的全区小学毕业统考,实行大部分小学毕业生划块就近分配入学,少部分按切块指标推荐入学的办法。② 1995 年,初中招生实行就近入学制度,不进行全区性统考,允许适度选择,竞赛不再与升学挂钩。1998 年,全市市区小学五年级学生、郊县小学六年级学生全部免试就近对口升入初中就读,同时实行"小学毕业考试命题权下放学校""取消小学阶段留级制度""小学阶段学生成绩实行多元评价"等

---

① 《中国教育年鉴》编辑部.中国教育年鉴(1949—1981)[M].北京:中国大百科全书出版社,1984:407.
② 《中国教育年鉴》编辑部.中国教育年鉴(1988)[M].北京:人民教育出版社,1989:418.

试点工作。1999年,进行初中毕业和升学两考分离的改革。

上海市基础教育界意识到,学生评价应使学生获得更好的发展,为此,学生评价从依据分数发展为依据能力,从重视智力评价发展为多种能力的综合评价。1998年上半年,上海市教育考试院又推出中学生技能等级测试,着重对学生进行多元评价,发展学生兴趣、爱好、特长和培养动脑动手的能力,注重学生总体素质的提高。1999年,上海市在总结区县中小学素质教育评价探索成果的基础上,改革原《学生成绩手册》,制定了《上海市学生评价手册》,采取等第制与定性描述相结合的评价形式,并于1999学年起在全市中小学实行。[①] 2000年,上海市教育委员会在复旦附中、上海交大附中、华东师大二附中、上海中学4所中学试办中学和大学联合实验班。实验班首次确定采用公开推荐、大学进行面试和市教育考试院组织综合能力测试的办法挑选学生,首次录取的82名中学生于2000年春季进入中学与高校联合实验班学习。

1995年12月,上海《文汇报》在头版头条位置报道了上海市静安区将于1996年在市区率先取消小学升初中的入学考试,小学生全部就近升入初中,进入初中综合改革期,以加强义务教育的整体性与连贯性。1999年起,奉贤小学毕业考评分取消百分制,实行等第制,毕业生全部就近直升初中,部分优秀初中毕业生免试直升重点高中。2001年起,中考实行"两考分离,测试入学,多元录取"方法,使高中阶段入学率达99.6%。

1991年,闸北区在9个街道52所小学进行初中招生制度改革,并于1992年取消全区选拔性升学考试,实行命题下放,适当调整中小学对口范围,多数学生按块就近入学,少数学生经综合评定后推荐入学。同时在部分中学招高中自费生,建立初中招生考试题库,首次采取以题库抽取试题方法组织考试。1995年起,闸北区教育局决定取消小学留级制度和升级考试制度,小学毕业生划块就近对口进入初中。

崇明县于1996年全面推行小学毕业考试素质教育综合评价办法,全县9 000名小学毕业生参加素质综合评价,把对学生评价的科目由原来的语、数、外扩大到所有开设的学科,每门学科的评价内容由原来单纯的认知测试扩大为认知、情感、操作领域,将认知、情感、操作三方面的成绩综合成对一门学科的评价,将每门学科的评价综合成对一名学生的总体评价。为保证此评价体系的有效操作,崇明县教育科学文化工作委员会将小学毕业考试权下放到学校,校长

---

① 《中国教育年鉴》编辑部.中国教育年鉴(1988)[M].北京:人民教育出版社,1989:504.

直接对考试、评价工作负责,县教育行政部门从过去的考试组织者转变为综合评价的宏观指导者。在评价的操作方面,各校均成立了以校长为组长的评价小组,用两周左右的时间,通过观察、操作、谈话、查资料、书面考试等方式完成对本校全体毕业生的综合评价。进一步加大了招生考试机制改革的力度,继续实行5%的优秀初中毕业生免试直升高中,10%的重点中学优秀初中毕业生推荐升学的政策。

2001年,松江区把体育测试以4分分值计入毕业分流考和升学考总分。测试项目分为必测和选测两块,必测项目由学校根据学生平时体育测试成绩综合评定,满分为2分,选测项目由考生自愿报名,区招办统一组织测试,满分为2分。体育测试不满2分者,不能被本区的市、区重点中学录取。

金山区也通过改革升学和招生制度,适应全面推进素质教育的要求。小学升初中继续实行全部对口就近入学的办法,初中毕业和升学制度改革要有利于初中生合理分流。初中毕业考试与升学招生考试分离,适当减少考试科目,改进考试命题方法,增加优秀毕业生免试直升的人数,实行特长生加分办法,尝试采用将部分重点中学招生指标与初中办学水平评估结果挂钩的办法。

2000年,长宁区"中招"试行"两考分离、多次分流"新举措。由长宁区教育局制订方案,"中招办"做好各项工作,顺利完成中考测试分流。全区参加测试入学的学生人数为1 890名,上线率为98.4%(280分),占总生源的23.5%,共1 780名学生被三类学校录取,录取率为93.07%。参加升学考人数为5 333名(118人复考),两考总录取率为97.4%,高职比为52.44∶47.56,安排率超过98%。小学升初中继续实行取消考试,控制特色班招生,大部分小学毕业生采用电脑派位就近录取的办法,民办(转制)中小学招生均按1∶1电脑派位。继续保持各初中学校生源基本均衡。2002年,继续完善素质教育导向机制,规定小学坚持划块就近对口入学,小学升初中继续采取划块派位与对口入学相结合的办法,做好小学招生工作。

四、发挥教育管理作用

1. 改革教育管理体制

(1)改革教育领导管理体制

上海市为调动基础教育的办学积极性,不断改革领导管理体制,逐步建立了市区"两级政府,三级管理"和郊县"三级政府,三级管理"的新体制。从1979年开始,市区小学收归教育部门管理,农村小学由教育部门及当地人民公社双重领导。按照基础教育"地方负责"的原则,根据《中共中央关于教育体制改革的决定》,1985年后,上海市基础教育实行市、区和市、县、乡分级领导管理体制,基本明确了各级政府的职责、市与区的职责分工,同时在农村普遍成立了乡镇教育委员会,以调动各级领导办好基础教育的积极性。

自1987年以来,上海市部分学校和地区建立了"社区教育委员会",对探索大城市基础教育管理体制改革,社会文化、体育等公共设施如何与学校教育相互配合有重大意义。1990年,又加强了校外教育管理,制定和实施了《少年宫(之家)评估标准和辅导员岗位职责与工作标准》,为课外教育发展进一步创造环境。

另外,为使基础教育中管理干部队伍在规模和素质上达到具有专博结合的知识结构和创新思维等要求,上海市有计划、有步骤地培养上海的中学名校长,又选拔了一批年富力强,在实际工作中成绩卓著,办学有特色,并有志于教育改革和学校管理工作的管理干部,进行专门培训,使之成为带动上海各中学发展的排头兵。对现有在职管理干部进行各种形式的职后培训,对学历上未达标的干部首先提高其学历层次,对学历已达标的干部则重点进行岗位必备知识和能力的培训。注意从有学科教学专长的教师中选拔管理干部,特别是学校主要领导都由教学业务骨干来担任,使中学管理者由政工型向业务型转变。

(2) 改革校内外管理体制

上海市区县各级政府始终注重对中小学内部管理体制改革工作的领导,不断完善校长负责制、教职工聘任制、工资总额包干制和校内结构工资制,促进改革工作的顺利完成。

教师队伍管理是学校人事管理重点之一。1988年之后的管理体制改革取得很多成果,如中小学进行了教师专业职务聘任工作,教师职务被列入专业技术职务系列;郊县中小学民办教师经考核合格者,其户口全部"农转非";全市民办教师经考核合格者均转为公办编制。为提高中小学教师整体素质,建立有效的人才竞争机制、促进人才合理流动,优化教师队伍,上海还引入竞争机制,在中小学积极推行聘用合同制,到1999年,全市90%的中小学全面推行了聘用合同制。①

校长管理制度也不断改革发展。1988年,上海市200多所中小学实行了校长负责制。② 1991年,上海市贯彻实施国家教委《全国中小学校长任职条件和

---

① 《中国教育年鉴》编辑部.中国教育年鉴(1988)[M].北京:人民教育出版社,1989:505.
② 同上:492.

岗位要求(试行)》,加强中小学校长队伍建设,分别开设了校长岗位基础培训班、校长岗位进修培训班、校长岗位研究培训班,以提高校长的思想水平、工作能力。1996年,上海市教育委员会制定了在全市中小学试行"四级十二等校长职级制"的暂行办法,并在静安和卢湾区实行校长职级制的试点研究。① 2000年起实行的中小学校长职级制是淡化校长行政级别,实现事业单位领导人员与机关行政级别脱钩的重大改革,也是引导校长由"官员型"向"学者型""专家型"角色转变的重要措施。

随着教育改革的不断深化,学校积极鼓励人才资源进行合理有序流动,以达到智力成果转化为生产力、人才资源优化组合的目的。教师流动一般是在教育行政部门和学校总体人事政策指导下,先由本人提出申请,学校受理并在一定时间内予以答复,再按合同规定办理相关档案转寄等手续。

在教育教学管理方面,上海市教育委员会积极推进中小学基于网络的学籍电子化管理,2002年下半年,上海市教育委员会和上海市社保中心联合启动了全体高中阶段学生的学籍—社保卡申领工作,年内工作全部结束。

2. 健全教育督导评价制度

督导评价的核心理念是工业化时代的标准化和规范化,其目的是检验学校是否达到了既定标准。随着基础教育发展水平的提高,上海市教育督导制度逐步由"鉴定性督导评价"向"发展性督导评价"转变。总的来说,上海市教育督导工作保证了各项教育法律法规和方针政策的贯彻落实,开展了丰富多彩且富有实效的教育督导方面的研究,教育督导理论和政策研究工作取得喜人成果,其在完成监督、指导、评估、验收义务教育的中心任务后,进一步发展为更高一级的发展性督导。

在中小学处于发展初级阶段时,鉴定性督导评价制度可以有效促成学校软硬件达标、管理到位、质量和效益达到一定标准。为加强上海市的教育督导工作,1989年,上海市政府批转了市教育局《关于本市普教系统建立教育督导制度的请示》,建立市和区县两级政府的教育督导室,建立健全督导机构和督导制度,开展五项督导、检查,促进有关法规和政策的贯彻落实。

随着教育改革的深化和发展,鉴定性督导评价制度已不能进一步促进中小学的发展,在这种情况下,发展性督导评价制度逐渐形成。除了保证义务教育的实施,上海市教育督导工作还推动形成了政府实施宏观管理、构筑发展平台,

---

① 《中国教育年鉴》编辑部.中国教育年鉴(1988)[M].北京:人民教育出版社,1989:459.

学校依法自主发展、努力创建特色的良好局面。1998年,上海市教育局先后组织有关专家200余人,完成了对9所市重点中学办学水平的综合评估,修订《市重点中学办学水平督导评估指标》,初步形成科学的评价量表和操作规范;提出了以学校发展过程为对象,关注学校发展的目标和潜力的发展性督导评价,要求在监督和规范基础上"放而不乱",这是教育督导制度的进一步发展。发展性督导评价制度关注学校的发展目标和潜力,注重诊断发展中的问题,寻找学校发展的关键因素,以发现教育价值。上海基础教育发展的要求,以及管理重心下移,突出学校自主办学的主体权利和责任的趋势,有助于教育督导机构站在高层次、大跨度上看督导对象,因此其具备结合、协调有关部门及督导对象的合作条件,有利于更好地引导和鼓励教育发展。当然,发展性督导评价模式也要求教育行政部门进一步加强宏观管理,真正从"办学校"转到以学校发展规划管理为主。

  此外,上海市不断完善督导队伍的建设。自20世纪80年代教育督导制度恢复以后,上海的督导队伍不断发展和壮大。然而,督导队伍虽有实践经验比较丰富的优势,但也有教育评价及相关学科的理论功底和研究能力比较欠缺的劣势。上海市通过加强培训、开展科研、组织交流和督导实践等多种方式,提高了既有督学的专业化程度,同时积极引进年富力强、具有现代教育思想,具有教育改革和科研能力的中青年校长、教师和研究生,完善督导队伍的年龄结构和知识结构,增强督导队伍的工作活力和创新能力,有力地促进了上海督导队伍的建设与发展。

第七章

其他各级各类教育事业的发展

第一节 高等教育

党的十一届三中全会以来,经过一系列拨乱反正,上海的高等教育逐步走上正轨,进入一个新的发展时期。经过20多年的发展,上海高教事业取得了巨大成就,同时在多方面进行了深刻变革,以改革促发展,在发展中进行改革。可以说,这20多年是上海高教改革的20多年,是发展成效显著的20多年。

一、普通高等教育

1. 高等教育体制改革

(1) 校内管理体制改革

在粉碎"四人帮"之后,特别是党的十一届三中全会以来,上海的高等教育事业开始恢复和发展。但高校内部存在的问题依然严重,如机构重叠,人浮于事,分配上盲从平均主义等,这些都严重影响了高校的发展。为此,上海交通大学从1979年开始进行了管理体制改革。1984年4月,中共上海市委、市政府肯定了上海交通大学的做法。由此,高教系统掀起了内部管理体制改革的热潮。从20世纪80年代中期到90年代初,华东化工学院进行了以内部管理体制改革为核心的整体改革。80年代后期,上海工业大学也进行了工资总额包干的内部管理体制改革。到1988年9月,上海高校经过不断充实调整,已经初步形成了一支业务素质较好、结构合理的教师队伍。据1988年9月统计,上海高校有专任教师26 603人,是1949年的14倍,其中教授1 191人,占专任教师总人数的4.48%,教员(未确定职称者)948人,占专任教师总人数的3.56%。

1992年,邓小平南方谈话发表后,上海高校内部管理改革全面展开。中共上海市教育卫生委员会、市人民政府教育卫生办公室和高等教育局确定上海交通大学、华东理工大学、上海工业大学、上海海运学校为上海高校内部综合体制改革试点单位。至1996年底,全市普通高校都进行了不同程度的改革,将改革进一步推向深入、广泛。

1997年至2001年,上海高校校内管理体制改革继续推进。这次改革主要是以人事制度方面改革为主,目的是全面提高教职工的整体素质。在人事方面,首次引进市场机制,运用人才市场来实现机构和人员的优化组合。如上海交通大学率先在校内开设人才市场,500多名机关干部进入人才市场,竞聘324个机关工作岗位,大幅削减机构和人员数量,真正做到精兵简政。校部机构从原有的38个调整为20个,减少了47%;机关编制从原有的588人调整为316人,减少了46%。1999年9月,上海大学凭借迁新校区的契机,进行机关改革,使"四校合并"后原有的庞大机构和人员大为精简,机关部处从原有的31个减为20个,减少了35.5%,机关人员分流54.4%,从738人减为336人。其次,实行全员聘用合同制,形成竞争上岗和人员合理流动机制。如上海机电技术高等专科学校,全校聘用合同签订率达99.5%,岗位聘任合同签订率为96.4%。华东师范大学学前教育与特殊教育学院由华东师范大学学前教育专业、心理系特殊教育专业、原上海幼儿师范高等专科学校和原南林师范学校合并成立,为调整机构,使工作岗位设置合理,实行岗位竞聘责任制,双向选择,竞争上岗,择优聘用,师生比由原来的1:6.8扩大到1:11.59。再次,在分配制度方面,建立新的教职工个人收入分配制度,规定分配与能力、业绩紧密挂钩。如上海大学以教学、科研人员为主建立了一支1 000名左右的骨干队伍,依据不同岗位加强考核,给予骨干津贴,对在聘教授学年度考核的本科教分、科研分和研究生教分之和大于150分者给予每月1 000元津贴,并按分数依次递减津贴,对小于20分者亮黄牌,取消津贴,从而有力地调动了教职工的积极性。

(2)高校布局调整

粉碎"四人帮"后,为加速人才培养,中共上海市委于1978年10月决定由上海交通大学、复旦大学、同济大学、上海科技大学等13所高校,市18个工业局和9个区人民政府合作新设13所大学分校。当年,13所大学分校扩大招收了6 869名学生,加速了教育事业的发展。1980年和1983年,又先后两次调整大学分校,进一步办好大学分校。至1986年底,上海市共有全日制普通高校48所,在校研究生和本、专科生127 859人。

尽管上海高校较为集中,但条块分割严重,高校结构不合理,这种状况使得市政府与行政部门之间缺乏统筹,高校之间缺乏沟通与协调。根据《中国教育改革和发展纲要》的精神,上海市按"共建、联合、调整、合并"的方针进行了改革探索。具体进程见表7-1。

表7-1 1983—2000年上海市高校共建、联合、调整、合并情况统计

年份 \ 调整情况	共建 单位	共建 学校	划转	合并	联合
1983				复旦大学分校、上海科技大学分校、华东师范大学分校、上海外国语学院分院、上海机械学院轻工分院合并为上海大学	
1985				上海交通大学机电分校与华东纺织工学院合并为上海工程技术大学	
1990				上海第二冶金专科学校并入上海冶金高等专科学校	
1994	国家教委和上海市政府	复旦大学、上海交通大学、上海外国语大学	上海对外贸易学院划归上海市领导	上海工业大学、上海科技大学、上海大学、上海科技高等专科学校合并成立新上海大学	西南七校（包括上海交通大学、上海医科大学、华东理工大学、中国纺织大学、上海农学院、华东师范大学、华东政法学院）成立办学联合体
1995	上海市政府、卫生部、财政部	同济大学、上海医科大学、上海财经大学	上海医学高等专科学校和立信高等专科学校由市卫生局和市人民政府财贸办公室划归上海市教育委员会	上海铁道学院和上海铁道医学院合并建立上海铁道大学，上海第一人民警察学校、上海第二人民警察学校并入上海公安高等专科学校	复旦大学、同济大学、上海财经大学、上海水产大学、上海体育学院、上海海运学院、上海电力学院、上海建材学院、上海城建学院、华东工业大学等校成立办学联合体
1995	国家教委、上海市政府	华东师范大学（项目共建）			
1995	国家教委、中国石油化工总公司	华东理工大学			

续表

调整情况 年份	共建		划 转	合 并	联 合
	单位	学校			
1996				原上海师范大学与上海技术师范学院合并成立上海师范大学;华东工业大学和上海机械高等专科学校合并成立上海理工大学;上海石油化工高等专科学校并入华东理工大学	
1997	国家教委、上海市政府	华东师范大学		上海幼儿师范高等专科学校、上海教育学院、第二教育学院并入华东师范大学;上海师范高等专科学校并入上海师范大学	
1999				上海农学院并入上海交通大学;上海纺织高等专科学校并入中国纺织大学	
2000			上海财经大学划归教育部	上海医科大学并入复旦大学;上海铁道大学并入同济大学;上海医学高等专科学校并入上海中医药大学;上海轻工业高等专科学校、上海冶金高等专科学校、上海化工高等专科学校合并成立上海应用技术学院	

（3）办学体制改革

办学体制改革主要是改变单一的政府包揽办学的体制,解决好政府与社会之间的关系,逐步建立以政府办学为主体,由社会各界共同参与办学的新体制。1987年7月,国家教委印发了《关于社会力量办学的若干暂行规定》,明确"社会力量办学是我国教育事业的组成部分,是国家办学的补充"。1992年,中央领导在十四大指出,"要鼓励多渠道、多形式社会集资办学和民间办学,改变国家包办教育的做法"。1993年,国家教委发布《民办高等学校设置的暂行规定》,1999年国务院又发布《社会力量办学条例》,这些法律法规成为全国社会力量办学的法律依据。

中华人民共和国成立以来,在计划经济体制条件下,上海高等教育实施的是政府和政府部门办学的单一体制。随着改革开放的深入和社会主义市场经济的不断发展,这种体制的弊端日益显露,探索一种新的办学体制的需要日益紧迫。

1992年6月,在由上海交通大学、清华大学、北京大学三校联合创办的上海杉达高科技公司的一次会议上,经过讨论,决定在浦东建立一所民办学校,并向上海市政府教育卫生办公室、上海市高等教育局提出创办民办高校的申请。8月,上海市高等教育局正式发文同意筹办。1994年2月,国家教委正式批准杉达学院建校。这样,杉达学院同其他政府部门创办的普通高校一样,具有发放普通学历教育文凭的资格。

继杉达学院建校以后,上海还出现了济光、中侨等民办高等教育机构,这些学校虽然不具备向学生发放学历文凭的资格,但学生可通过参加国家学历文凭考试来解决学历问题。为充分发掘上海地区高等教育资源以满足社会对高等教育的需求,经上海市民办高等学校设置审议委员会审议通过,1996年8月,上海市教育委员会又批准民办光启学院和民办华夏学院筹办。这是首次批准筹建民办公助性质的高等学校,是多种形式举办民办高校的一种尝试。

1997年1月,上海市教育委员会发布《上海市社会力量举办学院设置的暂行规定》,加强了社会力量办学管理,使社会力量办学事业的发展得到保证。到1997年,上海市共有经国家教委批准的民办高校1所,在校生1 446人,实施高等教育学历文凭考试试点的民办高校6所和社会力量举办的院校7所,招收新生2 791人,社会力量举办的各类非学历教育机构近千个,初步形成了以政府办学为主体,社会各界共同参与办学的新格局。

(4) 投资体制改革

投资体制改革,主要是改变教育经费投资主体单一的国家拨款体制和长期以来教育投入严重不足的局面,解决好国家、社会、学校、集体和个人合理分担教育经费的问题,逐步建立以国家财政拨款为主,其他多种渠道筹措教育经费为辅的体制。1985年,《中共中央关于教育体制改革的决定》强调指出:"中央和地方政府的教育拨款的增长要高于财政经常性收入的增长,并使按在校学生人数平均的教育费用逐步增长。"

党的十一届三中全会以后,上海市高等教育在不断整顿的基础上,在市政府和有关部门的支持下,通过增加经费投入,促进了高等教育事业的快步发展。到1983年,上海市属高校已恢复和发展到21所,在校生人数为31 255人。"七五"期间,上海市对市属高校的建设共投资近 7 亿元。1988 年,上海 51 所普通高校使用的教育事业费为 4.07 亿元,与 1979 年的 1.38 亿元相比增长了 195%,比 1949 年增长了 868 倍。同年,上海高校基础建设投资规模为 2.42 亿元,是 1949 年的 651 倍。

总的来说,自 20 世纪 80 年代以来,特别是 1993 年《中国教育改革和发展纲要》提出"三个增长"①以来,上海市教育行政部门进行了若干改革试点。

第一,在确保政府增加投入的同时,多渠道筹措教育经费。

一是高校科技成果转化。20 世纪 80 年代以后,上海高校不断推进科技成果产业化,积极把发展校办产业作为增加投入的一个重要渠道。"八五"时期,上海高校校办企业销售额近 103 亿元,实现利润 14.25 亿元,其中一半左右的利润返回高校用于高教事业的发展。1999 年 3 月,《上海高校科技产业化行动计划》(简称"993 计划")启动,在加速上海市经济建设和社会发展的同时,大大促进了高校自身的发展。2000 年,经登记的高校横向科技合作统计,全年签订合同 17 382 项,合同金额 2.6 亿元,比上年多 0.6 亿元。"四技"公司(技术开发、技术转让、技术咨询、技术服务)实际到款 1.178 1 亿元,较上年的 7 200 万元增长 64%。

二是学杂费收入。自 1992 年起,上海高校逐步扩大自费生招收数量。到 1995 年,市属高校全部实行并轨。1996 年,全市所有高校实行招生并轨,除师范、农业等少数专业外,学生入学全部收费。1995 年,高校学杂费收入 8 600 万元。

三是吸纳社会力量的资金。1992 年,上海筹办杉达大学。1994 年,市政府与欧洲联盟合作,依托上海交通大学创办了中欧国际工商学院;一批与国内企业、国外机构合作举办的二级学院也同时出现了。

四是税费收入。为增加对教育的投入,经上海市政府批准,自 1995 年起,上海开始征收社会事业建设费,并决定以 1994 年个人所得税实征收数为基数,将以后每年增收的 10% 作为教育专项经费。

第二,改革拨款制度,加强宏观调控。

1990 年起,上海市属高校全面实行预算包干的办法。即改革原来拨款经费与招生人数直接挂钩的制度,使拨款数额与学校改善基础设施、办学条件、提高办学质量挂钩,以提高高校自筹经费的能力和高校自主办学的积极性。对专项

---

① "三个增长"即中央和地方政府财政预算内教育拨款的增长要高于同级财政经常性的收入增长,在校学生人均教育费用要逐步增长,保证教师工资和学生人均公用经费逐年有所增长。

经费要体现政府宏观导向,实行"专家论证、民主评论、项目核算"的管理,并实行项目验收、决算审查制度。

截至2000年,在经费投入运作上,实现了拨款与奖励相结合、单一渠道和多渠道共同筹措教育经费的转变,以效益为导向的新的拨款机制逐步形成,将部分拨款改为贷款贴息,既放大了经费盘子,也增强了学校责任感。至2001年,上海教育获金融界70多亿元的受信贷款额度,全市高校为推进学校整体建设、基础实验室改造和学生公寓建设等共贷款22亿元,获得基础实验室贷款贴息1 000万元,校园环境贴息3 000万元。在解决教育投入认识上,实现了一般向重点转变,对改革和发展走在前头的学校实施倾斜,支持重点建设,有效调动了高校立足上海、服务全国的积极性。

在政府职能方面,逐渐推进以政府决策协调、督导评估、审计调查等间接管理手段为特征的运行模式。对专项经费的使用进行全程管理,以提高事业经费使用效益。建立健全高等教育审计制度,使之成为财务宏观管理的有力手段。

2. 高等教育教学改革

上海市高校开展教育教学改革比较早,其中又以上海交通大学最为典型。早在20世纪70年代末,上海交通大学就开始了改革,主要包括以下几个方面。

一是加强学科建设。上海交通大学在1978年建立了我国最早的机器人研究室,还成立了生物医学工程、系统工程、海洋工程、能源工程、环境工程及热科学六个跨系的学术委员会以及计算机科学和大规模集成电路两个跨系的研究所,并确定在八个领域内加强37个重点学科的建设,其中新建学科占1/3。

二是开展教学领域的改革,更新课程和教学内容。如船舶及海洋工程专业,开设的新课程占课程总数的40%,削减课内学时12%～13%。1982年开始,又对课堂教学、考试方法、毕业设计、实验教学、生产实习等环节进行系统改革,做到外语和计算机应用不断线,加强了学生智力和能力的培养,使教学质量明显提高。

三是加强科学研究,提高教学质量,为经济建设服务。学校的教学、科研两个中心已经基本形成,全校有13个研究所和40多个研究室,专职科研人员580人。1983年,全校参加科研的教师和研究生近1 800人,发表的学术论文达1 000篇。从1979年起,学校对委托研究项目实行合同制,规定了经费总额、完成时限、技术指标和奖罚措施。另外,学校与工厂企业还先后建立了25个教学、科研、生产、贸易相结合的研究开发企业,由学校提供技术,工厂提供资金、人力、厂房,开辟了科学技术为经济建设服务的新途径。

四是加强师资队伍建设。学校采取责任讲师、助教班等形式,发挥老教师传、帮、带作用,并举办了英语、日语、德语、计算机(微机应用)、工程数学、数字电路、随机过程等校级学习班30多期,参加人数达1 152人次。1979—1983年,共选送优秀学生和青年教师325人去国外著名大学深造,其中攻读学位的有127人。

上海交通大学的教育教学改革取得了巨大成就,在上海乃至全国引起了强烈反响,得到政府部门的肯定。在上海交通大学的带动下,上海高校拉开了改革序幕。

(1) 调整专业结构,修订专业目录

高校专业设置是人才培养规格的重要标志,直接影响到高校主动适应经济、科技和社会发展的能力和活力。到1990年,上海高校理工类专业比重仍然偏大,政、法、财经类等文科专业比重仍较低,这种情况不适应上海经济社会发展的需要。自1991年开始,上海高等教育调整重心转移到积极发展管理类专业。1994年,上海市根据国家教委发布的《普通高等学校本科专业设置规定》,制定了《上海市普通高等学校专业设置规定实施细则》,同年成立了上海市普通高校专业设置评议委员会,负责审议上海地区专业设置申请,从而促进了上海高校专业结构向合理化方向发展。1993年,在国家教委公布的上海18所本科院校设置的63个本科专业中,经济类有26个(占总数的41%),法学7个,文科类为第三产业服务的专业8个,三者加起来达到总量的65%。除了在结构上优化以外,一些新兴专业开始在上海高校开设,如商品学、广告学等。到1996年,上海市基本形成了文理各占一半的格局。经济类专业数量从1991年的不到8%上升到17%,其比重在十大专业科类中位居第二,而理工类专业下降到50.5%。从1991年至1996年,上海高校共增设新专业128个。

1998年全国高等教育工作会议以后,上海高校专业在数量上飞速增长,缓解了人才需求矛盾,为社会经济发展作出了贡献,但仍存在专业结构不尽合理的问题。为了提高质量,优化结构,提高效益,拓宽专业面,有必要对专业结构进行调整。

1999年9月,教育部颁布了《高等学校本科专业设置规定》,扩大了高校在专业设置方面的自主权。2001年,教育部又先后印发了《关于加强高等学校本科教学工作提高教学质量的若干意见》和《关于做好普通高等学校本科学科专业结构调整工作的若干原则意见》。这两个文件着眼于经济全球化和全面提升我国经济、科技适应国际竞争的能力,积极推进专业调整、提高质量,以发展高新技术专业和应用型学科专业为重点,以便形成与社会主义市场经济体制相适应的学科专业。在此精神指导下,上海高校专业设置进一步加快,到2000年,上海市23所本科高校共设本科专业560个,其中理学、工学、医学类专业占专业总数的46%,文学、经济学、管理学类占专业总数的42%。在68种理工科专业的231个专业中,高新技术专业有36种。到2001年,除航空航天类专业外,其他专业在上海高校已基本设置齐全。

专业目录在专业发展中起着导向作用,认真执行专业目录是专业管理的一项重要工作。20世纪八九十年代,上海进行了几次重要的专业目录调整。从1984年开始,按照国家教委主管部门新颁布的理科、工科、农科、医科、社会科学、师范、体育等学科专业目录,上海市各高校进行了本科院校的新专业归并调整。1993年,据国家教委颁布的专业目录,完成上海市高校所有本科专业的重新归并调整,调整后的专业数量由710个下降到520个,拓宽了专业口径和社会适应面,对专业发展产生了深远影响。1994年,又清理调整了专科专业,到1996年,上海高校共有专科专业453个。1997年末,经过八个月的努力,上海完成了《普通学校本科专业目录(草案)》。

(2)课程建设与改革

① 课程建设

20世纪80年代以来,上海市加强了高等教育课程的建设与改革。1986年,上海工程技术大学机电学院拨款10万元作为课程建设基金。同年,上海石油化工专科学校在成立课程建设委员会后先确定课程规范,对各门课程现状作调查分析,然后分期分批有重点地开展课程建设,每年设立50万元课程基金,在两年内使20～30门基础课达到课程规范要求,其中四门课程达到较高水平。

1989年至1995年,上海市高等教育行政主管部门有计划有步骤地加强了市属高校的课程建设,连续七年,每年投入30万元作为经费,共资助186个课程建设项目。1996年,上海市教育委员会又投入200万元资助该年立项建设的60种高校教材。1997年,又对重点建设的优秀教材资助300万元。总之,自1995年以来,围绕21世纪教学内容和课程体系改革问题,许多学校都在不同程度上拨出课程建设专项经费,建立校优质课程评选制度,取得了良好效果。如上海交通大学积极参与国家教委面向"21世纪课程体系和教学内容改革计划",共承担9个项目,完成课程建设150项,评出学校"一类课程"24门,出版教材250余种。2000年,由世界银行贷款的"上海高校面向21世纪课程和教材建设"项目继续实施,截至该年底,第一期计划94本教材出版了55本,第二期计划 136 本教材完成编写了 19 本,并要求在当年完成计划。在上海普通高校优秀教材评选中,共评出获奖教材 113 本,其中一等奖 20 本、二等奖 62 本、三等奖 91 本。2001 年,上海市教育委员会核准资助 220 项课程建设项目,投资 470.5 万元,吸引学校配套经费 407.55 万元。为贯彻教育部《关于"十五"期间普通高等教育教材建设与改革的意见》精神,上海市教育委员会又投入教材建设资金 357.5 万元,由学校投入 250.75 万元,资助上海大学等 14 所高校 187 本教材立项。

② 课程改革

随着国家人才需求的变化及世界经济、科技的发展,对原有教学内容、课程体系的改革要求显得十分紧迫。20 世纪 80 年代初,上海很多高校教学都存在内容陈旧、学时过长、缺少实践等弊端,到 90 年代初,"教材老化、教学手段落后、教学方法原始等状况严重"。[①] 针对这些问题,各高校开始进行积极探索。

早在 20 世纪 70 年代末 80 年代初,上海交通大学就进行了教学改革。它在拓宽专业口径的同时,积极更新教学内容,如船舶及海洋工程专业积极开设新课程,所开新课程占课程总数的 40%,并削减课内学时 12%~13%。上海工业大学针对长学期限制了教师学术水平和教学水平提高的弊端,在 1985 年全面试行短学期制度改革方案,将教学内容精简,如普通物理课程由 140 学时压缩为 100 学时,机械制图课程按不同专业分别压缩为 40 学时、70 学时和 100 学时。

20 世纪 80 年代,上海各高校又加大了实践教学内容的比重。上海工程技术大学机电学院以"波形发生器"作为电子技术实验作业内容,收到了良好效果。中医学院在方剂学、中医诊断学、金匮、中药学、针灸学、推拿学等学科领域首创中医实验教学,使玄深的中医理论变成了看得见、摸得着的东西。上海师范大学采取"常川型"教育实习法(实习见习统一安排,分散在几个学年中,使学生经常去了解中学、熟悉中学),这种方法将教育实习经常化,并与教学法理论结合起来,在四个学期中不断地进行理论结合实践的实习,是在实习形式上的创新。

进入 20 世纪 90 年代以后,高校自主权进一步扩大,教育教学改革更加深入,各高校纷纷尝试改革课程结构,如复旦大学将大学课程分为普通教育、基础教学和专业教学三大板块的改革等。1994 年,国家教委制订了"高等教育面向

---

① 郑令德.上海高校综合改革的回顾与展望[J].上海高教研究,1994(2).

21世纪教学内容和课程体系改革计划",组织全国高校和广大教育工作者开展转变教育思想,改变教学内容和教学方法的系统研究,建立适应21世纪经济和社会发展需要的教学内容和课程体系。为贯彻这一精神,上海市逐步深化面向21世纪高校教学内容和课程体系改革,到1997年已有16所高校参加了150项改革试点项目。

(3) 实行学分制

"学分制是以学分计量选修课制为基础的教学管理制度。"① 选课制是学分制的基础,学生选课自主权是学分制的核心,如何设置选修课程,选修课程的合适比例和选课方式等是选课制的重要内容。

早在20世纪80年代初,上海有些高校就开始研究并实行以学年学分制为主要形式的学分制实验,如上海交通大学、上海大学等,但推行缓慢。1992年以后,学分制推行逐步铺开。1993年,上海工业大学、中国纺织大学、上海海运学院开始全面实行学分制。在实施过程中,各高校根据各自校情,实施的学分制也各具特色。如,上海工业大学在1993年率先实行学分制。在此基础上,又合并组建新的上海大学,建立了较完善的学分制,实行"三短一小"的短学期制和全面导师负责制。上海外国语大学实施"二二分段"学分制,即前两年为基础阶段,仅有少量选修课,后两年实行以选修课为主的学分制。上海戏剧学院根据艺术教育特点,让学生在较大范围内自主选课,自主安排学习进程。

1994年,上海全市共有17所高校试行了学分制,包括三所高等专科学校。同时,学分制试行的专业和学科也大大扩展,涉及理、工、农、医、文、艺、法等方面。进入选课制的学生从1993年全市180个专业点7 475人扩大到1994年的328个专业点14 847人。1995年,全市有18所高校在不同学科的337个专业推行了以选课制为基础的学分制。

学分制的实施带来的效果是显著的。1993年以来的实践证明,学分制的实施为培养多模式人才创造了条件,促进了教学改革的深化,调动了学生学习的积极性,促进了教学质量的提高。同济大学对1994级学生选课情况作了统计,选课超过25学分的学生数,第一学期只占18.8%,第二学期占62.2%,而选课低于20学分的学生数则由第一学期的23.45%减少到第二学期的3%。华东工业大学在1994—1995年第一学期实施学分制后,学生自主选修的必修课程优

---

① 丛书总编纂委员会.上海改革开放二十年(教卫卷)[M].上海:上海人民出版社,1998:229.

良率平均高于全校 10.5 个百分点。

(4) 专科教育及其教学改革

专科教育在我国高等教育体系中具有举足轻重的地位。办好专科教育,提高专科教育的质量和水平对促进我国高教事业的发展有重要作用。1985 年,《中共中央关于教育体制改革的决定》提出:要改变专科、本科比例不合理的现象,加快高等专科教育的发展。1990 年,在广州召开全国普通高等专科教育工作座谈会,会议明确提出普通高等专科教育的办学指导思想、今后一段时间的工作方针和加强普通高等专科教育应该采取的政策措施,交流了普通高等专科教育的办学情况和经验。1991 年 1 月,国家教委印发了《关于加强普通高等专科教育工作的意见》。所有这些,都大大推动了全国各地专科教育的改革。与此相应,上海在 1988 年之后也在国家有关方针政策的指引下进行了专科教育的教学改革。

① "三明治"模式的办学体制改革

为贯彻《中共中央关于教育体制改革的决定》,深化理论教学与实践环节的联系,解决上海地区缺乏高级工艺人才的现实问题,1987 年 1 月,八所高等工科专科学校(简称"高工专")提出了以培养工艺工程师为目标的"三明治"办学模式的专科改革方案。所谓"三明治"模式,是指在理论学习过程中穿插实践活动,通过学习理论,进行实践,再学习理论,再进行实践的过程,重点解决学生理论能力强、动手能力差、素质不高的问题。1988 年,开始在部分专科学校八个专业开展四年制改革试点。经过四年的改革试点实践,试点班在"政治思想教育、实践动手能力培养、教师队伍建设、实习实验体系的形成、教学内容的更新、产学合作教育的开展等方面均取得了一定成效"。①

② "双专科"教育改革试点

随着改革开放的不断深入,社会对人才的要求也进一步提高,专科毕业生开始面临巨大的就业压力。为此,1992 年,上海市高等教育局分批在上海部分本科院校和专科学校开展了"双专科"教育试点。如同济大学的工科类专业兼修建筑管理专业,上海冶金专科学校的机械类专业兼修电气自动化专业,上海石化专科学校的有机化工类专业兼修化工经营管理专业,上海轻工业专科学校的轻工机械专业兼修工业企业经营管理专业,上海立信专科学校的会计专业

---

① 丛书总编纂委员会. 上海改革开放二十年(教卫卷)[M]. 上海:上海人民出版社,1998:223.

兼修对外贸易专业,上海机械专科学校的工科类专业兼修工业企业管理专业,上海金融专科学校的金融专业兼修法律专业。当然,这种试点也不是在全校学生范围进行,而是仅限于10%～15%的在校生,旨在根据所需复合型人才的智能结构要求对优秀专科生进行跨学科专业培养,学制不少于四年,发双专科文凭。这种教育拓宽了学生的知识结构,培养出的复合型人才受到用人单位的欢迎。

③ 高等工程专科专业教学改革

为推动高等工程专科教育更好地适应经济和社会发展的需要,教育部在1992年启动了高等工程专科学校部分专业的教学试点改革。1993年6月,37所学校的37个专业被确定为首批专业教学改革试点,至1998年,全国高等工程专科学校共确定97所学校的216个专业为教学试点改革专业。

1991年,上海市高等教育局开始在上海冶金高等专科学校的生产过程自动化技术专业等四所学校的四个专业进行教学改革试点。1993年到1995年,上海又先后有8个专业经过专家评审,被国家教委列为全国高等工程专科专业教学改革试点专业。根据国家教育委员会关于对高等工程专科专业教学改革进行评估验收的要求,1995年、1996年,上海市教育委员会分别组织专家对第一批和第二批试点专业进行中期检查评估。评估结果显示,改革富有成效,获得了专家和用人单位的认可。

在试点专业的带动下,上海市高校各专科专业有了新的发展。在教育部1999年进行的第8次试点验收评估中,上海轻工业高等工程专科学校的香料香精工艺专业、上海理工大学的电气技术专业、上海冶金高等专科学校的生产过程自动化专业获得"高等工程专科示范专业"称号,上海化工高等专科学校的精细化工工艺专业、上海纺织高等专科学校的服装工艺专业获得"高等工程专科特色专业"称号。

(5) 高校教育评估

教育评估是教育主管部门了解学校质量和教学工作状况的有力措施,是保证高等学校办学方向,督促高校提高办学质量的有效方法。1985年6月,国家教委在黑龙江镜泊湖召开了全国第一次高等教育评估理论研讨会。不久,上海市高等教育评估工作逐步开展起来。

1985年12月,上海市成立了高等教育评估理论研究小组。1987年,国家教委在西安召开了全国高等工程教育评估试点工作会议,正式明确上海率先开展高等工程院校办学水平综合评估试点,并决定从1987年11月到1988年6月对同济大学等 4 所工科院校进行评估。1988 年 1 月开始,又对新建高校进行合格评估,接着又于 1990 年 10 月、1991 年 10 月和 12 月开展了第二轮新建院校合格评估。这次评估突破了工科范围,扩大到农、文、经、管和艺术等学科领域。同时,专业评估也是高等教育教学评估的重要方式之一。1990 年 9 月,上海市高校评估领导小组选择量大面广的会计、计算机、管理 3 个专业进行专家静态评估。1992 年 4 月,又对上海 8 所高校 11 个外贸类专业点进行了评估。1995 年 6 月,对上海石化专科学校、上海冶金专科学校等 4 校的改革试点进行中期评估。1996 年,又对上海机械专科学校电气技术专业和上海轻工业专科学校香料香精工艺第二阶段教学改革进行了中期评估,评估结果反馈到学校,促进了学校改革的良性发展。

1996 年 4 月 22 日,上海市高等教育评估事务所正式成立,这是我国第一家具有高等教育评估资格,专门从事高等教育评估工作和社会性咨询服务的中介机构。1997 年,上海市高等教育评估事务所对复旦大学、华东师范大学等 6 所高校的旅游管埋本科专业和上海海运学院、上海旅游高等专科学校等 3 所院校的 8 个专业实施评估。在这次评估中,旅游企业的总经理、特级导游等群体也被纳入评估专家队伍,加强了用人单位对学校专业人才培养质量的监督,建立和完善了毕业生质量的社会反馈体系和专业的社会评估制度。1998 年 6 月 24 日至 7 月 3 日,上海市教育委员会又对市属高校的 26 个重点学科进行了中期评估。此次评估采用专家与管理人员结合、学科汇报与现场参观结合的方式,根据定性和定量考核兼顾的指标体系对学科进行综合评价。经汇总,26 个学科的评估结果均达到良好,其中钢铁冶金、机械制造自动化、通信技术、医学细胞生物学、口腔颌面外科学、中药学、应用语言学 7 个学科被评为优秀。①

3. 研究生教育的发展

研究生教育是高等教育的重要组成部分。研究生教育制度的建立与发展,是一个国家高等教育走向成熟的重要标志。从中华人民共和国成立至"文革"结束这一段时期,上海的研究生教育发展缓慢。

1977 年 10 月 12 日,国务院批准《教育部关于 1977 年高等学校招生工作的意见》,指出要大力发展研究生教育。1978 年,全国 210 所高校和 162 个研究机构招收硕士研究生 10 544 人,比"文革"前招生数最多的 1965 年的 1 300 人增

---

① 上海市教委科研处.上海市教委组织完成市属高校重点学科建设中期评估[J].中国高等教育评估,1998(3).

加7倍多,其中上海为1 072人,占全国总数的10.2%。1984年,上海招收研究生2 354人,约占全国总数19 000人的12.4%。

1980年2月12日,第五届全国人民代表大会常务委员会第十三次会议通过《中华人民共和国学位条例》,将中国的学位分为学士、硕士、博士三级,学位制度得以建立。此后,研究生教育迅速发展。从1978年至1991年,全国高校共招收研究生31 836人。从1992年开始,在校研究生规模迅速扩大。上海高校在校研究生也从1991年的8 020人上升到1996年的15 307人,增长90.86%。1996年,上海全市招收研究生6 507人,毕业3 860人,在校研究生为16 835人。

1992年4月25日,上海市学位委员会成立,上海市学位委员会办公室和学科评议组也得以组建。学位委员会的职责是贯彻执行《中华人民共和国学位条例》及暂行实施办法,负责对本地区经国家教委批准建立的全日制普通高校申请学士学位授予单位及学士学位授权学科、专业进行审批,对已有硕士学位授予权的本地区单位申请新增硕士学位授权学科、专业进行审批,对其工作进行管理和检查评估。这样,上海形成了地方一级的学位管理与研究生教育体制,改变了由国家集中统一管理的局面。同时,委托培养研究生、自筹经费研究生和专业学位设置规模也相应扩大。

结合当地的发展需要,1996年,上海全市招收研究生6 507人,其中国家计划4 837人,占74.36%;委培生1 033人,占15.88%,比上年增加529人,比1988年增加759人;自筹经费生637人,比上年增加382人。1996年,国务院学位委员会制定《专业学位设置审批暂行办法》,进一步推动了专业学位的设置改革。随着经济建设和社会发展对高层次专业人才需要的逐步增加,有必要突破单一学位体系和研究生培养规格。1996年开始,同济大学开展建筑学硕士和学士专业学位的试点工作,华东政法学院招收了法律学专业硕士研究生,华东师范大学招收了教育学专业硕士研究生。同时,复旦大学、上海第二医科大学还开展了医学博士、硕士试点。

研究生教育在飞速发展的同时,又建立和完善了评估制度,以加强管理,保证教育质量,提高办学效益。上海的学位与研究生评估工作始于1985年,当时对固体力学和英语语言文学两个二级学科进行了评估。1992年,对哲学、经济学、历史学、中国语言文学、外国语言文学、数学、化学、生物学、力学、管理科学工程、自动控制等11个一级学科的前三批硕士点进行了评估。经过近20年的改革和发展,上海形成了学科门类比较齐全,学科结构比较合理的学位与研究生教育体系。

20世纪90年代,上海市率先进行研究生教育整体改革试点,积极探索新的招生考试制度。具体措施有:各培养单位自筹经费部分的招生规模报上海市教育委员会汇总以后,报教育部核定;政治、外语参加全国统考并服从国家规定的单科分数线;录取时强调考生综合素质;加大应届本科生的比例和每个专业招收直升生的比例;在研究生培养模式方面,着眼于素质教育,确保培养质量,提高硕士生基础知识和教育效益,提高博士生的培养要求和科研能力,实行弹性学制。

上海还积极探索自费研究生招生办法。从2002年起,各培养单位在制定招生计划时,对热门专业实施计划内招生名额控制,适当增加自筹经费生比例。各单位切实采取"奖、贷、助、免"等措施,加大奖学金力度,完善贷款工作,确保研究生入学后有经济支持,能顺利完成学业。

另外,各高校和科研单位严格对待研究生教学质量、学位论文评审,建立完善研究生教育的质量保障体系。上海市教育委员会也加大了教学和学位论文评审力度,共同促进研究生教育事业的发展。

4. 高校招生制度和毕业生就业制度改革

高校招生和就业制度改革是高校改革的重要组成部分。国家十分重视高校人才的培养和人才素质的提高,不断完善招生和就业制度。党的十一届三中全会以后,上海在高校招生和毕业生就业制度方面不断改革和探索,取得了重大成就。

(1) 高校招生制度改革

① 单独命题考试

我国1977年恢复高校统一考试。随着高等教育事业的发展,高考的弊端开始凸显。我国地区间经济文化教育发展水平差异很大,而高考用统一的试卷选拔人才,忽视了这种差异。为解决这一问题,经国家教育委员会和上海市政府批准,1985年,上海实行高校招生单独命题考试。上海的单独命题考试注重"双基",试题难度有一定坡度,考查的知识点全面,重点突出,加强了对实验能力的考察,同时根据考试标准化要求,加大了客观题的比重。

② 建立高等学校招生会考制度

在高校招生实行单独命题考试的基础上,上海市高等和中等教育考试中心、上海市高等学校招生委员会办公室对1984年入学的高中学生开始实行全市统一会考,开考的科目有历史和地理两门。这次改革本着促进中学教育改革,克服部分学生偏科现象,全面提高教育质量的思想,在普通高中阶段实行全面会考的基础上,根据高校不同学科类别进行相关科目的选拔考试。录取新生不再以考生总成绩为唯一尺度,而是依据考生报考的高校相关科目选拔考试的成绩,高中各门会考成绩及平时的爱好、特长等三方面因素进行选拔。1987年,在高中政治、物理、化学、生物、历史和地理六门课程实行全市统一会考的基础上,上海市高校招生考试的科目减少为语文、数学、外语三门。录取时,将六门会考成绩计入总分,另外还要看考生在校的表现。1988年,在高中九门学科(语文、数学、外语、政治、物理、化学、生物、历史、地理)全面会考的基础上,规定高校入学考试的门数最多不超过三门。普通高中阶段的会考成绩折合成标准分并划出A、B、C、D、E五个等级,以便不同类别的高校和专业提出不同的录取要求。为保证会考制度的可信性和权威性,高中会考实行统一命题、统一组织考试、统一评分、统一计算成绩,并由上海市教育考试中心组织实施,考试组织工作则由该机构与上海市高等学校招生委员会办公室共同负责。进入20世纪90年代以后,上海市会考制度不断改革。1998年,上海市高中英语会考开设英语听力考试。1998年,上海市高中会考的分数报告由多级等第改为及格与不及格两个等第。随着高考制度的改革,原有的会考制度不再适应考试需要,加之会考所带来的一系列问题和舆论的压力,上海市于2000年停止了全市范围内的统一会考。

③ 高等师范院校招生改革

为加强师范教育建设,提升所招新生质量,1986年3月,经上海市人民政府批准,上海高等师范院校招生实行普通高校招生统考之前单独命题考试,提前进行录取。招生实行推荐与考试相结合、笔试与面试相结合的办法。为了调动中学推荐品学兼优的学生报考师范院校的积极性,规定推荐生毕业后,原则上分配到原区县任教,区县教育局对推荐学生实行优先照顾政策。这种保送、选送的制度是大学多元录取办法的一种有益尝试。1994年,上海继续加大对师范、农林等院校的选送招生力度。1998年,在保送生中增加"综合能力测试",以确保质量。1999年,取消选送生办法,师范、农林等院校改为放在提前录取批次内进行录取。

④ 收费制度改革

高校采用"收费走读"形式。1988年,上海招收自费生2 700多人,占当年上海市高校在沪招生总数的15%以上。邓小平南方谈话之后,上海市高等教育局在全国率先提出增加自费生数量的改革方案。在这一方案和改革精神的指导下,上海市各高校1992年所招自费生人数增幅较大,自费生人数占招生总数的比例从3%增长到21%。1993年,上海市高等教育局又在《扩大招收自费生规模、深化招生制度改革的若干意见》中明确指出,高等教育属于非义务教育,学生上大学原则上均应缴费,必须改变过去学生上大学由国家包下来的制度,逐步实行收费和奖学金、贷学金相结合,这进一步促进了收费制度的发展。

从1993年开始,高校自费生规模迅速扩大。1993年,自费本科生的录取人数达4 115名,占自费生总数的43%。随着招生制度改革的不断深入,自费生招生开始实行"并轨制度"。1993年,并轨改革开始试点,上海外国语学院和上海工业大学全部实现学生缴费上学。1994年,并轨工作又与自主招生改革结合起来,上海地区八所实行自主招生的高校实现了招生并轨。1995年,上海市基本实现了收费制度改革,完成招生并轨任务。1996年,上海地区所有高校全部实行招生并轨,这一制度的实行对高等教育转变机制,提高教育质量,维护教育公平具有重要意义。

在推进收费制度改革的同时,上海教育主管部门和高校又努力抓好奖学金、贷学金、勤工俭学配套措施的完善工作。从1994年开始,上海市政府每年拨出1 000万元专款用于资助困难学生,建立勤工俭学基金,不让困难学生因为缴不起学费而辍学,在全国产生了良好反响,有力地配合了高校收费制度改革的进行。

⑤ 高校自主招生改革

20世纪80年代,上海市各高校都采取高度集中的考试录取制度,其弊端显而易见。为充分发挥高校招生的灵活性,调动高校的积极性和提高教育教学质量,有必要扩大高校的招生自主权。邓小平南方谈话之后,国家教委于1992年8月发布了《关于国家教委直属高校深化改革、扩大办学自主权的若干意见》,这使扩大高校招生权利更加有规可循。在这一精神指导下,1993年,上海工业大学经上海市人民政府教育卫生办公室和上海高等教育局批准,成为上海市自主招生改革试点单位,在招生过程中可自主确定报名资格、组织考试、制定录取标准。在此基础上,1994年,上海又确定复旦大学、上海交通大学、同济大学、华东师范大学、华东理工大学、上海外国语大学、上海大学、华东政法学院等八所高校为自主招生改革试点院校。这年的自主招生,各学校根据各自的特点和专业要求,自主决定不少于三门考试科目,可以用会考、加试、面试等水平测试成绩和反映各种能力的证书作为录取依据。1995年,试点范围扩大到17所高校。

1996年,上海市本科院校全部实行自主招生。各学校在许可范围内,根据学校的专业和特点,本着公开、公正的原则进行自主招生改革,大大提高了学校的自主性和积极性,使高校招生形式呈现出多样化的趋势。

在录取方式上,1999年上海开始实行网上录取试点,2000年全面进行网上录取,提高了工作效率。高考科目设置改革根据沪教委高(2000)40号《关于2001年上海市"3+x"高考改革方案》精神,依照"3+x"高考科目设置方案进行。2001年,上海在"3+x"中的"x"部分增加"综合能力测试",这一方案有利于打破大一统的考试格局,增加考生和高校对科目设置的选择权。2000年,上海市又在部分高校试行春季招生考试制度,有8所高校进行试点,共招收1 064名学生,初步形成上海高校春秋两次考试、两次招生的制度。同时,全面构建高等教育"立交桥",允许中专学校、职业学校、技工学校毕业生报考普通高校,实行"专升本"制度。规定普通高校专科毕业生、高等职业专科毕业生只要考试合格,均可进入本科学习,此项试点在16所高校进行,共招收879名学生。另外,在7所高校部分专业试行普通高校插班生制度,共招收151名学生。

(2) 高校毕业生就业制度改革

1984年以前,我国高校毕业生实行国家包分配办法,毕业生和用人单位缺少灵活性和自主性,积极性不够。1984年10月,党的十二届三中全会通过《中共中央关于经济体制改革的决定》之后,高校毕业生就业制度改革逐步铺开。1989年3月,国务院转发了国家教委《关于改革高等学校毕业生分配制度的报告》,指出按国家任务招生计划招收的学生,毕业后在国家就业方针政策下,通过一定范围的双向选择落实工作单位;国家调节性计划招收的自费生,毕业后自主择业;定向委培生按合同就业。党的十三大以后,国家教委开始在上海交通大学等个别院校进行毕业生分配制度改革试点。1993年,中共中央和国务院颁布了《中国教育改革和发展纲要》,指出:"除对师范学科和某些艰苦行业、边远地区的毕业生,实行在一定范围内定向就业外,大部分毕业生实行在国家方针政策指导下,通过人才劳务市场,采取自主择业的就业办法。"1994年7月3日,国务院颁布《关于〈中国教育改革和发展纲要〉的实施意见》,指出要积极推进高等学校和中等专业学校、技工学校的招生收费改革和毕业生就业制度改革,逐步实行缴费上学,大多数毕业生自主择业制度。1997年,在总结毕业生就业制度改革实践的基础上,为了加速高校毕业生就业制度改革的步伐,国家教委颁布了《普通高等学校毕业生就业工作暂行规定》。对毕业生就业工作程序、供需见面、双向选择活动、就业计划的制订、调配和派遣工作以及接受工作和毕业生待遇等问题提出明确的规定性要求,进一步巩固了毕业生就业制度改革的成果。在上述国家有关政策和精神的指导下,上海不断调整高校毕业生就业制度。

1984年以前,上海市高校毕业生就业主要是上海市计划委员会制订统一的国家"指令性计划",然后由上海市教育行政部门按这个计划进行调配和派遣毕业生。1985年,上海市高等教育局对毕业生分配计划编制方法作了较大改革,扩大了学校分配的建议权,经审定后纳入国家分配计划。同时,对上海市属重点项目和紧缺专业实行直接分配,约占15%,其余70%为分配给上海市各委办局的计划。随着高校与用人单位供需见面会逐渐增多,毕业生就业开始逐步扩大到毕业生本人与用人单位见面洽谈,根据有关政策签订意向性协议。到1989年以后,分配计划分为两大部分,其中上海市计划调配部门对上海市的重要建设项目和部分紧缺专业实行直接分配,约占毕业生总数的5%～8%,其余毕业生由学校据国家的分配原则,通过供需见面,提出分配建议计划,经上海市计划调配部门审核后,作为毕业生分配的正式计划。

1993年,上海市取消了毕业生就业指令性计划,改用指导性计划,主要通过毕业生就业市场和各校广泛开展的学校与用人单位召开的供需见面会来制订分配计划。自此,就业市场开始发展起来。1993年,上海先后举办了四次不同类型的毕业生就业招聘会,共有3万名大学生参加了就业市场的供需见面活动,包分配的就业形式开始被打破。从1993年起,对经多次推荐仍无法落实就业单位的毕业生,且毕业后时间超过半年的,学校将其退到家庭所在地人才交流服务中心待业,这就向不分配跨出了一步,突破了"统包"(即"包就业""包当干部")的"外壳"。

1994年以后,上海高校毕业生就业制度改革的基本趋向是不断开拓和规范毕业生就业市场。1995年1月8日,上海市与国家教委合作举办了全国高校毕业生就业招聘会。该就业招聘会由上海市毕业生就业指导中心承办,上海47所高校协办,全国各地3万多人前来应聘,500多家单位设摊招聘。到1996年,初步形成了全市性、区域性、专业性和多形式、多层次的综合市场,双向选择、自主择业的就业格局逐步形成。为进一步使高校毕业生就业工作有章可循,上海市于1996年出台了《上海毕业研究生、普通高等学校本专科毕业生就业工作暂行管理办法》,1997年又制定和颁布了《上海市普通高等学校毕业生和毕业研究生就业工作暂行规定》等七个文件,进一步规范了高校毕业生的就业工作。

与此同时,网络、信息技术也不断应用到高校毕业和就业工作中来。1997

年,为毕业生择业提供机会和场所的供求信息网络初步建立,被列为上海市科学技术委员会重大软件科学课题的高校毕业生与用人单位双向选择智能匹配软件通过鉴定。

随着时间的推移,高校毕业生就业服务体系不断建立发展。毕业生就业指导工作的软硬件建设得到较大改善,上海市和各高校就业指导机构普遍加大了对就业信息的搜集和发布力度,毕业生获取就业信息的渠道不断增多,方式逐步多样化。上海全市举办的各类高校毕业生就业市场活动多、规模大,主题多样化,用人信息登记制度更加完善,这些都为高校毕业生就业提供了有效服务。据统计,2001年上海高校毕业生总体就业率为86.7%,其中研究生就业率达97.13%,本科生就业率达92.85%,专科生为81.59%;此外,还引进非上海生源高校毕业生2.20万人,其中博士、硕士研究生5 540人,双学士毕业生107人,本科毕业生1.57万人。

5. 高校师资队伍建设

高校教师是大学科研和教学的组织者和实施者,师资队伍建设对提高高校教育教学的质量和水平有重要作用。恢复高考以来,上海市十分重视高校教师队伍的建设,并逐步建成了一支政治素质过硬、业务素质、学科专业科研能力优良、结构合理的教师队伍。

(1) 教师职务评聘制度

① 恢复职称评定工作

高校教师的职称评定工作在"文革"中被迫中断。1978年3月,国务院批转了教育部《关于高等学校恢复和提升教师职务问题的请示报告》。1979年9月,教育部颁发《关于当前高等学校确定与提升教师职称工作中应该注意的几个问题的补充通知》。在上述国家有关精神和政策的指导下,上海先后在1978年、1980年、1981年组织了三次正、副教授的评定工作,使长期存在的教师职称问题初步得到解决,教授、副教授、研究员、高级工程师的人数明显攀升,教师队伍结构得到改善。同时,教师队伍的年龄结构也得到优化。在1978年以后提升的正、副教授中,55岁以下的中青年教师有1 700余人,占教师提升总数的66%,还破格越级提升了20名学术水平较高、业务工作成绩显著的中青年正副教授,最年轻的副教授提升时只有36岁,最年轻的教授提升时只有43岁。

② 教师职务聘任制度的实行与逐步完善

实行教师职务聘任制是教师管理制度的一项重大战略改革措施。实施了以专业技术职务聘任制为改革中心的职称改革并相应实行以职务工资为主要内容的结构工资制度。1985年7月,复旦大学等4所院校被列为首批职称改革试点单位。1985年9月,上海医科大学等9所院校被列为第二批试点单位。至1986年4月,全市49所全日制普通高校和6所试点成人高校全面推行高校教师职称评定的改革工作。

1985年10月,上海市人民政府批准建立上海市高等学校教师学衔委员会。1986年1月,该委员会附设17个学科评议组,聘请100多位专家教授,开始第一次教授、副教授任职资格评审。1986年8月,高等学校教师学衔委员会更名为高等学校职务评审委员会,并于同年9月至11月设立34个学科评议组,聘请200多位专家教授,进行第二次教授、副教授资格评审。到1986年12月31日,评审通过高级教师职务任职资格4 592人,其中教授937人,副教授3 655人。①

1986年,国务院颁布了《关于实行专业技术职务聘任制的规定》,将复旦大学、上海交通大学、上海机械学院、上海师范大学作为全国首批实行高校教师职务评聘的试点单位。1987年,上海市新的职务评聘工作全面铺开,并于1989年基本完成。1990年7月,国家人事部颁发了《事业单位评聘专业技术职务若干问题暂行规定》,从此,上海专业技术职务聘任制进入了制度化轨道。这一制度的实施产生了积极作用。1985年,上海市有教授457人,副教授1 959人,到1996年,教授增至2 141人,副教授增至6 179人。2001年,教授增至2 937人,副教授增至6 885人。通过职称评定工作,这些人的专业水平得到肯定,工作业绩得到承认,在各自的岗位上发挥了带头示范作用。

(2) 培养中青年骨干教师和学科带头人

"文革"对高校教师队伍的破坏是显而易见的。高考制度和学位制度的恢复虽然在一定程度上充实了中青年教师队伍的力量,但由于教育的滞后效应,中青年教师队伍,尤其是骨干队伍呈现数量少、影响力小的状况。据统计,20世纪80年代上海高校中中国科学院院士仅有19人,博士生导师356人,且这些人多数超过60岁,老龄化和学术断层现象比较突出。加之教师待遇偏低,青年教师大量流失。据1990年的一次调查,1985年至1990年,上海市高校教师每年流失率为25%,其中1985年以后毕业充实到教师队伍中来的青年教师流失率更是高达40%,②某些学科(如英语、计算机等)的青年教师流失严重,直接影

---

① 《中国教育年鉴》编辑部.中国教育年鉴·地方教育(1949—1984)[M]长沙:湖南教育出版社,1986.
② 中华人民共和国教育部人事司,高等学校教师队伍建设研究课题组.中国高等学校教师队伍建设研究报告[R].北京:高等教育出版社,1999.

响到学校教学、科研工作的正常运行。

以上问题使中青年骨干教师的培养问题变得日益紧迫。1990年,上海市教育委员会、上海市教育卫生办公室和上海市高等教育局召开高校教师队伍建设会议,强调必须采取特殊措施加速培养造就新一代学科带头人和中青年骨干教师。会后,上海市高等教育局又下发了《关于做好上海高校优秀青年教师培养工作的意见》《关于认真做好高校优秀青年教师考核管理的通知》等文件。1991年,上海在全国率先建立优秀青年教师选拔培养制度,计划在10年内选拔培养1 000名市级优秀青年教师,每逢单年选拔,双年考核,每届选拔培养200名左右。到1994年底,已有31所高校建立了校级优秀青年教师选拔培养制度。1990年至1995年,高校各级职称教师的平均年龄都在下降,尤其是副教授的平均年龄下降较为明显,五年间下降幅度达3.75岁。对比数据见表7-2。[1]

表7-2 上海市高校各级职称教师年龄对比表 （单位：岁）

	1990年	1995年	1996年
教　授	58.82	57.68	56.74
副教授	52.40	50.32	48.65
讲　师	40.57	38.72	37.96

据1995年对上海10所高校的抽样调查统计,1992年至1995年,平均每年因自费留学出国、调任公司和企业等原因离开教育系统的高校教师人数已得到控制,师资队伍趋向稳定,在此基础上保持合理流动,同时每年不断引进留学归国人员和国内高学位人才,充实到教师队伍。随着高教事业的发展,上海高校每年调入和引进人才数量大于调出人员数量。1995年之后,"中青年骨干教师培养工程"不断推进,每年选拔一定数量优秀青年骨干教师作为重点培养对象,1995年为227名,1996年为200名,1997年为248名,1999年为219名,这些教师都是品德优、层次高、成果多、潜力大的优秀人才。在1999年的219名培养对象中,博士124人,硕士67人,两者占87.2%;教授31人,副教授157人,两者占86%。他们分布于不同学科,逐步成为学科骨干和带头人。

6. 高校后勤改革

高校后勤工作是一项基础性和保障性工作,也是高教改革的重要内容。

---

[1] 中华人民共和国教育部人事司,高等学校教师队伍建设研究课题组.中国高等学校教师队伍建设研究报告[R].北京:高等教育出版社,1999.

1985 年的《中共中央关于教育体制改革的决定》、1993 年中共中央和国务院的《中国教育改革和发展纲要》、1999 年 1 月国务院批转的教育部《面向 21 世纪教育振兴行动计划》和 1999 年 6 月的《中共中央 国务院关于深化教育改革,全面推进素质教育的决定》,都对高校后勤改革作了明确说明,成为全国高校后勤改革的指导思想和依据。

改革开放以前,上海的高校实行的是"供给制",各种生活供应均由国家包下来。随着高校事业的迅速发展,这种包下来的后勤制度远远不能满足发展的需要,加上食堂供应品种、饭菜质量等问题,群众对食堂管理提出各种意见,使后勤改革顺理成章。1979 年,同济大学膳食科首先采用管理费限额承包办法,实行半企业化管理,并改革分配制度,实行奖金分等,使职工的奖金与工作成绩挂钩,按劳分配,多劳多得,初步打破了后勤部门吃"大锅饭"的状况和平均主义的分配制度。1985 年,又开始了以总务处为单位的全面承包,把总务处办成一个相对独立的经营服务实体,总务处行使行政管理和经营服务两种职能。到 20 世纪 90 年代初,上海已有 20 多所高校的总务后勤部门实行了全面承包。同时,为加强高校后勤改革管理,1986 年上海高校率先建立了高校后勤工作评估体系,制定并出版了高校后勤管理考核评估方面的书,使后勤改革有了质量保证。尽管这一阶段的高校后勤改革颇有成效,但仍存在一些与日益发展的社会主义市场经济不相适应的问题,不能满足高等教育深化改革和事业发展的需要。在这种情况下,1992 年又进行了管理体制和经营机制的变革,在管理体制上把总务处分解为行政管理和经营服务两种实体,在运行机制上改变高校后勤系统运营"等、要、靠"的思想,向"争、创、交"发展,逐步使运营经费自给化。

1997 年,后勤社会化改革逐步推广,"高校后勤社会化就是将高校后勤纳入社会主义市场经济环境之中,使高校后勤工作成为社会统一市场上具有教育特点的一个有机组成部分"。① 1997 年 4 月 18 日,时任上海市副市长龚学平在上海学校后勤工作会议上提出了解放思想,转变观念,加快推进高校后勤社会化的任务,并要求打破每所学校"小而全""大而杂"的格局,逐步实现资源共享、优势互补、校际联合乃至社会化的集约型、集团化办后勤的社会化改革目标。1998 年 4 月,上海 40 所高校集资组建上海后勤服务股份有限公司,以"股份合作、市场连锁、优势互补、资源共享、风险共担、利益共得"的机制联办高校后勤,统筹高校生活消费市场,大大推进了高校社会化改革进程。在此基础上,自

---

① 薛沛建. 推进高校后勤社会化改革[J]. 教育研究,1999(5).

1998年10月起,又提出了上海高校后勤社会化改革方案,经过修改形成了《上海高校后勤社会化改革方案(试行)》,指出"参加试点院校有8所,参与试点的后勤职工2 300人,占上海高校后勤职工的7 000人的1/3"。[①] 1999年3月新学期即按新体制、新机制操作。1999年1月13日,上海市高校后勤社会化改革工作会议召开,8所高校分别与同时成立的上海高校后勤服务中心和上海高校后勤发展中心签订协议,拉开了上海高校后勤社会化改革整体推进的帷幕。

1999年,上海市坚持政府主导、试点引路、整体推进、分步实施的思路,将"校办"后勤转变为与社会联合办后勤,进而形成社会化经营、多元开放、规范竞争、服务优质的高校后勤市场服务体系。在实施上,重点突破学生公寓和教师公寓的建设和改造,改善师生住房条件。在体制改革上,采取联办、并入、托管、连锁等形式,使学校后勤跨出校门。成立高校后勤服务中心和高校后勤发展中心两个改革载体,通过第一批试点和第二批推进,完成20余所高校后勤部门的分离转制、进入中心的工作。全市参加分离转制的高校超过50%。这项改革改变了学校与后勤服务部门的传统关系,学校由"办后勤"到"选后勤",为校领导集中精力抓教学、促科研创造了有利条件。2000年,上海继续加大改革力度,在改革基建投资与管理体制方面,成立了上海市教育基建管理中心,开始改变原来高校"一家一户"搞基建,基建管理分散的弊端。同时,各高校还纷纷拓展校外市场,提高自己的市场竞争力,如上海交通大学后勤中心组建了物业管理公司,承担了上海对外贸易学院等学校的物业管理工作,进一步增加了经济收入,提升了市场竞争力。

到2001年,上海除海关高等专科、公安高等专科按系统实现后勤社会化外,普通高校均实现后勤转制,并以不同方式进入后勤中心。转制后的高校后勤实体通过加强竞争、减员增效提高了劳动生产率,学校后勤运营经费平均下降5%~9.8%,后勤服务的主动性和服务质量明显提高。

7. 高校科技改革

改革开放后,上海市高校科技工作不断探索,不断总结,取得了巨大成就。高校科技改革可以分为三个阶段。

(1) 调整整顿,科技发展面向经济建设主战场(1978—1984)

"文革"中断了高校的科技工作。"文革"结束后,1978年3月,在全国科学

---

① 钟禾.实现高校后勤改革的新突破[J].教育发展研究,1999(3).

大会上,邓小平高瞻远瞩地论述了"科学技术是生产力"的思想,极大地推进了科技界的思想解放。党的十一届三中全会又确立了解放思想、实事求是的思想路线,在此精神的指导下,上海市各高校不断调整整顿,使高校科技工作回到正常的轨道上来。

上海市企业的改革方法,给了科技界很大启示,各科研单位获得的自主权开始增多。与此同时,高校科研部门按照党中央关于经济建设必须依靠科学技术的方针,逐步调整科研方向,改革科技管理,加强科技成果推广。1981年5月,上海市高等教育局建立了上海高校科学技术服务中心,这是全国最早建立的科技开发服务机构,主要从事科技成果转让、委托研究、人才培训、技术咨询、分析测试等科技服务工作。这一机构加强了科技成果的推广,促进了科技与经济的结合,开拓了科技市场,改变了计划经济下利用行政手段无偿转让成果的做法。据1984年初统计,上海高校与工业部门签订成果转让、科技协作和技术咨询等合同2 300项,培训各种专业人员6万人次,成交金额3 400万元。不少高校与生产部门的关系得到加强。1983年,上海交通大学与上海第二轻工业局联合创办教学、科研、生产实体——上海模具技术研究所。该所是产学研的良好结合,是国务院学位委员会批准的博士后流动站,具有博士学位和硕士学位授予权。

这一时期,科技攻关也呈现出协作的特点,特别是高校间的协作关系密切。如华东师范大学、同济大学、华东化工学院、上海交通大学、上海第一医学院等16所高校分工负责,协作研究,提出了吴泾(包括港口)、闵行、松江工业区水污染综合治理方案和淀山湖水源保护研究方案,这一方案在1984年9月召开的评审会上获得了与会专家的好评。再如上海交通大学、复旦大学等10多所高校组成了高校计算机情报检索网络系统研究协作组,利用各高校现有的中、大型计算机连成网络,建立了分布式文献资料数据库(内容有数学、物理、机械、电子、造船、化学化工、土木建筑和国外期刊目录等)。1980年,上海又建立了高校情报网,开展情报研究和情报教学,编印了刊物《网讯》,全市有38所高校参加。

随着科技体制改革的不断深入,科技为经济建设提供咨询服务,使经济发展决策更加合理等客观要求,进一步推动了软科学的研究。1982年,经上海市科学技术委员会和上海市人民政府教育卫生办公室批准,高校中成立了上海市计量经济模型研究所、上海市交通运输系统工程研究所、上海能源系统研究所等12个软科学研究机构,初步建立了一支软科学队伍。1983年,复旦大学增设了应用数学、力学咨询开发中心。1984年,上海工业大学设立了预测咨询研究所。这些机构承担了全市重大科技行业发展预测和工程咨询等重大课题,它们的研究成果被采用后,取得了巨大的行业成就。

(2) 科技体制改革全面展开,科技工作继续在改革中发展(1985—1991)

1985年3月,中共中央颁布了《中共中央关于科学技术体制改革的决定》。1987年10月,党的十三大再次强调科技和教育在我国经济和社会发展中的地位。按照中央指引的改革方向、重点方针和政策,上海各高校展开了科技体制的全面改革。

在计划经济体制下,高校科研经费是由教育主管部门划拨的,这种体制既不能充分发挥科学技术应有的作用,又不能调动科研工作者的积极性,同时也给国家造成了巨大的经济负担,使教育经费供应不足。在我国发展社会主义市场经济的条件下,必须寻求一种与市场经济接轨的科研经费制度。为此,上海各高校积极动员起来,开展科技服务,开拓市场,转化科技成果。科技服务开始成为学校除教学、科研外的又一重要职能。高校通过开展科技服务,有组织地推广和转让技术,使科技成果推广率从1981年的20%左右提高到1986年的80%。开展科技服务的高校采取收益留成的办法,调动了各方面的积极性,使学校的教学和科研工作量大幅度增加。这样,各高校一改过去等任务的被动局面,纷纷主动承担科研任务。与此同时,实行多种形式办学,开展对外科技服务后,高校也取得了一定的经济效益,补充了教育经费的不足。1985、1986两年,部分高校各种创收的收入已占学校事业经费的1/3,成为学校事业发展基金的重要来源。在开拓市场、转化科技成果方面,1985年,上海高校科技服务中心组织有关高校参加重要技术交流交易活动近20次。在首届全国技术成果交易会上,上海29所高校共展出446项成果,签订了360个合同、1 400份意向书,成交额达2 200万元,并对107个招标项目投了标。1986年11月9日至21日,8所高校参加了在郑州举办的全国新技术与新产品展销会,成交额达300余万元。上海高校还不断开拓国际技术市场,积极探索对外技术出口的渠道。1986年10月15日至11月5日,在广州举办的第60届广交会秋季展览会上,上海13所高校共展出4项新技术成果,占国家教委系统展出项目的40%左右,成交额达数百万美元。上海高校十分重视科技成果的推广应用。1982年至1989年,上海高校转让科技成果和科技协作共约9 000项,人才培训8 694期88万人次,总收入5.17亿元,其中用于奖励的为7 615万元,进入学校基金的有1.9亿元。"七五"期间,上海高校共转让科技成果2 762项,成交金额7 511.8万元。虽然高校科技已成为上海市经济发展中一支不可缺少的力量,但是应该承认,这一时期与高校合作的单位多是中小企业,甚至是乡镇企业,合作规模比较小,科技服务的社会经济效益还不是很高。

工业的发展迫切需要高新技术解决工业发展中的难题,而高校在科技攻关方面有着独特优势。"七五"期间,上海市高等教育局和有关高校积极响应市场要求,发挥高校优势,组织跨学科协作,实现厂校联合。在合作的形式上,通常是由企业根据主体工程和配套项目提出,由高校通过投标和合同等手段来实现联合。在1988年到1991年的重点工业科技攻关项目中,高校中标项目数如表7-3所示。

表7-3 重点工业科技攻关高校中标项目简况①

年 份	全市攻关项目(项)	上海高校中标(项)	所占比例(%)
1988	98	40	40.8
1989	58	16	27.6
1990	125	37	29.6
1991	122	52	42.6
合 计	403	145	36.0

由表7-3可以看出,从1988年到1991年,上海高校科技攻关项目占全市攻关项目的1/3强。高校科技攻关不仅解决了经济和社会发展中的难题,取得了显著的社会效益,而且在攻关会战中也给优秀青年研究者和学者提供了锻炼机会,既选拔了人才,也有利于他们的成长。此外,各高校还在参与攻关中了解了社会需求,在专业培养、研究方向等方面获得了经验,大大推进了教育教学的改革和发展。

(3) 改革不断深化,科技工作快速发展(1992—2001)

邓小平南方谈话和党的十四大的召开,使上海的科技体制改革进入了一个新的阶段。党的十四大提出建立社会主义市场经济体制的总目标,为适应建立市场经济的需要,上海市高校科技工作开始了整体的、深层次的改革。

第一,在上海市政府的领导下,上海市教育委员会联合上海市科学技术委员会、上海市经济委员会、上海市财政局等部门和有关高校,采取各种措施,促进高校科技成果的转化。

---

① 丛书总编纂委员会.上海改革开放二十年(教卫卷)[M].上海:上海人民出版社,1998:268.

1992年，上海市经济委员会、上海市高等教育局、上海科学院、中科院上海分院四家单位联合建立上海市产学研领导小组和联合办公室。1996年，财政、税务、金融部门参加进来，推进上海市的产学研工作。这一机构在促进重点产品和生产技术难题开发，推动研究机构与大中小型企业联合方面发挥了重大作用。为促进科技成果的转化，上海市教育委员会又设立转化重点项目，重点支持一批高校中具有产业化前景的开发项目，还积极与大中企业联系，参与有关活动，为高校研究实现产业化创造条件。为解决高校科研项目小而散的问题，使高校科技成果更快地进入社会，在上海市教育委员会和有关高校的组织下，分别成立了东片八校、西片七校科研协作组，合作开展科研，为上海市经济建设服务。其中东片八校与所在地区杨浦区科委、科协及几十家企业建立了产学结合科技促进会，西片七校联合开展的环境治理等项目部分成果在上海十余家企业得到推广应用。另外，还组织高校联合攻关。如在上海市教育委员会组织下，上海农学院、上海交通大学、上海大学、上海师范大学、上海第二工业大学五所高校在上海农学院农艺学重点学科引进的法国现代化温室的基础上，进行"现代化温室关键技术消化吸收创新"项目联合攻关，下设八个子项目，利用各校优势，组成"集团军"，在现代化温室关键技术上取得突破，产生了巨大的社会效益。

高校有人才、资源优势，为促进科技成果转化和加速高新技术产业的发展，经上海市浦东新区管委会和上海市教育委员会研究决定，联合成立科技成果转化及产业化工作领导小组和办公室，共同探索引入张江高科技园区，作为上海高校科技成果转化及产业化的体制与机制。1997年，上海市教育委员会与张江高科技园区合作，共同建立上海高校浦东实验室，上海市教育委员会投入1 000万元，为张江高科技园区提供实验及产业化厂房，加强科技成果孵化和产业化。

1991年至1995年的五年，上海高校共取得科技成果3 764项，转让科技成果1 350项（次），合同金额7 000余万元；企事业委托课题和经费大量增加，约占高校科研课题和经费的1/2；上海高校经上海市高等教育局和上海市教育委员会登记的科技合同有9 335份，合同金额5.41亿元，其中与上海单位签订合同5 453份。1996年，高校经登记的各类科技合同1 500份，合同金额达1.5亿元，创历史新纪录。1997年，17所理工医类高校参加了上海市第九次生产技术难题攻关招标、科技成果转让洽谈会，推荐了136项科技成果进行交流，占全市各系统229项成果总数的59.39%，继续保持领先。在上海市经济委员会下达的56个项目中,10所高校共承担了32项,占总数的57.14%。此外,在上海市经济委员会下达的10项重点产学研联合产业化项目中,上海高校与企业联合的占6项,产学研合作成效显著。

为充分发挥高校科技为经济和社会发展服务的优势,同时推动高校自身科技和教育的改革和学科发展,使高校科技发展、人才培养与学科建设走上良性循环发展的道路,1999年3月,上海又实施《上海高校科技产业化行动计划》(简称"993计划")。在各方面的努力下,1999年,上海19所高校的182项科技成果参加了上海市第十一次生产技术难题攻关招标、科技成果转让洽谈会,在全市各系统推荐的276项成果中占68.16%。高校400余个科技成果和产业化项目参加上海科技博览会,44个项目获博览会金奖。2000年,经过长期努力,上海高校科技已步入世界科技前沿,有的取得世界领先地位,不少攻关项目和成果成为我国新的产业发展方向和重点。如由上海交通大学牵头的联合攻关项目"数字电视机",使我国成为世界上第四个掌握这项技术的国家,复旦大学的基因芯片技术和应用成果达到国内领先、国际先进水平。另外,产学研合作也迈上新台阶,在"上海高校科技产业化行动"中,一批上海高校的科技力量、研究开发机构、高科技项目和企业相继进入张江高科技园区,进一步推动了高校产学研的合作与校办产业改革,校办科技企业得到快速发展,高校产业成为上海高新技术产业发展、创新及创业人才培养的基地。

第二,拨款制度方面,在多渠道争取科研任务和经费上取得重大进展。

1995年,上海高校科研总经费为58 274万元,是1991年19 338万元的3倍多,而到1999年,这一数字上升到11.46亿元。在科研总经费中,来自社会企事业的投入呈现上升趋势。据上海市教育委员会统计,1995年,企事业投入经费约占总经费的59%,1999年占62%,这说明更多企业正走上依靠科技推动发展的良性循环之路,而高校也完成了向市场寻找经费的转变。

在科研经费中,自然科学基金为2 286万元,是1991年880万元的2.6倍,企事业委托经费为34 589万元,是1992年6 805万元的5倍。1996年,上海高校列入国家自然科学基金项目共320项,经费为3 081万元,项目数和金额分别占上海地区国家自然科学基金总项目数和经费总额的79%和77.5%。其中,经费超过200万元的高校有第二军医大学等6所,在100万元到200万元之间的有华东师范大学等3所。经费总额比1995年增加700万元。1996年,市级财政投入科技立项经费和科学事业费增长17.7%,高于财政收入增长幅度。自1995年到2000年,上海市财政每年拨1亿元用于新技术产业化、重点科技工程和研究开发项目,在这一举措的影响下,各区县政府,各企事业单位、社会团体也纷纷采取措施增加科技投入。

第三,重点学科和重点实验室建设在原有基础上继续推进。

重点学科是体现高等学校教学质量和学术水平高低的一个重要方面,直接关系到研究生的培养质量。重点学科建设可以为解决社会、经济发展中的重大科学技术难题提供理论指导,具有重大的理论和现实意义。1985年到1995年,上海市共进行了三期重点学科建设,分别是1985—1990年、1990—1994年和1994—1995年。在第一期学科建设中,21个重点学科建设的总评价在B级以上,其中12个为A级,三分之二的学科已达到上海或全国先进水平。在第一期的基础上,第二期重点建设学科为21个。1995年初,上海市教育委员会组织有关专家对重点学科建设进行了评估,结果全部通过验收。重点学科建设既提高了科研水平,也取得了较大的效益。

二、成人高等教育

成人高等教育是我国高等教育事业的一个重要组成部分,它与普通高教相互补充,协调发展,共同构成了我国高等教育的完整体系。《中国教育改革和发展纲要》指出:"成人教育是传统学校教育向终生教育发展的一种新型教育制度,对不断提高全民族素质,促进经济和社会发展具有重要作用。"粉碎"四人帮"以后,特别是党的十一届三中全会以后,上海的成人高等教育在拨乱反正、整顿和恢复的基础上取得巨大发展。

1. 成人高等教育的恢复和初步发展

(1)思想和政策上的建设

1979年3月,上海市"革委会"转发了上海市高等教育局、上海市教育局《关于贯彻执行〈国务院批转教育部"关于办好'七二一'大学的几点意见"的请示报告〉》。报告提出,对条件较好的七二一大学应着重巩固提高,并据需要和可能扩大规模和发展新的专业,经过整顿,确定不够条件的可以改为其他学校或予以撤销。1980年4月,上海市人民政府又批转了上海市高等教育局、上海市教育局贯彻教育部《关于举办职工、农民高等院校审批程序的暂行规定》的意见,从领导班子、教师队伍、教学设备、教学计划和教学大纲、学生入学条件等方面规定了职工高等院校必须具备的条件。1980年9月,上海市高等教育局发布《关于贯彻教育部〈关于高等学校举办函授教育和夜大学审批工作的意见〉的通知》,同时全市还组织了两次规模较大的全面整顿七二一大学和地区业余大学的工作,并着力恢复和重建普通高校办的函授教育和夜大学。1978年4月,上海电视大学复办。经过整顿和恢复,到1981年底,上海全市经教育部和上海市人民政府批准备案的各类成人高等学校共80所,其中由上海市高等教育局主办的市业余工业大学和市电视大学各1所,普通高校办的函授教育、夜大学15所,地区办的业余大学10所、教育学院2所,另有各局、公司、企事业办的职工大学(1980年6月起正式定名)等。在校学生共6万余人,其中本、专科生4 300余人,单科班约2万人。

(2)改革职工教育制度,逐步实现职工办学的正规化

1981年初,中共中央、国务院发布《关于加强职工教育工作的决定》,上海市由此开始了成人高等教育的正规化建设。1982年5月,中共上海市委、上海市人民政府作出《关于进一步搞好职工教育的决定》,指出"各级党政领导要把职工教育纳入国民经济和国民教育计划的轨道,把职工教育作为一项经常性的重要工作抓好",要"制定职工教育的长远规划和具体计划","切实地、有计划地改善办学条件","努力改进教育制度、劳动制度和干部制度","充实干部,健全机构,充分发挥各级工农教育组织的作用"。

一是统一招生考试。从1979年开始,上海市的职工大学招生实行"统一考试,分别录取"的办法。1982年,全市四所工科类夜大学实行统一招生考试。1983年,按照上海市人民政府办公厅转发上海市工农教育委员会等四个部门《关于1983年本市各类职工高等学校招生工作的意见》,除教育部部属高等学校举办的函授外,其他各类成人高等学校全部举行全市统一招生考试。

二是审定教学计划和教学大纲。为了加强基础课和技术基础课的学习,同时也为了提高学生的动手能力,增加实践性教学环节,1979年,上海市高等教育局会同各主管业务局审定职工大学各专业的教学计划与基础课的教学大纲,使基础课、技术基础课和专业课的比例大致维持在4∶4∶2。

三是加强对学生的考核,通过采用三级考试、考核毕业设计和毕业答辩成绩等办法,达到督促学生提高自身学习能动性和学习成绩的目的。同时,加强师资队伍建设,各校通过让教师参加培训班、进修和举办报告会等形式提高教师的业务水平,发展校际协作关系。1980年,26个局所属35所职工大学组成4个局校协作委员会,在教务、师资、图书资料、教学管理、办学经验等方面展开交流和合作,互通有无,共同提高。

(3)办学多样化发展

1982年9月,中国共产党第十二次全国代表大会提出:"发展包括干部教育、职工教育、农民教育、扫除文盲在内的城乡各级各类教育事业,培养各种专

业人才，提高全民族的科学文化水平。"为全面贯彻会议精神，上海开创了多样化的办学形式。有教育部门办学，也有科技系统、经济业务部门、工矿企业办学，还有工会、共青团、民主党派、群众团体等社会力量办学；在层次上有各种专科教育、本科教育以及在职研究生教育；在机构形式上，既有以面授为主的夜大、职工大学、业余大学，又有以电视广播教育为主的电视大学，还有普通高等院校举办的高等函授教育。与此同时，成人高校的布局、专业设置和科类比例也逐步趋向合理。105所成人高等学校的近200个专业，过去一直以理工科为主，到1983年，理工科与文科等其他各类专业的学生各占半数。

（4）实行自学考试制度

高等教育自学考试是一种以学历为主的高等教育考试。它对自学者是一种肯定，是成才的重要途径。1981年6月，上海市人民政府根据国务院1981年1月批转教育部《关于高等教育自学考试试行办法的报告》精神，批准了上海市高等教育局提出的《上海市高等教育自学考试暂行办法》，决定试行高等教育自学考试制度，成立上海市高等教育自学考试委员会。同年11月，上海市高等教育自学考试委员会公布了华东师范大学、上海外国语学院、上海财经学院、华东政法学院、上海教育学院5所大学为第一批试行的主考学校，开设汉语言文学和英语2个本科专业和汉语言文学、英语、会计、法律4个专科专业。1982年11月，上海市首次举行高等教育自学考试，6个专业共开考12门课程，报考总人数为6 850人，按课程计，共有15 499人次。此后，自学考试规模不断扩大，报名人数逐渐增加。1983年11月第三次考试时，主考学校增至11所，开考专业增至18个，包括文、理、工、财经、政法、外语等门类，报考人数增加到25 137人，按课程计，达56 437人次。其中，90%以上为25～40岁的成年人，干部占2/3。经过三次考试，有19 340人取得了一门课程以上的合格成绩，全市发单科合格证明书47 002张，有2 162人取得5门以上的合格成绩。

2. 在改革中求发展

（1）新的改革探索

为了探索新时期成人高等教育改革和发展的新思路，1985年8月，上海市高等教育局组织了一次大型的发展规划咨询研讨会，就一些方向性、实质性问题进行了广泛学习和讨论，拟订了《关于推动职工大学联合办学的实践和初步构想》《关于本市开展高等职业技术教育的初步构想》《关于"专业合格证书"教育试点的初步打算》《关于试行电视、广播、函授、自学考试三结合开放教育的初步打算》四个专题报告。1987年6月，国务院批转了国家教委《关于改革和发展成人教育的决定》。根据决定，上海市高等教育局于1988年印发《关于"七五"后三年改革和发展上海市成人高等教育的意见》，以深化和加快改革步伐，合理调整和完善教育结构，理顺和健全宏观管理体制，提高办学效益，保证教育质量。并提出开展多种形式的联合办学，加强横向联系和沟通，加强师资队伍建设和干部队伍建设，实施目标管理等。

（2）试行学分制

1985年秋，为了解决成人高等教育中学习与工作间的矛盾，上海市高等教育局率先在机电、轻工、手工、纺织、仪表、商业一局等局办职工大学和上海市业余土木建筑学院八所学校试点联合学分制。到1986年，有19所职工大学参加包含工科类专业的联合学分制。同时，地区办的11所业余大学也试行了学分制。到1986年底，全市各职工大学为企业培养了22 000余名具有大专毕业水平的专门人才，改变了企业单位长期坐等国家和地方政府分配大学毕业生的传统。

实行学分制，学员根据工作及家务、教学情况，合理选择一定课程学习，修满规定学分就可以获得注册学校颁发的大专毕业证书，这一举措大大扩大了学员的自主权、灵活性，解决了工学矛盾。

（3）调整学校数量和布局，提高效益

1988年，上海市高等教育局印发了《关于"七五"后三年改革和发展上海市成人高等教育的意见》。为合理调整和完善教育结构，理顺和健全宏观管理体制，提高办学效益，上海市职工大学从62所调整到44所，初步改变了设校过多、规模过小、布局不合理、专业设置重复等状况。1989年上半年，上海市高等教育局对全市职工大学的进一步调整和联合办学提出意见，要求市各委、办、局根据各自的实际情况提出本系统职工大学调整、联合方案。经过调整、联合，全市独立设置的职工大学进一步调整到37所。1989年，各区业余大学通过采取邻近地区业余大学联办专业跨区跨校设教学点，进一步发展地区业余大学联合学分制等措施，提高了办学效益。

（4）实行电视、函授、自学考试三结合教育试点

上海市高等教育局于1987年4月在上海郊县实行电视、函授、自学考试三结合开放教育试点，即利用电视大学讲课，利用广播电视手段作重点辅导、答疑，利用普通大学编写函授教材和自学指导材料，并作必要的面授辅导，由自学考试办公室组织考试。凡农村乡镇企事业的职工、务工农民、专业户和农村知青，不受年龄、工龄、学历的限制，均可报名申请考试。命题与考试在市自考办

统一组织下进行,每年开考两次,考试取得合格证书者可换发大专学历证书。毕业证书由上海市高等教育自学考试委员会主署,主考学校副署。

3. 继续推进改革,提高办学质量

1990年,针对普通高校存在的成人教育管理不归口等现象,上海市为规范成人高等教育,采取压缩专业证书教育招生规模的措施,改年度招生两次为一次,加强了专业证书的入学条件审核,纠正了以往入学学员不对口、年龄文化基础不符合要求等现象。当年通过入学统考招生2 900人,为上年招生的1/3。1992年8月,全国成人高等教育工作会议召开,继续推进成人高等教育事业改革。1992年12月,上海市召开成人高等教育工作会议,全面贯彻全国成人高等教育工作会议精神,推进成人高等教育改革。

在专业设置上,积极开设社会急需的新专业。在考试课程改革方面,自1992年开始,上海郊县报考职工医学院的学生,入学考试课程由原来的语文、政治、数学、历史、地理改为语文、政治、数学、生理、解剖。1993年,这一改革又拓宽到中医专业以外的所有医科类院校。在办学形式上,上海电视大学和上海第二工业大学进行大学基础段教育的试点受到欢迎,共设财经、机电、计算机等八类专业,招收3 000余名学员。

经过恢复和发展,上海成人高教已有一定规模和成就,但也存在条块分割、层次重叠等情况。1992年,上海市召开成人高等教育工作会议,面对经济建设和改革开放的形势,会议提出布局调整的目标、原则和任务,要求大力发展非学历教育,发展高等职业技术教育,建设社区学院,鼓励各成人高校间的联合及成人高校改制或设民办大学。

1994年,上海市建委系统下属的建工局职工大学、市政局职工大学、市业余土木建筑学院、公用事业局电大分校、建设局电大工作站、环卫局、建工局和房管局电大分校等八所学校组建成为上海建设职工大学;市财贸系统下属的财贸管理干部学院、商业一局职工大学、供销职工大学和粮食局职工大学四校合并组建上海商业高等职业技术学校;此外,在上海市有关方面的支持下,石化职工大学、金山县电视大学分校联合组建上海市金山社区学院。到1995年,上海市共有成人高校99所,其中独立设置的成人高校65所,参加高等教育自学考试的学生达167 714人,学校拥有正高级教师125人,副高级教师905人。

加强对成人高校的监督、审核、评估是提高成人高校办学质量的重要保证,是促进成人高等教育事业发展的优良措施,也是发挥国家宏观调控职能的重要表现。1990年,上海市高等教育局对成人高校进行了审核,停止了部分质量不过关的成人高校的年度招生资格。1991年下半年,又对独立设置的成人高校进行了自查评估,对乱办学、乱收费、乱发证的现象采取了有力措施。1992年,上海市高等教育局完成了对34所独立设置的成人高校的评估验收,上海市教育局完成了对7所地区成人高校办学质量的评估验收。1996年,根据国家教委《关于各类成人高等学校评估工作的意见》和《关于做好普通高等学校函授、夜大学教育评估工作的通知》等文件的要求,上海市教育委员会对上海市19所普通高等学校的夜大学和6所普通高等学校的函授教育进行了评估,并通过媒体公布了评估等级。这次评估为进一步健全管理制度,增加投入,提高质量和效益,保证函授、夜大学的教育改革和发展起到了促进作用。

第二节 职业技术教育

上海的职业技术教育起步较早,早在19世纪中叶就初现雏形。1867年,上海江南制造局附设机器学堂培养技术人员和工人,成为上海职业学校的开端。中华人民共和国建立以后,特别是改革开放以后,上海的职业教育有了较大发展,为国家培养了大批同现代化建设要求相适应的,具有综合职业能力和全面素质的,直接在生产、服务、技术和管理第一线工作的应用型人才。

改革开放后,上海的社会面貌发生了巨大变化,经济迅速发展,人们生活水平大幅度提高,在这种背景下,与社会经济紧密联系的职业技术教育也得到了长足的发展,不仅提供了大量的优秀劳动者,而且为上海市的经济发展作出了巨大贡献。可以说,职业技术教育的发展不仅依赖于上海经济社会文化的飞速发展,而且见证了上海在改革开放中的沧桑巨变,是上海社会变迁的一个缩影。

纵观上海职业技术教育二十多年的发展历程,在改革的不同阶段,由于产业结构的变化、经济改革的推进及人们对职业技术教育的认识等多方面原因,上海职业技术教育的发展呈现出不同特点,大致可以分为以下几个阶段。

一、职业技术教育的恢复、调整和初步发展(1978—1985)

这一时期的发展特点是延续拨乱反正时期对职业技术教育进行的整顿和恢复,同时配合社会经济体制转型,为教育体制改革作准备。这一阶段,上海市职业技术教育的发展主要体现在以下几个方面。

1. 改革中等教育结构

根据1978年4月邓小平在全国教育工作会议上的讲话精神,上海市开始调整中等教育结构,大力发展职业技术教育,扩大农业中学、各类中等专业学校的比例,努力做到职业教育与社会经济发展水平相适应。1980年上半年,上海市教育局通过多次区县教育部门和计划、财政部门的领导干部会议,拟定了普通中学布局调整及中等教育结构改革的方案,并经上海市政府同意后开始实施。1985年3月,上海市政府办公厅转发了上海市人民政府教育卫生办公室《关于进一步改革中等教育结构、发展职业技术教育问题的若干意见》,要求在改革中等教育结构方面,采取压缩普通中学规模、发展中级职业技术学校(职业高中)、恢复和发展中等职业学校、调整和整顿技工学校等主要措施。同时,上海市教育局将职业教育从普通教育中划出。1980—1985年,上海市职业学校基本情况见表7-4。

表7-4 上海市职业学校基本情况统计(1980—1985)*

年份	学校(所)	毕业生数(人)	招生数(人)	在校学生(人)	教职员工(人)	专任教师(人)
1980	11		2 577	2 920	213	181
1981	15	66	2 613	4 541	295	184
1982	16	833	4 943	8 536	368	220
1983	20	1 001	10 109	17 092	1 207	984
1984	29	5 087	19 619	30 740	2 258	1 895
1985	93	9 097	25 496	46 883	5 215	3 821

*数据来源:《上海经济社会统计》(1949—2000)。

2. 加强中等专业教育

1978年,一部分中等专业学校恢复招生。1979年,上海市区13所普通中学试设中专班。到1985年,参加招收新生的中等专业学校,包括恢复的和新办的,已经达到100多所,在校学生人数超过4.4万,教职员工1.1万多人(具体数字见表7-5)。

表7-5 上海市历年中等专业学校基本情况统计(1978—1985)*

年份	学校(所)	毕业生数(人)	招生数(人)	在校学生(人)	教职员工(人)	专任教师(人)
1978	67	251	8 896	12 876	5 574	2 310
1979	72	128	8 947	18 963	6 824	2 870
1980	74	1 994	8 679	25 608	7 161	3 311

续表

年份	学校(所)	毕业生数(人)	招生数(人)	在校学生(人)	教职员工(人)	专任教师(人)
1981	75	8 841	8 079	24 654	7 730	3 490
1982	77	7 829	9 225	25 899	9 316	4 222
1983	83	9 088	10 384	27 814	10 559	4 863
1984	84	8 903	14 660	34 571	10 169	4 692
1985	101	8 669	19 042	44 852	11 982	5 095

* 数据来源:《上海经济社会统计》(1949—2000)。

3. 恢复发展技工学校和职业培训

"文革"后期,各部门的企业根据自身需要先后恢复或新办了一批技工学校,到 1979 年,这些技工学校的数量已经达到 500 多所,但存在规模较小、办学条件较差等问题。针对这种情况,从 1978 年起,上海市人民政府教育卫生办公室组织教育、劳动及经济部门对全市技工学校的现状进行了调查,并提出了调整、整顿的意见。1983 年开始,各主管业务部门和企业单位依次对技工学校进行调整、整顿,并由市劳动局逐个验收。① 至 1985 年底,技工学校的数量已经调整到 300 多所,在校学生 4.6 万多人(具体数字见表 7-6)。

表 7-6　上海市历年技工学校基本情况统计(1979—1985)*

年份	学校(所)	毕业生数(人)	招生数(人)	在校学生(人)	教职员工(人)	专任教师(人)
1979	550	30 028	29 405	66 638	11 234	6 511
1980	520	34 886	29 193	58 721	10 082	6 714
1981	499	28 745	25 583	55 019	12 720	7 090
1982	452	28 307	13 981	40 088	11 963	6 751
1983	396	23 272	17 380	31 672	15 285	10 023
1984	323	6 394	17 675	42 748	13 030	6 374
1985	301	11 207	18 132	46 627	11 064	5 129

* 数据来源:《上海经济社会统计》(1949—2000)。

---

① 丛书总编纂委员会.上海改革开放二十年(教卫卷)[M].上海:上海人民出版社,1998:153.

二、职业技术教育的继续调整、改革与全面发展（1986—1996）

20世纪80年代后期和90年代初期，上海的中等职业教育处在一个大发展时期，无论是学校数量还是在校生数，都拥有相当大的规模，特别是高中阶段职业教育与普通教育的招生比例达到6∶4。但在这样的中等职业教育发展高潮中，也存在着一些潜在问题。一是行业布局不合理，有的行业有2～3所学校，有的行业一所学校也没有；二是专业结构不合理，面向第一、第二产业的专业多，面向第三产业的专业少，与上海的产业结构顺序比例不适应；另外，当时全市各类中等职业技术学校有500所左右，在校生总数却不到15万人，也就是说校均学生规模不足300人，同时专业设置重复现象严重，办学效益亟待提高。

针对这一状况，上海提出了"调整、巩固、提高"的发展方针，开始对中职学校的布局结构进行大幅度调整。经过调整，上海的中职学校由20世纪90年代初期的500所左右调整到1996年的280所，校均规模则由不足300人扩大到1 030人，从而有效地避免了不必要的重复投资和专业的重复设置，提高了职业教育资源的利用率。

同时，根据上海缩小第一产业，稳定第二产业，大力发展第三产业的要求，中等职业教育中面向第三产业的专业有了大幅度发展。至20世纪90年代中期，中职专业结构与上海产业结构的比例大体相当。

应该说，这一阶段的调整主要是结构性的，它比较注重学校布局结构的优化以及规模效益的提高，基本实现了"在调整中提高，在改革中发展"的目标，为下一阶段的调整奠定了良好基础。

表7-7　上海市职业学校基本情况统计（1986—1996）*

年份	学校（所）	毕业生数（人）	招生数（人）	在校学生（人）	教职员工（人）	专任教师（人）
1986	99	16 377	17 281	47 028	6 350	4 199
1987	95	18 474	14 731	40 805	6 236	3 952
1988	103	18 866	17 015	36 884	6 142	3 642
1989	89	15 696	16 062	35 429	5 318	2 645
1990	80	16 096	18 598	36 598	5 285	2 582
1991	76	15 803	21 122	39 666	4 861	2 374
1992	82	16 952	27 497	48 966	5 233	2 527
1993	81	15 932	34 301	63 884	5 353	2 692

续表

年份	学校(所)	毕业生数（人）	招生数（人）	在校学生（人）	教职员工（人）	专任教师（人）
1994	81	17 118	35 641	75 413	5 622	2 935
1995	76	18 251	35 615	86 447	5 904	3 177
1996	71	25 247	35 409	91 232	6 438	3 613

* 数据来源：《上海经济社会统计》(1949—2000)。

1. 试办高等职业技术教育

改革开放之初，上海市的职业技术教育主要是在中专、技校层次。1985年，《中共中央关于教育体制改革的决定》提出，"逐步建立起一个从初级到高级、行业配套、结构合理又能与普通教育相互沟通的职业技术教育体系"。为此，上海市根据本地的经济、社会、人口等特点，采取了大力发展中等职业技术教育、适量举办初等职业技术教育、适当发展高等职业技术教育的措施，努力构建符合上海市经济社会发展要求的职业教育体系。

为了适应上海社会发展对高层次应用型、工艺型人才的需求，经国家教委和上海市政府批准，1986年，上海市在17所职工大学试办了16个不同专业的高等职业技术教育专业班，共招收431名高中毕业生。接着，又在总结经验的基础上适当削减重复专业，通过采取不连续招生的办法，在1987年将招生学校调整为12所，1988年继续调整为9所。①

进入20世纪90年代，随着上海城市功能的转变，产业结构的调整和技术结构的改进，对劳动者的素质又提出了新的要求，也为高等职业技术教育的发展提供了良好环境。1993年，除在11所学校的13个专业继续进行高职班的试点外，还进行了举办高等职业技术学校的试点。1993年9月，经上海市政府批准，上海冶金联合职工大学和上海市交通运输局职工大学两所学校改建为上海沪东高等职业技术学校和上海交通高等职业技术学校，当年招收143名学生，开设会计(电算化)、国际运输代理、汽车运用技术三个专业，招生对象以中专、技校和职业高等学校毕业生为主。②

2. 评估中等职业技术学校

上海市对职业技术学校的评估工作起步较早，上海市教育行政部门在1985

---

① 《中国教育年鉴》编辑部．中国教育年鉴(1989)[M]．北京：人民教育出版社,1990：495.
② 《中国教育年鉴》编辑部．中国教育年鉴(1994)[M]．北京：人民教育出版社,1995：509.

年底与1987年初,分期分批地对中专与职校开展评估工作。1993年,上海市教育局根据国家教委《关于评选"国家级、省部级重点普通中等专业学校"的通知》,制定了《评选上海市"市(部)级重点普通中等专业学校"的办法及条件》,并开展了评审工作。1994年,通过实施《上海市职业高级中学办学水平评估指标》,对15所职校开展了办学水平评估。上海市劳动部门则在1983年对技工学校普遍进行整顿验收的基础上,又于1990年根据《技工学校工作条例》和《上海市职业技术教育暂行条例》的有关规定,重新修订了验收标准,并对学校普遍进行了复检。最后经分级审核批准,上海市有23所中专、20所中职与13所技校被评为市重点学校,有9所中专、7所中职与3所技校被评为国家级重点学校。

要评估就要有评估的标准,因此,评估指标体系的建立显得十分重要。上海市教育行政部门在1985年底就在广泛开展调查研究的基础上制定了《上海市中等专业学校办学水平评估指标体系》,接着又在1987年初制定了《中级职业学校办学评估指标体系》及评等计分标准等方案,之后又在评估的实践中多次修改,逐步完善。上海的做法得到了国家教委职教司的肯定,并于1990年7月委托上海制定全国中专校评估的指标体系。

3. 改革办学体制

在我国由计划经济向市场经济过渡的过程中,随着社会、经济形态的巨大变化,在计划经济时代所形成的职业技术教育办学体制很难适应市场经济发展的需要,因此,变革办学体制就成为职业技术教育改革的重要组成部分之一。

在计划经济体制下,中等专业学校以行业部门办学为主,按行业分级管理;技工学校由劳动部门和企业办学,在国家教育方针与政策的宏观指导下,由劳动部门综合管理;职业高中主要由教育部门和企业办学,或教育部门和企业联合办学,由教育部门管理。这种部门所有、条块分割的办学管理体制,造成学校布局分散、规模狭小、重复办学、效益不高的弊病。[①] 为了改变这种情况,上海市政府及有关部门采取了以下几方面的改革措施。

一是采用教育部门单独办学和"县办市助"的方式举办了一批中等职业技术学校,以适应全市和郊县对某些专业的特殊需要。如1985年,经上海市政府批准,采取"县办市助"的形式,在郊县举办了13所中专学校。在学校类型与专

---

① 杨金土.90年代中国教育改革大潮丛书(职业教育卷)[M].北京:北京师范大学出版社,2002:63.

业设置上,从各县需要出发,有机电类、土建类、财贸类、农业类等。学校由县政府主管,各业务部门、教育部门具体办学或联合办学。

二是采用由教育部门与用人部门联合办学的形式,积极发展中等职业技术教育。在这个体制中,教育部门负责提供校舍、场地、文化课师资与实验设备,以及原有的教育事业费;联办的业务部门(企业)负责解决专业师资、专业经费及实习场地,相互取长补短。由于学校的专业、工种设置与招生数量一般是根据联办的业务部门(企业)的需要决定的,因此毕业生的出路较有保障,企业也充分实现了智力投资的效益。如在1989年,为了促进商业职业技术教育的发展和提高,形成教育部门与商业部门联合办学的体系,上海市商业部门与教育部门积极筹建上海市商业职业技术教育联合办学指导委员会,它是对上海市商业职业技术教育的专业设置、教学计划安排、技术等级考核、教育科研、招生规划和毕业生安置等进行统筹协调和指导的机构。①

三是在中专、技校中积极推行部门协作、代为培养的制度。从1983年开始,在上海市中专的财务会计、工业和民用建筑、医务卫生等有较大需求的通用性专业中先行试点,打破部门界限,发挥老专业的优势,逐步实行归口培养,全市统一分配。1986年,上海市政府进一步要求中专、技校在完成培养计划的同时,面向社会实行委托代培或举办各种培训班。同时,支持社会团体与个人恢复颇具社会影响与办学传统的职业学校,并与境外组织试行合作办学。如由著名的会计专家潘序伦于1928年创建又于中华人民共和国成立后停办的立信会计学校,1982年经上海市政府批准复办。1993年,上海市高等教育局又同意中华职业教育社上海分社筹建侨光高级职业技术学校。②

4. 建设职业学校师资队伍

随着上海市职业技术教育的迅速发展,师资方面的问题日渐突出,师资不足、质量不高、教师知识老化等问题普遍存在,尤其是专业课教师严重缺乏,且无稳定来源,很难适应不断发展的经济形势的要求。为此,上海市采取了多种措施,较好地解决了上海市职业技术教育的师资问题。

一是多渠道培养师资。为了多渠道培养师资,上海市教育行政部门会同市计划部门、劳动人事部门共同负责,制定各类职业技术教育师资队伍建设规划,

---

① 上海市人民政府教育卫生办公室.上海教育(1989)[M].上海:同济大学出版社,1989:83.
② 丛书总编纂委员会.上海改革开放二十年(教卫卷)[M].上海:上海人民出版社,1998:163.

协调新师资的分配和流通,通过委托高校举办职业教育师资班、从职业技术学校优秀毕业生选留、提倡校际教师直接互相兼课、聘用有实际经验的专业人员到校兼课等方式,为职业技术教育的师资拓宽了来源。

二是加强教师培训。至 1996 年,上海市已在上海职业技术教育研究所和有关学校中分别成立了管理类、商业类、计算机类(初级和高级)、机电类、卫生类、旅游类、交通类等 13 个培训基地。1987 年和 1988 年,上海市教育行政部门委托上海第二工业大学从高中毕业生与中等职业学校毕业生中各招了三个班,设置了管理、计算机、机械、电子技术、外语等专业的职教师资班。华东化工学院也办了应用电子、化学工业两个专业的职教师资班。与此同时,上海市唯一的一所专门培养职教师资的高等学府——上海技术师范学院(1994 年与上海师范大学合并),不仅为郊县的职业技术学校输送了有关专业课教师和文化课教师,还为部分市区职业学校举办了定向培养的新师资班,仅此一项,到 1996 年底就输送毕业生 11 000 多名。①

三是建立并健全职业学校教师评聘制度。对职业中学教师的职称评定工作,上海按照国家教委制定的《中学教师职务试行条例》,结合职业学校教学工作的职业性、实践性等特点,进一步作出了有关职责、任职条件、学历和资历、考察和评审等方面的补充规定。技工学校的教师评定工作,则是根据《技工学校教师职务试行条例》开展的。为使评聘工作持久稳定地开展,根据 1989 年上海市职称领导小组关于专业技术职务评聘工作应逐步进入经常化、制度化的规定,上海市又从中等职业技术教育学校教师工作的特点出发,制定了教师任职情况考核指标体系、考核标准、实施意见等,并着重抓好两项基础工作:对不具备规定学历的专业技术人员进行统一考试;完善教师考核工作。②

5. 编写职业学校教材

从 1979 年开始,国家教育、劳动部门会同有关部委重新组织编写在"文革"中遭受严重破坏的中等专业学校与技工学校的课程教材,上海市在其中承担了大量工作。如中专用的辩证唯物主义和历史唯物主义教材是委托上海市教育局组织编写的,机械设计基础等教材是上海机器制造学校负责编写的,技校用的机械类通用教材的编写任务也是交给上海完成的。据初步统计,1979 年至 1995 年,上海各主管部门与各中等职业技术学校接受国家各部门与各部委的委

---

① 丛书总编纂委员会.上海改革开放二十年(教卫卷)[M].上海:上海人民出版社,1998:187.
② 同上:190.

托,组织骨干教师共编写了607种教材(中专492种、职校50种、技校65种)。与此同时,上海各职业学校也根据上海的实际情况和新设专业的需要,组织编写了大量讲义与辅助教材。①

6. 加强职业培训

从20世纪80年代开始,上海中等职业学校毕业生的培养目标是技术工人,统一实行技术等级考核发证制度,证书规格、层次统一由上海市劳动部门核发。进入90年代,在中等职业学校中除了积极推行"双证书"(即毕业证书和技术等级证书)制度外,还根据社会需要,提倡学生获得多种单项技能合格证书。1994年4月,上海市教育委员会下设中等职业技术教育技术技能考核中心,在全市分设34个考点,对通用性较强的计算机、实用英语、英文打字三个项目进行职业技能考核。至2000年底,全市中等职业学校学生参加三项技能考核的共有43.8万人次。

7. 改革管理体制

改革开放之前,上海将职业技术教育的管理权限集中在市一级,这不仅不利于区县办学积极性的发挥,也限制了职业学校的自主权。为了促进上海市职业技术教育的发展,1980年前后,上海着力进行职业技术教育管理体制改革,力图通过一个循序渐进的过程改革职业教育管理体制,最终促进上海市职业技术教育健康、快速发展。

从1985年起,上海市政府建立了由分管副市长主持的市职业技术教育工作联席会议制度,旨在讨论拟订上海市职业技术教育规划,统一方针、政策,协调各部门、各系统的职业技术教育工作。联席会议从1992年起改为上海市职业技术教育协调委员会,1995年又改为上海市职业技术教育管理委员会。1987年5月,上海市政府在《关于上海市职业技术管理职责暂行规定》中对上海市各部门以及区县教育部门的职责分别作了具体规定,以使各部门权责清晰,分工明确。② 1995年3月,在上海市政府部门机构改革中撤销了上海市人民政府教育卫生办公室、上海市高等教育局与上海市教育局的建制后,由上海市教育委员会负责统筹、协调和管理各级各类职业技术教育(技工学校的业务归上海市劳动局管理)的管理体制进一步明确,从而在体制上解决了长期存在的政出多门的问题。

至2002年,上海对职业教育的管理,实行市和区县政府领导下各部门分工

---

① 丛书总编纂委员会.上海改革开放二十年(教卫卷)[M].上海:上海人民出版社,1998:177.
② 同上:164.

负责的管理体制。为加强对全市职业教育的统筹管理,成立由分管教育的副市长任主任,由教育、劳动和保障、人事、财政、经济、计划、农业、交通、建设、财贸等政府职能部门的领导组成的上海市职业技术教育委员会,统筹协调各部门、各系统间有关职业教育发展改革的重大问题。

8. 改革招生、分配制度

职业技术教育的招生分配制度改革是我国整体的人才招生、分配制度改革(人事制度改革)的一部分。在计划经济体制下,中专和技校的招生和毕业生分配都实行指令性计划,采取"两包"(即学生上学由国家包下来,毕业后由国家安排工作)的办法。随着计划经济向市场经济过渡,以往的那种做法已经不能适应形势发展的需要,在这种情况下,20世纪80年代中期,上海市在招生、分配制度上逐步进行了一些改革。主要措施有:在招生计划中逐步增加市场调节的比重,如从1983年开始接受跨行业、跨省区的委培生,90年代初又开始招收自费生;学生毕业后在国家计划与有关政策的指导下,于一定范围内自主择业。到90年代后期,学生基本上都是通过进入劳动力市场自主择业。

9. 改革投资体制

在计划经济时代,无论是上海市还是其他地方,职业技术教育的经费都来自国家财政经费的拨款。改革开放后,随着经济体制改革和教育体制改革的不断深入,根据国家的有关指示和精神,上海市职业技术教育的投资体制开始朝着多元方向发展,出现了以下几种形式。

一是政府投入。1986年,上海市政府决定职业技术教育经费参照义务教育的规定,同样实现"两个增长"(即教育拨款的增长高于财政经常性收入增长和在校学生人均教育费用的逐年增长)。同时,上海市政府还根据上海市职业技术教育发展的需要和市区已普及12年教育的实际,决定经费按一定比例(23%)用于改善初、中级职业技术教育的办学条件。同年,根据国家教育委员会的部署,上海市教育、计划与财政部门还共同研究决定,向世界银行申请贷款210万美元,用于上海市技术师范学院、上海市经济管理学校和上海市职业教育中心的三个项目,使项目装备达到国内一流。1995年,又根据《中华人民共和国教育法》的规定,在原"两个增长"的基础上保证第三个增长(教师工资和学生人均公用经费逐步增长)。

二是用人单位(主要是企业)投入。许多企业通过与教育部门联合办学、委托学校代为培养以及对职业技术学校的毕业生支付培养费等方式,增加对职业技术教育的投入。同时,国有企业在政企分开,自主经营后,其经费不再与国家财政直接挂钩。

三是受教育者投入。20世纪80年代,除了中等职业学校仍按普通高中的标准向学生收取较低的杂费外,中专、技校均不收费。1991年,职业学校的收费标准也随着普通高中收费标准的逐步提高而相应调整,并且实行职校标准高于普通高中、重点职校高于一般职校、热门专业高于非热门专业的收费办法。同时,根据国家有关部门的规定,中专、技校也开始收取学杂费。

10. 法制建设

由于缺乏国家权力机构制定、颁布的有关职业技术教育的专门法律、法规,上海市的职业技术教育长期处于无法可依的状态。为了改变这种状况,将职业技术教育纳入法制框架,以求得更加健康、稳定的发展,更好地适应上海经济社会发展的需要,经市政府与市人大有关部门讨论,上海市于1985年组织力量着手起草上海市职业技术教育的地方性法规《上海市职业技术教育暂行条例》。1987年9月,《上海市职业技术教育暂行条例》由上海市第八届人民代表大会常务委员会第三十一次会议审议通过,自1988年3月1日起实施。该条例明确提出:"本市过去制订的有关职业技术教育文件规定与本条例相抵触的,以本条例为准。"

《上海市职业技术教育暂行条例》共9章37个条款。其一,该条例阐明了职业技术教育的性质、任务及其重要的战略地位。其二,该条例提出了建立职业技术教育体系,规定了各级各类职业技术学校的培养目标以及学校开办、调整和撤销的审批权限,校长、教师的条件和职责,并作出有关师资培养和考核的规定,还确定了办学主管部门以及学生应该享受的权利和应承担的义务。其三,该条例对职业技术教育的事业经费规定采取综合定额加专项拨款的办法,指出职业技术教育经费的增长应高于财政经常性收入增长和按在校学生人数平均的教育费用的逐年增长。其四,规定各级政府、各有关部门和企事业单位应积极贯彻"先培训,后就业"的原则,并规定各单位在招收人员时,应优先录取职业技术学校的毕业生。还规定,就业前的公民,未经职业技术培训,不得从事技术性、专业性工作。①

上海市人民政府教育卫生办公室、上海市教育局、上海市劳动局等还共同制定了《上海市中等职业学校办学基本条件的若干规定》《上海市中等职业学校教师资格考核暂行办法》等几个配套方案,以利于《上海市职业技术教育暂行条

---

① 《上海文化年鉴》编辑部.上海文化年鉴(1988)[M].上海:上海人民出版社,1989:214.

例》的操作和实施,并对这一条例的执行情况进行了专门的抽查。1995年,上海市第十届人民代表大会常务委员会第十五次会议作出《关于修改〈上海市职业技术教育暂行条例〉的决定》。1997年12月,经第二次修正的《上海市职业技术教育条例》正式颁布,上海市教育部门和劳动部门又根据地方法规制定了一系列有关职业教育的配套文件,如上海市教育委员会根据国家教委颁发的《关于制订职业高级中学教学计划的意见》制定了《上海市中等职业技术学校教学计划》《上海市职业技术学校学生学籍管理暂行规定》以及《关于技工学校、职业学校毕业生技术等级考试的办法》等,为上海市职业技术教育的正常发展提供了法律依据和保障。

三、职业技术教育的继续调整和发展(1996—2002)

20世纪90年代至21世纪初,上海职业技术教育坚持以适应经济和社会发展需要为目标,以发展为主题,以调整为主线,以改革为动力,不断推进职业教育的健康持续发展。

这一阶段的调整主要是由于外部环境的变化引起的。高等教育的大扩招,一方面加快了高等职业教育的迅速发展,另一方面也使中等职业教育遇到了前所未有的困难。为了使中等职业教育持续健康的发展,上海更加注重中等职业教育功能的拓展和发展模式的转变,在宏观政策的变化和外部环境的压力下,进行了一些战略性转移。

在对布局和结构这些宏观层面进行调整的同时,也进行了以办学方向为重点的,属于中观层面的调整。尽管这些调整都是为了适应经济和社会发展的需要,但是很明显,仅仅进行宏观和中观层面的调整还是不够的,还必须在微观层面上以提高教学质量、办出职业教育特色为重点进行调整,为此,上海从2001年开始又进行了职业技术教育的第三次调整。总的来说,这一阶段上海市职业技术教育的发展和调整可以概括为以下几个方面。

1. 高等职业技术教育的继续发展和调整

20世纪90年代后期,随着上海市经济发展水平的不断提高,社会对既有理论知识,又能够指导生产第一线工作的技师等技术人员的需求量越来越大。为了适应不断发展的经济形势的要求,上海市也开始大力发展高等阶段的职业技术教育。1997年,按照"统筹规划,合理布局,面向基层,办出特色,积极试点,逐步规范"的原则,上海市教育委员会确定了充分利用现有教育资源,通过对现有高校的改革、改办、改制,做好高等职业教育设点布局的方针,研究制定了《关于上海市改革高等教育结构,发展高等职业教育的综合试验方案》,并上报国家教委审批。除此之外,还成立了上海市高职协调领导小组,组织了高等职业院校校长培训班,开展了对高等职业院校的专业评估。①

我国高等职业技术教育从20世纪90年代后期开始的超常规大力发展,有积极的一面,即完善了职业教育体系,改变了高等教育结构,扩大了高等教育规模等,有助于从整体上提高市民的素质;但也带来一些突出的问题,主要表现为对高等职业技术教育的定位不准确,对培养对象层次的认识有偏颇,快速上马的高等职业技术学校条件较差、办学质量不高,严重影响了高等职业教育的持续健康发展。为此,上海市有关方面对高等职业技术教育进行了一些调整。

2. 专业结构的调整

上海市历来是中国最重要的工业基地之一,第二产业一直在上海市的国民经济中占有举足轻重地位。随着上海市经济发展水平的提高,产业结构的调整,经济体制的改革和城市功能的改变,上海市的职业技术教育也被赋予了新的内容,即迫切需要增加第三产业的比重,以适应经济结构的调整和城市功能的变化。

随着上海市经济社会的发展,第三产业所占的比重越来越大,上海市教育行政部门要求在20世纪80年代初期由普通中学改办的中等职业学校着重举办属于第三产业的专业。这样,很多中等职业学校开设了商业、旅游、服装、餐饮与宾馆服务、装潢美术以及美容美发等专业,从而弥补了中专、技校的不足,并填补了某些专业类型的空白。

进入20世纪90年代以后,随着浦东的开发,上海市的产业结构进一步调整,并提出了大力发展第三产业、积极调整第二产业、稳定提高第一产业的方针,城市功能也开始由原来的工业生产城市向国际经济、金融、贸易中心城市转移。这一变化在上海市职业技术学校的专业课程设置上也有所反映,如在中专和职校中增设了不少金融、保险、外贸以及房地产、物业管理等方面的专业,技工学校也开设了一些属于第三产业的专业。

2002年,在中专学校和职业高中招生总数中,第三产业类专业比例分别为50.8%和66.1%,第二产业类专业比例分别为46.1%和31.5%,第一产业类专业比例分别为3.1%和2.4%,基本适应了上海产业结构调整的需要。②

---

① 《中国教育年鉴》编辑部.中国教育年鉴(1997)[M].北京:人民教育出版社,1998:146.
② 上海市教育委员会.上海教育年鉴(2003)[M].上海:上海教育出版社,2004:146.

3. 职业技术教育培养目标和发展重点的转变

这一时期,职业技术教育的培养目标试图从单纯一次性的就业准备转向可持续发展的人力资源开发。为适应社会经济发展对人才培养的要求,满足群众日益增长的高等教育需求,上海在构建普职沟通、中高衔接的教育"立交桥"方面取得了重大进展。除允许中职毕业生报考高职和普通高校外,还有44所中职学校与27所高等院校联合举办"3+3"中高职相通的新模式,有34所中职学校与普通高中举办综合高中模式,有16所普通高校举办高职高专毕业生"专升本"模式。2000年,上海中职毕业生进入高职院校的人数已占高校招生总数的15%。

在职业技术教育发展重点上,要从以中等职业教育为主转向中等职业教育与高等职业教育并举的发展方向。上海的高职自1985年起步以来,规模和影响一直不是太大,但在教育部提出"三多一改"方针,肯定上海利用普通高校举办二级学院发展高职的新思路之后,发展势头开始攀升。1999年,上海共有27所院校招收高职新生1.05万人,到2002年底,招生学校达40余所,招生规模进一步达到5万人左右,占高校招生数的50%,形成了高等教育的"半壁江山"。同时,还初步形成了与上海经济发展相适应的高职专业结构,使得中职与高职协调发展,满足了建立合理人力资源结构的客观要求。

4. 中职教育工作侧重点的转移

这一时期,中职教育工作的侧重点是从注重数量的扩张转向注重质量与效益的提高。为此,上海市一方面根据教育部的要求重新调整和创办了一批国家级重点中职学校,形成品牌效应;另一方面,经专家论证确定了50余个中职专业(工种)进行重点建设,由上海市政府和学校主管单位共同投资进行重点支持。经过这一阶段的调整,上海中职学校校均学生规模已达到1 500人左右;建成了15个中职师资培训基地,规范化培训上万人;"10181工程"(即上海市中等职业技术教育课程改革与教材建设工程)已取得初步成就,第一轮试点评价结果表明,对试用教材反映"很好"和"较好"的占90%左右;在部分中职学校进行了学分制教学管理的试点。

除以上几点之外,上海市的职业技术教育在教学模式方面还进行了不少调整,从以学历教育为主转向学历教育和培训并重,使职业培训一方面适应了产业结构调整及高技术产业快速发展的需要,另一方面也为保持社会稳定,体现教育公平原则作出了积极贡献。同时,上海职业技术教育的服务面也有了较大拓展,从仅为上海服务转向为上海和全国共同服务,特别是随着上海中等教育资源出现一定程度的市场过剩，一些中职学校开始将目光转向外省市，通过教育资源的输出支援国内其他地区，特别是为西部大开发服务。到2002年，已有30多所学校和西部地区同类学校建立了不同形式的合作办学关系。

总的来说，自1998年起，上海市中等职业技术教育在经过一系列的调整改进后，取得了明显成效。(1) 10所现代化标志性中等职业学校于2000年底如期建成，其中新建6所，改建4所。10所学校占地面积10.78万平方米，建筑面积52.5万平方米，在校生校均达2 900人。校园环境优美，设计新颖，建有集教育管理、教学管理、图书管理为一体的多功能校园网络、多媒体教室、电子阅览室等信息化设施设备和体育馆、健身房等学生体育活动场所，同时各校都有特色的主干专业和雄厚的师资力量。(2) 开始建设8个公共实训中心，分别是都市农业实训中心、城市建设与管理实训中心、汽车工程实训中心、机电实训中心、旅游实训中心、数控技术实训中心、现代护理实训中心、实用美术实训中心。实训中心装备达国内领先水平，为全市中高职学生掌握现代化技能提供了良好的实训环境。(3) 完成50个中等职业技术教育的重点专业建设，市财政和学校共投入资金6 000万元，其中第一产业类专业占4%，第二产业类专业占52%，第三产业类专业占44%。这些专业瞄准新兴产业发展，满足了社会的迫切需求。(4) 中等职业教育课程改革与教材建设取得阶段性成果，组织完成100本专业教材的编写任务和语数外三门公共课的修订工作。

5. 办学模式的调整

从1999年起，上海市在部分学校（重点中等职业学校以及部分办学有特色、专业列为市50个重点专业建设的学校）内进行普职渗透综合高中班试点，招收应届初中毕业生，学制四年。至2000年底，共有30所中等职业学校举办综合高中班，在校生有0.49万人，共开设51个专业。

同时，还构建中职、高职相衔接的"立交桥"。1998年起，规定在中等职业学校（中专、职校、技校）的应届毕业生可以通过全市统一组织的文化及相关高校的专业技能考试进入高等职业技术院校学习。2000年，共招收0.94万名"三校"生，占高校招生总数的15%。2000年起进行"3+3"中高职模式试点，即前三年接受中职教育，后三年接受高职教育。2000年，共有31所高校与48所中等职业技术学校进行"3+3"模式试点，共招收0.38万名初中毕业生。另外，从2000年起，应届"三校"毕业生可以直接报考普通高校，"三校"生享有与普通高中毕业生同等的受教育权利。

另外,还实施劳动预备制度。对当年不能进入高中阶段学校学习的初中毕业生进行劳动就业预备教育,合格的学生既发初级职业技术教育证书,又发职业资格证书,2000年共招收应届毕业生3 470名。

第三节 家庭教育

家庭是儿童身心健康发展的摇篮。家庭教育是国民教育的重要组成部分,是学校教育和社会教育的基础,它与学校教育、社会教育密切结合,共同构成培育"四有"公民的有效途径。对一个人来说,家庭教育既是摇篮教育又是终身教育,其质量直接影响着民族素质和社会文明程度的提高。

上海有着优良的家庭教育传统,改革开放以后,为适应社会主义现代化的需要,家庭教育工作又得到较大发展,日益受到党和政府及社会各界的关心和重视。

一、家庭环境

上海是一个沿海开放城市,在改革开放的社会大背景下,上海的政治、经济、文化都发生了翻天覆地的变化。与之相应,家庭教育环境也获得了极大改善。

1. 家庭结构

20世纪80年代,上海的家庭结构发生了很大变化,原来三代同堂的大家庭逐年减少,而一家三口的"众"字形小家庭越来越多。上海市儿童少年家庭教育研究促进会在1988年3月对全市12个区48个街道的144个居委会1 141户家庭的1 168名儿童的家庭教育现状进行了调查。在这次抽样调查中,核心家庭(指父母与未婚子女两代组成的家庭)共占58.81%,主干家庭(祖孙三代组成的家庭)占32.60%。[①] 这种核心家庭对子女教育倾注了全部的精力和心血,对下一代教育和培养空前重视。随着核心家庭数量的逐年增多,家庭矛盾减少,这就更有利于家庭教育。而核心家庭中父母与孩子接触机会的增多,夫妻关系的好坏又直接影响孩子的健康成长,这就对父母本身的素质提出了更高要求。但另一方面,由于敬老、爱老的氛围逐渐淡薄,对孩子而言,他们对父母孝敬老

---

① 上海市家庭教育研究促进会.上海市家庭教育现状调查综述[C]//上海市家庭教育研究会.上海市家庭教育文集(1981—2001).上海:上海市家庭教育研究会,2001:18.

人的表率作用日益缺少直观而清晰的感受。

自1979年我国提倡一对夫妇只生育一个孩子的政策以来,家庭中独生子女越来越多。由于家庭只有一个孩子,全家人的期望都寄托在一个孩子身上,如何教育好孩子成为家庭教育关注的重点。

随着社会开放程度的提高,上海的离婚率也不断上升,离异后的单亲家庭教育容易走向两个极端:有的家庭为了补偿失去的父爱或母爱,而走向溺爱;有的由于重新组织家庭而对孩子放任自流。如何减少离异给孩子带来的负面影响,使孩子身心健康发展,日益成为当代家庭教育指导面临的一个新的课题。

2. 居住环境

上海市区住房拥挤,家庭居住环境嘈杂的情况相当普遍。据1988年调查统计,1 141户家庭中住房只有一间的占51.31%。[①] 在这类家庭中,儿童通常与成人或同辈共睡一床。晚间,聊天、家务、作业、看电视等活动集于一室,相互干扰,给家庭教育带来一定影响。同时,调查又表明,这一状况逐渐有了改观。随着上海住房条件的改善,越来越多的家庭住上了新房,环境安静,生活设备较完备,孩子开始有了自己单独的卧室,从而给孩子的生活、学习带来了较多的便利。然而,尽管舒适优越的环境为孩子的成长创设了宽松的家庭空间,但孩子的心理空间并没有因物质空间的扩大而"水涨船高",很多独生子女经常孤独地自我封闭在屋子里,整天与电视为伴。由于缺少与邻里伙伴的接触,孩子的群体活动机会弱化,影响了儿童个性、气质的健康发展。

3. 父母的文化素养

家长是孩子的第一任老师,父母的文化素质、心理素质对儿童的成长起着重要作用。孩子的素质培养与家长的素质水平密切相关,家庭教育水平与家长自身素质直接相关。"80后"的父母中有相当部分的人经历坎坷,青少年时代没有接受过完整的基础教育,但他们自强不息,积极进取,渴求提高自身素质并希望掌握科学的家庭教育知识。他们对子女期望较高,但又囿于自身教育能力低下而难当重任。20世纪90年代,上海中小学生家长的自身素质与教育素质水平逐步发生了可喜变化。这些家长多出生在20世纪50年代后期和60年代,年龄在30岁至45岁之间。在他们中间,大专及大专以上学历者约

---

① 上海市家庭教育研究促进会.上海市家庭教育现状调查综述[C]//上海市家庭教育研究会.上海市家庭教育文集(1981—2001).上海:上海市家庭教育研究会,2001:18.

占三成,初中及初中以下学历者也约占三成,无职称者约占三成半,另外获高级技术职称的约占5%。他们在承担起家庭教育职责的同时,也应对着市场经济的挑战和家庭教育的变迁,如他们中间60%的人一直处于"进修""培训"与"再培训"之中。① 他们的家庭教育开始出现了具有现代意义的转型,其主流是:"在教育目的上,从为小家、为子女的聪慧培养向为社会、为子女的社会适应转变;在教育内容上,从重点关注子女的课业学习向关心子女'学会做人'转变;在教育类型上,从对子女关爱与教育的感情型向理智型转变;在教育方式上,从简单生硬向平等民主转变。"② 可见,家长自身素质的提高在很大程度上推动了家庭教育质量的提高。

二、家庭教育观念

数千年传统家庭文化的积淀与新时代各种新思想的碰撞,使家庭教育观念不断面临冲突和矛盾。由于家庭教育观念对教养行为和家庭教育效果有巨大的影响,树立什么样的教育观念与将孩子培养成怎样的人有着密切联系,所以受社会存在的制约,家庭教育观念也随着社会存在的改变而改变。特别是自改革开放及提倡一对夫妇只生一个孩子的政策实施以来,城区家庭产生了引人注目的变化,家庭教育观念也随之出现了新的变化。

1. 人才观

上海家庭教育研究会在1992年对上海幼儿家长教育观念进行了问卷调查,在征询家长"您心目中理想的人是怎样的"时,家长的第一选择中排位第一的是"受过高等教育、有渊博的知识、才华出众的人"(占41.7%);排位第二的是"品德好、为人正派,能做表率的人"(占19.8%);排位第三的是"有一技之长的人"(占19.4%)。在家长的第二选择中,排位第一的是"品德好的人"(占23.5%);排位第二的是"能做好本职工作,对国家建设有用的人"(占19.4%);排位第三的是"头脑灵活,善于社交的人"(占13.2%)。③ 尽管有不少家长欣赏"才华出众的人",然而他们对"品德好的人"的赞赏却在不断强化,这反映了家长智能与品德并重的人才观。父母对"心目中理想的人"的不同看法,对家庭教育目标有着重要影响。

---

①② 上海市家庭教育研究会课题组. 21世纪初上海家庭教育发展趋势预测与应对策略[C]//上海市家庭教育研究会. 上海市家庭教育文集(1981—2001). 上海:上海市家庭教育研究会,2001:115.
③ 上海市家庭教育研究会课题组. 家长教育观念与导向[C]//上海市家庭教育研究会. 上海市家庭教育文集(1981—2001). 上海:上海市家庭教育研究会,2001:49.

2. 期望观

家长对孩子的期望,一定程度上反映了家长对家庭教育的指导思想与培养目标。出于对自己家庭利益的追求及受人才观的影响,家长把自己的意愿和期望都寄托在孩子身上,因此对孩子的期望值都比较高。据1988年调查者对1 141户家庭的访问,家长"望子成龙"的心情十分强烈,其中希望孩子的学历达到大学水平的达71.23%。① 1992年的调查数据又显示,深得家长青睐的选项是孩子将来成为"有专长,才华过人的智能型和技能型的人"(占47%)、"社交能力强,具有领导才能的人"(占14.8%)、"具有创新精神和创造能力的人"。而家长最不希望孩子将来成为"胸无大志、不思进取的人"(占30.9%),其次是"不学无术的人"(占29%),再次是"不能自立的人"(15.6%)、"品格低劣,习气不良的人"(占15.1%)。②

"望子成龙"是中国几千年历史发展中形成的一种特殊的民族传统心态,尽管当前的主要表现是"高期望",但在人才竞争激烈的时代,特别是随着学校从"应试教育"向"素质教育"转轨,初中毕业生的合理分流以及职业学校发展的情形下,家长开始不再追求许多不切实际的期望。一项调查结果显示:"随着孩子年龄增大,年级升高,父母的理想期望值正在与现实愈来愈靠拢,父母的期望与孩子的自我期望正愈来愈接近。可以这么说,市场经济的杠杆正在无形地调节着家长的期望值。"③ 20世纪末21世纪初,家长对子女期望的主要出发点是"要有利于孩子施展才能","要对国家对孩子都有利"。有些家长不再明确限定孩子将来的职业,认为那是孩子自己的事,应该由他们自己做决定,这反映了家长新的教育观念,他们愿意把孩子的人生规划权力交还给孩子。

3. 教育观

随着家庭教育观念的不断更新,家长的教养职能日趋明确化。我国传统的家庭教育历来以伦理道德教育作为中心和首要任务,但在市场机制条件下,家长对家庭教育功能的认识发生了一些变化。大部分家长认为,教育子女的主要任务是教会子女做人的规矩和道理,促进孩子良好性格的形成。但1992年在调查家长"对孩子进行教育花精力最多的是哪方面"时,有33.04%的家长表示

---

① 上海市家庭教育研究促进会.上海市家庭教育现状调查综述[C]//上海市家庭教育研究会.上海市家庭教育文集(1981—2001).上海:上海市家庭教育研究会,2001:18.
② 上海市家庭教育研究会课题组.家庭教育观念与导向[C]//上海市家庭教育研究会.上海市家庭教育文集(1981—2001).上海:上海市家庭教育研究会,2001:51.
③ 上海市教育科学研究院家庭教育研究与指导中心.上海家庭教育指导的现状与前瞻[EB/OL].http://www.ebubu.cn:8010/RESOURCE/Article/JYLW/3/309/lw011878.htm

在"开发智力"方面为孩子花的精力最多,其次是增进健康方面(20.5%),而在属于家庭教育主要任务的"指导行为习惯""训练自理能力"方面花的精力仅分别为9.1%和7.9%。① 可见,当"时间就是金钱,知识就是财富"的观念为越来越多的人所接受的时候,家庭教育的德育功能被忽视也就在所难免,这是功利观念影响的结果,也反映了一部分家长对家庭教育的主要任务还存在认识上的偏差。

4. 儿童观

做家长的希望将孩子培养成才,然而家长对孩子的看法会直接影响到其教育热情。在调查"家长对孩子的看法"时,大多数家长(89.65%)认为只有结合孩子的特点和需要进行教育,孩子才能接受;少数家长(8.9%)认为孩子好像一只容器,你灌输什么,他就接受什么;也有极少数家长(0.8%)认为孩子不大会变,从小可看到老,教育起不了多大作用。② 数据显示,家长对教育孩子的热情较高,反映了家长主观上的积极性和主动性。

家长对女孩较注重气质上的要求,如对女孩在"有礼貌、尊敬长者"和"文静"方面的要求略高于男孩。对男孩则较注重个性上的发展,如对男孩在"聪明""好奇心强"及"身体健康"方面的要求略高于女孩。

5. 亲子观

过去,大多数家长认为孩子比较小,生活阅历没有大人丰富,主要问题还是应由大人决定;一部分走极端的家长认为孩子应完全依附于大人,按大人的意愿行事;另一部分过于溺爱孩子的家长则认为孩子的主意特别大,做家长的只好处处依顺他。但到20世纪90年代和21世纪初,这种观念逐渐发生了改变,有些家长认为孩子自己有主张,"孩子再小也是独立人"。1996年7月,上海市家庭教育研究会对全市3 000名家长进行了问卷调查,在"怎样的家长才是孩子欢迎的"的一栏中,有50%的家长认为"既对孩子严格要求,又能通情达理处理问题"的才是好家长,也有25%的家长认为"能够关心和理解孩子的烦恼、尊重孩子人格"的才是好家长,更有8%的家长认为"要像朋友一样和孩子亲密无间"。③ 20世纪末21世纪初的上海家庭中,父母与子女建立民主、平等关系

---

① 上海市家庭教育研究会课题组.家长教育观念与导向[C]//上海市家庭教育研究会.上海:上海市家庭教育文集(1981—2001).上海:上海市家庭教育研究会,2001:51.
② 同上:52.
③ 上海市教育科学研究院家庭教育研究与指导中心.上海家庭教育指导的现状与前瞻[EB/OL].http://www.ebubu.cn:8010/RESOURCE/Article/JYLW/3/309/lw011878.htm

的家庭渐多,有些家长已经开始根据孩子的年龄特点来处理自己与孩子之间的关系,这对下一代的信念、价值观及生活方式等的形成产生了积极影响。

在信息化时代的冲击下,家长的思想意识已普遍从封闭型向开放型转变。不少家长有了崇尚民主、尊重个性等新观念,并竭力希望通过家庭教育的实施,来实现他们教子成才的心愿。

三、家庭教育方法

教子方法运用的好坏,直接影响教育效果。传统的教育方法是子女必须服从家长的教诲,这致使孩子在"看管式"的家庭教育中丧失了独立性。随着社会的变革,不少家长试着从"看管式"的教育方法中走出来,综合运用其他教育方法,向当代家庭教育所崇尚的"民主式"教育方法过渡。

上海市家庭教育研究会曾在1992年6月对上海地区幼儿家长进行了问卷调查,发现:(1)采用"民主式"教育方法的家长,能做到与孩子讨论问题时谁有理听谁的占44.1%,在孩子困难时能及时给予指点的占39.5%,能主动听取孩子意见的占51.8%,能启发孩子认识缺点和错误的占53.9%,能在孩子指出父母缺点时,心平气和地接受的占37.9%。(2)采用"期待式"教育方法的家长则表现出一种望子成龙心切却欲速而不达的情况。对于家长的高期望,孩子们往往并不领情。(3)采用"保护式"教育方法的家长"基本上"对孩子凡事必管(占42.2%)、担心孩子出事(占30.4%)、想多照顾孩子(占30%),经常检查孩子穿、食、课业用品,唯恐误事(占45.8%),同时也允许孩子单独处理自己的事(占44.4%)。(4)采用"溺爱式"教育方法的家长,基本上是孩子有要求,就尽量满足(占41.4%),能让孩子生活好,做父母的苦累都情愿(占37.9%)。(5)采用"严厉式"教育方法的家长,对孩子不听话就打骂的比例相当高(占40.7%)。(6)采用"权威式"教育方法的家长,选择"孩子做了我不允许"的占40%,还有33%的家长则从不允许孩子插嘴。(7)采用"忽视式"教育方法的家长则对孩子在幼儿园的情况了解很少,很少考虑与孩子建立感情,常常忘记孩子的事情;对孩子的将来,有51.9%的家长认为"考虑过一些"。(8)采用"放弃式"教育方法的家长则比较少,有半数以上的家长表示自己"从不这样",反映了家长对孩子都比较关心。①

---

① 上海市家庭教育研究会课题组.家长教育观念与导向[C]//上海市家庭教育研究会.上海市家庭教育文集(1981—2001).上海:上海市家庭教育研究会,2001:52.

调查表明,家长采用"民主式"教育方法的正逐步增多,而采用"严厉式""权威式"的传统教育方法及"忽视式"教育方法的明显减少,大多数家长反对"溺爱式""放弃式"的教育方法,"期待式""保护式"的教育方法仍有不少家长采用。

四、家庭教育指导工作

上海的家庭教育指导工作经过二十多年的努力实践,开始从原来自发、分散、浅层次的阶段,进入到一个条条指导、块块落实、分工协作、各司其职的新阶段。

1. 加强整体规划,形成目标明确、组织健全有效的管理机构和网络

上海市建立了教育行政部门牵头的家庭教育指导工作机构和网络。由上海市教育委员会副主任担任组长,由德育处、基教办、青保办、社区办、师资处、上海市教育科学研究院等部门派员共同组成家庭教育领导小组,每年召集两次工作联席会议。同时,各区县教育局也建立了由一名分管局长牵头,由德育行政干部、德育教研员、幼教干部等人员组成的指导小组。学校则建立由分管校长或教导主任负责的学校家庭教育工作领导班子。从横向来看,由上海市教育委员会、上海市妇女联合会、上海市卫生局、上海市总工会牵头的上海市家庭教育研究促进会(后改为上海家庭教育研究会),则形成了社会一级的指导机构,从而健全完善了市、区、街道、学校四级家庭教育指导网络。

截至1998年底,上海市有0—14岁儿童、少年家庭1 606 241个,其中已接受科学育儿系列知识的家庭有1 446 805个,占0—14岁儿童、少年家庭总数的90.07%。① 多年来,上海家庭教育指导工作的目的日趋明晰,实现了家校同步。同时,各区县也纷纷采取有效措施,在工作的指导思想、组织程序、规章制度等方面普遍由活动型向活动管理型转变。另外,由于学校、社区、儿保、妇联、工会、卫生与大众传媒的共同合力,家庭教育指导工作进入了良性循环,形成了一个大范围指导各类家庭、全方位服务各类对象、双角度指导家长教育、多样化开展家庭教育指导的生动活泼的局面。

2. 加强家庭教育指导工作基本建设

家庭教育指导工作包括家庭教育的性质、任务及家长学校的领导管理。在这些方面,上海对其基本建设予以了高度重视。

---

① 上海市家庭教育研究会课题组.21世纪初上海家庭教育发展趋势预测与应对策略[C]//上海市家庭教育研究会.上海市家庭教育文集(1981—2001).上海:上海市家庭教育研究会,2001:118.

一是制度建设。上海市教育委员会颁布了《上海市中小学幼儿园家庭教育指导大纲》《关于加强中小学幼儿园家长学校建设的通知》《关于贯彻实施全国和上海家庭教育工作"九五"计划的意见》及《上海市中小学幼儿园家长学校的评估指标体系》,并将其纳入教育督导评估范围,在此基础上,又进一步抓落实、抓检查、抓评估、抓典型交流。

二是教材建设。上海市教育委员会联合有关单位编写了《家庭教育指导》《小学一年级家长须知》《中学一年级家长须知》等,并委托上海市教育科学研究院编写《家长学校教材》中、小、幼各一卷,与上海市妇女联合会共同编印了《上海市家庭教育论文集》等教材,与上海电视台共同编制60集音像教材,这些都成为家庭教育工作者的指导手册和家长学校的配套教材。

三是队伍建设。在上海家庭教育指导工作中,一支数以万计的基层单位指导队伍已经形成,并在不断壮大。家庭教育指导者主要包括两大部分,即教育系统班主任以上的指导者与妇联、卫生、工会系统的指导者。"从家庭教育指导者业务培训率快速提高的情况来看,20个区县全部贯彻了家庭教育指导必须培训至班主任一级的要求,将班主任指导者纳入'教师240课时'培训计划之内,其中已有4个区县的班主任指导者培训率达到了100%;妇联等部门共举办家庭教育骨干培训班404期,培训了社区教育指导工作者19 680人次。上海的基层单位管理者和指导者队伍已达5万余人。"[1] 每两三年表彰一批市百名好家长、百名家教指导先进工作者、百所好家长学校,为建立一支事业心强,具有家庭教育理论和实践经验的骨干队伍奠定了基础。

四是专家咨询。上海市家庭教育心理专业委员会汇集了一批专家,这支队伍的素质很高,是家庭教育指导工作的坚强支柱。在专家的指导下,许多心理教育、心理辅导的实验学校越来越受到家长和学生的欢迎,使家庭教育指导向心理辅导方向不断拓宽。

3. 遍布全市的各级各类家长学校发挥着家庭教育指导的重要作用

上海接受家庭教育指导的对象大多以孩子父母为主,因而家庭教育指导的主渠道仍在各级各类家长学校。随着家长学校办学数量的增加、办校率的上升和办校质量的提高,家长受教育率得到了提升。据《1998年度上海家庭教育工作监测报告》以及相关资料统计,截至1998年底,上海共有家长学校

---

[1] 上海市家庭教育研究会课题组.21世纪初上海家庭教育发展趋势预测与应对策略[C]//上海市家庭教育研究会.上海市家庭教育文集(1981—2001).上海:上海市家庭教育研究会,2001:117.

3 516所，其中幼儿园家长学校934所，小学家长学校1 097所，中学家长学校786所，新婚夫妇学校97所，孕妇学校241所，其他社区家长学校361所。截至1999年底，上海家长中已有95%接受过家庭教育指导。

4. 社区家庭教育成为上海家庭教育指导和管理工作关注的"开发区"

随着上海社区的发展，社区内家庭教育工作也从孕育、诞生逐步走向成熟。人们越来越认识到社区环境对儿童、青少年家庭教育和社会教育的重要价值。由于市、区县政府主管部门与街道乡镇行政部门的高度重视以及社会各方面的鼎力规划和热情帮助，社区成为家庭教育指导和管理工作向纵深拓展的新兴"开发区"。《1998年度上海家庭教育工作监测报告》显示，社区家庭活动率作为衡量家庭教育进社区所达程度的主要指标，从1997年的47%提高到57.18%。这表明，0—3岁婴幼儿家长科学育儿实验点的确立及其阶段性科研成果的推广，社区亲子园的创办以及活动发展，以"六一"活动为主体的各类家庭项目的实施深入家庭，已形成规模并产生了综合效应。同时，各区县亲子学苑、俱乐部等亲子教育活动载体在社区的普遍建立，创建学习型家庭活动在社区的进一步深化以及素质教育走进家庭在社区的广泛实践等，也都推动了社区家庭教育的新发展。

5. 开展家庭教育科研，不断总结经验，深化家庭教育指导工作

上海市家庭教育研究会相继建立了指导管理工作委员会、理论研究专业委员会和优生优育优教咨询服务中心等机构（简称"两委一中心"），并形成了理论研究、教材编写、指导管理、服务咨询等良好的运行机制。"两委一中心"与上海市家庭教育指导与研究中心一起开展了一系列基础建设工作。如通过编制上海市"九五"期间家庭教育研究课题指南，规范课题立项、评审、评奖制度，建立了数十个家庭教育实验基地；通过加强指导管理工作者队伍培训，加强家庭教育研究的整体规划和重点研究，提高了上海市家庭教育指导工作效能，提升了上海家庭教育工作研究的深度和广度，从而使上海家庭教育研究水平跃上了新的台阶。截至1990年底，上海全市确立了285个市级家庭教育研究课题，筹建了50个市级家庭教育指导实验基地，初步评定了36所家庭教育指导师范学校；有区级及区级以上家庭教育研究课题的区县占86.55%，在区级以上刊物发表或获奖的有关家庭教育研究论文、科研报告、调查报告的区县占85.71%。截至1998年底，全市共召开市、区级家庭教育研究会306次，撰写了家庭教育调查报告2 217篇，总结推广了家庭教育典型经验274例。此外，市、区县和基层还十分注重家庭教育

教材建设,编写出版了一批有质量的教材,截至1998年底,全市共编写教材329册。①

第四节 特殊教育

对残疾儿童少年及有特殊需要的儿童少年进行特殊教育,是我国教育事业的一个重要组成部分。改革开放之后,随着上海经济社会的不断发展,人民生活水平的提高以及人们精神面貌的改观,特殊教育与普通教育一样也发生了深刻变化,进入了一个蓬勃发展的新时期。

一、新时期特殊教育发展的方针政策

为了使中国特殊教育的发展逐渐走上制度化、规范化、法制化的道路,新时期全国人大、国务院及所属国家机关先后公布了一系列有关特殊教育发展的法规和方针政策。《中华人民共和国宪法》第二章第四十五条指出:"国家和社会帮助安排盲、聋、哑和其他有残疾的公民的劳动、生活和教育。"1985年5月27日公布的《中共中央关于教育体制改革的决定》指出:"在实行九年制义务教育的同时,还要努力发展幼儿教育,发展盲、聋哑、残人和弱智儿童的特殊教育。"1986年4月12日通过的《中华人民共和国义务教育法》第九条明确指出:"地方各级人民政府为盲、聋哑和弱智的儿童、少年举办特殊教育学校(班)。"1989年5月,国务院转发了《关于发展特殊教育的若干意见》,对我国特殊教育的方针、布局、目标和任务、领导和管理、办学经费和师资培训等问题作出了明确规定。1990年12月28日经第七届全国人民代表大会常务委员会第十七次会议通过的《中华人民共和国残疾人保障法》明确指出:"国家保障残疾人受教育的权利。""各级人民政府应当将残疾人教育作为国家教育事业的组成部分,统一规划,加强领导。国家、社会、学校和家庭对残疾儿童、少年实施义务教育。"1991年底,国务院发布了《中国残疾人事业"八五"计划纲要》,要求各级政府和教育主管部门切实把残疾儿童青少年的教育纳入义务教育的轨道,对于已普及初等教育并有一定生源的县,力争在"八五"期间做到县有特殊教育学校,乡(镇)有特殊教育班,并普遍开展随班就读。1996年5月,国家教委和中国残疾人联合会又印发了《残疾儿童少年义务教育"九五"实施方案》,强调"九五"期

---

① 上海市家庭教育研究会课题组.21世纪初上海家庭教育发展趋势预测与应对策略[C]//上海市家庭教育研究会.上海市家庭教育文集(1981—2001).上海:上海市家庭教育研究会,2001:122.

间,各级政府要"采取有力措施实施本方案,使残疾儿童与其他儿童同步实施义务教育;残疾幼儿学前教育有较大发展"。

为了推动上海特殊教育的发展,全面贯彻中央有关法规条例的精神,上海根据本地区的实际情况,通过不断召开会议、检查工作、交流经验和联合发布文件等方法,对各项方针政策的具体实施进行了宏观指导和调控。

1989年12月,上海市召开全市特殊教育工作会议,颁布了《上海市特殊教育1990—1995年发展规划》,规定了"八五"期间特殊教育发展的主要任务要求:逐步完善特殊教育体系,盲童教育要在现有基础上进一步提高质量,进一步完善和发展学前教育和职业技术教育;聋童学校和聋儿学前班要进一步调整布局,改善办学条件;弱智教育要进一步发展,特别是农村地区,要逐步扩大弱智儿童接受弱智特殊教育的人数。

1995年6月,又召开了上海市第二届特殊教育工作会议,制定并颁发了《上海市特殊教育1995—2000年发展规划》及《关于〈上海市特殊教育1995—2000年发展规划〉的实施意见》,提出了高标准、高质量发展特殊教育的"九五"要求,基本形成"学前教育—初等教育—中等教育(包括职业技术教育)—高等教育"的特殊教育体系。该意见要求,促进智力残疾儿童少年教育的发展,巩固视力、听力残疾教育的入学率,提高教育质量,使每个视力残疾儿童和听力残疾儿童适时入学;加强肢体残疾儿童少年的教育;抓好视力、听力、智力残疾儿童少年的学前教育;探索对残疾儿童少年"四早"和"治、养、教"相结合的新路子;加强残疾人成人教育;提高残疾人受教育层次;提供残疾人教育指导。

除此之外,上海市还颁布了一系列的政策和文件。1994年制定了《上海市九年义务教育视力残疾儿童少年学校办学标准》《上海市九年义务教育听力残疾儿童少年学校办学标准》《上海市九年义务教育智力残疾儿童少年学校办学标准》。1995年,上海市教育委员会、上海市托幼工作办公室联合颁发了《关于加强学前特殊教育管理的若干意见》。1997年,颁布了《关于在本市普通中小学开展随班就读工作的暂行规定》《关于加强特殊教育师资队伍建设的意见》《关于本市"九五"期间特殊教育行政干部和师资队伍建设的意见》《关于实施"上海市特殊教育资格证书"的意见》《上海市聋校设立布局调整工作总体实施方案》等。这些政策和文件的制定和实施,大大加快了上海特殊教育的发展,对学校建设、师资培养、特殊学生的发展等都起到了较大的促进作用。

二、上海特殊教育发展的基本情况

围绕"发展事业、调整布局、完善体系、抓好师资、提高质量"的方针,上海市的特殊教育每年一小步,五年一大步,取得了一定成绩。经过20多年的发展,从整体看,上海市的特殊教育在门类、教育年限、普及率、教育质量等方面均在全国名列前茅。长宁区、嘉定区、杨浦区、闵行区、卢湾区、闸北区、徐汇区、静安区等区还先后被评为全国"特殊教育先进区"。

1995—2000年上海市特殊教育基本情况见表7-8。

1. 恢复发展(1976—1989)

粉碎"四人帮"以后,上海市逐步形成盲聋哑教育网络,解决了城乡盲聋哑儿童的入学问题。1978—1981年,上海市各区县相继设立聋哑学校,学制10年(小学7年,初中3年)。1983年调整学制,聋哑学校前八年为小学性质,进行小学阶段文化知识教育,九、十年级进行职业技术教育。同时,市里还有聋哑青年技术学校一所,该校1956年创办,是我国第一所聋哑青年中等职业技术学校。学校学制为3年,面向全市择优录取十年制聋哑学校毕业生,设美术、木工、金工三科,含广告装潢、印染图案、机模、家具、玩具、车工、钳工等专业。至1981年,该校共有毕业生621人。1979年,上海市第二聋哑学校又设立弱智儿童辅读班,到1981年,10个区(不包括吴淞区和闵行区)都成立了弱智儿童辅读班,到1984年,市区共有辅读班58个,学生671人。辅读班刚开始附设在聋哑小学和普通小学内,后来发展成为辅读学校。到1986年9月,全市共有5所独立的弱智儿童辅读学校。弱智学校(班)的招生对象以轻度智力残疾儿童为主。招生时,由校领导、教师和医生联合组成招生小组,对儿童进行医学检查、智力测试、教育鉴定,进行全面分析,以防将学习能力低的儿童收入弱智学校。截至1989年,全市共有28所特殊教育学校,教职工人数1 030人。其中聋哑学校20所,聋哑生1 310人;聋哑青年技术学校1所,学生140人;盲童学校1所,招收盲童146人;弱智辅读学校6所,辅读班124个,在校学生1 400名。[①]

2. 综合发展("八五"期间)

"八五"期间,特殊教育在上海市委、市政府的关怀和领导下,在广大特教工作者的积极努力下,有了较大发展。截至1994年,全市有特殊教育学校36所,在校学生5 161人,教职工人数1 347人(其中专任教师770人)。[②] 其中,盲童学

[①] 吕型伟.上海普通教育史(1949—1989)[M].上海:上海教育出版社,1994:575.
[②] 丛书总编纂委员会.上海改革开放二十年(教卫卷)[M].上海:上海人民出版社,1998:809.

第七章 其他各级各类教育事业的发展

表7-8 上海市特殊教育基本情况（1995—2000）

年份	校 数（所）				班 级（班）				学 生 数（人）				教 工 数（人）			
	盲校	聋哑青技校	聋哑学校	弱智辅读校（班）	总计	盲校	聋哑青技校	聋哑学校	弱智辅读校（班）	总计	盲校	聋哑青技校	聋哑学校	弱智辅读校（班）	总计	盲校	聋哑青技校	聋哑学校	弱智辅读校（班）	总计
1995	1	1	19	18	39	18	12	129	344	503	192	156	1 222	4 158	5 728	131	99	703	501	1 434
1996	1	1	19	18	39	4	12	291	157	464	162	171	3 852	1 979	6 164	124	97	674	617	1 512
1997	1	1	19	17	38	15	14	105	355	489	159	196	1 170	4 788	6 313	124	101	671	616	1 512
1998	1		17	18	36	18		118	313	449	193		1 336	3 629	5 168	130		731	719	1 580
1999	1		15	19	35	19		112	338	469	207		1 319	3 743	5 269	128		739	737	1 604
2000	1		13	20	34	19		95	350	464	208		1 209	3 990	5 407	128		664	792	1 584

（数据来源：上海市教育委员会编《1995年上海教育年鉴》《1996年上海教育年鉴》《1997年上海教育年鉴》《1998年上海教育年鉴》《1999年上海教育年鉴》《2000年上海教育年鉴》，上海教育出版社出版）

校和低视力学校 1 所,在校学生 192 人,教职工 131 人;聋校 20 所(其中 1 所为聋哑青年技术学校),在校学生 1 378 人,教职工 802 人;视力残疾和听力残疾儿童少年的九年制义务教育基本普及。特别是智力残疾教育在"八五"期间发展尤为迅速,至 1994 年,独立的智力残疾儿童少年辅读学校有 17 所,附设于普通小学和聋学校内的辅读班有 241 个,接受教育的学生达 4 635 人,教职工 578 人。同时,视力残疾和听力残疾儿童的学前教育也已具有一定规模,基本满足了适龄残疾儿童的入园要求。另外,智力残疾儿童学前教育也已起步。这一时期,上海市民政部门所属的上海市儿童福利院及杨浦、虹口、南市、闵行等区福利院共举办了 36 个班,对 572 名残疾儿童进行了程度不同的特殊教育。基层社区办了 45 个残疾儿童寄托所,对 350 名残疾儿童进行早期教育和训练。上海市残联举办了 1 所聋哑职工业余中学,1 个残疾人职业培训中心,接受教育和培训的残疾人达 722 人。①

"八五"期间,上海市的特殊教育努力朝着综合教育方向发展,办学质量有了明显提高。学校针对不同程度的视力、听力、智力残疾儿童少年,分别编班,进行分类施教。全市 19 所九年制听力残疾教育学校从 1992 年起进行设点布局调整,优化了教育资源配置,提高了办学效益与质量,普遍加强了听力和语言训练。例如在 1992 年长宁、静安、卢湾三区实行分段办学取得经验之后,1994 年闵行区聋校经过调整、重建,改名为启音学校,学校面积扩大数倍,投资 1 400 万元,完全按听力残疾学生的特点设计建造。调整后的启音学校面向 4 个区县的聋哑生和全市有残余听力的学生招生,办学规模从 9 个班扩大到 24 个班,不仅优化了教学资源的配置,而且由于集中办学,实施分类教学,分段办学,教学质量也明显提高。在此期间,上海市有 65 名肢残青年进入上海地区的普通高校学习,近 60 名残疾青年取得大学自学考试毕业证书。

3. 高质量、高标准发展("九五"期间)

为了贯彻上海市教育工作会议精神,"逐步形成与上海地位、功能相适应,具有现代化国际大城市特点和水平的社会主义教育体系",实现"建一流城市,办一流教育"的宏伟目标,上海在"九五"期间加大了对特殊教育的投入力度,并在提高特殊教育设施配置水准和教育质量水平上狠下功夫,推动了上海市特殊教育事业在各方面的突破性进展。

(1) 经费支持

按照《关于〈上海市特殊教育 1995—2000 年发展规划〉的实施意见》的有关

---

① 上海市教育委员会.上海教育年鉴(1996)[M].上海:上海教育出版社,1996:77.

规定,各级财政部门和教育行政部门在教育经费安排上采取了向特殊教育倾斜的政策。1995年,特殊教育学校公用生均经费定额调整为300元,另外,每年还设有劳动技能教育费用和改善办学条件的专项经费。同时,上海市从1995年开始设立了特殊教育专项补助费,规定每年由市财政专项拨款和从教育费附加中提取,并随特殊教育事业的发展和教育经费的增加而逐步增加。此外,上海市盲童学校、低视力学校和上海市聋哑青年技术学校的基建投资也由市统筹安排,并列入基建投资计划;跨区县服务的听力残疾儿童义务教育学校的基建投资则由市和区县协商安排,并列入当地基建计划;服务于区县的智力残疾儿童少年学校(班)的基建投资由区县和镇、乡统筹安排,并列入基建投资计划。

(2) 完善特殊教育体系

为落实《上海市特殊教育1995—2000年发展规划》提出的高标准、高质量发展的要求,上海市进一步完善了三类残疾儿童少年教育体系,使特殊教育从义务教育向学前教育和高中教育两头延伸。如视力残疾教育在原有基础上,办起了推拿中专班,1997年又创办了综合高中班,形成了两年制学前教育、九年制义务教育、四年制高中教育的视力残疾教育体系。上海听力语言残疾教育由于有较长的中等职业技术教育的历史和办学特色,所以在此基础上,于1996年也创办了综合高中班,并形成两年制学前教育、九年制义务教育、四年制高中或职业高中教育的体系。这样,视力、听力语言残疾学生就有可能接受全日制高等教育,确立了听力语言残疾学校高中后的高等教育对口学校。智力残疾教育两年制学前教育入园率也从1995年的10%发展到1998年的50%左右。[1] 到1999年,上海市的轻度视力、听力语言、智力、肢体残疾适龄儿童均已入学接受义务教育;轻、中度视力,听力语言,智力残疾适龄儿童100%入学;有366名双重或多重残疾适龄儿童入学接受义务教育;视力、听力残疾青少年高中阶段教育或职业教育入学率超过了80%;智力残疾青少年九年义务教育后的职业技术教育入学率达到25%。[2] 同时,分类教育不断发展,如视力残疾可分为全盲和低视力,听力残疾有全聋、重听,智力残疾有中度、轻度,其中轻度智残学生进入普通学校,进行随班就读。此外,许多特殊学校还办起了多重残疾班,如为智力有障碍的视力残疾儿童办班等。

---

[1] 夏秀蓉.高质量高标准地发展上海特殊教育[J].上海教育,1998(11).
[2] 上海市教育委员会.上海教育年鉴(2000)[M].上海:上海教育出版社,2000:184.

（3）全面推进随班就读工作

随班就读是指在普通教育机构让"有特殊教育需要"的学生随普通班接受教育的一种形式。开展随班就读工作是上海高标准、高质量普及义务教育的重要举措之一，也是全面实施素质教育的重要策略之一。随着时代发展，为避免部分有学习能力但在心理或生理上有轻度障碍的儿童少年因无法进入普通中小学学习而得不到应有的发展；同时也为了避免另一部分已经在校的"有特殊教育需要"的学生因得不到学校为他们提供的有针对性的特殊教育服务和帮助而混读在普通班中，浪费大量的学习时间，延误最佳的教育和康复训练时机；还为了使有"特殊教育需要"的学生"进得来、留得住、学得好"，并使他们真正得到符合自身发展需要的随班就读教育，上海市教育行政部门根据《中华人民共和国义务教育法》以及国务院办公厅转发的《关于实施〈义务教育法〉若干问题的意见》精神，结合上海市普通教育发展的形式及实际，于1993年在青浦、黄浦、徐汇等区县开展了随班就读的试点工作。1997年6月，上海市教育委员会召开了随班就读工作会议，会后下发了《关于在本市普通中小学开展随班就读工作的暂行规定》及相配套的《上海市随班就读教学工作的若干意见》和《上海市随班就读师资培训实施意见》，要求上海普通中小学逐步接受低视力、重听、轻度智力障碍、肢体残疾、学习障碍、言语和语言障碍、情绪和行为障碍及病孩等"有特殊教育需要"的学生入学，逐步满足他们随普通班接受与普通教育相一致的基本教育需求，并且根据个人实际有针对性地制订个别教育（包括康复训练、矫正补偿、劳动技能训练等）计划，使"有特殊教育需要"的儿童少年能在适合他们发展的教育环境中愉快地接受符合自身发展需要的教育，为他们今后能真正独立、平等地参与社会生活，成为社会主义事业建设者奠定基础。

截至1997年，上海市70%以上的弱智儿童进入普通中小学随班就读。1999年，为发展幼儿教育及普及学前教育，上海市又开展了学前特殊儿童随班就读工作，以满足这些儿童就近入园的需要，并为他们接受早期教育和康复训练提供良好的教育环境。当年4月，上海市教育委员会颁发了《关于在本市普通幼儿园中开展随班就读工作的实施意见（试行）》。学前随班就读工作的开展，标志着上海市学前儿童"普特一体化"教育体系的形成。①

---

① 上海市教育委员会.上海教育年鉴(2000)[M].上海：上海教育出版社,2000：195.

(4) 深化特殊教育的教学改革

各特殊教育学校不断深化教育改革,坚持以残疾学生发展为本,加强了课程教材建设,并探索了用现代化教育手段提高教育质量的途径和特殊学校的德育方法、心理补偿。对重度及多重残疾学生,还开展了康复教育训练研究,并实施了个别化教育计划,使用资源教室。例如,上海市盲童学校新建了语音多媒体专用教室,运用电脑控制与触摸屏幕操纵等现代技术,使低视力学生教学接近普通教学。再如,长宁区辅读学校坚持开展适合中度弱智儿童训练的单元教学法,学校建立了"感觉统合训练康复活动室",通过增强对智残儿童的各种感觉刺激,以提高感觉、运动、适应能力。还有第四聋哑学校对各种不同听障学生进行针对性的语言补偿教学,对全聋学生"以文学语,以语导文,视听相辅,说写同步",在中年级语言发展阶段,则强调"读、说、记、用"课文中语言的模式。

三、特殊教育师资队伍建设

在特殊教育事业中,师资是一个至关重要的问题,而加强特殊教育师资队伍建设则是提高特殊教育质量的根本。

上海特殊教育在起步时,师资主要来源于普通教育领域,整个特殊教育师资水平明显低于普通教育。1990年,成立了特殊教育师资培训中心,以加强特殊教育的教师培训、干部培训、科研、教研等工作。"八五"期间,上海制定了"特教师资'八五'轮训方案",以上海特教师资培训中心为主具体负责实施,要求在岗师资在"八五"期间轮训一次,达270个学时(比一般教师多30学时)。对每年进入特殊学校任教的应届师范生必须进行3个月左右的特殊教育岗位知识和技能培训,所取得的合格成绩作为其转正认定教师职务、从事特殊教育工作的必要依据。

1992年7月,上海市教育局召开了上海市特殊教育师资工作会议。会议要求加强领导,落实措施,切实抓好上海市特殊教育师资队伍建设。会议指出,"八五"期间,特殊教育师资队伍建设的主要任务是通过整顿、充实和提高,逐步建立一支数量符合需要、质量初步合格、结构趋向合理、人员相对稳定的特殊教育师资队伍。

1994年,上海市教育工作会议提出了"上海市建一流城市,办一流城市,办一流教育"的目标。为了发展特殊教育事业,《上海市教育事业"九五"规划和2010年规划》与《上海市特殊教育1995—2000年发展规划》又强调了发展特殊教育师资培养培训工作的紧迫任务,要求建立一支数量足够、质量合格、学科配套、相对稳定的特殊教育师资队伍。

1997年,上海市教育委员会颁发了《关于加强特殊教育师资队伍建设的意见》,其中对特殊教育师资的要求明显高于普通教育的师资。上海市教育委员会要求在特殊教育师资培训的力量组合、措施、政策上给予充分的保证,并制定了时间表,规定力争到2002年左右使80%以上的教师达到大学专科毕业程度,10%的教师达到大学本科毕业程度,工读学校40%的教师达到大学本科毕业程度,培养若干名特殊教育专家,培养150名不同层次的骨干教师。

1999年,上海以"低起点、高目标、加速度"的理念,开展特殊教育学校干部和教师培训工作,实施了特殊教育教师资格证书,制定了随班就读师资培训方案,在全体教师中进行了"特教概论"培训。

"九五"期间,上海市又建立了华东师范大学学前教育与特殊教育学院,并与原有的特殊教育师资培训中心一起,共同构成特殊教育职前、职后完整的师资培养培训体系。通过新教师培养和各种在职培训,使特殊教育学校教师的学历层次、专业水平得到较大提高,教师的年龄结构也向年轻化方向发展。

另外,为了优化特殊教育师资队伍,上海市率先研究和制定了特殊教育学校教师双上岗证书制度,规定从事特殊教育的教师必须取得教师资格证书和特殊教育教师上岗证书,体现了对特殊教育教师的准入要求。

四、特殊教育科研

特殊教育是一个专业性很强的领域,必须以科学研究为基础。1996年6月,上海市教育科学研究院成立了特殊教育研究中心,加强了特殊教育方面的宏观政策规划及理论研究,用教育科研促进特殊教育的改革与发展。各类特殊教育学校及有关的普通中小学和幼儿园也在有关院校和专家的指导下开展了一系列科学研究,取得了可喜成果,研究方法逐步规范化、科学化和多样化,研究领域不断拓展。具体而言,主要的研究方向有以下几个方面。

一是特殊教育的基本理论研究和国内外特殊教育的比较研究。如中美特殊教育的比较、中美随班就读的比较、国内外特殊师范教育的研究、亚太地区特殊教育发展概况等。

二是特殊儿童的心理和行为研究。如智力落后儿童的心理和各方面发展(如语言能力、数学能力等)的研究,特殊儿童的人格研究,智力落后儿童的社会适应能力研究,学习困难儿童、孤残儿童、情绪行为障碍、孤独症儿童的心理、适应行为和学习能力等各方面能力的发展研究代表性成果。如支炜的《高年级弱智学生意志缺陷补偿的探索》(《上海教育》1998年第5期)、陈静菊的《一个低智商儿童的成长过程》(《上海教育科研》2001年第6期)等。

三是特殊儿童的教育和教学研究。如特殊儿童的家庭教育、特殊教育课程改革和教学模式的研究,个别化教育计划的编制和应用的研究,特殊儿童的职业教育和青春期教育的研究,各类残疾儿童教材的编制、课程的安排,多重残疾儿童的康复训练等。代表性成果如沈巧珠、朱凤华的《强化语言教育、探索康复新路》(《上海教育科研》1994年第10期)、孙圣涛等的《学前弱智儿童个别化教育的实验研究》(《上海教育科研》1997年第7期)等。

四是一体化教育的研究。如上海市智力落后儿童随班就读的可行性研究、随班就读和渐进的全纳教育的研究、学前特殊教育一体化的研究、随班就读的教学模式的研究等。代表性成果如陈东珍的《上海学前儿童一体化教育的构想》(《现代特殊教育》2000年第2期)、周林祥的《农村弱智儿童随班就读的可行性研究》(《上海教育科研》1995年第12期)等。

五是特殊儿童的评估。包括残疾儿童的类型的评定、程度的评定,决定特殊儿童应该接受怎样的教育训练,更新更科学的评估方法的运用(如团队评估、行为表现评估、以课程为基础的评估、产品集评估等)。代表性成果如杨艳云的《PASS模型与特殊儿童的评估与补救》(《上海教育科研》2000年第8期)、何金娣的《试述中度弱智儿童生存教育的多样化评量》(《上海教育科研》2001年第9期)等。

五、特殊教育的管理系统和社会各界的支持

特殊教育是一项需要整个社会共同参加的公共事业,需要社会各界积极、大力支持。因此,建立完善的管理和协调网络,争取社会各界支持具有重要意义。

早在1988年,上海市政府就成立了由八个有关部门领导组成的上海市残疾人工作协调小组,定期研究和解决包括特殊教育事业发展中遇到的问题在内的残疾人事业问题。经过多年努力,上海市形成了市、区县分级管理,以教育部门为主,农委、民政、卫生、计划、财政、人事、劳动和残联等部门密切合作,各司其职的管理体制。

其中,上海市教育委员会是特殊教育事业发展的主要职能部门。由上海市教育委员会副主任直接分管特殊教育工作,由23个处室和部门负责人定期研究和解决当年度特殊教育事业发展问题,并形成"年度特教工作要点",

由基础教育办公室具体负责协调行政管理,由上海市师资培训中心、教研室和教研员负责培训、教研和研究工作。各区县由分管局长和科长直接管理,特教指导中心具体负责特殊教育工作。

此外,上海特殊教育事业的发展还离不开社会各界的关心、重视和支持,良好的社会环境为上海特殊教育的发展提供了宝贵资源。1993年,上海市设立了特殊教育发展基金会,旨在表彰市优秀特殊教育工作者,以提高特殊教育教师的社会地位,鼓励他们终身从事特殊教育事业;旨在表彰坚持全面发展、顽强拼搏进取的市优秀残疾学生,以推动全社会关心、理解和支持特殊教育,促进上海特殊教育事业的发展。特殊教育发展基金会在全市范围内广泛开展"为残疾学生奉献爱心,为特殊教育贡献力量"活动,从而在全市形成了一个"特教特办"、全社会关心残疾人教育的氛围。在该基金会的倡议下,社会各界人士、企事业单位和群众团体纷纷捐款,支持特殊教育发展。与此同时,各区县教育部门还以实际行动帮助残疾儿童,积极开展帮困助学活动。如徐汇区教育局对不能到学校就读的40名适龄残疾少年儿童,实施"送教上门"的特殊教育方式;奉贤县教育局、民政局、残联每年筹资20万元,为奉贤惠敏学校的学生免除学杂费、住宿费、代办费等,使惠敏学校成为全市第一所免费特殊学校;嘉定区实施辅读学校"阳光工程",对在区辅读学校学习的学生实行免费上学,等等。此外,许多港澳台同胞、外国友人、慈善机构也纷纷慷慨解囊,为上海的特殊教育事业作出了贡献。如上海市徐汇区董李凤美康健学校就是由香港慈善家董李凤美女士捐资建成;2001年,香港慈善家田家炳先生捐资建造了华东师范大学学前与特殊教育学院(即田家炳教育书院);英华特殊教育师资培训中心是由香港英华渔人协会资助成立的,旨在通过对内地特殊教育工作者的多层次培训,促进聋教育的改革与发展;福特汽车(中国)有限公司和上海英国商会分别向上海市卢湾区辅读学校、上海市儿童福利院、上海市盲童学校捐赠了汽车。

第五节 老年教育

随着全球人口老龄化趋势的加剧,人口老龄化问题日益突出。20世纪60年代终身教育思想的形成及70年代"学习型社会"构想的提出则为解决老龄化问题提供了新的思路。20世纪后半叶,联合国开始关注老年教育,并提出了多项决议,从而为世界老年教育的发展和兴起提供了指导。1975年,国际第三年龄大学协会的创建标志着世界老年教育进入了新纪元。

我国老年教育尽管起步较晚,但发展较快。1983年,山东首先创办了全国第一所老年大学。随后各地开始兴办老年学校,发展老年教育。作为一项新兴的教育事业,中国的老年教育适应了改革开放和人口老龄化发展的需要,在终身教育体系中发挥着重要作用,同时也是解决社会老龄问题的有效途径之一。

一、起步中的上海老年教育

早在20世纪70年代末,上海就率先进入人口老龄化城市行列。以后,随着知青返乡及其引起的众多职工提前退休,进一步凸显了"老龄"问题的复杂性。到80年代初,为适应干部制度改革的需要,又出现了大批离休老干部。如何满足上海庞大的退休(离休)者群体的精神生活需求成为一个严峻的问题。1984年,中央提出了"老有所养、老有所医、老有所为、老有所学、老有所乐"的号召,为了响应这一号召,上海开始了老年教育的探索。

1. 老年大学的创办

1983年,创办老年大学的建议被中共上海市委采纳。在当时一无校舍,二无固定师资,三无办学经费的条件下,老年大学创办者本着"因陋就简"的原则,利用现有教育资源,借教室,聘老师,定课程,首先在静安、黄浦、南市、虹口和普陀五个区创办了教学班,所设课程有:静安区的花卉种植、摄影,南市区的老年保健、烹饪,黄浦区的国画山水、书法,虹口区的中国文学、书法。1985年5月开始正式上课,学校定名为"上海老年人进修学院",院长舒文。1986年,学校改称为"上海老年大学",这是上海市最早的市级老年大学。

继上海老年大学成立后,同年又成立了上海老干部大学。1987年,上海退休职工大学成立。1989年,上海老龄大学成立。这四所学校均为市级老年大学。在招生对象上,四所学校各有侧重,也有交叉补充;在办学上,互相促进,互相提高。它们是上海老年教育发展的重要阵地,起着推动上海老年教育发展的重要作用。除了最早建立起来的四所市级老年大学外,还有一批区县级的,如在1985年成立的杨浦区四平老年大学、虹口区老年大学等,它们与市级老年大学几乎同时起步。为了进一步推动上海地区老年教育的发展,1987年上海市成人教育委员会、上海市老龄工作委员会又委托上海老年大学承担起上海地区老年教育中心的任务,自此上海老年大学开始了上海老年教育发展之路的探索。

2. 老年教育兴起初期的特点

上海老年大学在创办初期,初步形成了上海老年教育的两大特点。

一是普通老人教育与老干部教育同时起步。上海老年大学与上海老干部大学都于1985年成立,前者的对象是普通老人,后者针对离退休的老干部,且两所学校都在许多区设有分校,这使老年大学的招收对象有层次、范围广,并在交错中有侧重。

二是当时就开始从不同层面发展老年教育,各地各级都开始兴办老年大学。上海老年大学于1985年创办了黄浦分校、长宁分校、静安分校。同年,区级老年大学杨浦四平老年大学和虹口老年大学相继成立,说明上海区县老年教育起步较早。1987年,上海老年大学受上海市成人教育委员会、上海市老龄工作委员会委托,在承担起上海地区老年教育中心的任务后,又开始在各地区调派专人开展调查研究、开现场会交流经验,广泛发展区县老年大学,为之后形成市、区(县)、街道(乡镇)、居(村)委四级办学网络奠定了基础,并逐渐成为上海老年教育发展的一大特色。

3. 老年大学初期的办学情况

"把老年人的需求放在第一位"是老年教育工作的宗旨。老年大学在创办初期,人们对老年教育普遍缺乏认识是其发展的一大思想阻力,很多人存有"老龄人学习没有意义,老年教育多此一举"的偏见。但热心于这项事业的人士坚持将"需"字放在第一位,从老年人的特点出发,积极主动地为老年人提供丰富多彩的学习生活。他们基于老年人多为自发学习的特点,坚持以学为主的原则,并根据老年人需要朋友、喜欢交流的心理特点,常常采取小组合作、讨论会等形式组织教学。

老年大学创办初期由于缺乏资金,校舍问题得不到解决,出现了"打游击"教学、上课地点不固定的情况。老年大学聘请的教师来自社会各界,有企事业单位的领导、高校的在职或离退休专家学者和有一技之长的能者。这些教师有较高的学术水平,乐于奉献,有些教师还义务教学不求回报,他们体谅老年人记忆力衰退等特点,上课认真耐心,不辞辛劳。

在课程设置方面,坚持"按需施教"的原则。老年人最大的特点是生理处于衰退期,所以健康成了老年人最为关注的问题。针对这一特点,老年大学开设了保健系列课程,受到广大学员的欢迎,并出现了供不应求的局面。除了身体健康,老年人的心理健康也是一个重要但极易被忽视的方面,而心理课程的开设帮助许多学员认识了自己的心态,克服了老年人常见的心理难题,从而积极地面对晚年人生。同时,在老年大学的学习本身也是结识朋友、排解寂寞的过程,在学习过程中,许多老年人的"退休综合征"不治而愈。此外,针对老年人充实的闲暇生活及他们陶冶情操、美化生活的需要,还设置了书法、国画、诗词、舞蹈、摄影等课程,圆了不少老人的"学习梦",使学员们实现了"第二人生价值"。

而老年人创作的大量优秀作品也发扬了我国宝贵的传统艺术,反映了社会和时代的伟大变化,这又为老年大学做了积极宣传,为处于发展初期的上海老年教育树立了良好形象。

在老年大学创办的起步阶段,虽然遇到了招生难、资金少等困难,但热心于老年教育事业的工作者们积极寻求社会各界的支持,以推动老年教育,他们的实践为20世纪90年代老年教育的快速发展做了准备。老年大学在上海的兴起,标志着上海老年教育进入了可持续发展的新阶段,它的出现促进了上海老年群体的健康化,并为解决社会老龄化问题开辟了新道路。

二、快速发展中的上海老年教育

进入20世纪90年代,随着我国社会经济的全面发展,上海老年教育事业也在快速前进,并在争取社会各方面支持,不断开拓创新的过程中,逐渐走上了多层次、多形式、多渠道发展的道路。

1. 空中老年大学与网上老年大学

新时代科技的日新月异为开展多种形式的上海老年教育提供了新手段,如利用现代化传媒开展老年教育。1995年,针对上海部分地区、街道教学资源缺乏、办学经费不足的困难,同时也为了扩大老年教育的覆盖面,上海老年大学与上海市老龄工作委员会、上海电视大学联合创办了空中老年大学(以下简称"空大"),尝试利用电视广播开展老年教育。同年10月,上海教育电视台开办了《上海空中老年大学》栏目,标志着上海依托远程教育手段开展老年教育的开始。

"空大"工作组由三家单位联合构成。上海市老龄委通过区县和街道(乡镇)老龄委指导基层进行"空大"集体收视点的宣传、组织和辅导工作,发动老年人在收视点或家中收看"空大"课程,并将组织收视的情况作为各级老龄委的考核内容之一;上海老年大学负责大纲的制定、教授的聘请、教材讲义的编写;上海电视大学则进行电视教学剧本的编写,拍摄讲课录像并安排播放。1995—2002年,"空大"共播放了"老年卫生保健""老年人社会心理""老年人权益的法律保障""足部反射区健康与老年常见病""孙辈教育""老年营养与食疗""银色盾牌""老年家政""老年人科学健康"等九门课程。每门都配有教材或讲义,并由知名教授、专家、学者授课。除此之外,"空大"还进行分区辅导,帮助老年人做好复习巩固工作。由于"空大"课程涉及老年人的身心健康、法制观念、科普知识与技能、家庭等与老年人息息相关的方面,所以较符合老年人的学习需求与兴趣。街道(乡镇)领导十分重视"空大"的发展,确保经费、场地、人员三到位,使收视工作持续化,同时加强考勤、考核、家访、巡查、通报、归档等规章制度的落实,使管理工作有序化。"空大"课程还辐射到邻近省市如浙江、江苏、福建等地,其集体收视点有3 000多个,遍及城乡,并扩展到福利院、托老所,收视学员达10万余人,特别是方便了聋哑等残疾老人和一些行动不便的老人收看。

随着信息化时代的到来,为了进一步适应知识型老人的需要,1999年2月,上海市老龄工作委员会、上海老年大学、上海电视大学又一次合作,联合创办了网上老年大学(以下简称"网大"),10月在上海热线、上海电视大学校园网上正式开通。"网大"工作组也是由三家单位联合组成:上海老龄工作委员会承担网上教学资源的制作费用;上海老年大学负责策划课堂内容,收集、编写栏目材料,制作网页;上海电视大学负责"网大"的网络管理、网络挂放、网络维护等工作及相关费用。"网大"为开放式网络,不收费,不用注册。网上内容主要涉及当今上海老年人的学习生活,如有《网上课堂》《老年教育信息》《老年优秀作品选》等栏目。2002年改版后,又增加了《老年风采》《心情故事》《老年咨询室》等栏目,这些丰富多彩的网页不仅可以使老年人浏览到新的知识和信息,还有助于学员们交流和沟通,受到上网老人的欢迎。

为了让老年人跟上时代,1995年,上海老年大学开办了第一个电脑班。随着老年人"学电脑热"的不断升温,各老年大学尽其所能扩大电脑班规模,让更多老年人用基本的电脑网络知识来武装自己。自上海市老龄工作委员会科学研究中心发起"关爱夕阳、扶老上网"活动后,市、区县各级政府十分重视,2001年11月,徐汇区启动了"扶万名老人上网"计划,相关活动在社会多方支持下蓬勃开展起来。

空中老年大学与网上老年大学是运用现代化传媒手段开展老年教育的成功尝试,在向上海市老年人提供开放式、多样化的教育方面迈出了第一步。它们的出现不仅满足了不同层次老年人的学习需要,也为社会的老龄健康化作出了重要贡献。可以说,覆盖城乡的远程教育是上海市老年教育发展中的一个重要层面。

2. 高校老年大学

无编制、无场地、无资金一直是老年大学发展中的难题,所以利用现有教育资源兴办老年大学是发展老年教育的途径之一。

上海高校教育资源十分丰富,在兴办老年大学上也占有明显优势。一是完备的硬件设施,如校舍、活动场地及优美的校园,为老年人提供了良好的学习环境；二是一流的软件，高校中既有在职的也有离退休的教师，他们知识水平高，教学经验丰富，是一支优秀的师资队伍。高校完善的管理又可以提高老年大学的办学效率和效益。除此之外，高校中浓厚的学术氛围无疑也对老年学员们起着潜移默化的作用。因此，1997年，在上海老年大学的支持下，上海师范大学率先创办了上海老年大学上海师范大学分校，利用高校资源兴办老年大学的热潮由此兴起。

上海师范大学是一所综合性大学，其丰富的课程种类完全可以满足老年大学的需要。上海老年大学上海师大分校在建校初设置了六门课程，之后为了满足更多老年人的愿望和需要，又进行了社会调查，征求开设课程的意见，不断增设新的课程，且逐步形成系列，如书法、国画、装裱、篆刻为一系列，声乐、钢琴、舞蹈为一系列等。在师资上，学校发挥自身优势，聘请了一批经验丰富、师德高尚、愿为老年学员服务的教师，他们体谅老年大学经费上的困难，不计报酬、无私奉献，教学上循循善诱、认真耐心。学校力求办出特色，如，钢琴课成为学科中的重点，食品营养与保健课以其丰富多彩的实践活动打出了名气，吸引了大批老年人。同时，学校还采取讲座、讨论、日常思想工作等多种形式加强老年人的思想教育。

上海老年大学上海师范大学分校的成功实践证明了高等学校不仅在兴办老年大学方面有优势，而且办成的学校具有多学科、高水平特点，适应了知识型老人的需要。此后，高校老年大学得到了大力发展。自上海老年大学上海师范大学分校创办后，上海交通大学、华东理工大学、上海财经大学、东华大学、华东师范大学、上海大学、同济大学也相继成立了上海老年大学分校。连同上海市退休职工复旦大学分校，上海市高校创办的老年大学达9所。

这9所高校老年大学共开设了8大类56门课程，包括：文化艺术类，体育舞蹈类，饮食、医疗、保健类，家庭经济理财类，电脑外语类，旅游与摄影类，家庭手工类，服饰礼仪类。统计资料表明，高校老年大学的教师人数为150人，具有高级职称的占52%；老年学员总数为5 998人，大专以上学历的占57%，高中以上学历（含高中学历）的占92%。这说明，教师与学生的知识水平普遍较高，教学主要面向"知识型"老人。高校兴办老年大学已成为一种发展趋势，并随着人们对老年教育认识的不断深入，越来越多的高校老年大学不断涌现。

市级老年大学与高校老年大学办学设施完备，师资力量强，学科门类多，教学质量好，适应文化层次高的老人的学习需求，所以这两类学校在上海老年教育发展中形成了面向"知识型"老人的一大层面。

3. 社区老年大学

上海区县老年教育起步早,潜力大。上海老年大学自1987年承担了上海市地区老年教育中心的任务后,开始深入基层,积极开展调查,研究区县、街道(乡镇)各级老年教育的发展。1997年,上海市成人教育委员会和上海市老龄工作委员会发文(沪老发〔97〕14号),正式委托上海老年大学为上海市地区老年教育中心,以加强对地区老年学校办学及业务的指导。接下来的几年中,上海老年大学培训师资,召开经验交流会,对区县老年教育中心的建立起了很大的推动作用。区县建立的老年教育中心成为基层老年教育的主要阵地,并以此辐射到街道(乡镇)、居(村)委老年学校,带动了各级学校的发展。

(1)街道老年大学

街道老年学校是一种新生的教育形式。与普通教育不同,它是老年大学依托社区,充分利用现有资源发展老年教育的一种尝试。如虹口区嘉兴路街道老年大学于1985年创办,走的是社会办学道路,它不但成功地解决了"三无"问题,而且办出了自己的特色。

嘉兴路街道老年大学在构成上有两大特点。一是领导人员从街道、老年教育队伍、机关、企事业单位来,是社区型的领导集体。他们通过各方面的配合,平时在经费、师资、课程方面群策群力,集思广益,共同克服困难。二是师资队伍体现了合作精神。任课教师有企事业单位领导,也有本社区内的大学教授、专职教师及有一技之长的能者。他们素质较高,教学内容丰富,有亲切感,吸引了不少社区老年人。通过学习,许多学员不仅学到了知识,还学了一些服务技能,增长了才干,接着他们又投身于社区服务,回报社会。

在办学过程中,嘉兴路街道老年大学十分重视合作,通过与社区内的许多单位成立"地区联谊会",双向服务,互相帮助,解决了办学少资源、缺场地等问题,同时找到"学习—服务—学习—再服务"这条发展老年教育的有效途径,并为其他社区老年大学的兴办和发展提供了经验。

(2)农村老年教育

对上海郊区广大的农村地区来说,发展乡镇老年教育是全面提高老年人素质的重要途径。1999年,市、区县级老年教育中心在加强市中心区老年教育的同时,也注意因地制宜地发展农村老年教育,针对农村老年人的特点开展工作。

农村老年人知识水平一般较低,观念也比较陈旧,所以不适合开设专业性强的课程。经过农村教育工作人员的几年摸索,把"政治形势""老年法""老年心理学""老年保健""科普知识""孙辈教育"等实用性知识的课程作为必修课。此外,还开设农业科技知识课,以满足农村老年人的学习需要。同时,为了加强管理,还制定了规章制度,如宝山区乡镇老年学校要求做到"四固定"——学员固定、教师固定、上课地点固定、上课时间固定,并且还用点名制度、考核制度等来规范教学。这一时期,农村老年教育工作的主要目标是要将农村老年学校办成思想教育的阵地、法律法规和政策教育的阵地、文化娱乐的阵地和科普教育的阵地。

上海在老年教育的实践中,出现了一批先进典型。如金山区的山阳镇、南汇区的万祥镇、崇明县的堡镇、宝山区的杨行镇和闵行的华泾镇等,它们的老年教育办得十分红火。以宝山区为例。宝山区自成立老年教育中心以来的成功实践证明了农村老年教育有着格外深远的意义。一方面,通过对《政治形势》的学习,一些对改革开放政策不理解的老年人从农村和自己家庭的巨大变化中看到邓小平理论给中国人民带来的实惠,认识到邓小平理论的时代先进性,由此沟通了新老两代人的思想,化思想阻力为思想动力,促进了地区经济建设的顺利发展;另一方面,由于封建迷信思想长期影响农村,尤其是一些老年人观念陈旧,致使一些地区迷信活动一度盛行。农村老年大学则将老年人组织起来,通过加强社会伦理道德、科普知识、老年心理保健等知识的教育,改善了老年人的心态。除此之外,老年大学开设的"老年法""孙辈教育"等课程,也成功地帮助许多老年人解决了他们遇到的家庭问题,如子女互相推诿赡养责任的问题和老人教育孙辈过程中包办代替、溺爱的问题等。此外,老年学校还是增进老年人晚年心理健康,排解寂寞,调整心态的好场所。

农村老年学校是促进两个文明建设的重要阵地,尤其在建设农村精神文明方面的作用更为突出,在发展老年教育的同时,也促进了经济的发展和法制的普及。而农村老年教育作为基层老年教育重要的一部分越来越受到重视,更多的农村老年人享受到老年教育,直接服务了农村精神文明建设。

此外,上海市总工会和上海市退休职工管理委员会还利用工人文化宫和工会俱乐部等资源建立上海市退休职工大学分校,并初步获得成功。许多区县的敬老院、福利所、干休所、街道文化馆也办起了老年学校,郊区不少成人学校也办起了老年班。在社会各界的帮助下,上海老年教育逐步走上"社会化办学"的道路。

总的来看,上海市的社区老年教育涉及面广、贴近社区老人、发展迅速,受到领导的重视。本着"理顺体制、落实经费、规范办学、资源共享"的方针,上海市城乡老年教育有了长足发展,依托社区、面向社区老年人的社区老年大学成为上海老年教育发展的又一层面。

三、走向成熟的上海老年教育

20世纪90年代,上海老年教育的快速发展,形成了三大层面:教育对象以"知识型老人"为主的市级老年大学和高校老年大学,面向社区老年人的社区老年学校,覆盖城乡的空中老年大学和网上老年大学。在四所市级老年大学的带动下,区县、街道(乡镇)、居(村)委三级老年大学蓬勃发展。到2001年,上海市有区县、局、大企业、部队老干部大学及市级老年大学共62所,街道(乡镇)老年学校134所,居(村)委老年分校或教学点3 468所(个),学员20万人次,空中老年大学已有收视点3 000余个,学员约10万人次,形成了市、区县、街道(乡镇)、居(村)委老年教育的四级办学网络,初步构建了以远程网络为依托,覆盖城乡的开放的老年教育系统。

20世纪末21世纪初,困扰老年大学多年的"三无"问题日益受到上海市领导的重视,老年教育的办学条件也有了明显改善。1997年,上海市老干部大学迁入青松城,新校舍设施完备,面积930平方米。1998年,上海市退休职工大学迁入银发大厦七楼。1999年,上海老年大学迁入面积3 800平方米、装饰一新的新校舍(原上海教育学院南部),结束了六次搬迁、"游击"办学的历史。2001年,上海老龄大学迁入静安大厦三个楼面2 300平方米的新校舍。这些校舍设施先进,配有电脑房和钢琴、舞蹈的专用教室,为市级老年大学的教学提供了保证。与此同时,区县老年学校办学条件也有不同程度的改善,其中普陀、徐汇、宝山、杨浦、长宁、闸北等区教育局通过调拨独立校舍或资源共享的方式给予了大力支持。此外,为使上海老年教育向规范化的方向发展,老年教育的教学制度也进一步完善,减少了教学的随意性。1998年,上海市教育委员会颁布了《上海市老年教育机构设置的暂行规定》,为机构设置提供了政策依据。

在理论研究上,上海老年教育的主要推动力量是上海老年教育协会和上海老年专业委员会。自20世纪90年代开始,以上两个组织对上海老年教育的若干方面,如体制改革、教学质量、管理体制、思想工作、教材开发等进行了研究,并在每年年会上交流。上海老干部大学还于2001年出版学报,定期汇总理论研究成果。2002年初,上海市教育委员会将"上海老年教育的现状及发展研究"列为重点调研课题,经过半年多的调查研究,完成了《市级老年大学的现状及发展研究》《上海市区(县)老年教育的现状及发展研究》《上海市老干部大学的现状及发展研究》《运用现代化手段开展老年大学的现状及发展研究》《利用高校资源开展老年教育的现状及发展研究》《发展老年教育的政策研究》《国内部分省市老年教育的现状及发展研究》《当前国外老年教育的现状及发展研究》等多份研究报告,并收集部分市、区县、街道(乡镇)老年教育的案例,编写出版了《上海老年教育的现状及发展研究》一书。这些理论研究的成果是发展老年教育的理论基础,对进一步完善上海老年教育网络,健全上海老年教育体制起着指导和借鉴作用。

与此同时,上海老年教育的国内外交往也逐步拓展,先后与十多个省、直辖市、自治区的老年教育同行进行了交流,并接待了亚洲、欧洲、美洲等老龄工作者的参观考察。如2001年上半年,接待了国际第三年龄大学协会主席路易·波吉瓦教授。

总的来说,上海老年教育以"老有所教""老有所学"为主要目标,在四级办学网络、现代化传媒手段、规范化建设和理论研究、科学实验等方面取得了一定成果。

四、老年教育问题与发展规划

1. 上海老年教育存在的问题

据2001年统计,上海接受老年教育的老年人占老年人总数的12%左右,而60岁以上的学员只占总数的5%。上海的老年教育相对滞后于社会经济发展和人口老龄化的速度,而老年教育的资源配置不平衡是造成这一现象的重要原因。一些办学条件好、教学质量高的老年大学,比如市级和高校老年大学,登记入学人数大于其接纳能力,而另一些老年大学设施落后、师资力量弱、课程乏味,致使老年人不愿上,学校生源不足,于是出现了老年学校供不应求和资源浪费并存的局面。

上海老年教育的问题表现在认识不到位、管理不到位、体制不到位、法规不到位、投入不到位五方面,而根本原因在于认识不到位。一是许多老年人缺乏终身教育意识,没有"老有所学"的意识。不少老年人宁愿把时间花在麻将桌上,也不肯进老年大学学习。二是社会对老年教育的认识不到位,没有突破老年教育不过是"玩玩乐乐、消磨时间"的偏见。三是政府部门对老年教育认识不到位,对终身教育体系中最后一个阶段的教育相对忽视。21世纪初,仍有一半左右地区的老年教育日常经费没有达到标准,多数老年大学校舍简陋,设施较差。而空中老年大学和网上老年大学也由于经费不足陷入危机。走上"社会化办学"的老年教育由于机构复杂,需要一定的监督管理,但因没纳入政府部门的职责范围,所以缺乏统一管理。此外,认识不到位也造成法规不到位,以致相关法规迟迟无法细化,法律监督作用不能发挥。

2. 上海老年教育发展规划

在总结前人经验、展望时代潮流的基础上,上海老年教育工作者们绘制了未来上海老年教育发展的美好蓝图,使其与上海现代化大都市、学习型城市的特点相适应,与上海人口老龄化发展程度相适应,与终身教育及其他社会事业协调发展。

一是理顺上海老年教育和管理体制。在上海市老龄工作委员会内建立由上海市教育委员会牵头、有关部门参加的上海市老年教育工作小组,讨论和协调全市老年教育中的重大问题,健全老年教育协会,逐步形成政府统筹领导、教育部门主管、有关部门配合、社会积极支持、学校自主办学、老年人广泛参与的运行机制。

二是制定老年教育行政法规,为老年教育的开展提供法律保障。一方面实行依法办学,使上海老年教育更加健康发展;另一方面制定鼓励和支持老年教育发展的政策,进一步鼓励社会各界支持老年教育事业。

三是逐步把老年教育纳入成人教育和终身教育规划。

四是进一步健全市、区县、街道(镇)、居(村)委老年教育四级办学网络。

五是继续运用现代化传媒手段发展多形式的老年教育。通过解决资金问题,引进人才继续办好空中老年大学和网上老年大学,逐步增加新的课程;并在适当的时候,建立上海广播老年大学,以进一步扩大老年教育的覆盖面。

此外,通过加强老年教育的理论研究来指导实践也是老年教育工作的重点。

经过多年的探索与实践,上海老年教育走出一条多层次、多形式、多渠道发展的新道路,初步形成具有中国特色、时代特征、上海特点的老年教育体系,走上了"自主办学、自我积累、不断发展"的良性循环的健康轨道,并逐渐成熟起来。

第六节 社区教育

诞生于20世纪80年代中期的上海社区教育,经过多年的探索、实践和发展,充分显示出其强大的生命力和广阔的发展前景。这一事实说明,上海城市社区教育的出现不是偶然的社会现象,它适应了社会发展和教育发展的共同需要。

一、上海社区教育的兴起(1985—1992)

1985年9月,闵行、吴泾地区的一批大型工厂企业,以厂区附近地域为界限,由上海氯碱总厂牵头,率先建立了地域内的工厂、商店、医院、机关和学校联合组成的社区支教基金会,这是上海社区教育组织的雏形。上海成为中国社区教育的发源地。

1986年9月,在普陀区真如镇人民政府的支持下,由上海市真如中学牵头,创立了真如中学社会教育委员会。该委员会由学校和社区附近的企业、商店、部队、镇政府组成理事单位,共同研究如何支持学校工作和加强青少年教育,使得办教育不再是学校一家的事情。同时由学校为企业单位提供职工文化培训,实现学校、家庭、社会一体化教育,优化校外教育环境,促进学校整体改革,实现学校与社区双向服务。1990年5月,当时的上海市教育局局长袁采在上海市社区教育工作经验交流会上总结真如中学成立社会教育委员会的经验时指出:"这一实践,拉开了上海社区教育的序幕。"之后,不少中小学也成立了社区教育委员会。这是上海社区教育的孕育阶段。

1988年3月,上海出现了街道一级社区教育委员会,即闸北区新疆路街道和彭浦新村街道的街道社区教育委员会。该委员会由街道办事处牵头,由街道辖区内工厂、商店、机关、学校、部队、派出所等单位参加,其目的是支持和促进本地区教育事业的发展。由街道办事处牵头的社区教育委员会这一组织形式较好地将政府的权威性和社会的创造性结合起来,逐步形成了政府为主、社会参与办学的格局。这表明,由街道办事处牵头的社区教育委员会成为实施学校、社会、家庭一体化教育的形式。在这两个街道社区教育委员会的成立大会上,市领导强调指出:"社区内的企事业单位和社会各界要支持教育事业,学校要支持社会和工厂、企事业单位,唯有实现这种双向服务,才能使社区教育委员会这一新生事物保持旺盛的生命力。"当时的上海市教育局局长袁采也肯定两个街道建立的社区教育委员会"是实施学校、社会、家庭一体化教育的好形式"。同年10月,国家教委领导视察新疆路街道社区教育工作时给予高度赞扬,并要求基础教育司总结上海社区教育的经验,向全国推广。

1988年4月,中共长宁区委和长宁区政府牵头成立了由区委、区政府、区人大、区政协的主要负责人担任正副主任,区内各系统各部门共同参与的区一级社区教育委员会——长宁区社区教育委员会。该委员会将辖区内的各方力量组织起来,共同关心支持教育。全区11个街道(镇)同时也成立了社区教育委员会,形成了区、街道(镇)两级开展社区教育工作的格局。之后,其他各区和街道(镇)相继建立社区教育委员会。至1990年底,全市11个区县和141个街道(镇)全部建立了两级社区教育委员会,还有部分街道(镇)的居民委员会也建立了社区教育领导小组。此外,由学校牵头组织的社会教育委员会的数量也有所发展,除真如中学、向明中学、曹杨二中、建平中学、番禺中学外,还有华东模范中学、洋泾中学、东昌中学、陕西中学、清华中学、兴业中学、东新中学、北海中学、十八中学、卢湾区第二中心小学、长宁区法华镇路第三小学等几十所学校。

在上海社区教育蓬勃兴起和迅速发展的过程中,各级领导给予了充分肯定和积极支持。江泽民同志曾指出:"社区教育是上海的创造,这面旗帜不能倒。"时任市长朱镕基在市长办公会议讨论通过的《关于加强教育工作的意见》中也明确指出:"要积极推行社区教育委员会的经验。"1990年5月,由上海市人民政府教育卫生办公室召开了上海市社区教育工作经验交流会,当时的中共上海市委副书记陈至立在会上指出,"开展社区教育不仅是发展社会主义教育的有力措施,也是实现社会教育一体化的必由之路"。

1990年5月,国家教委在上海召开了全国城市德育工作会议,会议促进了上海的社区教育工作,使上海社区教育进入了一个不断巩固、完善并向纵深发展的新阶段。所有区县不仅都建立了社区教育委员会,而且还建立了由各区县社区教育委员会办公室主任参加的工作例会制度。为了进一步加强全市社区教育工作的指导、规划、协调和管理,1992年又成立了上海市社区教育办公室(挂靠上海市教育局),形成了市、区县、街道(镇)三级组织体制的社区教育网络,并制定了《上海市社区教育工作暂行规定》,以推动上海社区教育工作的健康发展。

从1985年到1992年,上海社区教育的发展呈现出如下特点:

第一,社区教育兴起的标志——社区教育委员会建立,并形成区县、街道(镇)、学校三级社区教育组织。

第二,社区教育兴起的目的——社会支教,即社会共同关心教育。这里所讲的"教育",主要是指青少年校外教育,其中,尤以关心青少年健康成长,构建以学校教育为主导,家庭教育为基础,社区教育为依托的大德育体系为主要目的。

第三,社区教育的行为主体——学校,即以学校为主导开展社区教育。这一方面反映了社区教育委员会的日常运作实际由学校来左右,这种情况在学校牵头组成的社区教育委员会中较为突出;另一方面则反映在"优化校外育人环境,逐步形成整体育人新格局"这一目的之中的"人"常被狭义理解为"中小学在校生"。

第四,社区教育的内容——以德育为核心。这与社区教育兴起的初衷——建立大德育体系直接相关。

第五,社区教育的实质——中小学德育社会化,充其量也只是中小学教育社会化。①

由此可知,这一阶段的社区教育还不成熟,还没有反映出社区教育的本质,因而不是严格意义上的社区教育。应该看到,它是与该阶段的社会发展条件、人的需求度以及教育自身内在发展的不成熟相适应的。然而,在这种"不完整的"社区教育模式中毕竟已经出现了社区教育的雏形,在这一阶段建立的社区教育委员会,为下阶段完整意义上的社区教育的形成提供了很好的组织基础。

二、上海社区教育的形成(1993—1998)

1993年以后,上海市的社区教育逐步走上了"地区为主、政府协调、社会参与、双向服务、共建文明、同育新人"的道路,社区学院(校)也在各区县先后创办,社区教育开始由学校教育真正走上以全社区成员为教育对象的规范之路,主要表现在以下几个方面。

第一,社区教育观念有了更新。在上海迅速变革发展和面临挑战的新形势下,在国际社区教育思想的影响下,更多的社区工作者和学校教育工作者从狭隘的传统学校教育领域拓展出来,树立了大教育观,进入了以社会为大背景的立体的、多维的社区教育领域。他们认识到社区教育是社区各种教育因素的整合,带有综合性,它以社会全体成员为对象,又具有全员性、终身性和全方位性等特点。

第二,社区教育实体得到普遍建设。例如,1992年4月,真如镇社区教育学校成立;1993年3月,普陀区东新街道兴办了东新社区学校;同年6月,南市区小东门街道建立了小东门街道社区教育中心等。这些没有围墙的社区教育机构,以社区为中心,面向社会全体成员。更令人关注的是,1994年11月11日,经上海市人民政府批准,全国第一所社区学院——上海市金山社区学院正式挂牌成立。该学院成立的宗旨是"立足社区,服务社区,促进社区发展",它是集学历教育、职业培训、继续教育、社区服务等功能于一体的综合性的、具有社区特色的新型高等教育机构。1997年5月,经过四年筹备的上海市长宁区社区学院正式成立,该院通过优化组合和积极开拓,形成了二级管理三级办学的组织网

---

① 学习化社区建设指南[EB/OL]. http://www.jd.edu.sh.cn/book/xxhzn/xu.htm

络,即除成立总部、分部(分院)外,还向基层延伸,在该区9个街道1个镇全部建立了社区学校。

第三,社区教育活动深入展开。在区县、街道(镇)社区教育委员会的领导下,上海各社区组织开展了多层次、多内容、多形式的社区教育活动。一方面,社区教育活动的内容涉及社区生活的诸多方面。比如,上海市闸北区芷江西路街道三年累计培训社区成员3万人次以上,先后对双休日职工、高龄老人、外来人口、下岗待业失业人员、居委会干部等各类人员进行了各种培训。再如浦东新区潍坊街道社区教育的内容涉及电脑、书法、绘画、法制、家政、英语口语、环保知识、卫生保健、子女教育、就业指导等。另一方面,社区教育活动又深入到社区的每一个家庭。各社区在终身教育和学习化社会理论的指导下,广泛开展了各种终身教育和社区教育的宣传活动。如各社区根据自己的情况组织终身教育节、终身教育宣传周、社区教育读书节、学习型楼组和学习型家庭评选、六进家庭活动(指科学知识进家庭、法律知识进家庭、家庭育儿知识进家庭、文化艺术进家庭、卫生保健进家庭、全民健身进家庭)及社区英语角活动。通过丰富多彩的社区教育活动,有效提高了社区居民参与终身学习的自觉性、主动性,提高了社区成员的思想文化素质,满足了他们终身发展的需要。同时,在社区中营造了浓郁的学习氛围,优化了社区的人际环境,提高了社区的文明程度,推动了上海向学习型城市、学习化社会迈进的步伐。可见,这一时期的社区教育真正是"社区"在唱主角了。

第四,社区教育网络逐渐形成,社区教育资源得到充分利用。按照上海市教育委员会的规划,上海充分利用社区内现有的各种教育、文化、科研、体育等资源,构筑横向联合、纵向沟通的社区教育网络,为市民提供教育服务,并逐步做到教者有渠道、学者有其校。具体步骤是各区县在政府和各级社区教育委员会的统筹指导下,以社区学院为社区教育网络的龙头,充分发挥其在办学、联络、咨询和教学业务上的指导作用。同时,进一步整合社区内的教育资源,形成由社区内的街道社区学院、科普中心、中小学校、职业技术学校、文化体育中心、社区服务中心、老年休闲中心、居委市民学校、电教站、电脑互联网络等多层次全方位的社区教育多级网络,为广大市民提供更多的学习机会。建立了教育机构之间的沟通合作网络、学校与社区的沟通合作网络、学校与企事业单位的沟通合作网络,同时充分开发社会各方面的教育资源,并加以利用,转化为教育手段,如社区中的各级学校、文化馆、图书馆、体育场馆、博物馆、电影院、爱国主义教育基地、部队等单位都开始积极投入到社区教育活动中。特别是上海市学校教育和社区的沟通结合工作更是做得有声有色。社区的教育资源为学校的青少年教育所利用,作为校外教育基地;同时学校的教育资源也向社区开放,特别在双休日向社区开放,为街道使用。许多街道还提出让学校"清晨闹起来,晚上亮起来"的口号,充分利用学校的教育资源为社区服务。有的社区和学校共同组成社区教育讲师团,为社区居民服务;有的社区与高校挂钩,让在读大学生到街道挂职或实践锻炼。如同济大学研究生到街道实习并研究社区管理,写出论文三十多篇;上海第二医科大学的研究生到街道定期为老年居民进行医疗保健服务。1995年4月,上海交通大学和徐汇区政府签约,在上海交通大学校区内共建徐汇青少年教育基地,上海交通大学的教育资源向徐汇区青少年开放。这些活动的开展,增强了社区教育的力量,加深了社区居民对社区的认同和归属。

第五,社区教育管理体系进一步形成。全市所有的区县和一百四十多个街道(镇)均建立了社区教育委员会,其功能是将这个社区内的所有机关、企业和学校等组织起来,提供各具特色的教育资源,共同参与社区的各项教育活动。上海探索和完善的是"二级政府、三级管理"的城市管理新体制,即发挥市、区县二级政府的职能,延伸街道委员会的政府职能,加强政府部门对社区的行政管理,这就提升了社区的地位和作用,扩展了社区责任。在全市形成了区县、街道(镇)、居(村)委会三级管理网络,其中,区社区教育委员会作为宏观调控枢纽,以街道社区教育委员会作为重要环节,以学校为中心的社区教育委员会作重要补充。

第六,社区教育工作者的培训有了良好开端。社区工作者的素质直接关系到社区教育开展的成效。在上海,社区教育工作者的培训有了良好开端,社区工作者持证上岗制度逐步推行。1996年,上海市社区教育研究中心成立后,举办上海市首期社区成人教育工作者研修班。其后,上海市采取了统筹规划、分级培训措施,规定街道(镇)一级的社区教育工作者由市行政学院负责培训,其他人员由各区县依托区县属教育机构自己负责培训。培训内容主要是进行社会工作的基本理论和方法,有关社区发展、社区服务、社区文化和社区教育的专题学习和研讨。另外,一些社区教育发展较快的社区如潍坊街道办事处还和华东师大合办了社会学研究生课程进修班,安排30名社区干部参加为期两年的学习。通过以上措施,上海市社区教育工作者的整体素质和社区工作能力得到全面提高。

综上所述,这一阶段的社区教育较上一阶段,又有了新的变化,表现出以下特征。

第一,社区教育的标志——以社区为本的社区学院(校)开始成立。它是社区教育的"龙头",是社区成员的终身学习中心,表明上海市的高等教育开始为大众服务。

第二,社区教育的目的——服务社区,促进社区及其成员发展。这既是社区教育的出发点,也是社区教育的归宿。

第三,社区教育的对象——社区全体成员。社区教育机构一经成立,就明确了它要为社区全体成员的终身学习的各方面需求服务。

第四,社区教育的行为主体——社区及其成员。即以社区为主体,以社区成员作为主要角色开展社区教育。这主要体现在:其一,社区自主办学,包括社区自主决定培训目标,自主决定培训计划,自主选定和撰写培训内容和教材,自主控制培训过程和质量,等等。其二,社区自主管理,包括社区自主建立社区教育管理体制,自主形成社区教育的师资队伍,自主发展社区教育的条件设施,自主制定社区教育的配套政策,等等;即使是社区学院这样的高等教育机构,也是在行政性社区领导及各方代表组成的董事会领导下运行的,体现了社区的意志。其三,社区成员积极参与,由被动转为主动,辅助转为主角。

第五,社区教育的内容——社区成员终身发展的学习需求。总括这阶段社区教育的内容,可以说,它比其他教育形态所包含的内容更为丰富多样,也远远超出了上一阶段社区教育的内容。

第六,社区教育的实质——教育社会化和社会教育化的统一,营造学习化社会。①

三、上海社区教育的发展(1999—2002)

进入20世纪末,许多沿海发达地区经济持续稳定发展、社会进步、市民生活水平日益提高,对教育的需求旺盛,与此同时,社区教育在全国也有了一定基础,特别是在上海等地具备了良好的发展条件。在这种情况下,由部分省、市(区)发动推广的社区教育转向由教育部牵头在全国范围内广泛实施。1999年1月13日,经国务院批转的教育部《面向21世纪教育振兴行动计划》要求:开展社区教育的实验工作,逐步建立和完善终身教育体系,努力提高全民素质。2000年,中共中央办公厅、国务院办公厅转发民政部《关于在全国推进城市社区建设的意见》,强调要大力开展社区教育。应该说,国务院及有关党政职能部门对社区教育政策、文件的颁发,对社区教育起到了导航作用;而全国许多省、市

---

① 学习化社区建设指南[EB/OL]. http://www.jd.edu.sh.cn/book/xxhzn/xu.htm

（区）的经济发展、社区进步、农村城市化进程的加快、社区建设的加强以及市民教育需求的旺盛，又为社区教育的开展打下了良好的基础。发展社区教育，构建终身教育体系，建立学习化社会，则是中国教育改革和发展的方向。

1999年6月，时任上海市市长的徐匡迪在上海市教育工作会议上率先提出建设学习型城市。随后，苏州、杭州、北京等城市相继提出建设学习型城市。2001年5月，在APEC人力资源能力建设高峰会议上，江泽民同志提出"构建终身教育体系，创建学习型社会"。2001年11月，教育部、中央精神文明建设指导委员会办公室、民政部在北京召开全国社区教育工作经验交流会，将全国社区教育实验区扩大到28个，其中上海市有三个区，分别是闸北区、嘉定区和浦东新区。以此为标志，上海的社区教育进入了一个新的发展阶段。

1999年1月，上海市政府召开上海市成人教育工作会议，明确提出建立社区成人教育制度，并开始进行学习化街道和学习化乡镇建设的试点工作。上海市成人教育工作会议以后，上海的社区教育规模不断扩大，水平不断提高。2000年11月，上海市教育委员会确定了徐汇区田林街道等14个街道（镇）为学习化社区实验基地。

在这个阶段，上海的社区教育从整体上体现了四个方面的变化。"一是教育对象从以中小学生为主，向社区全体居民发展；二是工作目标从以优化青少年学生校外教育环境为主，向加快社会化终身教育体系建设、创建学习化社区发展；三是教育内容从以青少年学生德育为主，向全方位满足社区居民需求、提高社区居民整体素质和生活质量发展；四是运行方式从以社区学校服务为主，向社区和学校相互支持、相互依靠，教育和社区建设互动发展。"①可见，社区教育作为正规教育的延伸和补充，其作用更加凸显；社区学院的建立成为高等教育大众化的补充；大量市民需要的社会生活教育、老年人教育、下岗职工教育等都由社区教育来承担，成为学校教育、家庭教育和社会教育的重要衔接点；与此同时，也促进了大教育自身的发展。

进入21世纪，上海的社区教育正向全民教育、高等教育大众化和终身教育方向发展，正在向社区成员提供"在智能上、审美上、职业上、公民道德上得以继续发展的可能性"，以迎接学习化社会的到来。

---

① 上海市教育委员会.上海市积极发展社区教育，努力建设学习型城市[EB/OL]. http://www.sqjysy.org.cn/b-6.asp

附录

上海教育大事记(751—2002)

751 年(唐天宝十载)

置华亭县。今上海市境多属华亭县。

1086—1093 年(北宋元祐年间)

建有华亭县学。

1217 年(南宋嘉定十年)

立嘉定县。两年后建县学。

1222 年(南宋嘉定十五年)

华亭青龙镇监镇赵彦敬创建青龙镇学。

1244 年(南宋淳祐四年)

通判杨谨在崇明岛建天赐书堂。

1265—1274 年(南宋咸淳年间)

设上海镇。唐时措、唐时拱兄弟捐资建古修堂,实为上海镇学。

1272 年(元至元九年)

里士吕良佐在金山建璜溪义塾。

1277 年(元至元十四年)

华亭县升为府,次年改称松江府。华亭县保留。原华亭县学升为松江府学。又设崇明州,建州学。

1292 年(元至元二十九年)

设上海县,辖于松江府。

1294 年（元至元三十一年）

上海镇学改为县学。

1295 年（元元贞元年）

知府张之翰修建西湖书院。

1341—1368 年（元至正年间）

上海县尹刘辉兴建各乡社学 161 所。

1369 年（明洪武二年）

崇明州学改为县学。

1370 年（明洪武三年）

华亭知县冯荣重建县学。

1439 年（明正统四年）

巡抚、工部侍郎周忱建金山卫学。

1534—1537 年（明嘉靖十三年至十六年间）

嘉定知县李资坤重建四门小学，并在全县 16 镇各建小学一所。

1573 年（明万历元年）

设青浦县，知县石继芳建县学。

1604 年（明万历三十二年）

嘉定知县韩浚建明德书院。

1727 年（清雍正五年）

南汇知县钦琏建县学。

1747 年（清乾隆十二年）

宝山知县赵酉建县学。

1748 年（清乾隆十三年）

按察司翁藻、上海知县王侹利用世春堂旧址建申江书院。

1760 年（清乾隆二十五年）

奉贤、金山县学从华亭县学中分离独立。

1770 年（清乾隆三十五年）

申江书院扩建改名敬业书院。

1828 年（清道光八年）

署巡道陈銮甄选敬业书院诸生于上海县治南也是园（又称蕊珠宫）内授课，此处又称蕊珠书院。

1847 年（清道光二十七年）

美国基督教圣公会中国布道区第一任主教文惠廉创办怀恩小学，这是基督教在上海所办的最早的教会学校。

1849 年（清道光二十九年）

徐家汇圣依纳爵天主教传教士晁德莅收留因江南水灾无家可归的男童12人。次年正式建校于徐家汇，名徐汇公学，又名圣依纳爵公学。

法国天主教会设土山湾孤儿院，对孤儿实施技艺培训。1852年创办土山湾画馆。

1850 年（清道光三十年）

4月，美国公理会传教士裨治文夫人爱丽莎·格兰德创办的裨文女塾开学。

是年，英国圣公会在租界区设立英华学塾（后称英华书馆），招收10—13岁男孩入学。

1851 年（清咸丰元年）

美国传教士琼司在虹口创办文纪女塾。此为圣玛利亚女校的前身之一。

1853 年（清咸丰三年）

天主教耶稣会在上海南市董家渡设立明德学校。初为小学性质，后扩充为中学，即仿德女子中学。

1855 年（清咸丰五年）

因小刀会起义焚毁，经上海道台和县署同意在西门内原游击右营废址（今文庙路）建新学宫，后多次修葺。

法国天主教曾在张家宅设立经言小学。

1860 年（清咸丰十年）

美国长老会教士范约翰于沪南陆家浜创办清心男塾，招收因战乱而流离的儿童入学。学校后来扩展为清心中学。

1861 年（清咸丰十一年）

美国长老会教士范约翰夫妇创办女塾。次年扩展为清心女学，又名娄离华学堂。

1863 年（清同治二年）

3 月，清廷准李鸿章奏请，仿照同文馆之例，于上海添设外国语言文字学馆，培养翻译和科技人才，初名上海同文馆，1867 年改名上海广方言馆。

1864 年（清同治三年）

上海道台应宝时在上海城厢设立崇正官塾 4 所。

1865 年（清同治四年）

曾国藩、李鸿章在上海创办江南机器制造局。两年后，采纳容闳建议，在制造局内附设机器学堂。

丁日昌倡议并率吏属等捐资创办龙门书院。

美国基督教圣公会文惠廉创办培雅书院。

1866 年（清同治五年）

美国基督教圣公会创办度恩书院。

1867 年（清同治六年）

法国天主教拯亡会在徐家汇王家堂圣母院设立经言女学。

1868 年（清同治七年）

6 月，江南制造局附设翻译馆正式开馆。

1870 年（清同治九年）

广方言馆迁入江南制造局。

1871 年（清同治十年）

5 月，天主教拯亡会修女创设圣约瑟书院。

1872 年(清同治十一年)

8月,陈兰彬、容闳率第一批留美幼童詹天佑、梁敦彦、蔡绍基、黄开甲等30人由上海起程,赴美留学。

1873 年(清同治十二年)

3月,上海道沈秉成创设诂经精舍。

1874 年(清同治十三年)

9月,天主教耶稣会主办的圣芳济学堂正式开学。

是年,江南制造局附设学习军事工程技术的操炮学堂。

麦华陀倡议,徐寿、傅兰雅等筹设格致书院。

1875 年(清光绪元年)

5月,上海基督教清心书馆刊行《小孩月报》,是为中国最早的儿童画报。

1876 年(清光绪二年)

6月,格致书院正式开院。

是年,上海道台冯焌光捐银2万两创设求志书院。

1877 年(清光绪三年)

5月,首次在华基督教传教士大会在上海举行。会上,狄考文、林乐知等发起成立"学校与教科书委员会"(又称"益智书会"),为教会学校编写、出版教科书。

1878 年(清光绪四年)

张焕纶、徐基德、朱树滋、范本礼、张焕符等"推本古人小学遗意,略参泰西教育之法",创办正蒙书院(1886年改名梅溪书院,1902年改名梅溪高等小学堂)。

1879 年(清光绪五年)

基督教圣公会教士施约瑟将培雅书院、度恩书院合并为圣约翰书院。

1881 年(清光绪七年)

基督教圣公会将上海文纪、裨文两所女校合并,成立圣玛利亚女校。

美国传教士林乐知创办中西书院。

1882 年（清光绪八年）

上海设立电报学堂，姚彦鸿任总办。

公共租界纳税人年会通过决议成立"教育委员会"。

1890 年（清光绪十六年）

5 月，第二次在华基督教传教士大会在上海召开，将 1877 年成立的"学校与教科书委员会"改组为中华教育会。

1891 年（清光绪十七年）

8 月，汉璧礼养蒙学堂正式开学。

1892 年（清光绪十八年）

3 月，中西女塾开学，海淑德任校长。

是年，圣约翰书院增设正馆（即大学部），分文理、医学、神学三科。

仁济高级护士职业学校成立。

1896 年（清光绪二十二年）

钟天纬于经正学堂旧址创办三等公学（也称三等学堂）。

钟天纬、张经甫（即张焕纶）、宋燕生（即宋恕）、赵颂南、孙仲瑜、胡仲巽等人组织成立申江雅集，七日一叙，讨论改良教育问题。是为中国人在上海组织的第一个具有教育研究性质的团体。

盛宣怀奏设南洋公学获准，次年 4 月在上海正式开学。

1897 年（清光绪二十三年）

2 月，夏瑞芳、鲍咸恩、鲍咸昌、高凤池等在上海创办商务印书馆。

是年，《新学报》《蒙学报》创办。

1898 年（清光绪二十四年）

5 月，经元善等人发起创办经正女学。此系近代第一所由国人自办的女子学堂。

是年，创办江南制造局工艺学堂，隶属于上海广方言馆。

1900 年（清光绪二十六年）

8 月，南京同文书院迁到上海，后更名为东亚同文书院。

1901年(清光绪二十七年)

罗振玉、王国维在上海创办《教育世界》杂志。

育才公学上海分校成立。

1902年(清光绪二十八年)

4月,蔡元培与叶瀚、蒋观云、林少泉等人集议发起成立中国教育会。蔡元培任会长。

10月,吴馨(怀久)创办务本女塾。

11月,马相伯创办震旦学院。

蔡元培与蒋观云、林少泉、陈梦坡、吴彦复等在上海创办爱国女学。

是年,敬业、三林、梅溪等旧书院改办学堂,采用西法教学。

1903年(清光绪二十九年)

商务印书馆设立编译所,张元济任所长。同年,编译所编定的第一套《最新教科书》开始出版。

1904年(清光绪三十年)

11月,李平书(钟钰)和张竹君创办上海女子中西医学堂,次年2月正式开学,这是上海近代由国人自办的第一所中西医结合的女子学堂。

是年,上海公共租界工部局创办第一所招收华人子弟的学校华童公学。

项文瑞、曹梀、杨保恒、贾丰臻等由日本弘文学院速成师范科毕业回国后,在上海创办速成师范讲习所,学制半年。

苏本铫、苏本立兄弟筹捐在南市城北安仁里创办民立上海中学堂,后改为民立中学。

1905年(清光绪三十一年)

3月,商部奏请将南洋公学改为商部高等实业学堂,得到批准。

9月,经过马相伯、严复和全体离开震旦的学生的努力,并得到南洋大臣、两江总督周馥的支持,复旦公学在吴淞镇行辕旧址正式开学上课。

是年,江苏学务总会成立,次年改为江苏教育总会,以上海为总会所在地。

上海广方言馆改组为工业学堂,后由陆军部定名为兵工专门学堂及中学堂,分专门、普通二科。

史量才创办私立上海女子蚕桑学堂。

圣约翰书院在美国注册,定名上海圣约翰大学。

虞洽卿与华北银行买办胡寄梅等在上海发起组织华商体操会。

1906 年（清光绪三十二年）

9 月，江苏学务总会在上海附设法政讲习所。

12 月，王穗秋、袁希涛等人在江湾镇创设中等蚕桑学堂。

是年，中国公学开办。

上海浸会大学成立。

1907 年（清光绪三十三年）

1 月，杨斯盛捐办的浦东中学正式开学。黄炎培任监督，张志鹏为教务长。

10 月，德国医生埃里希·宝隆创办的同济德文医学堂开学。

11 月，虞洽卿和徐一冰等在上海黄家阙车站发起创办中国体操学校，是为上海最早的体操学校。

1908 年（清光绪三十四年）

1 月，徐一冰在上海西门外斜路赁屋创办女子体操学堂。

是年，圣玛利亚女校添设师范科，增设图书馆。

1909 年（清宣统元年）

2 月，《教育杂志》创刊。

1910 年（清宣统二年）

12 月，上海工部局设立"普通教育委员会"，职责是评价工部局教育政策，并提出新的教育政策建议供公共租界纳税人会议或工部局董事会决策参考。

1911 年（清宣统三年）

4 月，上海高等实业学堂校监唐文治将航海科析出，单独成立邮传部高等商船学堂。

9 月，上海法租界公董局设立之法国小学正式开学。

1912 年

1 月，陆费逵、戴克敦、陈协恭等人创设中华书局。

中华书局创办《中华教育界》。

9 月，江苏省教育总会根据教育部当年公布的《教育会章程》，更名为江苏省教育会。

11 月，刘海粟募资成立私立上海美术专科学校，是中国成立最早的一所美术高等学校。

1913 年

圣约翰大学开设大学院，开始招收文科研究生，为上海现代研究生教育之始。

黄炎培在《教育杂志》第5卷第7号发表《学校教育采用实用主义之商榷》，倡导"实用主义教育"。

叶澄衷捐资办澄衷学堂。

1914年

江苏省立第一商业学校设立于上海陆家浜（今陆家浜路）。

1915年

9月，美国基督教监理会于上海东吴大学附属第二中学设立东吴大学法科。1927年后，扩大为东吴法学院。

是年，上海浸会大学改名沪江大学。

1916年

9月，黄炎培于江苏教育会下设立职业教育研究会。

1917年

2月，格致院改为工部局格致公学。

4月，同济医工学堂改为私立同济医工专门学校。

5月，教育界、实业界黄炎培、蔡元培、郭秉文、张謇等人士联名发起成立中华职业教育社。

是年，博文中学教员钟佩萸、黄裕兰在上海发起成立幼稚教育研究会。

复旦公学改名复旦大学。

1918年

5月，中华职业教育社筹集了六七万元在上海开办中华职业学校。

6月，上海县奉教育部令，设立上海县劝学所，吴馨任所长。

8月，东亚体育专科学校开办。

1919年

2月，《教育周刊》创刊，分"世界教育新思潮""每周大事记"两版。

《新教育》杂志在沪创刊，蒋梦麟担任主编。

5月，美国教育家杜威来华讲学，第一站即为上海，讲演题目为《平民主义的教育》。

1920年

3月，暨南学校校长赵正平等发起创办上海商科大学，推黄炎培为筹备处主任。

1921 年

3 月,上海工业专门学校、唐山工业专门学校、北京铁路管理学校、北京邮电学校等四校合并,定名交通大学。改组后的上海工业专门学校改为交通大学上海学校。

8 月,上海商务总会与上海商科大学、中华职业教育社共同组织成立了商业补习教育社,并于次年开办上海商业补习学校。

1922 年

10 月,上海的中国公学中学部在舒新城等人主持下,在国文和社会常识两科进行道尔顿制实验,是为中国实验道尔顿制之始。

是年,上海两江女子体育专科学校创立,创办人陆礼华。

中华职业教育社创办"职工教育馆",附设于中华职业学校。

试行新学制改革,实行小学六年、初高中各三年的学制。

1924 年

9 月,大夏大学成立,并设附属中学。

1925 年

6 月,圣约翰大学学生为抗议美籍校长卜舫济,集体退学,另行筹组光华大学。

1926 年

1 月,蒋逸民、严叔平等发起成立中国语言文字学会。

1927 年

9 月,中华职业教育社创办上海职业指导所。

11 月,根据修改后的《学校系统改革令》,高级中学得设师范科,上海许多高级中学相继设立师范科。

是年,上海新设、改设 5 所国立大学,即暨南大学、同济大学、劳动大学、第四中山大学医学院(上海医科大学前身)、国立音乐院(上海音乐学院前身)。

1928 年

潘序伦创办立信会计补习学校。

陈鹤琴受聘任上海公共租界工部局华人教育处处长。

唐庆岳创办大德助产女医学校,1932 年改名大德高级助产职业学校。

1929 年

10 月,上海市教育局颁布《简易民众教育馆暂行规程》,规定简易民众教育馆设阅书、演讲、娱乐、问字四部,并兴办民众茶园和民众识字班。

1930 年

7 月,上海特别市教育局改名为上海市教育局。

是年,上海市教育局发布《上海特别市市立师范学校学生待遇暂行规则》及《上海特别市市立师范学校毕业生服务暂行规则》。

上海市教育局成立小学课程研究委员会。

1931 年

2 月,美国儿童教育专家、文纳特卡制创始人华虚朋抵沪,14 日在复旦大学演讲。

9 月,上海各校抗日救国联合会与教育界救国联合会成立。

12 月,私立上海幼稚师范学校创办,设本科、简易科等,均专收女生。

1932 年

6 月,上海市立民众教育馆兼图书馆在南市文庙旧址正式成立开放,内设民众夜校、展览室及体育设施。

10 月,陶行知在上海郊区孟家木桥创办山海工学团。

1933 年

2 月,中华职业教育社将所办晨校、夜校合并成立第一中华职业补习学校。此后,逐年建立第二、第三、第四等多所补习学校。至 1938 年,上海有 7 所中华职业补习学校。

12 月,上海市教育局颁布《上海市立民众教育馆组织规则》。

1935 年

12 月,上海文化界救国会成立,陶行知被推举为执行委员之一。

1936 年

1 月,上海各界救国联合会成立,陶行知被推选为联合会理事。

2 月,国难教育社在上海成立,陶行知任社长。

是年,上海市教育局公布《上海市教育局监督私立职业传习所规则》12 条。

1937 年

8 月,由八个学生团体发起成立上海市学生界救亡协会(简称"学协")。

11月,上海沦陷,上海的租界被称为"孤岛"。

是年,中华儿童教育社联合诸多机关,共同策划,并请熊秉三、陈鹤琴召集组织上海街童教育会董事会,公举董任坚为义务总干事。

同济大学被日军炸毁。多所学校被炮火波及,损失惨重。

1940年

3月,上海学生举行总罢课,反对汪伪政权成立。

1941年

12月,上海全部沦陷。

1942年

伪上海特别市教育局对各类学校进行登记、整顿,推行奴化教育。

1945年

10月,成立上海市立实验民众学校,至1948年,发展到108所。

1946年

5月,生活教育社上海分社成立。

8月,交通大学、复旦大学、暨南大学、同济大学等先后回沪复员。

1947年

1月,《活教育》杂志在上海复刊。

4月,市民众识字运动委员会成立,拟对全市100余万文盲进行识字教育。

5月,上海掀起"反饥饿、反内战、反迫害"的学生游行、罢课运动。

11月,全国大学妇女会在沪成立。

1949年

2月,上海正式成立教育界接管党组,由中共上海地下党市委书记张承宗领导。

5月,上海解放,成立军事管制委员会。

5月,上海市军事管制委员会发布命令,任命戴伯韬为文化教育接管委员会市政教育处处长,舒文为副处长。市政教育处参照旧上海市教育局的机构设置。

6月,上海市学联成立。上海教育工作者在上海大戏院庆祝教师节,市长陈毅到会讲话。

7月,市政教育处颁发《关于私人或团体申请新设学校或恢复原校暂行办法》。

8月,上海市人民政府教育局成立,局长为戴伯韬,副局长为舒文。

1950年

3月,华东军政委员会成立后,上海市人民政府高等教育处并入华东教育部。

4月,华东军政委员会根据中央教育部对私塾的处理方针,指示各地教育行政机关按照当地实际情况解决儿童就学问题的程度来管制及改造当地私塾。

5月,上海市人民政府批准设立新教育学院,直属市教育局领导,并有计划、有步骤地分批抽调全市公私立中小学、补校及社教机关的在职教师前去进修。

是年,全市小学教科书和中学文、史、地、政治等学科教科书改用新课本。

1951年

8月,上海市教育局制订《小学教师服务暂行规程(草案)》及《级任教师工作(草案)》。

10月,华东师范大学成立。

是年,上海市人民政府开始接管各类教会学校。

1952年

7月,上海市幼儿师范学校成立,左淑东任校长。

上海市决定自1952年第一学期起,小学正式实行五年一贯制。

9月,为发展中等师范教育,上海市师范学校更名为第一师范学校,新建第二师范学校。同时,将行知艺术学校更名为上海市艺术师范学校,培养小学艺术教育师资。

教育部《关于接办私立中、小学的指示》规定,自1952年下半年至1954年,将全国私立中、小学全部由政府接办,改为公立。

10月,中共上海市委决定成立上海中等技术教育委员会。

11月,上海市第一所工人新村幼儿园——曹杨新村幼儿园建立,由市教育局直接领导。

是年,上海高等学校进行院系调整。新成立华东化工学院、华东政法学院、华东体育学院(后改名上海体育学院)、上海第二医学院等。停办圣约翰大学、震旦大学、大同大学等,其院系调整到其他院校。

上海中小学逐步统一采用人民教育出版社编印的新教材。

1953年

9月,上海市教育局制定并公布了《中学生守则》(21条)、《小学生守则》(20条)。

1954年

5月,上海中学生物教师顾巧英两次举行全市性公开观摩教学,其教学法全国推广。

7月,上海师范专科学校正式成立。

1955 年

2 月,教育部颁布《小学生守则》(20 条),5 月颁布《中学生守则》(18 条),全国统一实施。上海市的学生守则废止。

9 月,上海市教育局颁布《上海市关于加强领导与积极整顿私立学校方案》。

上海市教育行政干部学校建立,1956 年 2 月正式开学。

10 月,上海市正式公布《中等学校进行准备劳动和卫国体育制度预备级暂行办法》。

是年,上海市实验小学语文教师袁瑢的语文教学法得到推广。

1956 年

1 月,全市私立中学、小学、幼儿园及补习学校全部由政府接办改为公立。

7 月,上海市教育局以上海师范专科学校为基础,建立上海第一师范学院(设置文科专业)和上海第二师范学院(设置理科专业)。

9 月,交通大学西安新校举行开学典礼。

12 月,上海市扫除文盲协会成立,副市长刘季平任会长。

上海市教育行政干部学校成立。

1957 年

1 月,上海市教育局正式发文,规定除师范学校和中小学、幼儿园共 21 个市教育局直属单位外,其余全部中小学归各区县人民政府领导、管理。

3 月,上海市教育局颁发《中学行政组织暂行条例》《小学行政组织暂行条例》《上海市中等、初等学校教职员工服务条例》《上海市中学生奖惩和处分暂行办法(草稿)》。

8 月,上海首批学生下乡落户,市郊 19 个农业生产合作社增加中学毕业生 300 多人。

1958 年

4 月,青浦白鹤公社开办农业中学,实行半耕半读。

8 月,中共上海市委同意上海第一师范学院与上海第二师范学院合并为上海师范学院。

9 月,上海市教育局制订《关于试行小学五年一贯制、中学四年一贯制的意见(草案)》。

10 月,中共上海市委决定采取研究所、高等学校和工业部门合作建立的方式,在中科院上海分院之下,新建原子核、电子学、无线电技术、计算技术、数学、技术物理、力学、自动化、重有机合成、海水化学、高分子化学、机械制造工艺、重型机械、水产、电子学仪器、科学技术情报 16 个研究所。

是年,在全市掀起学校办工厂、农场的热潮。

1959 年

2 月,长宁区创办上海市第一所工读学校——长宁区工读学校。

3月,中共中央发布《关于在高等学校中指定一批重点学校的决定》。上海第一医学院、复旦大学、上海交通大学、华东师范大学被指定为全国重点学校。1960年,又增加同济大学、华东化工学院、华东纺织工学院。

7月,国务院批复教育部同意交通大学分别独立成为上海交通大学和西安交通大学。

8月,中共上海市委决定在中小学中指定一批重点学校,包括重点中学23所、重点小学31所。1960年,重点中学增至41所,重点小学增至60所,并确定重点中等师范学校9所,重点农业中学8所。

12月,上海市教育局和市总工会制订《上海市1960—1972年职工教育规划(草案)》。

1960年

2月,中共上海市委教育卫生工作部提出《关于上海市全日制高等学校提高教学质量的意见》。

上海市教育局制定了《上海市普通中学劳动教育大纲》。

3月,上海市电化教育委员会成立。

4月,由上海市教育局、高教局、总工会、团市委、华东师范大学、复旦大学、华东化工学院和上海人民广播电台共同筹建的上海电视大学开学。

9月,上海市中学教师进修学院、上海市教育行政干部学校、上海市干部文化学院和上海广播学校合并成立上海教育学院。

10月,上海第一所农业高等学校——上海农学院开学。

是年,反映社会办教育故事的沪剧《鸡毛飞上天》公演,社会反响强烈。

1961年

8月,上海市教育局颁布试行《上海市中学生守则(草案)》。

9月,上海市教育局颁布试行《上海市小学生守则(草案)》。

上海市教育局颁布试行《师范生守则(草案)》。

1962年

7月,上海市人民委员会批准市教育局拟定的《上海市民办学校暂行办法》。

1963年

3月,上海市教育局决定在全日制中小学中选择52所中学(占全市公立中学14.8%)和105所小学(占全市公立小学4%)实施全日制十二年制中小学教学计划。

1964年

1月,部分学校试行《中学、师范学校学生奖励及处分暂行办法(草案)》和《上海市中等、初等学校教职员工奖惩办法(草案)》。

4月,根据中共上海市委指示,上海市成立选送留学生办公室,在全市中学毕业生中选送210名外语留学生。

5月,上海市教育局总结育才中学"紧扣教材,边讲边练,新旧联系,因材施教"的教法改革"十六字经验",在全市推广。

1965年

7月,上海市教育局、团市委就《关于减轻学生负担,改进学校工作》向市委提出报告,继减轻学生课业负担的九条规定后,又提出了克服忙乱现象的六条措施。

12月,上海市教育局发出《关于停止试行本市中小学学生守则(草案)的通知》。

1966年

5月,中共上海市委批转上海市教育局党委《关于市区中小学教师参加"四清"运动的情况报告》。

9月,上海市红卫兵总部成立。

10月,红卫兵上海市大专院校革命委员会(简称"红革会")成立。

12月,上海市中等学校红卫兵代表大会成立。

是年,全市各类学校停课。

1967年

3月,毛泽东"三七指示"发表后,上海普遍向高校和中小学派出解放军毛泽东思想宣传队(简称"军宣队")。

上海万余名中学师生召开"复课闹革命誓师大会",学生们逐渐回校复课。

是年,开始编写上海市中小学暂用课本。

1968年

7月,上海市知识青年上山下乡办公室成立,办理以中学毕业生为主体的城镇户籍知识青年上山下乡到外地、市郊农村、农场务农事宜,开始大规模动员知青上山下乡。

9月,机床厂创办的"七二一工人大学"得到肯定,各地相继仿办。

12月,上海市教育局、上海市高等教育局合并为上海市教育局,工人毛泽东思想宣传队(简称"工宣队")进驻上海市教育局,并陆续进驻各级各类学校。在市郊农村开始推行贫下中农管理学校,由公社和大队接管中小学。

1969年

2月,上海市区所有公办小学、幼儿园全部下放到街道。

6月,上海市革委会印发《上海市中小学教育革命纲要》。

9月,复旦大学举办两年制"五七"文科试点班。

10月,复旦大学、上海交通大学、同济大学等15所中央在上海院校全部移交给上海市革委会管理。

1972年

开始出版上海市中小学教材(十年制)。

1974年

5月,复旦大学、上海师范大学、上海交通大学等校为上山下乡知识青年试办函授教育。

1976年

10月,上海市教育局教材组通知学校,凡教材中的"四人帮"文章、言论,一律停教;对正在编写的教材进行清查。

10月,中央工作组进驻市革委会文教组,领导上海市教育、卫生、体育以及宣传系统的揭批"四人帮"运动。

1977年

1月,上海市革委会文教组和市教育局革委会在上海体育馆召开全市中小学教育战线揭批"四人帮"及其余党罪行大会。

上海市教育局发表《关于肃清"四人帮"流毒,改进大学政治理论课教学的报告》,对"文革"之后的高校政治理论教育提出建议。

3月,1977年度全国教育事业计划座谈会在北京召开。会议建议上海市会同有关部门,着手进行上海财经学院、华东政法学院、上海体育学院等高校的复校工作。

4月,上海市教育局向市革委会提交《关于中小学教材编写任务和领导体制的请示报告》,提出在一年半到两年的时间里重新编写教材,并建议将1973年以来的市、区、县"三结合"领导体制改为由教育局统一领导。

7月,上海市教育局发出《关于试行〈关于进一步搞好中小学教学工作的意见〉的通知》。

7—12月,上海市文教系统工宣队逐步撤回到原派出的工厂企业。

9月,教育界以推翻"两个估计"为突破口,拨乱反正,平反冤假错案。

10月,中共上海市委同意成立上海市高等学校招生委员会。

上海市教育局下发《关于恢复中小学秋季始业及实施办法的通知》,规定从1978年起,中小学开始秋季始业。

11月,上海市教育局发出《关于试行〈上海市高等教育管理暂行规定〉的通知》。

上海市教育局下发《关于试行〈上海市中小学学生教育管理工作暂行规定〉的

通知》。

12月,上海市教育局向上级领导部门提交《上海市高等院校贯彻中央32号文件的情况报告》,总结"文革"后高教系统拨乱反正、恢复教育秩序的情况。

上海市华东师范大学第二附属中学和上海市实验小学被列为全国重点学校。

1978 年

1月,上海市人民政府教卫办同意市教育局报请审核的《关于设置本市重点中小学的请示报告》,决定在全市确定重点中小学及幼儿园174所。

2月,上海市教育局发出《关于加强全日制中小学教学工作的意见》。

上海14所高等学校开始招收研究生。

3月,上海市教育局发出《关于本市高校研究生试点班的调整意见》。

4月,上海电视大学恢复办学。

5月,上海师范学院复校。

上海体育学院、上海教育学院复校;上海半工半读师范学院停办。

6月,上海市1978年高等学校招生委员会成立。

经上海市革委会同意,恢复上海教育学院。

7月,中共上海市委批复恢复上海市业余工业大学。

上海市教育局发出《关于恢复上海中学的通知》,上海中学从1978年秋季恢复招生。

8月,上海市革委会批复上海市教育局,同意在原上海冶金工业半工半读专科学校上钢五厂分校基础上建立分校,定名为上海冶金专科学校分校。

10月,上海纺织工学院分院成立。1985年2月改名为上海工程技术大学纺织学院。

上海第二科技专科学校改为上海科技大学分部。

11月,上海市教育局召开全市性小学低年级外语试点班会议,动员一部分小学从一年级起试开英语课。

12月,经国务院批准,教育部发文同意恢复和增设高等学校共69所,其中上海有8所。

是年,根据教育部重申的《全日制中小学工作条例(试行草案)》精神,上海全日制中小学和公办幼儿园全部由区县教育行政部门统一领导。

1979 年

1月,上海财经学院恢复建制。

上海工业大学成立。

2月,国务院批复上海市《关于建立上海旅游专科学校的请示报告》,同意建立上海旅游专科学校。

上海文字改革委员会正式成立。

上海市工农教育委员会成立。

上海市长宁、静安、虹口等区的聋哑学校和部分小学开始试办附设低能儿童班。

3月,上海市革委会批准同意上海冶金机电专科学校改名为上海冶金专科学校。

华东政法学院恢复建制。

4月,经外贸部报请国务院批准,上海海关学校改建为上海海关专科学校(大专),学制3年。

市教委办下发了《关于改进和加强高校政治理论课教学工作的意见》。

5月,上海市教育局发出《关于整顿中小学校校风严肃纪律的通知》。

上海水产学院恢复建制。

6月,上海市教育局发出通知,决定在当年暑假全面恢复初中、高中新生入学的统一考试制度。

8月,上海市劳动局发出通知,决定从即日起到9月底止,从现有代课教师中吸收1 000名作为民办教师。

10月,上海市教育局发出《关于中、小学任课时数和超任课时数补贴的试行规定》。

11月,上海市高等教育研究会在上海师范大学召开成立大会。

12月,上海市革命委员会撤销,恢复上海市人民政府。

1980年

1月,上海市人民政府批转市高教局制订的《上海市高等学校校(院)长试行工作条例》。

3月,上海财经学院改由财政部和上海市双重领导,以财政部为主的管理体制。

5月,经国务院批准,在原上海海关学校基础上,创建上海海关专科学校;新建上海旅游专科学校;恢复上海农学院和上海外贸学院。

5月,上海市教育研究会成立。

7月,国务院批准恢复上海铁道医学院。

教育部同意上海纺织工学院恢复华东纺织工学院原校名;上海师范大学恢复华东师范大学原校名;上海化工学院恢复华东化工学院原校名。

10月,经上海市编制委员会批准,上海市教育局筹办教育科学研究所。

11月,上海工业大学、上海科技大学、上海第二医学院、上海农学院和上海师范学院五院校成立"上海市地方五校协作组"。

12月,华东化工学院、华东纺织工学院、第二军医大学、上海机械学院、上海铁道学院、上海海运学院、上海财经学院、华东政法学院和上海外贸学院"部属九所高校协作组"成立。

1981年

3月,上海市教育局发出《办好市、区(县)中小学科技指导站的几点意见》。

经上海市人民政府同意,上海市小学学制由原来的5年延长到6年。

5月,上海高教局成立上海高校科学技术服务中心。

6月,上海市人民政府根据国务院确定的由北京、天津、上海三市先行高等教育自学考试试点的指示,批准上海市高等教育局拟订的《上海市高等教育自学考试暂行办法》。

8月,上海市高教局发出《关于收费走读生学籍处理的几点意见》。

9月,国务院批准增设上海医疗器械专科学校。

10月,上海市教育局发出《关于市区设置中心小学的通知》,规定按街道或学区设置中心小学,不再设置重点小学。

12月,上海市人民政府批转市人事局、计委、高教局《关于市高等学校毕业生和研究生分配工作分工问题的请示报告》。

是年,全市逐步恢复初高中"三三制"。

1982年

1月,经国务院批准,复旦大学、上海科技大学等23所高校获得学士学位授予权。

6月,上海市人民政府批转市人事局、劳动局、高教局《关于本市高等学校收费走读毕业生录用暂行办法的请示》。

7月,经上海市人民政府同意,上海市第一师范学校在原址复校。

11月,上海市首次举行高等教育自学考试。

12月,上海市教育科学研究所成立。

1983年

2月,上海市教育局制订《关于本市普教系统改革的初步设想》。

3月,上海市高教局发布《关于上海高等学校提升正、副教授职称的具体规定》。

上海市人民政府批复上海石化总厂,同意该厂在原石化总厂职工学校和华东纺织工学院分院的基础上,合并建立上海石油化工专科学校。

4月,上海市人民政府转发市教育局关于《上海市加强中小学外语教育的初步意见》。

5月,国务院正式批准成立上海大学。

6月,中共上海市委决定,建立中国共产党上海市教育卫生工作委员会。

是年,上海在高考招生时进行了第一批录取高校采取"按比例投档"的改革试验。

1984年

3月,上海市教育局和卫生局决定建立上海市中、小学生体质健康卡。

6月,上海市教育局决定建立中小学教师见习期考核制度。

7月,上海市业余工业大学经市人民政府批准改名为上海第二工业大学。

上海市教育局决定取消初中升学考试,只由区、县统一组织小学毕业考试,并以毕业考试成绩作为学生升学的主要依据,划块招生,就近入学。

10月,上海师范学院正式更名为上海师范大学。

上海市教育局发出《关于办好智力落后儿童辅导班(校)的通知》,并附《关于辅读班若干问题的规定》。

1985年

1月,教育部批复同意在上海交通大学机电分院和华东纺织工学院分院基础上,建立上海工程技术大学;在同济大学建筑工程分校的基础上建立上海城市建设学院;将上海电力专科学校改为上海电力学院;将上海建筑材料工业专科学校改为上海建筑材料工业学院。

2月,上海高等和中等教育考试中心成立。

上海市教育局同意建立师资培训服务中心。

上海市人民政府发文,从1985年开始,上海市全日制普通高校招生试点由上海市单独命题,并注重知识和能力的考核。在1984年考试与推荐的基础上,推荐特别优秀的高中毕业生,免试直升高校;学生填报志愿放在高考以后公布成绩之前进行。

上海市工商联和民建上海市委创办的上海工商学院成立。

3月,上海科技大学与上海第二医学院联合成立上海生物医学工程研究所。

教育部同意上海交通大学举办少年大学生班。

5月,上海市教育局印发《上海市中学教学计划与说明》,决定从1985年秋季起,试行分类教学计划。同时宣布,1984年秋入学的高中学生不再搞文理分科。

上海市老年人进修学院正式上课,次年改称上海老年大学。后又陆续开办了上海老干部大学、上海退休职工大学、上海老龄大学。

6月,上海交通大学开始实行双学科学士学位制和学分积点制。

7月,上海市人民政府批转市教卫办、市工农教育委员会制订的《上海社会力量办学试行办法》。

上海市八届人大四次会议通过《上海市普及义务教育条例》。

9月,全国第一所高等幼儿师范学校——上海市幼儿师范专科学校揭牌。

闵行、吴泾地区工厂企业与地区学校、机关等联合成立"社区支教基金会",这是上海社区教育组织的雏形。

10月,上海市教育局出台了《上海市普及九年制义务教育实施方案》。

1986年

3月,上海市人民政府批准,高等师范院校招生,可在普通高校招生之前单独命题举行。

6月,上海市教育局发出通知,凡1966年以后参加教育工作的教师,初中教师未达大学专科毕业学历,小学教师未达到中师、高中毕业学历的(含正在进修的1987年7月后方可毕业的教师)均需参加教材教法培训和考试。

7月,国家教委批复上海市人民政府教卫办,同意在上海银行学校基础上,筹建上海金融专科学校。

8月,上海市第八届人大常委会第二十三次会议通过修改《上海市普及义务教育条例》的决议。

上海市人民政府发布《上海市普及义务教育条例实施细则》。

9月,普陀区真如中学成立社会教育委员会,成为上海开展社区教育的先例。

上海市教育局制定并实施《上海市中小学德育大纲》《小学生行为规范》《中学生行为规范》。

10月,上海市人民政府教卫办决定,将原上海高等、中等教育考试中心调整合并为上海教育考试中心。

12月,国家教委同意上海实行高中会考和高考改革方案。

1987年

6月,上海市高教局发出通知,决定在全市各类成人高校全面开展职称改革,实行高校教师职务聘任制。

上海市人民政府颁布《上海市青少年保护条例》,从1987年10月1日起施行。

上海市教育局发出《关于组织本市中学生参加社会实践活动的意见》,要求将中学生参加社会实践的时间正式纳入教学计划;同时充分利用假期和一部分课余时间,让学生了解国情,了解国家建设的现状,增强社会责任感。

上海市高等教育局和上海市财政局联合发出关于实施国家教委、财政部颁发的《普通高等学校本专科学生实行奖学金制度的办法》和《普通高等学校本专科学生实行贷款制度的办法》两个文件的补充通知。

7月,上海市教育局印发《上海市中小学、幼儿园教学研究室工作暂行条例》的通知。

上海市高教局颁发《本市普通高等学校招收自费生试行办法》。

9月,上海市第八届人大常委会第三十一次会议审议通过《上海市职业技术教育暂行条例》。

10月,上海市高教局颁布《上海市研究生学籍管理办法(试行稿)》。

12月,上海市高教局颁布《关于对研究生实行定向培养的若干意见》。

是年,上海市中小幼教师奖励基金会成立。

上海市政府教育督导室成立。

1988年

1月,上海市第八届人大常委会第三十四次会议通过《上海市职工教育条例》。

5月,上海市中小学课程教材改革委员会成立。

7月,上海市高教局颁布《上海市高校校办企业管理暂行办法》。

8月,上海市高等教育局发布《关于加强本市高校学生勤工俭学活动的几点意见》。

11月,上海市高教局颁布《关于上海市市属高等学校专业设置暂行管理办法》。

上海市高教局颁布《关于本市研究生、本科生和大专生自费出国留学问题的补充通知》。

是年,上海市已有160多个革命遗址、纪念场馆和1 400多个社会实践考察点、社会服务点被列入教育基地。

1989年

4月,上海美国学校正式成立。

上海中小学课程教材改革委员会原则通过了《上海中小学课程改革方案(草案)》。

10月,上海市人民政府颁布《上海市社会力量办学教学管理暂行规定》。

我国第一个培训中学校长的重要基地——国家教委中学校长培训中心在华东师范大学成立。

12月,上海市人民政府举行上海市特殊教育工作会议,制定《关于加强上海市特殊教育的意见》《上海市特殊教育1990—1995年发展规划》。

上海市教育局颁布《上海市中小学教师进修规定》,从1990年1月1日起实施。

1990年

2月,上海市教卫办、高教局召开上海市首次普通高校优秀教学成果奖励大会。

3月,上海市中小学课程教材开始全面编写。中小学19门学科22套教材当年陆续出版。

4月,中共上海市委、上海市人民政府颁发了《关于进一步加强和改进中小学德育工作的意见》。

上海市教育局颁发了《关于办好乡以下小学的基本要求》。

8月,上海市教育局颁发《中小学师德基本要求(试行稿)》。

1991年

2月,高中会考和普通高校招生考试制度改革方案出台。

3月,上海市教育局成立中小学课程教材改革试点工作领导小组。

7月,由上海高校科技服务中心、上海高科技创业中心和漕河泾新兴技术开发区发展总公司联合组建的上海高校创业科技发展总公司成立。

9月,上海市成人教育协会成立。

上海市考试中心、市高校招生办公室、市自学考试办公室合并成立的上海市教育招生考试中心挂牌办公。

1992 年

4月,上海市学位委员会成立。

5月,上海市高校科技工作会议在海运学院召开。《关于加强高校科技工作的意见》《上海市高校科技产业暂行规定》相继出台,上海市政府决定今后每年由市财政拨款500万元用于发展科技产业贷款贴息和周转金,每年由银行贷款5 000万元用于发展科技产业以及给予高校科技产业其他优惠政策。

6月,上海市教卫办批转《上海市中小学内部管理体制改革的实施意见》。开始在中小学、幼儿园进行试点工作。

9月,上海市高教局颁布《关于明责放权,进一步扩大高校办学自主权的若干意见》。

上海市教卫办、市教育局分别召开分管教育区、县长会议及区、县教育局局长会议,要求限期清理中小学的各种名目的乱收费。

上海解放后新建的第一所民办大学——杉达大学开学,该校由上海交通大学、北京大学和清华大学三校教师联合创办。

是年,一批民办中小学相继开办。

1993 年

2月,上海市第九届人大常委会第四十一次会议审议通过《上海市实施〈中华人民共和国义务教育法〉办法》,规定自1993年3月1日起施行。

8月,中共上海市委、上海市人民政府印发《关于深化上海教育改革的若干意见》的通知。

12月,上海市人民政府颁布《上海市境外机构和个人在沪合作办学管理办法》,1994年3月1日起施行。

1994 年

2月,国家教委同意上海外国语学院更名为上海外国语大学;同意上海机械学院更名为华东工业大学。

上海教育电视台开播。

4月,上海市人民政府颁布《上海市民办学校管理办法》,于1994年6月1日起施行。

经国家教委批准,原上海师范大学、上海技术师范学院合并组建上海师范大学。

上海市中等职业教育技术考核中心正式挂牌成立。

5月,在原上海工业大学、上海科技大学、上海大学和上海科技高等专科学校基础上合并组建的新上海大学正式挂牌。

6月,上海市民工学校成立。

上海市第十届人民代表大会常务委员会第十次会议通过了上海市人大常委会《关于修改〈上海市青少年保护条例〉的决定》,1994 年 7 月 12 日开始施行。

《上海市中小学校实行校长负责制若干(试行)意见》经市委组织部、教卫党委和教卫办批转试行。

7 月,对外贸易经济合作部与上海市政府共同签署了《关于上海外贸学院交接工作备忘录》,规定从 1994 年 9 月 1 日起,上海外贸学院的日常管理划归上海市。

8 月,全国第一所专门培养政府法制干部的学校——东方法商学院在华东师范大学成立。

9 月,上海市社区教育协会成立。

上海市普及九年义务教育和基本扫除青壮年文盲工作通过国家教委评估验收。

11 月,上海市政府和欧洲联盟共同创办的上海交通大学中欧国际工商管理学院在浦东金桥开发区揭牌奠基。

是年,从初中和高中起始年级开始,使用上海新编的教材。

1995 年

2 月,上海市人大常委会公布修改后的《上海市职业技术教育条例》。

上海市教育委员会成立。

中共上海市委、上海市人民政府批准成立上海市教育科学研究院。

3 月,国家教委确定上海市为高教体制改革的三个试点省、市、部委之一,要求上海"试点以共建、联合,加大高校结构的调整与合并的力度,加强对在沪高校的统筹为主要形式和内容,争取有较大突破,并取得经验"。

4 月,上海市教育委员会召开"减轻学生课业负担"新闻发布会。

5 月,经国家教育委员会和铁道部批准,撤销上海铁道学院和上海铁道医学院建制,合并组建上海铁道大学。

6 月,上海市教育考试院成立。

8 月,上海市教委协同市科委、市科协共同策划、商定由徐汇区教育局试点创建青少年科技导师团队伍。

9 月,卫生部与上海市人民政府签署共建上海医科大学协议。

国家教委批准上海市进行国家学历文凭考试试点。

10 月,上海市教育发展有限公司成立。

国家教委和上海市人民政府宣布共建同济大学。

上海市开始试行上海《幼儿园建设标准》。

12 月,财政部与上海市人民政府签署了关于共建上海财经大学的协议书。

是年,开始落实《上海市特殊教育 1995—2000 年发展规划》。

1996 年

2 月,上海市出台《上海市毕业研究生、普通高等学校本专科毕业生就业工作暂行管理办法》。

4 月,国家教委认定首批国家级重点职业高中,上海市有 7 所:上海市旅游服务职业技术学校、上海市逸夫职业技术学校、上海市现代职业技术学校、上海市群益职业技术学校、上海市东辉职业技术学校、上海市崇明竖河职业技术学校、上海市商业职业技术学校。

上海高等教育评估事务所成立。这是全国首家具有高等教育评估资格、专职从事高等教育评估的社会性咨询服务中介机构。

国家教委正式发文,同意上海市教委进行内部审计改革,并确定上海市教委为全国教育审计改革的试点单位。

12 月,上海市教委出台《上海市高校勤工助学管理办法》。

1997 年

1 月,上海市中小学课改总结交流会在闵行区实验小学举行,会上宣布,上海市为期 8 年的中小学第一期课程教材改革工程圆满结束。

上海市教委发布《上海市社会力量举办学校设置的暂行规定》。

4 月,上海市教委举行初中招生新闻发布会,宣布今年市区初中招生全部实行就近免试对口入学,绝大部分重点初中停止招生。

国家教委与上海市人民政府举行共建华东师范大学座谈会。

是年,上海市中小学各个年级组全面使用新课程方案、新教材。

上海市教委制定《关于加强上海市民办中小学管理工作的若干意见》《关于加强上海公立中小学转制试点管理工作的意见》。

上海市制订《上海市建设一流基础教育"九五"规划及 2010 远景目标》。

上海高校"211 工程"建设进入启动阶段。

上海市教委建立并命名五个上海市教育科学研究基地。

1998 年

3 月,上海市中小学、幼儿园骨干教师和骨干校长培养工程正式启动。

4 月,由上海市约 40 所高校参股的上海高校后勤服务股份有限公司挂牌成立。

5 月,中共上海市教育卫生工作委员会更名为中共上海市教育工作委员会。

7 月,上海市教委组织全面修订课程标准,第二期课程教材改革正式启动。

召开上海市中小学素质教育工作会议,确立"以培养创新能力作为素质教育核心"的思想。

8 月,上海市教委颁布《上海市外来流动人口中适龄儿童、少年就学暂行办法》。

9月,经教育部批准,上海教育学院、上海第二教育学院正式撤销建制,并入华东师范大学,组建华东师范大学继续教育学院。

10月,世界中学生运动会在上海举行。

《上海市学前教育纲要》颁布实施。

11月,全国高校首家产学合作教育中心在复旦大学成立。

修订后的《上海市中小学学籍管理办法》正式颁布。

是年,上海市教委颁发《上海市建设一流职业教育总体规划》。

1999年

1月,上海高校后勤社会化改革工作会议召开。会上,市委市政府领导为新成立的上海高校后勤服务中心、上海高校后勤发展中心和上海高校后勤人员技术培训交流中心揭牌。

2月,上海市教委首批教育高级人才工作公寓落成。

上海老龄委、上海老年大学、上海电视大学联合创办网上老年大学。

3月,上海市教委启动"上海高校科技产业化行动计划"(简称"933计划")。

8月,上海市教委颁布《上海市中小学标准化建设工程的实施意见》。

9月,上海农学院并入上海交通大学,上海纺织高等专科学校并入中国纺织大学,并更名为东华大学。

12月,上海市人民政府颁布《上海市教育督导规定》。

上海市国家助学贷款爱心担保基金成立。

是年,在完成"薄弱学校更新工程"的基础上,启动上海市中小学标准化建设工程("达标工程"),实现全市中小学校舍与装备标准化配置。

2000年

1月,上海市中小学宽带教育网络首期工程完成。

上海电视大学、上海教育电视台、上海市电化教育馆和上海市电视中专组建的上海远程教育集团正式成立。

4月,上海医科大学并入复旦大学,上海铁道大学并入上海交通大学。

上海医学高等专科学校并入上海中医药大学。

7月,松江大学城在松江区破土启建。

9月,上海市教育评估院成立,其前身为1996年成立的上海市高等教育评估事务所。

上海冶金高等专科学校、上海轻工业高等专科学校和上海化工高等专科学校合并组建的上海应用技术学院成立。

上海市高中起始年级全面实施研究型课程。

全市约400所中小学和中等职业技术学校开始设置心理健康教育活动课。

是年,上海市编制完成了《上海教育事业"十五"计划和2015年规划纲要》。

上海市全面实施提高中小学午餐质量计划。

《上海家庭教育指导工作大纲》实施。

上海市师资工作会议召开,制定了《上海市师资队伍建设第十个五年规划纲要》。

2001年

1月,上海教育报刊总社成立。

7月,上海市第十一届人大常委会第二十九次会议通过《上海市中小学校学生伤害事故处理条例》,该条例于9月1日生效施行。

10月,上海市青少年校外活动营地"东方绿舟"建成。

2002年

4月,经上海市人民政府批准,上海师范大学表演艺术学院、上海市戏曲学校和上海市舞蹈学校并入上海戏剧学院。

主要参考文献

一、史志资料

宝山县教育局教育志办公室.宝山县教育志[M].上海：上海人民出版社,1990.

嘉定县教育志编纂组.嘉定县教育志[M].上海：上海社会科学院出版社,1995.

松江教育志编纂委员会.松江教育志[M].上海：上海辞书出版社,2003.

松江县教育志编纂委员会.松江县教育志[M].上海：上海社会科学院出版社,1989.

崇明县教育局.崇明县教育志[M].上海：[出版者不详],[2002].

川沙县教育局.川沙县教育志[M].上海：[出版者不详],1993.

奉贤县教育局教育志编写组.奉贤县教育志[M].上海：[出版者不详],1984.

金山县教育局教育志办公室.金山县教育志[M].上海：上海人民出版社,1990.

闵行区教育志编纂委员会.闵行区教育志[M].上海：上海人民出版社,1992.

南市区地方志编纂委员会办公室.南市区志（评议稿）[M].上海：[内部文件],[1997].

虹口区教育志编纂委员会.虹口区教育志[M].上海：学林出版社,1999.

南汇县教育局.上海市南汇县教育志[M].上海：上海市南汇县教育局,1993.

普陀区教育志编纂委员会.普陀区教育志[M].上海：汉语大词典出版社,2002.

徐汇区教育局.徐汇区教育志[M].上海：徐汇区教育局,[印刷年不详].

长宁区教育局.长宁区教育志[M].上海：[出版者不详],[2002].

周金彩,黄孟源.闸北区教育志[M].上海：上海社会科学院出版社,2001.

上海市高等教育研究所.上海高等教育年鉴(1949—1983)[M].上海：上

海外语教育出版社,1989.

上海市教育委员会.上海教育年鉴(1994—2002)[M].上海：上海教育出版社,1994—2002.

上海市统计局.上海统计年鉴(1983—1987)[M].上海：上海人民出版社,1984—1987.

上海市统计局.上海统计年鉴(1988—2002)[M].北京：中国统计出版社,1988—2002.

《中国教育年鉴》编辑部.中国教育年鉴·地方教育(1949—1984)[M].长沙：湖南教育出版社,1986.

《中国教育年鉴》编辑部.中国教育年鉴(1985—1986)[M].长沙：湖南教育出版社,1988.

《中国教育年鉴》编辑部.中国教育年鉴(1989—2002)[M].北京：人民教育出版社,1990—2003.

奉贤区教育局.奉贤教育发展史[Z].上海：奉贤区教育局,[2002].

国家教育委员会中学司.中学教育文献选编[M].北京：光明日报出版社,1987.

国家教育委员会计划建设司.九十年代教育展望——全国教育事业"八五"计划和十年规划汇编[G].北京：国家教育委员会计划建设司,1992.

教育部发展规划司.加快高等教育管理体制改革的步伐——全国高等教育管理体制改革经验会议文件、材料汇编[G].南京：南京大学出版社,1998.

青浦区教育局办公室.青浦教育概况(1976—2004)[M].上海：[出版者不详],2004.

青浦区教育局办公室.青浦教育近二十多年来重大实绩、重要变化实例(1976—2004年)[G].上海：[青浦区教育局办公室],[2004].

青浦区教育局办公室.青浦教育近期主要经验汇集(2000—2004)[G].上海：[内部文件],[2004].

人民教育出版社.教育改革重要文献选编[M].北京：人民教育出版社,1986.

上海交大的教育改革(重要资料选编)[M].北京：人民出版社,1985.

上海交通大学党委办公室.上海交大的教育改革续编[M].上海：上海交通大学出版社,1988.

上海教委师资处.上海市中小学、幼儿园干部、教师继续教育的理论与实践研究(上、下)[G].上海:[内部文件],[1998].

上海市高等教育局.上海市高等学校概况[M].上海:[出版者不详],1992.

上海教委师资处.上海市普教系统继续教育"九五"中期评价报告集(上、下)[G].上海:[内部文件],[2000].

上海市教委师资处,上海教育学院干训部.一流教育的基础工程——上海"九五"干训的实践与思考[G].上海:[内部文件],[2000].

上海市教委师资处.上海市中小学、幼儿园干部、教师培训工作文件汇编(一)(二)(三)(四)(五)(六)[G].上海:[出版者不详],[1987—2000].

上海市教育局.社会力量办学文件选编(二)[G].上海:[内部文件],1991.

上海市教育局办公室.1979—1987教育工作文件选编(上、下)[G].上海:[出版者不详],1988.

上海市人民政府办公厅,上海市人民政府法制办公室.上海市法规规章汇编(1986—1987)[M].上海:上海人民出版社,1988.

上海市教育督导室.关于教育法规的文件选编[G].上海:[出版者不详],1996.

上海市教育委员会体育卫生艺术科普处,上海市教育学会校外教育专业委员会·校外教育文件选编[G].上海:[出版者不详],1998.

上海市教育局教育志办公室.上海市教育大事记(普通教育部分)[M].上海:[出版者不详],1993.

上海市教育委员会(教育局).历年教师表彰文件[G].上海:[出版者不详],[2000].

上海市教育委员会.面向新世纪全面推进上海教育改革与发展——1999年上海市教育工作会议文件汇编[G].上海:上海教育出版社,2000.

上海市教育委员会.上海教育(1994—2003)[M].上海:上海教育出版社,1995—2004.

上海市人民政府教育卫生办公室.上海教育(1988—1991)[M].上海:同济大学出版社,1988—1991.

上海市人民政府教育卫生办公室.1993上海教育[M].上海:上海教育出版社,1994.

徐汇区教育局.探索的足迹——徐汇教育十年文选(1989—1999)[G].上

海:徐汇区教育局,[2000].

张民生.上海普教人物(第一辑)[M].上海:上海市教育局教育志办公室,1991.

张民生.上海普教人物(第二辑)[M].上海:上海市教育局教育志办公室,1994.

中共上海高等教育局党史资料征集领导小组办公室.中共上海市高等教育系统党史大事记(1949—1989)[Z].上海:中共上海高等教育局党史资料征集领导小组办公室,[出版年不详].

中华人民共和国教育部计划财务司.中国教育成就统计资料(1949—1983)[M].北京:人民教育出版社,1984.

二、著　作

卜中和.上海高教四十年[M].上海:同济大学出版社,1990.

岑申,王建社.世纪之交的民办教育[M].宁波:宁波出版社,1999.

崔相录,等.素质教育指要[M].北京:北京大学出版社,1999.

单中惠,杜成宪.中外教育简史[M].北京:北京师范大学出版社,2002.

邓小平.邓小平文选(1975—1982)[M].北京:人民出版社,1983.

段林,方耀楣.同济教育改革十年[M].上海:同济大学出版社,1991.

复旦大学高等教育研究所.复旦大学的改革与探索[M].上海:复旦大学出版社,1987.

高奇.新中国教育历程[M].石家庄:河北教育出版社,1996.

高校教师队伍建设研究课题组.中国高等学校教师队伍建设研究报告[R].北京:高等教育出版社,1999.

顾泠沅,郑润洲,李秀玲.青浦实验启示录[M].上海:上海教育出版社,1999.

顾美玲.中国民办教育探索[M].成都:四川教育出版社,1999.

郭景扬.教师继续教育研究[M].徐州:中国矿业大学出版社,2001.

郭景扬.中小学校长管理与培训[M].天津:天津古籍出版社,2001.

郝维谦,龙正中.高等教育史[M].海口:海南出版社,2000.

胡瑞文,蒋鸣和.一流城市,一流教育[M].上海:上海教育出版社,2002.

华东师范大学大事记(1951—1987)[M].上海:华东师范大学出版

社,1991.

华东师范大学校长办公室.华东师范大学[M].杭州:浙江大学出版社,2000.

金一鸣.中国社会主义教育的轨迹[M].上海:华东师范大学出版社,2000.

刘莉莉.中国民办高等教育发展的研究[M].长春:吉林人民出版社,2002.

陆其兴.跃上改革的新台阶——上海嘉定教育综合改革探索[M].北京:教育科学出版社,1993.

陆其兴.来自小康后地区的探索与实践——嘉定、昆山、东莞教育综合实验研究成果[M].北京:人民教育出版社,1997.

陆善涛.和校长教师谈教学[M].上海:上海教育出版社,1996.

吕型伟.上海普通教育史(1949—1989)[M].上海:上海教育出版社,1994.

闵行区教育局.闵行教育十年巡礼——区域性整体推进素质教育的探索与实践[M].上海:百家出版社,2003.

钱梦龙.和青年教师谈语文教学[M].上海:上海教育出版社,1999.

全国高等学校师资管理研究会.高校师资管理研究[M].上海:华东师范大学出版社,1986.

上海百科全书编委会.上海百科全书[M].上海:上海科学技术出版社,1999.

上海改革开放二十年系列丛书总编纂委员会.上海改革开放二十年(教卫卷)[M].上海:上海人民出版社,1998.

上海高校综合改革调研组,张伟江.教育教学改革与学科建设——98上海高校改革调查与研究[M].上海:上海交通大学出版社,1999.

上海教育发展战略课题组.上海教育发展战略研究[M].上海:复旦大学出版社,1988.

上海教育发展战略课题组.上海教育发展战略研究报告[R].上海:华东师范大学出版社,1989.

上海市大同中学.上海市大同中学[M].北京:人民教育出版社,1997.

上海市家庭教育研究会,上海市家庭教育研究与指导中心,上海市妇联儿童部.上海市第二届家庭教育研究成果评奖获奖论文集[C].上海:[出版者不详],2003.

上海市家庭教育研究会.上海市家庭教育文集(1981—2001)[C].上海:

[内部资料],[2002].

上海市教育局.上海社区教育[M].上海:上海科学技术文献出版社,1994.

上海市教育科学研究所,《完善中小学校教育教学管理机制的理论与实践》课题组.上海市中小学校教育教学管理的经验与思考[M].上海:上海科学技术出版社,1992.

上海市教育科学研究所教育史志研究室.上海市学校概况[M].上海:上海社会科学院出版社,1990.

上海市智力开发研究所.基本教育与国家发展——中国四十年的历史经验[M].上海:华东师范大学出版社,1991.

上海外国语学院院史编写组.上海外国语学院简史(1949—1989)[M].上海:上海外育教育出版社,1989.

盛裕良,等.中国教育服务产业案例点评[M].上海:华东师范大学出版社,2003.

王善迈.2000年中国教育发展报告:教育体制的变革与创新[M].北京:北京师范大学出版社,2000.

王生洪.上海教育发展战略研究[M].上海:复旦大学出版社,1988.

王威尔.教化嘉定[M].上海:嘉定教育学会,1999.

王永贤.上海成人教育史(1949—1989)[M].上海:上海社会科学院出版社,1991.

卢莹辉.新编上海教育大观[M].上海:上海社会科学院出版社,1993.

姚庄行,袁采.在教育史册上——上海当代普教名人传略(第一集)[M].上海:上海教育出版社,1992.

姚庄行,袁采.在教育史册上——上海当代普教名人传略(第二集)[M].上海:上海教育出版社,1994.

姚庄行,袁采.在教育史册上——上海当代普教名人传略(第三集)[M].上海:上海教育出版社,1996.

叶忠海.社区教育学基础[M].上海:上海大学出版社,2002.

袁采.上海社区教育的实践和认识[M].上海:上海社会科学院出版社,1989.

袁是人,吴月娟.静安教育十年改革[M].上海:上海教育出版社,1998.

袁运开,王铁仙.华东师范大学校史(1951—2001)[M].上海:华东师范大学出版社,2001.

袁振国.当代教育学[M].北京：教育科学出版社,1999.

张民生.上海市学校概况（中小学幼儿园）[M].上海：上海社会科学院出版社,1990.

张民生.上海普教科研十年[M].上海：上海教育出版社,1992.

赵忠心.家庭教育学[M].北京：人民教育出版社,1997.

郑令德.上海高校改革调查与研究[M].上海：同济大学出版社,1994.

周贝隆.试以效益的眼光看教育[M].成都：四川教育出版社,1996.

周全华."文化大革命"中的"教育革命"[M].广州：广东教育出版社,1999.

卓晴君,李仲汉.中小学教育史[M].海口：海南出版社,2000.

三、报刊文章

文汇报（1976年10月—2002年12月）

卜中和,周乃宏.改革自费生招生工作的实践与思考[J].上海高教研究,1994(1).

蔡克勇.积极推进高教管理体制改革[J].上海高教研究,1995(5).

曹霞.关于教育产业化的思考[J].中国教育学刊,2000(1).

陈国良,张慧明.迎接高教改革和发展的春天——上海高等教育改革与发展研讨会综述[J].上海高教研究,1998(9).

陈慧君.高等教育产业化的市场分析及对经济的影响[J].统计与决策,2000(1).

陈至立.解放思想,坚定信念,开创高校后勤社会化改革的新局面[J].教育发展研究,1999(12).

戴炜栋.以收费招生为龙头,推进教学与学生管理的全面改革[J].上海高教研究,1994(2).

董书章.教育产业化的独特性和优越性[J].教育发展研究,2000(4).

董有常.上海交大面向21世纪教育改革的思考[J].上海高教研究,1995(1).

范玲尔.高校招生制度与毕业生就业制度的衔接[J].上海高教研究,1996(5).

房剑森.贷款制的理想与理想的贷款制——论我国高等教育贷学金制度的

改革[J].上海高教研究,1997(9).

傅禄建.商品、市场、产业化——兼谈义务产业化问题[J].上海教育科研,2000(4).

傅禄建.从总结经验到预测未来[J].上海教育科研,2002(12).

龚学平.积极推进高教管理体制改革试点工作[J].上海高教研究,1996(5).

顾泠沅.新时期学校教育科研的发展路向值得关注[J].上海教育科研,2002(12).

郝文武.义务教育更不能产业化[J].上海教育科研,2000(3).

胡启迪.把上海高校毕业生就业工作推向一个新的台阶[J].上海高教研究,1994(1).

胡瑞文,卜中和.我国90年代教育的进展与2010年展望[J].上海高教研究,1997(10).

黄建章.从人才培养的职能看"大学产业化"的负面效应[J].江苏高教,2000(6).

黄菊.积极探索,深化改革,推动上海教育事业的新发展[J].教育发展研究,1993(3).

黄育云,姚永强.教育产业化辨析[J].教育科学,2000(1).

建立科学合理的高校收费制度[J].上海高教研究,1995(3).

李贵荣.关于教育产业的辨析[J].教育科学,2000(3).

李霞.高等教育产业及其投资来源[J].同济大学学报(人文社会科学版)2000(2).

林杰.教育产业化:一个伪概念和假问题[J].上海教育科研,2000(4).

刘欣.职教产业化走势与多元化发展战略[J].教育研究,2000(6).

刘彦,刘东罡,刘田煜.现代学校教育是亟待元产业化的元产业[J].内蒙古师范大学学报(哲学社会科学版),2000(4).

刘云枫,詹荷生."教育产业化"的战略思考[J].教育与经济,2000(1).

刘振洪.企业教育产业化的积极意义[J].继续教育,2000(3).

刘振洪.企业教育产业化的积极意义[J].教育与职业,2000(4).

陆善涛.对当前教改的几个问题的看法——在区县分管教育科研局长暑期研讨会上的发言摘要[J].上海教育科研,1993(5).

马丽华.改革上海高校招生报名录取办法之我见[J].上海高教研究,

1996(6).

么加利."教育产业化"的理论内涵与实践效果质疑[J].教育评论,2000(2).

孟明义.问题·难题·困惑·忧虑——关于高等教育市场化问题的思考[J].江苏高教,2000(1).

潘国青.教育科研成果推广的方法途径与策略[J].上海教育科研,1999(8).

潘国青.上海市学校教育科研发展的回顾与前瞻[J].上海教育科研,2002(12).

彭汉庆,高小清.普通高校招生"并轨"改革的管理学思考[J].上海高教研究,1997(9).

彭虹斌.教育产业化,不能一概而论[J].教育与职业,2000(2).

阮艺华.对发展教育产业的几点认识[J].教育与职业,2000(1).

上海高校毕业生与社会需求的适应性分析[J].上海高教研究,1996(6).

上海工商专业进修学校和上海工商职工中专.拾遗补缺,不拘一格[J].上海教育,1987(5).

上海工业大学招生工作小组.高校自主招生的一次探索[J].上海高教研究,1993(3).

上海市教委科研处.上海市教委组织完成市属高校重点学科建设中期评估[J].中国高等教育评估,1998(3).

上海市教委人事处.聘用合同制:学校用人制度改革的催化剂[J].上海高教研究,1997(7).

上海市教育委员会.加强机制建设积极推进高校内部管理体制改革[J].教育发展研究,1999(8).

上海市人民政府教育督导室.探索"发展性督导评价"模式促进学校自主发展[J].教育督导,2002(2).

上海市委党校课题组.上海高校自费生现状及对策研究[J].上海高教研究,1993(1).

苏忱.本市区县教育科研室主任工作研讨会纪要[J].上海教育科研,1993(5).

苏忱.上海市区县教育科研工作研讨会纪要[J].上海教育科研,1996(11).

苏忱.教育要改革,科研要先行——上海市教育科学工作会议综述[J].上海教育科研,1997(12).

苏忱.教育科学研究如何走出高原——发展至今的"新基础教育探索性研究"给我们的启示[J].上海教育科研,2001(2).

孙莱祥,沈永宝.面向21世纪:复旦大学课程体系和教学内容改革[J].上海高教研究,1997(7).

孙林岩,朱云杰.关于我国高等教育大众化和教育产业化的经济学思考[J].教育与经济,2000(2).

孙喜亭.教育具有产业属性,但教育不是"产业"[J].高等教育研究,2000(2).

唐安国.对高等学校实行收费入学制度的再认识[J].上海高教研究,1993(4).

田虎伟,黄忠敬.无限产业,有限运作——教育产业的现实内涵探析[J].教育理论与实践,2000(10).

汪晖.当前我国教育产业化的基础产业特征及其发展的动力机制[J].上海投资,2000(7).

王行愚.励精图治,外联内攻——华东理工大学在改革中求发展[J].上海高教研究,1997(3).

王厥轩.上海市普教科研的回顾与前瞻——近五年来的工作小结[J].上海教育科研,1998(4).

王荣华.认清形势,把握机遇,加快上海教育改革和发展[J].上海高教研究,1996(2).

王慎之.教育产业化[J].高教文摘,2000(7).

王焱.义务教育也可以产业化[J].上海教育科研,2000(1).

吴启迪.探索高校合并的最佳切入点——同济大学推行体制改革的思考[J].上海高教研究,1997(2).

武毅英,邬大光.关于高等教育产业化若干问题的探讨[J].教育与经济,2000(1).

夏立宪.长沙市早期民办大学研究[J].高等教育研究,2001(1).

谢丽娟.推进上海高教体制改革的实践与思考[J].上海高教研究,1995(2).

谢仁业.对上海高校教改现状调查的比较分析[J].上海高教研究,1996(1).

忻建国,金同康.上海与中央部委"共建"高校之管见[J].上海高教研究,1993(4).

徐广宇.国外发展教育产业的典型模式与启示[J].上海教育科研,2000(10).

薛沛建.全面推进高校后勤社会化改革[J].教育发展研究,1999(5).

薛伟平,孙昌立.尽快建立与自费就学平行的辅助机制[J].上海高教研究,1993(1).

杨全印.关于我国二十年民办教育政策的思考[J].江西教育科研,2002(1—2).

叶之红.发展教育产业的概念内涵及其政策取向[J].教育发展研究,2000(2).

俞光虹,李蔚.上海高校管理体制改革和布局结构调整简析[J].教育发展研究,2001(7).

俞长高.一项有益的尝试——方兴未艾的联合办学新形式[J].上海高教研究,1995(6).

詹权松.关于教育产业的理论思考[J].高等教育研究,2000(1).

张民生.总结经验,发扬成绩,开拓前进[J].上海教育科研,1993(1).

张民生.推广科研成果,促进素质教育——在上海市首届教育科研成果推广奖颁奖大会上的报告(摘要)[J].上海教育科研,1997(9).

张民生,苏忱.关于建设市级教育科研基地的思考与实践[J].上海教育科研,2000(6).

张墨英.遵循市场规律,发展成人教育事业[J].江西教育学院学报,2000(2).

张秋萍.上海高校本专科生收费情况调查与建议[J].上海高教研究,1997(11).

张文周.普教所教育科研基地建设的实践与思考[J].上海教育科研,2002(12).

赵琦.上海市民工子女教育问题研究[D].华东师范大学,2001.

赵旭东."教育产业化"辨析[J].中国教育学刊,2000(1).

赵振华.上海成人高等教育四十年概要[J].成人高等教育研究,1990(3).

正确处理招生计划管理中宏观调控与高校自主的关系[J].上海高教研究,1996(4).

郑慧琦,胡兴宏.上海市普教科研现状、问题及发展趋向研讨综述[J].上海教育科研,1998(4).

郑慧琦.从教育科研获奖成果看上海普教科研的特点及发展[J].上海教育科研,1996(12).

郑令德.上海高校综合改革的回顾与展望[J].上海高教研究,1994(2).

郑令德.深化高校改革,提高办学质量和效益[J].上海高教研究,1995(6).

郑令德.以一流教育为目标,加快上海高教的改革与发展[J].上海高教研究,1997(3).

郑令德.开拓进取　再创辉煌——'97上海高校综合改革交流讨论会主报告[J].上海高教研究,1997(10).

郑令德.在开拓中前进——'98上海高等教育改革的几点思考[J].上海高教研究,1998(3).

郑太年.教育产业:功能还是组织[J].教育与经济,2000(2).

郑挺,萧庆璋,陆勤.上海高校招生制度改革的调查报告[J].上海高教研究,1993(4).

钟禾.实现高校后勤改革的新突破[J].教育发展研究,1999(3).

周远清.加快高等教育体制改革,搞好高校毕业生就业工作[J].上海高教研究,1997(8).

朱丽华,等.教育消费黑洞有多深[J].文摘报,2002-07-21.

朱仁声.教育不能"产业化"而只能"产业式"[J].太原教育学院学报,2000(1).

朱世锋.发展中的上海民办中小学[J].民办教育动态,2000(12).

朱子杉,等.抓管理体制改革,促质量效益提高——上海高校综合改革荟萃[J].上海高教研究,1997(10).

后记

《上海教育史》作为国家社会科学重点研究项目("八五"和"九五"规划)的课题,由华东师范大学教育学系承担并正式启动至今,已有数年时间了。根据最初的商定,由我负责第四卷(1976—2002)的编写组织工作。

现在的整体框架结构是由我提出初步设想,并在集体讨论的基础上确定的。初稿在2004年底形成,后经过统稿和修改,于2005年暑期前呈送上海市教委,请相关专家审阅并提出修改意见,在汇总各方建议的基础上,再次作了补充和修订。

本卷是集体劳动的成果,具体撰写分工如下:

第一章　拨乱反正,建立秩序(1976—1978):廖军和

第二章　解放思想,启动改革(1978—1985):武海燕

第三章　改革体制,调整结构(1985—1992):李本友

第四章　深化改革,科研兴校(1992—1997):冯明

第五章　一流教育,面向未来(1997—2002):陈莉丽(第一至第四节);贾慧(第五至第七节)

第六章　基础教育发展概况:顾培培

第七章　其他各级各类教育事业的发展:代洪臣(第一节);李俊(第二节);张燕(第三节);张燕、陈振华(第四节);孟庆鹏(第五节);张燕(第六节)

附录　上海教育大事记(751—2002):冯明

顾培培和冯明协助主编校阅了部分文稿。

本卷在资料搜集及撰写过程中,得到上海市教育委员会及相关处室的指导和帮助,得到上海市各区县教育局及上海市有关高校的大力支持,得到上海市档案部门特别是上海市教育史志办公室的鼎力协助。原上海市教育委员会副秘书长赵关忠先生和上海市教育史志办公室的罗东海先生、钟云芬女士更为本卷编写工作的顺利进行做了卓有成效的协调工作并提供诸多帮助,在此一并表示深切的谢忱!

本卷涉及的时间跨度虽仅为26年,但包罗面甚广,且因教育改革"现时态"

带来的评价、分析难度,以及作者水平的有限,也许会有知识的"盲点"和叙述的"错位",我们期待广大读者批评指正。

金忠明

2016 年 2 月

图书在版编目(CIP)数据

上海教育史：四卷本／杜成宪总主编；王伦信等著．—上海：上海教育出版社，2019.9
ISBN 978-7-5444-3754-7

Ⅰ．①上… Ⅱ．①杜… ②王… Ⅲ．①地方教育—教育史—上海 Ⅳ．①G527.51

中国版本图书馆 CIP 数据核字（2019）第 184602 号

第一卷
  责任编辑：周　晟　董　洪
第二卷
  责任编辑：周　晟　董　洪　谢冬华
第三卷
  责任编辑：周　晟　董　洪　谢冬华　钟紫菱
第四卷
  责任编辑：周　晟　董　洪　谢冬华　廖承琳

  特约编辑：黄强华　南　钢
  特约审稿：朱明钰　唐发铙　李维靖
  书籍设计：陆　弦

上海教育史（四卷本）
张伟江　顾问
杜成宪　总主编
王伦信　黄书光
蒋纯焦　金忠明　等著

出版发行　上海教育出版社有限公司
官　　网　www.seph.com.cn
地　　址　上海永福路 123 号
邮　　编　200031
印　　刷　上海中华印刷有限公司
开　　本　700×1000　1/16　印张 111.875　插页 16
字　　数　1869 千字
版　　次　2019 年 9 月第 1 版
印　　次　2019 年 9 月第 1 次印刷
书　　号　ISBN 978-7-5444-3754-7/G·2899
定　　价　498.00 元（共四卷）

如发现质量问题，读者可向本社调换　　电话：021-64377165